人口战略

人口如何影响经济与创新

梁建章 ◎ 著

中信出版集团 | 北京

图书在版编目（CIP）数据

人口战略：人口如何影响经济与创新 / 梁建章著
. -- 北京：中信出版社，2023.4（2023.5重印）
ISBN 978-7-5217-5486-5

Ⅰ.①人… Ⅱ.①梁… Ⅲ.①人口－问题－影响－中国经济－经济增长－研究 Ⅳ.① F124.1

中国国家版本馆 CIP 数据核字（2023）第 040870 号

人口战略——人口如何影响经济与创新
著者：　梁建章
出版发行：中信出版集团股份有限公司
　　　　（北京市朝阳区东三环北路 27 号嘉铭中心　邮编　100020）
承印者：　北京诚信伟业印刷有限公司

开本：787mm×1092mm　1/16　　印张：29.25　　字数：564 千字
版次：2023 年 4 月第 1 版　　　　印次：2023 年 5 月第 2 次印刷
书号：ISBN 978-7-5217-5486-5
定价：79.00 元

版权所有·侵权必究
如有印刷、装订问题，本公司负责调换。
服务热线：400-600-8099
投稿邮箱：author@citicpub.com

目 录

致谢 //IX

序 //XI

导论 //XV

第一篇
人口和创新

第 1 章　创新理论
创新是经济发展的第一推动力　//003

创新的定义和类型　//006

创新力的模型　//007

创新力和开放网络　//011

政府如何促进创新　//014

创新和人口　//017

创新的 4 个人口效应　//021

第 2 章　人口数量和规模效应
各行各业的规模效应　//023

大国企业的优势 //025

中国企业的规模优势 //029

创新政策和人口规模的关系 //030

国家创新力比较 //032

大国的隐患和小国的机会 //041

总结 //046

第 3 章　人口能力和老龄化效应

教育和创新力 //047

年龄和创新 //052

创业、老龄化与阻挡效应 //057

中国会不会重蹈日本的覆辙？ //064

第 4 章　内部交流和聚集效应

内部交流和创新力 //065

人口聚集效应 //066

城市规模和拥堵问题 //069

总结 //078

第 5 章　外部交流和流动效应

历史上的国际交流和创新 //080

国际交流如何促进创新力 //080

国际交流的形式 //082

人员交流和流动效应 //084

流动性和英语普及率 //088

中国的对外开放策略 //090

第二篇
人口和经济

第 6 章　人口对经济的其他影响
低生育率与养老　//095
低生育率能减少失业吗？　//098
人口结构变化对不同行业的影响　//103
人口和贫富差距　//112
总结　//118

第 7 章　人口、资源与环境
自然资源与经济增长　//120
清洁能源　//125
世界粮食生产　//127
水会变得稀缺吗？　//130
人口与环境　//131

第 8 章　人口的历史和趋势
现代化和人口增长的规律　//135
对各国的人口预测　//141
文化、宗教与生育率　//145
老龄化趋势　//148
城市化趋势　//149
中国人口的危机　//152

第 9 章　全球移民和留学概况
全球移民概况　//155

全球留学概况 //161

中国出国留学概况 //164

移民对经济的影响 //168

移民政策和人才的战争 //171

中国的移民政策 //176

总结 //176

第三篇
人口和国际竞争

第 10 章　日本
日本经济的老龄化 //185

日本企业的老龄化 //194

日本社会的老龄化 //197

总结 //200

第 11 章　欧洲
昔日的创新之王 //202

欧洲其他国家 //207

俄罗斯属于欧洲吗？ //208

创新前景和生育率 //208

欧洲的政策选择 //214

总结 //216

第 12 章　美国
美国的创新史 //217

美国的人口优势 //222
中美科技竞赛 //228
美国和中国的政策选择 //232
总结 //232

第13章 印度
印度的创新力和经济预测 //233
印度经济发展的隐患 //241
人口和经济前景展望 //245
各国创新力竞争的总结 //249

第四篇
中国的经济和人口形势

第14章 中国创新力和经济展望
中华民族是富有创新力的民族 //253
人口众多是中国经济和科技发展的优势 //256
中国经济发展的风险和持续性 //260
中国经济的最大风险是恶化的人口形势 //267
总结 //272

第15章 中国人口历史
中国古代的人口历史 //273
古代的人口政策 //276
新中国人口政策的变迁 //278
新中国的人口 //279

人口结构变化 //284

年龄结构变化 //285

城市化历史 //286

总结 //287

第 16 章　中国生育成本

估算中国的生育成本 //289

时间成本和机会成本 //297

生育成本的国际比较 //299

中国生育成本高的主要原因 //301

总结 //302

第 17 章　中国人口预测

生育率下降的原因 //305

三种生育政策假设下的人口预测 //309

中国、美国和印度的出生人口比较 //311

总人口预测 //313

人口结构预测 //317

总结 //321

第五篇

中国人口创新战略

第 18 章　生育政策和财税补贴

生育政策的变迁 //327

生育补贴形式 //333

中国家庭财税补贴的建议　//334

总结　//338

第19章　中国房价和城市化策略

中国高房价的成因　//339

人口流动和贫富差距　//344

如何解决大城市病？　//346

严控大城市人口规模的后果　//348

政策建议：生育购房补贴　//350

总结　//352

第20章　教育如何减负提效

教育如何促进创新力和人口　//353

教育系统的效率黑洞　//354

教育内卷和生育率　//360

缩短学制和教育改革　//363

教育改革必须知难而上　//371

第21章　中国的对外开放策略

全方位的对外开放　//373

入境旅游大有潜力　//380

如何应对美国的脱钩策略　//384

总结　//385

第22章　生育减负和女性平权

女性职业发展和生育率之间的关系　//387

日托服务　//389

外籍保姆 //392
育产假 //393
推广灵活办公模式 //394
保障未婚女性的生育福利 //395
辅助生育技术 //397
女性平权的观念问题 //399
总结 //401

第23章 中国人口战略和政策
中国的生育率将是世界最低? //402
鼓励生育政策的具体建议 //404
对鼓励生育的质疑 //409
重塑生育文化 //414
总结 //415

附录
提倡敬祖传后 //417
女随母姓 //423

后记 创新和传承——对生命意义的思考 //427
参考文献 //435

致谢

首先也是最重要的,我非常感谢我的已故导师爱德华·拉齐尔（Edward Lazear），是他在斯坦福大学引导我进入劳动经济学领域。也向已故经济学家、诺奖得主加里·贝克尔致以特别感谢,当我在芝加哥大学从事博士后研究期间,正是他指导和鼓励我研究这个主题。我还要感谢黄文政,我们共同研讨和撰写了很多该主题的文章。同样感谢何亚福、方正宇、鲍笛,他们做了大量数据搜集、分析以及文字整理的工作。

梁建章

序

很多人好奇地问我，作为一个成功的企业家，怎么会如此执着地研究人口经济学？这还要从 2007 年说起。当时，携程公司已经成为中国领先的互联网公司。37 岁的我决定辞去 CEO（首席执行官）的工作，重回校园，追求学术生涯的发展。最后，我花了 4 年时间，获得了斯坦福大学经济学博士学位。

硅谷当时正是全球创新创业的中心，很自然地，创新和创业成为我的研究主题。在研究过程中，我发现，一个国家的创业活力和这个国家的人口年龄结构有很大的关系，越是人口老龄化程度高的国家，创业和创新的活力就越弱。随后，我的相关论文发表在经济学顶级学术期刊《政治经济学杂志》上。这让我意识到，这是一个非常值得研究的课题，但是很可惜，学术界的研究并不充分，尤其关于中国、人口和创新的关系，可以说是学术界的一个非常需要补充的领域，所以，我开始研究中国的人口数据。我很惊讶地发现，虽然当时中国的人口结构还相对年轻，但是生育率已经远低于更替水平。更令人担忧的是，那时的中国还在实行实际只允许生一胎的计划生育政策。

2011 年博士毕业后，我在北京大学担任研究教授，认识了中国的很多经济学家和人口学家。我发现经济学家和人口学家对于中国人口问题的认知,有各自的盲区。很多经济学家虽然明白人口萎缩的危害,但是并不清楚人口数据;很多人口学家虽然知道中国的人口数据,但是并不认为人口萎缩是个坏事。出现这种现象的主要原因,是人口政策在当时是一个敏感话题,缺少深入的对话和讨论。所以我决定尽我所能,来传播我的人口观点和政策建议,推动我国生育政策的早日改变。

我之所以相信自己对人口政策的推动能够起到独特作用,是因为我作为经济学家的学术训练以及研究领域和以前的经济学家不同。以前的人口经济学家往往只从劳动力供给的角度来讨论人口对经济的影响。而我的研究结果显示,人口对经济更为关键和重大的影响,是对创新力的影响。当中国经济进入创新经济阶段,对于能否高速和持续发展,在全球拥有足够的竞争力,创新力是根本。但是人口萎缩和老龄化,正是中国未来经济发展的最大隐患。不过,由于这还是一个前沿学术领域,人口和创新在中国还没有引起广泛的重视,因此我觉得我有责任从人口创新的角度,为推动人口政策的改革提供独特视角。

2012年,我和北大社会学系的李建新教授共同出版了《中国人太多了吗?》,这本书是中国出版的最早批评一胎化政策的书之一,在我和其他学者的共同努力下,我们让计划生育的讨论,从禁区走到了公共领域。在后来的几年中,我和黄文政就中国人口问题公开发表了上百篇文章,也合著了《人口创新力》以及《中国梦呼唤中国孩》。除了书,我也通过其他传播渠道,持续地在公共领域讨论人口政策议题,同时向大众普及人口经济学。我做了纪录片、人口经济学的音频课程,参加了很多内部和公开的讨论,也帮助起草了有关人口政策的提案和内参。2021年,我牵头组建公益性机构"育娲人口研究智库"(简称"育娲人口"),其汇集了中国顶尖人口和经济学家,致力于人口和相关公共政策研究。

令人欣慰的是,中国终于在2016年实行了二孩政策,2021年又实行了三孩政策,并且废弃了所有惩罚性的限制生育的政策。但是仅仅放开生育还远远不足以把中国的生育率提高到更替生育水平。根据育娲人口在 2022 年发表的《中国生育成本报告》,中国的生育成本几乎是世界上最高的,所以中国民众的生育意愿和生育率几乎是世界上最低的。根据中国国家统计局数据,2022 年中国人口比上一年减少 85 万,出生人口只有 956 万,创下 1949 年以来的最低纪录,生育率不到 1.1。中国必须出台最有力度的鼓励生育的政策,才能把超低的生育率提升到一个相对可持续的水平。

最近两年,我和我的合作者共同提出了很多鼓励生育的具体措施,例如现金和税收补贴、房贷补贴等,也激起了不少公共讨论,这正是我们乐于见到的,因为足够多的公共讨论有助于推动现有政策的改变,以及新的政策的出台。鼓励生育是一个非常复杂的社会工程,需要精准到位的政策设计,本书的目的之一,就是讨论和分析最适合中国的鼓励生育的公共政策设计。

我们建议,鼓励生育的财政支出最终可能需要占到国民生产总值的 2%~5%。我听到很多质疑。有的担心中国政府没有足够的钱来推动这些政策,有的则认为,把钱花在这些政策上不值得。我认为,这些质疑的根本问题还是没有意识到人口对于创新和综合国力的重要性。我希望,这本书能够让更多人了解和理解,人口是创新和国力的不可替代的一个基础变量,而书中的理论也可以用来预测未来中国经济长期竞争力和相对应的配套公共政策。

这本书开创性地提出了人口创新力的模型,为以后的政策分析提供了一致的理论框架,书中还以中国和美国的科技竞争为案例,让读者可以对人口创新力和国力的关系,有更加深入的理解。书的后半部分内容是中国的人口预测和人口战略,通过分析各国的鼓励生育政策,详细讨论中国需要怎样的鼓励生育政策。其中包括补贴、教育改革、房地产等方面的政策建议。

如果说，2011—2016 年，我关注的是如何推动废除计划生育政策，因为从短期看，那是对中国人口结构来说最为迫切需要改变的政策，那么 2016 年之后，我关注的是一个长期问题，那就是如何鼓励生育，从而让中国具有充分和强大的创新力，未来能够提升民众收入，稳步进入高收入国家的行列，成为一个真正意义上的富国。我希望这本书能够让那些反对鼓励生育的人，换一个角度来看人口问题，而对那些认同人口和创新力关系的人起到抛砖引玉的作用，并可以激发社会各界，围绕如何创造一个鼓励创新的环境，如何鼓励生育，有更多的公共讨论，从而积极参与到公众政策的建议中。

导论

　　21世纪人类社会最大的事件将是什么？我认为有两件最大的事，第一件事是人口增长的逆转，第二件事是中国的崛起。第一件事是人口增长的逆转和生育率快速下降，简单说，就是人类不太想生孩子了，尤其是中国人成为全世界最不想生孩子的群体了。第二件事是中国的崛起：中国经济和创新能力的迅速提升，将彻底改变世界的政治经济格局。这两件大事是有关联的，因为低生育率危机造成的年轻人减少将严重影响中国未来的发展。本书就是要介绍这两件最大的事和两件事之间的关系。

　　首先，人口增长的逆转和低生育率危机是人类社会面临的巨大变化。有史以来，人口一直在稳步增长，尤其是工业革命以后人口快速增长，但是到了21世纪，人口形势发生了根本的变化，人口增长的速度突然慢了下来，很多国家的人口在排除移民以后已经不再增长，世界上人口增长几乎都来自非洲和南亚地区，即使这些地区的人口在增长，世界的总人口数也很可能在21世纪就会发生逆转，从正增长变为漫长的负增长阶段。甚至有些国家的人口，包括日本和中国，已经开始减少。这件事尤其令人震惊，因为这种增长的逆转是在人均寿命还在不断提高的情况下发生的，背后的原因是生育率的急剧下降。

全球几乎所有国家的生育率都在迅速下降，人类越来越不愿意生孩子了。20世纪60年代世界平均生育率是4.9，即平均每个妇女生4.9个孩子，到2000年，生育率只有2.7，到了2020年，只有2.4（见图0-1）。

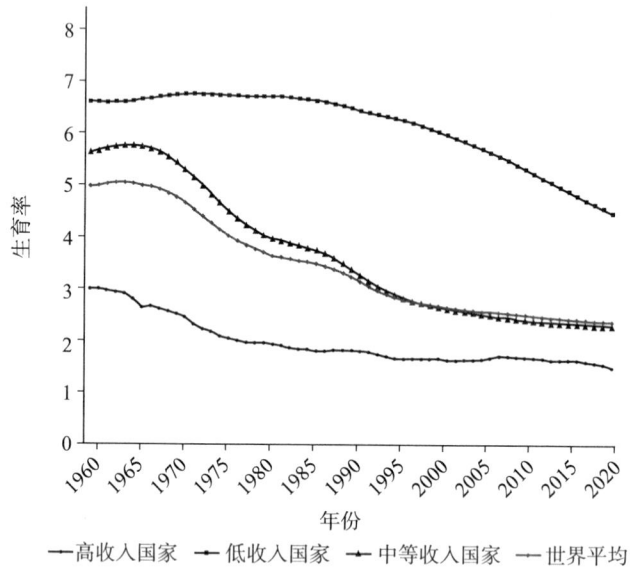

图0-1 各类国家不同时期的生育率

资料来源：世界银行，2020年。

如图0-1所示，生育率下降的现象不仅出现在发达国家中，同样也出现在中等收入国家和低收入国家中。即便是被视为未来人口增长动力的撒哈拉以南的非洲国家和地区，生育率也会下降到更替水平以下。（更替水平生育率，是指为了让每一代人的规模大致相仿，需要达到每名妇女平均生育2.1个孩子的生育率，这个数字略超过2，因为有少数儿童可能会在成年以前死亡。）绝大多数发达国家的生育率都已经低于2.1的更替水平。2020年，欧盟各国的平均生育率约为1.5。美国是发达国家里少数人口持续增长的国家，主要是因为美国仍然保持其强大的吸引移民的能力。东亚国家如日本的生育率已经低于1.5（2020年是1.4），而中国的生育率更低，已经几乎降到了更替水平的一半（2022年不到1.1）。有很多原因导致人们普遍选择少生孩子，包括妇女受教育水平提高和劳动参与率增加，抚养孩子的成本上升，老年人对子女赡养的需求降低，以及现代生活方式挤占了养育孩子的时间等。本书将详细阐述这些原因对生育意愿的影响。

最早受到人口剧变影响的国家是日本。在过去的40年里，日本的生育率一直低于更替水平，当前保持在1.3左右。从2005年开始，日本成为人口出现自然负增长的国家，其经济发展也饱受低生育问题的拖累。

但是令人震惊的是，未来世界上少子化和人口萎缩问题最严重的国家竟然是中国。2022年中国的生育率不到1.1，远低于同期发达国家1.6的水平，甚至比日本还要低很多。在第七次人口普查结果公布之后，中国当前的生育率已经低于被国际社会普遍认为的1.5的生育率警戒线，更严峻的是，根据本书的分析和预测，中国的生育率和新出生人口还会继续快速下降。未来中国将是世界上人口结构老化最严重的国家。2022年，中国出现了人口负增长，在接下来的20年里将出现持续人口萎缩的负增长和急速的老龄化。这对于还处在崛起过程中的中国将是一个严峻挑战。这种负面影响是多方面的，这包括社会养老的负担加重，经济增长放缓，最为严重的影响将是创新能力的停滞和衰退。不夸张地说，中国将面临世界上最严重的低生育率危机。

人类社会的另一件大事是中国的崛起。中国经济过去几十年取得了令人惊讶的成就。1980年，中国的经济体量只有美国的6.7%，到2021年，经济体量已经达到美国的77.3%，并且成为世界第二大经济体和世界上最大的出口国。人均国民总收入也从1980年的不到100美元，增长到2021年的1.24万美元，接近高收入国家的下限标准。按照目前的经济发展态势，中国可能将在未来10年超过美国，成为世界上最大的经济体。

更令世人关注的是中国在创新领域中的迎头赶上，其进步速度甚至比GDP（国内生产总值）的增长速度更快。如图0-2所示，2010—2020年，中国在研发领域中的总支出几乎每年都以10%以上的速度增长，远超同期GDP增长。

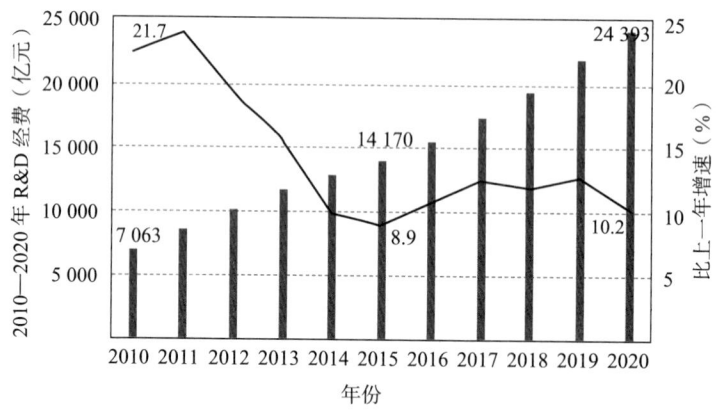

图0-2　2010—2020年我国研究与试验发展（R&D）经费支出及增长速度

资料来源：中国国家统计局。

有些经济学家预测中国的经济将继续快速增长，甚至到2050年，经济体量会达到美国的两倍，这不是天方夜谭，因为中国的人口是美国的4倍，只要中国的人均收入达到美国的50%，或者说大约是韩国的水平，GDP总量就会是美国的两倍。历史上，中国GDP曾在最兴盛的时期占了世界GDP的40%。如果中国的经济总量远超美国，将彻底改变世界政治的格局。如今的中国已经让占据世界经济和科技老大位置多年的美国倍感压力。

关键的问题是中国经济的快速增长还能持续多久？要回答这个问题就要预测中国未来的创新力，因为创新力已经成为国家竞争力的关键。那么，低生育率将如何影响中国未来的创新力呢？为什么说人口是创新力要素里面基础性的要素？

要回答这些问题就需要介绍贯穿本书的创新力模型，其可以用以下公式来表示：

$$人口数量 \times 人口能力 \times （内部交流量 + 外部交流量）= 创新力$$

首先，本书将介绍创新力模型中的人口数量和相关的规模效应。一个人口大国有巨大的市场和庞大的人才池子，相对于人口小国，有很多无法复制的优势。当然，这种规模优势在不同行业中的展现形式不一样。有些行业的这种规模优势比较显著，有些行业的规模优势就没有那么显著。不同类型的创新，例如人工智能、互联网平台，也会有不同程度和形式的人口规模效应。本书将解答一个人口大国，在哪些创新领域会具有人口规模优势。

其次，本书将介绍创新力模型中的人口能力和老龄化效应。本书着重分析创新力和年龄的关系，详细分析老龄化如何影响整个社会的创业精神和创新活力。我的研究表明，老龄化对创新和创业的负面影响可能是巨大的。通过分析日本和其他发达经济体的数据，我发现在人口老龄化的国家中，创业活动要稀少得多。例如，自20世纪90年代以来，日本的人口老龄化急速加剧，其创业精神和创新能力持续下降，经济也在过去30年中持续低迷。

本书还将分析内部和外部交流强度如何影响创新力：从增强外部交流的角度，讨论国际交流和创新的关系以及相关政策建议；从增强内部交流的角度，分析人口聚集效应，以及相关的城市化政策。本书会解答一些普遍关心的问题：为什么创新活动集聚在大城市？大城市对于创新型人才的优势和劣势是什么？中国的大城市人口是否太多了？房价是否太贵了？

本书还会分析人口对经济其他方面的影响。从200多年前马尔萨斯的人口论到最近全球变暖的讨论，有些经济学家担忧人口增长所带来的资源枯竭和环境恶化的问题，本书将讨论人口和创新如何影响资源和环境问题。另一种担忧，是人口相关的养老和失业等问题。主流经济学观点认为，老龄化最主要的影响是一个公共财政问题，因为大量的老年人口会给公共养老制度带来沉重的负担。本书也将讨论人口和创新将如何影响养老、失业、贫富差距等问题。但本书的观点是，和这些方面的影响相比，人口对创新的影响是最为深远和最具根本性的。

本书还会详细分析、预测几个大国的创新力和人口形势，以及这些国家的人口政策。当然，介绍其他国家的人口政策的目的是为设计中国的人口战略提供参考。本书将在第四篇和第五篇详细分析中国的经济和人口问题，并给出具体的应对低生育率的政策建议，其中包括鼓励生育政策，教育减负的政策，城市化策略和移民政策，等等。

本书的结构如下：

- 第一篇将用创新力模型来分析人口和创新的关系，并分析影响创新的4个最重要的效应，即人口规模效应、人口老龄化效应、人口聚集效应和人口流动效应。
- 第二篇将介绍世界的人口趋势，讨论人口如何影响经济的其他方面，如公共财政、失业和通货膨胀等，澄清人们对人口、经济，特别是对资源和环境等领域产生的误解，并且介绍移民对经济的影响和相关政策。
- 第三篇将探讨未来世界的几大主要经济体的人口形势和创新力预测，所涉国家包括日本、中国、美国、欧洲的几个大国和印度等。

- 第四篇将展望中国的经济和创新力,以及低生育率对中国创新力和中国经济的影响,同时通过对中国生育成本的分析,来预测不同政策假设下的中国未来人口。
- 第五篇将讨论中国的人口战略,分析世界各国的人口政策并提出中国未来的人口政策建议,其中包括财政补贴等降低生育成本的政策建议,还包括教育改革、城市化策略等方面的政策建议。

第一篇
人口和创新

第 1 章 创新理论

创新是经济发展的第一推动力

经济学上最根本的问题是，如何使一个国家更加富裕？除了创新，还有许多关键因素可以使一个国家变得富裕。这些因素包括稳定的政府、产权保护、良好的基础设施、健全的金融体系、良好的教育和开放的贸易。所有这些因素都很重要，但是从政策的视角来看，哪些更加难以实现？我暂且忽略那些最不发达的国家（比如非洲的一些国家，因为它们缺乏的要素太多），重点关注中等收入国家，发现其中大多数国家都具备这些要素。例如泰国，它拥有稳定的政府、优质的基础设施，大学入学率和贸易开放度也都较高，但泰国还不能被称为发达国家。差距在哪里呢？我们通过对比会发现，高收入国家与中等收入国家之间的差异，往往是创新能力。

创新为什么会变得越来越重要？首先，全球化使创新的回报比以前更为丰厚。在全球化的背景下，创新的知识或产品传播得更快、更广，因此可以更快地创造更多财富。此外，一些技术创新已经可以取代人类的日常工作。从某种意义上讲，创新就是创造新的工具来代替人类的工作。未来将会有更多的人创造工具，却只需要更少的人来操作它们。机器人和人工智能都是当今的热门话题，但它们远不具有创新能力（即使机器人可以创新，人类可能也永远不会允许它去做，因为它实在太危险了）。因此，越来越多的资源将会流向工具的创新者而不是操作者。对一个中等收入国家来说，能否达到高收入水平的最重要因素，就是创新。

创新驱动的社会变革

创新推动经济发展的同时也带来了社会变革。首先是工厂的兴起和工业化。在工业革命期间，生产从家庭作坊式的小规模生产转向工厂大规模量产。工厂的存在之所以成为必要，是因为生产技术和工艺变得更加复杂，这需要许多专业化的技能，比如机械维修、产品测试以及质量控制等。对单独一个人或几个家庭成员来说，掌握整个生产过程几乎是不可能的。一般来说，随着知识的增长，社会的经济活动需要分工以及专业化，从而需要更多的合作，由此就产生了对工厂和现代企业的需求。

其次是由现代交通和信息技术带来的全球化。现代化的水运、铁路和公路运输渠道及集装箱技术使得货物以非常低的成本流动。而航空技术的进步更使得人们可以在较短时间内到达世界上的任何地方。电信技术的进步，使得信息几乎可以在世界各地瞬间传递。随着商品、人员和信息的全球化，任何创新都比以往的任何时候要传播得更快、更广。在技术变革和全球化的背景下，如超级明星、艺术家这类在其领域内拔尖的人在全球市场上能够获得更多财富，人们称这种现象为超级明星效应。就像这种效应一样，任何创新都能在全球化的世界中获得更高的回报。与此同时，全球化和创新趋势也拉大了创新型劳动者和普通劳动者之间的收入差距。这种变化带来的正面效果是，由于回报变得更大，越来越多的人正在努力创新。

再次是高等教育的普及。一个人如果想创新，就需要有综合的知识基础。因此，人们不仅需要接受技术或职业培训，更需要全面的大学通识教育。例如，想要成为一名优秀的游戏设计师，就需要了解计算机科学、历史、图形艺术等各方面的基本知识。创新和全球化驱动的技能需求，促进了大学教育的普及。发达国家的大学入学率，仅仅经过一代人的时间，便从20%上升到了50%多。20世纪80年代，中国的大学入学率不到10%，而在21世纪第一个10年，就增长了近30%。大学已经成为创造知识和传播知识的中心。

即便有越来越多的人接受了大学教育，大学教育的回报也仍然很高。大学毕业生（这里指本科生）中的佼佼者和博士毕业生的工资收益更高，这是因为创新的回报更高。例如，硅谷是一个高产创新者的集聚地，这些创新者的收入增长率远远超过了美国的人均收入增长率。

大学教育普及的另一个影响，是更多的女性进入大学并进入劳动力市场。在许多国家中，女性的大学入学率已经赶上了男性，在某些情况下甚至超过了男性。这有助于解释世界各地生育率下降和家庭规模缩小的原因。

此外，主要的大都市地区已经成为世界创新中心。正如我前面所讨论的，创新过程需要更多拥有不同技能和属于不同专业领域的人士参与。大城市的优势在于，它可以提供一个庞大且多样化的人才库。因此，最好的创新公司都集中在大城市，这导致大城市变得更庞大且生活成本更高，在经济上的地位也比以往任何时候都更加重要。

最后，随着创新产业占GDP的比例越来越高，创新竞争成为大国经济竞争的关键。而创新竞争的关键是人才和人口。人口和人才的重要性，相对于其他要素（如土地、资源、资本等）变得越来越凸显。

创新的定义和类型

创新通常的定义为一种有价值的新的知识、产品、生产方法、组织形式等。所谓的有价值就是更高的效率、更低的成本或者更好的用户体验。按照这个定义，一个新的科学理论，如果能够被用来设计一个新的产品，也就是说商业化，那么这个新的科学理论也是一种创新。

创新的类型主要包括适应性创新与前沿创新

适应性创新普遍存在于一个经济体处于追赶阶段的时期。适应性创新指的是对现有技术进行调整，以适应当地的市场环境。例如，肯德基调整了其在中国销售的炸鸡配方，加入了中国的调料；印度智能手机制造商设计了一款智能手机的廉价版，以满足当地消费者的需求。对低收入国家来说，适应性创新是创新的主要形式，因为相比于技术的前沿创新，这种创新形式更加容易。因此，技术的前沿创新在一个经济体处于发展初期时并不占据重要地位。然而，一旦国家达到中等收入水平之后，为了获得更高的收入，就需要进行前沿创新。一个国家想要成为高收入国家，不可避免的途径就是进行前沿创新。在本书的剩余部分中，我将重点分析前沿创新。

前沿创新可以包括以下几个方面的内容：

（1）新的科学理论；
（2）新技术、新工艺、新产品；
（3）新的商业模式和组织形式；
（4）内容创作：音乐、电影、游戏等。

不同类型的创新，需要不同的经济制度和激励制度与之相配套。

例如，学术理论主要由教授来提出，其由此得到的回报是学术职称和学术声望。新的产品技术的成功往往可以让公司赚取更高的利润，其发明者也会得到奖励。而新的商业模式，通常由新型的公司推出，公司的创始团队和创始资本会获取大部分回报。

创新力的模型

新的产品和技术不可能是凭空创造出来的，而是现有产品和技术的一种改进或新的组合和连接。现有的产品技术的知识，有些是在公共领域，可以通过学习来获得，例如基础理论知识，有些则需要和不同领域的知识携带者进行沟通交流。所谓的知识携带者可能是相关领域的科学家，可能是一个关键零部件的厂家，也可能就是一个深度用户。和这些知识携带者的交流是产生创新想法的源泉，也是创新想法被验证或者商业化的必经之路。

由于创新力源于思想的交流，一个国家的创新力不仅取决于人口数量，还取决于其人口能力、内部交流量和外部交流量。人口能力是指人口中平均的个人能力，这里包括天分、教育、经验、精力、沟通能力、冒险能力等。内部交流量和外部交流量是指在本国交流和与国外交流的畅通性，这可以涵盖信息、商品、资金等多种形式。一个比喻是，人类社会就像大脑，人就像神经元，神经元越多（人口），活跃（个人能力）神经元之间的连接越多（内部和外部交流量），大脑就会越发达。用公式表示如下：

$$创新力 = 人口数量 \times 人口能力 \times (内部交流量 + 外部交流量)$$

以上公式是本书的核心理论框架。我会多次运用以上框架来解释人口、教育、内部和外部的开放程度以及其他公共政策对创新力的影响。

不断提高的创新难度和能力需求

先来解答一个问题：创新是否变得越来越难了，或者说要掌握的知识越来越多了？在宏观层面上，我们可以看到虽然创新的成果并没有增多，全球 GDP 的增长基本保持稳定，但是从事创新的研发人员和研发投入在不断提高。世界各国平均研发支出占 GDP 的比例在不断增加，2020 年这一数字为 2.63%，这表明创新的确越来越难了，同时创新所需的人员素质也越来越高了，研发人员需要接受更长时间的教育和专业训练才能取得成就。同时创业人员也不得不更加精细化和专业化，也就是说，他们只能在一个更加狭小的专业领域中做出贡献。

让我们来看看世界不同时期的专利数据。图 1-1 的数据表明，专利申请人的平均年龄正在增加。图 1-2 的数据表明，发明者跨学科的概率正在降低。这意味着发明者的年龄越来越大，同时也变得更加专业化。此外，图 1-3 显示，每个专利的发明者的平均人数也在增加。20 世纪 70 年代，每个专利只有一两位发明者，而现在，每个专利有两三位发明者。

这些信息告诉了我们什么？它表明，创新变得越来越难。原因就在于，人类的知识就像一个巨人，正在变得越来越大，使得后来者更难站在巨人的肩膀上。500 多年前，像达·芬奇这样的天才能够在诸多学科中都有发明创见。可是，今天多数的科学家和研究人员只能立足于各自专业的学科，而且各个学科的分类也变得越来越细。

创新通常是偶然之间发生的，顿悟会发生在不同学科知识相互融合的时候。因此，随着学科分工越来越细，专业化越来越强，跨学科的合作也愈加重要。这就是为什么如图 1-3 所示的那样，每个专利的

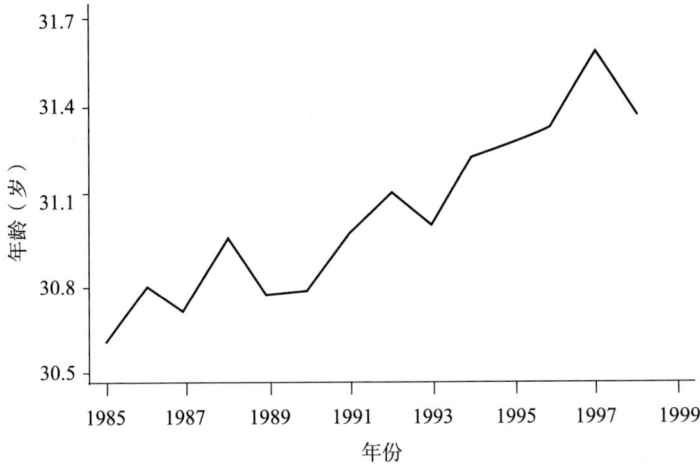

图 1-1　初次创新的年龄趋势

资料来源：Benjamin F. Jones, The Review of Economic Studies 2009, The Burden of Knowledge and the "Death of the Renaissance Man"：Is Innovation Getting Harder?

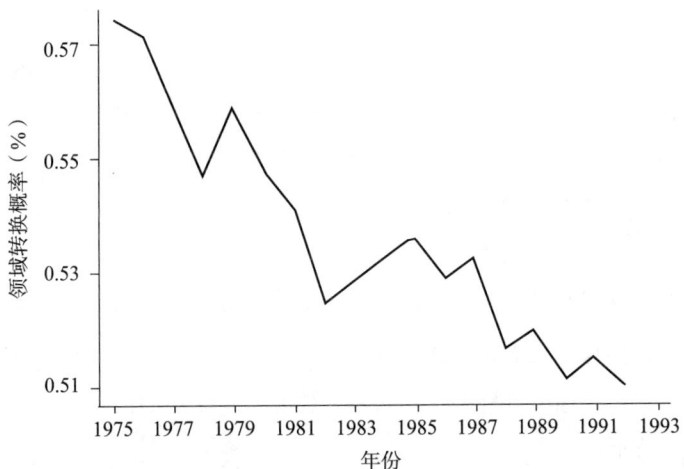

图 1-2　创新者的跨学科趋势

资料来源：Benjamin F. Jones, The Review of Economic Studies 2009, The Burden of Knowledge and the "Death of the Renaissance man"：Is Innovation Getting Harder?

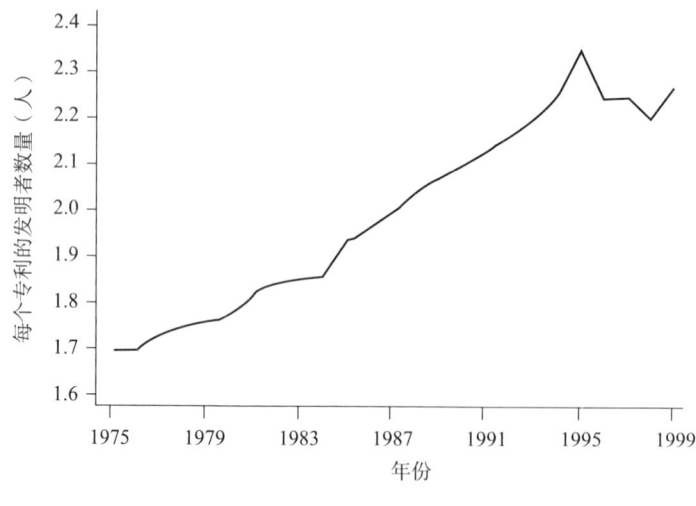

图1-3 共同专利发明人数趋势

资料来源：Benjamin F. Jones, The Review of Economic Studies 2009, The Burden of Knowledge and the "Death of the Renaissance man"：Is Innovation Getting Harder?

发明者数量不断增加。一个好的发明家，不仅要成为所在学科的专家，还要有跨学科的知识，以及与其他领域的研究人员开展良好合作的能力。同样的道理，成功的创业者也需要具备多种多样的技能和工作经验。斯坦福大学经济系教授爱德华·拉齐尔分析了斯坦福大学MBA（工商管理硕士）学生的工作经历后发现，一个选多学科课程的学生，更可能成为企业家[1]。与之相反，如果一个MBA学生的选修学科太单一，比如只是集中在金融类专业，那么该学生成为企业家的可能性就相对较小。拥有各种各样的兴趣和技能，是成功的创新者与企业家的主要特征。

一方面，由于创新变得更加困难，因此发明家的平均年龄越来越大；另一方面，因为颠覆性创新和创业需要艰苦的工作与冒险行为，所以这些工作更适合年轻人。因此，颠覆性创新和创业的黄金窗口期越来越短。在某些特定的领域中，取得博士学位是做研究的起点，而获得博士学位所需的年数也正在增加。一个学生在 28 岁的时候获得博士学位是很普遍的现象。创业的最佳年龄是在 30 岁左右（这一点将在老龄化效应一章中详细分析）。因此，一位博士毕业生成为一名企业家的黄金时间非常短。

总而言之，人类的知识基础越来越庞大，创新变得越来越困难，越来越需要跨学科的合作。由于有更多的资源投到研发中，创新并没有减缓。这是人类历史上最基本的趋势之一。随着技术稳步提升，整个社会的生产能力会提高，资源瓶颈得以缓解，人均收入持续增长。如果这种趋势可以继续，那么人类社会将达到一个普遍富裕的阶段。

创新力和开放网络

创新力模型中的交流畅通性，其实是利用集体智慧去解决复杂问题的能力。一个人的能力很有限，如果能够通过教育来学习前人的成果，又能够和很多人合作，就可以构建一个创新网络来解决复杂问题。

学术研究群体就是由众多科学家组成的学术创新网络。早在几百年前，欧洲的科学家就通过学术期刊、研讨会和协会等形式，组成了学术创新的网络，从而促成了科学革命。现代科学革命的源头可以追溯到牛顿和伽利略等人发现万有引力的时候。万有引力是开创性的科学发现，虽然对经济的影响并不大，但其革命性的意义在于开启了科学的方法。科学的方法是所谓的"可证伪性"或者"可验证性"，就是科学理论要通过提出精确量化的实验来验证。由于科学理论是客观量化和可验证的，这就使得一个理论一旦提出，就可以让其他科学家参与验证、修正和完善。学术创新不再是单打独斗，而是可以让科学家群体通过信件、会议、学术书刊等形式对科学问题进行公共讨论研究，争先恐后地发表自己的创新理论和实验，并得到其他科学家的反馈。学术创新变成一个科学家群体的创新，这就是迄今为止非常成功的学术圈子。学术网络和科学的方法，加强了众多科学家的交流，从而大大提高了整体的创新效率。这样的学术创新的网络，在17世纪的西欧已经初具规模，使得欧洲的科学创新的速度遥遥领先。

　　技术创新和学术创新不一样，但是同样需要由市场经济支撑的开放网络。科学创新往往一开始只是学术理论创新，并没有实际的应用，所以往往是由政府和大学资助的。牛顿的背后是剑桥大学和英国皇家学会，这两个机构的背后是英国的教会和政府。企业的创新动力是科学理论成功商业化后的利润，所以需要产权和专利的保护。而市场经济提供了科技创新所需要的网络连接。因为一旦一个新产品问世，就会有无数竞争者试图模仿和超越，还有很多上游企业竞争成为你的供应商，还有你的下游企业也会从你的创新中获益并且得到启发，从而引发下游的创新，所以在市场经济中，一个创新会在同行、上游、下游的相关企业中激发新一轮的创新的冲击波，这种冲击波可能带来整个行业的重组，即有些企业迅速长大，有些企业衰退甚至死亡，这就是熊彼特所说的创造性破坏。我还是用前面说的人脑神经网络做比喻，一个创新的神经元脉冲会引发很多新的神经元连接，从而产生更多的脉冲和连接，周而复始。以智能手机行业为例，芯片、触摸屏和无线通信技术发展到一定程度，让史蒂夫·乔布斯于2007年发布了初代苹果智能手机，后来智能手机行业快速成长，又反过来极大地促进了上游的芯片、通信和LED的发展，也催生了巨大的移动互联网产业。这种持续孕育生成创新浪潮所需的环境就是市场经济中可以灵活重组连接的产业网络，很像人脑可以随时重组的神经元网络。

　　同样的逻辑，企业的创新力也需要开放网络的支撑。如果一个企业只和少数上、下游企业打交道，就会使得其创新迟钝。有些企业的零部件主要由长期合作的供应商或者控股子公司完成，即所谓的"垂直整合"。这样减少了很多沟通的成本，似乎短期效率更高。但是当一个行业有很多创新机会时，该企业的反应就会比较迟钝。反之，如果一个行业采用开放的策略，即让很多供应商来竞争，那么它们的反应就会比较灵敏。当然有很多供应商时，连接和沟通的成本就会比较高。这时就可以通过采纳一个开放的标准，降低和很多供应商的连接成本，比如手机厂商不需要自己去开发手机应用软件，因为有了操作系统如 Android（安卓），第三方应用厂商就可以在操作系统上开发应用。日本企业往往从成本和效率的角度搞垂直整合，比较封闭地用固定的少数几个供应商或者干脆都由自己的子公司做，而不是提供一个开放的标准让更多的企业参与创新。在行业变化速度不快的时候，这么做可以降低成本，大企业虽然慢一些也能跟上创新的步伐。但是在快速发展的行业，如智能手机行业，这样的策略往往就会拖累创新。例如早在 2001 年，日本电信巨头 DoCoMo 的 iMode 就推出了智能手机和封闭的移动互联网服务［有点儿类似 AOL（美国在线），像一个封闭的 AOL］，但是其创新迭代速度缓慢，后来败给了基于移动操作系统的苹果手机和基于 Linux 内核的开源操作系统的安卓手机。

另一个失败的垂直整合的例子是以 DEC（美国数字设备公司）为代表的小型计算机企业。20 世纪 70—80 年代，DEC 曾经是仅次于 IBM（国际商业机器公司）的最成功的商用计算机公司，但是 DEC 所有的操作系统都不是开源的，大部分软件应用都是自己开发的。这些小型计算机公司一度非常成功，除了 DEC，还有 Data General（通用数据公司）、Wang（王安电脑有限公司）等公司都采取了类似的相对封闭的经营策略，后来几乎无一例外地败给了基于开放操作系统 Unix 和开源操作系统 Linux 的计算机公司。开放操作系统胜出的原因是，开放平台上的硬件和软件竞争非常激烈，使得硬件成本更低，也使得软件应用产业十分繁荣，很快以 DEC 为代表的封闭的小型计算机公司就被淘汰了。归根结底，基于开放操作系统的创新网络，具有更强的交流性和参与度，所以更加有利于企业快速创新。有意思的是，这些失败的小型计算机公司如 DEC 和 Wang 等，大多在波士顿附近。而基于开放的公司大多在硅谷。这部分解释了为什么硅谷而不是波士顿后来成了 IT（互联网技术）创新的中心。其实在 30 年前，拥有 MIT（麻省理工学院）等名校的波士顿区域的条件并不比硅谷差，而且当时还有 DEC、Wang 这样的明星公司，但是垂直整合和相对封闭的经营策略使得这些公司纷纷失败。而硅谷企业往往拥有更加开放的策略和文化，最后成了赢家。我的第一份工作就在硅谷，当时就职于基于开放操作系统 Unix 的 Oracle（甲骨文公司），公司里很多技术骨干都是从波士顿搬到硅谷的前 DEC 的工程师。

当然，现在硅谷已经拥抱了更高一级的开放系统，那就是免费的开源软件。开源软件网络很像前面说的学术网络，很多创新的参与者并不是为了赚钱，而仅仅是为了名誉和好玩儿。因为是免费的，所以开源系统里任何人都可以参与贡献，当然所有的开源的参与者都要符合一定的规范和标准。这样的开源网络调动了更多的创新者，很可能未来成为系统软件开发的主流。连昔日的数据库之王 Oracle 也正在面临被开源的数据库淘汰的风险。

政府如何促进创新

前述已经表明，创新对于经济增长至关重要。接下来的一个问题是，什么样的政府政策可以促进创新？从历史上看，世界的创新中心已经转移过好多次。最初，世界的创新中心在埃及和中东的其他国家，之后转移到了希腊和罗马，再后来转移到了中国；在最近的二三百年间，它一直处在欧洲和美国。那么，这些变化背后的因素是什么？什么样的环境可以促进和培育创新，什么样的政府政策才能促进创新？

这些都是本书旨在回答的关键问题。

在创业成功后，我选择前往斯坦福大学攻读经济学博士学位，并将创新作为我感兴趣的专业领域。我很快就认识到，即使对于"政府如何促进创新"这个堪称经济学学科圣杯的问题，学术研究也只是取得了非常有限的成果，长期的研究只是取得了很少的发现。对于诸如"教育如何促进创新"这类重要的问题，至今仍然没有答案。许多人说，中国的靠死记硬背学习的教育方式是不好的，因为不利于培养学生的创造性和独立性。然而，几乎没有证据能够证明中国的教育方式会对创新产生负面影响。日本和韩国也有与中国类似的教育方式，但这两个国家的教育制度并没有阻止它们成为创新大国。因此，教育和创新力的关系不是简单的线性关系，有关教育和创新的关系在后面另有单独的章节详细论述。

那么，政府在促进创新的过程中可以发挥什么作用？成功的经济体有一些共同的标准要素，比如稳定的政治制度、充分的产权保护、运作顺畅的金融业、开放的贸易和受过良好教育的劳动力。例如，我们知道，创新是建立在既有知识基础之上的，因此，能够与世界其他地方自由交换知识是至关重要的。中国曾经在明清时期实行闭关锁国的政策，其阻碍了与世界其他国家进行商品交换和思想交流的通道。这一措施在很大程度上关闭了中国进行创新的引擎。在第二次世界大战以后，严格的贸易壁垒和不稳定的金融体系，阻碍了拉丁美洲的经济发展和创新。

今天，大多数国家已经理解了经济创新所必需的宏观条件，并且大多数中高收入国家已经可以为创新提供这些条件了。然而，尽管马来西亚和阿根廷等国家也采取了类似韩国与中国的宏观经济政策，但是它们的创新能力和过渡到高收入国家的前景都要弱得多。那么，除了以上这些宏观条件，推动创新的因素还有哪些？

产业政策能否促进创新？产业政策扶持的对象是某些在创新方面

被认定为"有前途"的领域。这在民间资本不发达的情况下可能是成立的，但是在全球化背景下的市场经济中，创新的回报如此之大，就不乏大量的资本去追逐成功的创新。在过去的10年中，全球风险投资业发展非常迅速。因此，即使在没有政府资金投入的情况下，民营资本也可以在众多领域很好地资助创新活动。

另外，在西方国家，在如何选择最"有前途的"技术方面，民营资本有可能比政府做得更好。在官僚机构的薪酬体制下，政府工作人员的能力有时会落后于风险资本家。例如，美国政府近年来投入大量资金以支持太阳能产业，但它并不善于选择合适的公司或者正确的技术，在此过程中浪费了不少资金。

因此，我们的政府首先要提供公平、开放、可预期的竞争环境，提供适合公司经营发展的税收政策，最重要的是，要提供培育创新力要素的环境——在人口数量、人口能力以及内部和外部交流性上下功夫。例如培育外部交流性就是保障国际信息、商品、资金和人员交流的畅通，培育人口能力就是普及基础教育和高等教育等。当然最难的还是培育人口数量，这包括提高本国人口的生育率或者制定符合国情的对外人口政策（如引进移民等）。

为什么说培育人口数量非常难呢？这是因为无论是制定符合国情的对外人口政策还是提高生育率都是一个综合工程，要提高生育意愿就要有高质量的学校（学习负担不能太重）、宜居的城市（房价不能太贵），还有向家庭倾斜的福利政策和其他各方面民生的保障。在以后的章节里，我将从人口学的角度来研究"为了促进创新，政府到底可以做什么"这个问题。

为了从不同角度来看待这个问题，我们先来问一个类似的问题："一家企业是如何促进创新的？"在过去的30年中，《财富》500强企业的变动在不断加快。世界上最有价值的公司，比如苹果、谷歌和微软等，都是成功的创新者。如果你问这些公司的高管，对于一项创新，取得成功的要素是什么？他们的回答可能会有很大的不同，但他们都会提到一个要素，即吸引最好的人才。

著名的经济学家迈克尔·波特提出了企业战略成功的四要素，并将公司竞争战略理论应用于国家竞争战略[2]。在他的模型中，一个国家的某种产业能够获得成功，需要具备4种要素：禀赋、需求、产业以及竞争。

我对波特这个四要素模型的评论是，这4种要素实际上都与人口有关。人口众多意味着庞大的人才储备库和规模巨大的本地市场，即禀赋要素和需求要素。巨大的市场也可以催生更加完整和发达的产业。最后，众多的人口以及庞大和开放的市场可以培育更多的竞争者。因此，人口规模似乎是进行创新活动最重要的优势来源。当然不仅是人口数量，人口能力，以及对外和对内的交流畅通性同样重要。

创新和人口

大约200年以前，英国经济学家托马斯·马尔萨斯发表了著名的人口理论。这一理论描述了以下逻辑链：技术进步可以促进人均收入的短期增长，然而，收入的增长很快会导致人口增加和农业生产率下降，最终将消除人均收入的任何增长。

马尔萨斯理论对工业时代以前的世界经济是一个很好的诠释。在农业社会中，技术进步的速度很慢，生产率的缓慢提高会导致人口增加，人均耕地减少抵消了技术进步带来的效率提升，所以不会带来人均收入的增长。因此，在工业革命开始以前，世界人口缓慢增长而人均收入停滞不前，是一般的经济发展模式。

300年以前，中国的农业技术是世界上最先进的。因此，与陆地面积大致相等的欧洲相比，中国可以负担比欧洲大得多的人口规模。

然而，中国的人均收入水平并没有远高于世界其他国家，只是略高于生存水平而已。清朝的康熙和乾隆两代，占据了18世纪的绝大部分时间。在此期间，中国人口从8 000万增长到了3亿，而人均收入水平却几乎没有增长。过多的人口拖累了生产率和生活水平的提高，马尔萨斯理论准确地刻画了这一时期的中国经济。

马尔萨斯理论虽然在历史上曾得到验证，但已经不再适用于现代经济。首先，农业不再像以前那样占据重要的地位。在发达国家中，农业占GDP的比重不到5%。在中国这样的中等收入国家中，2021年包括农业在内的第一产业只贡献了经济总量的7.3%。每一个现代经济体几乎都是由工业和服务业部门组成，因为与农业相比，这些行业的技术进步更加迅速。

其次，人口增加会降低生产力的这一逻辑，已经不再适用于工业和服务业。从理论上讲，尽管工业部门的确需要原材料、能源和其他资源，较大的人口规模将消耗更多的资源，会提高自然资源的成本，但关键在于，工业部门所需的资源强度远远低于农业所需土地资源的强度。

与土地不同，由于技术创新，人类已经发现了许多新型的材料和能源。例如，大约在200年前，人们用木头和石头来建造房屋，而在今天，人们已经可以使用许多其他的建筑材料，比如金属、玻璃、水泥、橡胶等。历史上，能源的主要来源是木材和煤炭，然而今天，许多新能源已经被发明利用，比如太阳能、风能和核能。此外，像太阳能这类清洁能源的成本正在迅速下降，已经逐渐接近化石燃料。

在现代服务业和信息技术领域中，对自然资源的需求更是弱得多。尤其在互联网和娱乐行业，其产品和服务可以大量复制，几乎不需要使用额外的自然资源。因此，自然资源的制约，已不再是现代经济发展的瓶颈。而对于解决诸如全球变暖之类的问题，创新会显得更为重要。那么，要使创新维持在较高水平，一个国家就需要有大量年轻且受过良好教育的劳动力，而不是马尔萨斯理论所认为的较小的人口规模。

最后，后工业时代出现了与马尔萨斯预测截然相反的现象：随着人们越来越富裕，父母越来越不愿意多生孩子，人口爆炸的现象并未出现；伴随着国家的繁荣，所有国家无一例外地都经历了生育率的大幅下降。在所有发达国家中，生育率几乎都低于2.1的更替水平。在那些不信仰伊斯兰教的亚洲国家或地区，通常在人均收入达到4 000美元的时候，生育率就会低于2.1的更替水平，而当一个国家的人均收入达到10 000美元时，生育率甚至会下降到1.5以下。这么低的生育率水平，对任何一个国家来说，都是危险的和不可持续的。

今天，大多数经济学家都认为，马尔萨斯主义者的人口和经济学理论，只适用于那些还处于工业阶段前期的国家。世界人口发展已经进入了一个新的时代：大多数高收入国家和中等收入国家的人口都保持稳定甚至日益减少，只有低收入国家还存在高人口增长率。因此，我们需要一个新的经济人口学范式。

在现代经济学史上，最重要的经济学家当属亚当·斯密。他发现专业化和贸易是提高经济效率的主要因素[3]。100多年前，经济学家约瑟夫·熊彼特提出了创造性破坏理论。这一理论认为，创新和创业是经济长期增长的主要驱动力[4]。熊彼特并没有给出一个正式的经济模型，但近年来，他的这一理论的影响变得越来越大。

20多年前，美国经济学家保罗·罗默提出了一个关于创新和经济增长的模型[5]。在斯坦福大学攻读经济学博士学位期间，我曾研究过这个模型，注意到它的一个含义是，在一定的条件下，一个规模更大的群体可以使更多人从事研究和创新，从而驱动更快的技术进步和更高的劳动生产率。这一模型中有几个假设条件，其中之一是市场经济，确保知识和商品可以被人们用来交易。另一个假设条件是强化商品和知识的产权意识，从而使人们有动力去创新科技和创办企业。罗默揭示的人口和经济增长之间的关系，恰与马尔萨斯主义者的理论相反。通过创新这一渠道，人口的增加将使经济增长更快、收入更高。

有些人可能会问：为什么拥有世界上最多人口的中国，当初并没有成为类似西欧诸国或者美国那样的先进国家？这是因为创新不仅需要大量的人口，还需要对内和对外交流的畅通。创新是互相碰撞和学习的过程，即使一个国家的人口再多，也需要与更大的外部世界进行贸易交流，这样才能站在创新的前沿。在600多年前的明代，中国仍是世界上最先进的国家。在著名的郑和下西洋的过程中，中国使用的航海技术比同时期的欧洲地区先进得多。但在此次航海活动之后不久，受很多偶然性因素的影响，中国的统治者停止了所有的海洋探险活动，也阻碍了商品和人员的交流。另外从地理上看，美洲离西欧更近，因此西欧国家能够早于中国发现新大陆，这有助于它们扩张贸易，并在后来引发工业革命。同时期，中国遭受了一系列的战争。解放初期，向苏联学习的僵化的计划经济体制极大地削弱了创新和创业的激励机制和内部、外部交流性。因此，一直到改革开放之前，中国的创新能力仍然是落后的。

综上所述，在过去的600多年里，中国自给自足的贸易政策切断了与世界其他地区的交流，使得中国在创新和技术进步方面逐渐趋于落后。相比之下，西方国家利用火药和罗盘等中国古代的发明，创造了坚船利炮，进行殖民扩张、征服新大陆，并将经济贸易扩展到了非洲、中东和印度，获取了更为广大的市场。这就是工业革命和科技革命发生在欧洲而不是中国的主要原因。

如果一个国家能够吸收世界上最先进的技术，并依靠研究和开发推动其进一步创新，那么在这一前提下，庞大的人口规模就会成为创新和经济发展的优势，美国20世纪的经济史就展示了这种优势。

早在1850年的时候，英国和德国已经成为世界上的工业强国，而美国仍然是一个农业大国。不过，从那时起，美国开始学习和吸收西欧的技术，同时吸引了大批移民。不久之后，它的人口就超过了西欧各国，从一个欧洲技术的模仿者，迅速转型为一个技术创新的开拓者。众多发明家和企业家，例如托马斯·爱迪生和亨利·福特，引领了世界先进技术和商业组织的潮流。到 20 世纪初期，美国的人均收入水平赶上了西欧国家，成为世界上最大的经济体。在 1900 年之后，美国持续吸引大量移民，其经济规模远超其他任何一个国家。总而言之，利用人口规模方面的巨大优势，美国成为领先于世界其他地方的创新者和超级经济大国。

在工业和信息时代，人口众多是创业与创新的重要优势。中国经济在过去 40 年中的经验是另一个例子。以 1978 年的改革开放为起点，中国打开了面向世界的大门后，其巨大的市场就迅速吸引了大批外国投资。同时，大量高学历的劳动力能够迅速吸收先进技术，提高生产率。在过去的几十年中，中国的企业家创立了众多成功的本土企业，不仅在国内市场上，而且在国际市场上与国际巨头展开竞争。例如，华为和联想已经成为优秀的跨国公司。基于庞大的市场规模和众多的人口，中国的技术不仅正在赶超世界先进技术，而且在创新领域也将大有作为。

令人惋惜的是中国的人口优势正在迅速衰减，因为现在中国的生育率仅有更替生育率的一半，又不像欧美国家有高素质的移民进入，这使得中国的人口优势正在以每代人口减半的速度衰减，这是非常令人担忧的。因此，本书希望通过分析人口和创新的关系，来呼吁人口政策的改革。

创新的 4 个人口效应

我们可以通过创新力公式来分析人口和创新的关系。

创新力＝人口数量×人口能力×（内部交流量＋外部交流量）

一个国家的创新力需要4个要素：人口数量、人口能力以及内部和外部交流量。在以后的4章中，我们将逐一分析以上的4个要素。

我们从创新力模型的4个要素中可以推出4个相对应的人口效应：

（1）人口数量→人口规模效应
（2）人口能力→人口老龄化效应
（3）内部交流量→人口聚集效应
（4）外部交流量→人口流动效应

人口数量越多，创新力基础就越强，这就是我们常说的规模效应。下一章将详细讨论规模效应。

另外，公式中的人口能力涵盖教育、经验、年龄等维度。其中创新能力和人口年龄有很大关系，一个老龄化社会的创新活力会大幅度下降。人口老龄化效应将在后面的章节中详细讨论。

公式中还有内部交流量和外部交流量。内部交流量是指国内交流的强度，外部交流量是指国际交流的强度。内部交流量的提升可以通过培育人口聚集的大城市，实现所谓的"聚集效应"。外部交流量的提升则需要保持国际交流的开放，尤其是保持人员交流的畅通，即所谓的"流动效应"。有关聚集效应和流动效应的内容也会分别在以后的章节中介绍。

第2章 人口数量和规模效应

这一章将介绍创新力模型中的人口数量和规模效应。

创新力＝人口数量 × 人口能力 ×（内部交流量＋外部交流量）

人口多就市场大，可以投入的研发人员也就更多。但这种人口越多、创新力越强的关系不是线性的，而是具有递增效应的，也就是说，人口越多，不仅总的创新力越强，而且人均的创新力也会越强——这就是所谓的规模效应。

各行各业的规模效应

规模效应在现代经济中无处不在。在制造行业中，生产 100 万件产品的单位成本，通常远远低于生产 1 000 件产品的单位成本。这是因为产品研发、采购设备和建设厂房的投入，一般不会因为产量的增加而等比例上升。另外，制造过程也可以因规模效应而变得更有效率，随着专业化的加强和分工的细化，每家公司或车间都可以专注于一项更加具体的任务，因此更加高效。早在20世纪初，福特公司就利用了美国汽车市场的规模优势，第一次普及流水线生产。在这样的生产过程中，每个工人只需要专注于单独一项任务，从而大幅度提高了整个工厂的效率。中国目前是世界上大多数制造业产品的最大市场，这有助于中国的制造企业在世界范围内最专业、最高效。

餐馆、酒店等服务行业也存在规模效应，因为店面的设计、菜谱和食材配方在短期内也只需要一次性投入。连锁店的广告营销，也具有很强的规模效应，因为广告制作和明星代言都不必分散投入成本，大规模媒体投放可以降低成本。另外，在一个高密度的大城市中提供服务（例如银行、邮政、电信）的单位成本，远比在小村庄提供类似服务的单位成本要低得多。

对于高科技或者文创行业，由于研发创新的固定投入是其主要成本，规模效应就愈加显著。例如，投资一部目标为10亿人群市场的电影（或网站）的预算，可以10倍于一部目标为1亿人群市场的电影（或网站）的预算。再比如，中国领先的互联网公司携程旅行网，可以雇用5 000位软件工程师，相比之下，日本只有中国市场的1/10，因此，一家类似的日本公司只能雇用几百位软件工程师。而在中国台湾地区，一家类似的公司只能雇用不到100位软件工程师。当然，这些假设的前提，是这些公司局限于本地市场而没有打开全球市场。但从以往的经验来看，哪怕是跨越国界的互联网企业，通常也只有在本地取得成功后，才会拥有开拓全球市场的能力。所以，即使在全球化背景下，拥有更大的本地市场也会成为企业在竞争中的重要优势。

在新兴的人工智能和互联网平台行业，规模效应又高了一个层次。首先是因为网络效应，例如像脸书或优步这样的网络公司，其用户越多，这个网络就越有价值。此外，这些都是高端的信息服务业，用的人越多，平台的用户体验就会打磨得越好，也就是说，用户参与了产品的创造；人工智能算法的关键要素是大量的真实用户的数据，所以用户越多，数据越多，人工智能算法的能力就越强。所以互联网平台和人工智能领域的规模效应比其他行业更加强烈，也就是说，赢者可能会拥有本国甚至于全球的市场。另外，这个领域对于创新也特别重要，因为这个领域用到的是最新的人工智能和通信数字技术，是创新最活跃的领域。另外，这个行业深入人们生活的各个方面，具有非常高的商业价值。世界上市值很高的科技公司有谷歌、脸书、苹果、亚马逊和微软，它们都是平台型和人工智能的科技公司（微软市值中的很大部分来自其云服务的增长）。

大国企业的优势

有人认为，随着全球化的进一步发展，即使一个小国的企业也可以进入全球市场。这种观点在一定程度上是正确的，因为当今的运输成本和贸易壁垒都很低，来自一个小国的公司，完全可以将标准化的制造产品出口到世界各地。例如，诺基亚是一家芬兰公司，照样曾在全球移动电话市场上占有大量的份额。然而，对服务性企业来说，庞大的国内市场仍然具有决定性优势。因为在服务业中，国内的企业远比其国外竞争对手更有优势，创新者需要与当地的文化、商业和法律等环境进行深层次的互动，最终形成服务产品。一家服务性公司通常需要先在国内市场对其创新进行试验，只有实现了批量生产并获得良好的盈利前景之后，才能把创新的产品或服务出口到其他国家。美国、日本和德国都有大量的顶级制造业品牌，但在服务行业中，美国得益于其国内市场的规模优势，在连锁餐饮、酒店以及娱乐等服务行业拥有众多的国际品牌，比如星巴克、迪士尼和麦当劳等公司。在这些企业在世界市场上名列前茅之前，首先已经在美国国内形成了巨大的规模，且利润丰厚。

还有些行业如高铁和飞机，虽然不是严格意义上的服务业，但是由于战略原因，政府往往偏向本国企业，大国的制造企业也会更有优势。所以，我们就不难理解中国为何能拥有最先进的高铁技术，那是因为中国在该领域的研发投入和资金支持，远超那些规模较小的国家。比如日本拥有优秀的高端制造技术，然而，由于其国内市场相对狭小，日本不仅无法在高铁技术方面与中国展开竞争，也无法在商用飞机的建设领域内与美国一较高下。

大国的企业还往往具有先发优势。这种规模优势在互联网领域更是发挥了决定性的作用，这是因为该行业的先发优势非常关键。一旦某家公司抢先取得了大量客户，形成了网络效应，其他公司往往就很难追赶。在一个网络效应发挥巨大作用的行业中，赢家将是那些能够率先跨越客户规模"临界值"的公司。举例来说，如果1 000万名客户代表一个"临界值"，那么要达到这个临界值，美国市场上（由于其总人口约为3亿）所必需的渗透率约为3%。对总人口约1亿的日本来说，所必需的渗透率则为10%。而在中国，这一比率就小于1%。正因如此，对于某项创新达到临界值的时机，美国市场通常会比日本市场快一些。美国的互联网公司，如谷歌、苹果、脸书、亚马逊、亿客行等，在国内市场成功达到临界值以后，就将业务迅速扩展到了其他国家，成功占领世界市场。在互联网行业，在相同的市场环境下，起步时机的早晚往往足以区分赢家和输家。

市场规模越大，竞争对手当然也会越多，这将为创新提供更大的动力。得益于人口众多，美国和中国的互联网市场的竞争是最激烈的，风险资本有时甚至愿意支持在这两个国家的市场上排名第二和第三的公司。而在一个人口数量中等的国家，一般只容得下一家本土企业，风险资本通常只会投资市场上的第一名。而且在很多小国，大部分互联网市场都被外国企业占领，因此本国的互联网企业很少出现，跨国的互联网企业就更难出现了。所以，在手机还只是一个通信工具的时代，芬兰的诺基亚公司能取得国际性的成功；然而当手机升级为融合各种软件的互联网产品时，诺基亚就远非美国苹果的对手了。

规模效应和本地化难度对国家和企业的竞争格局也会产生影响。图 2-1 总结了两者的竞争力模型。

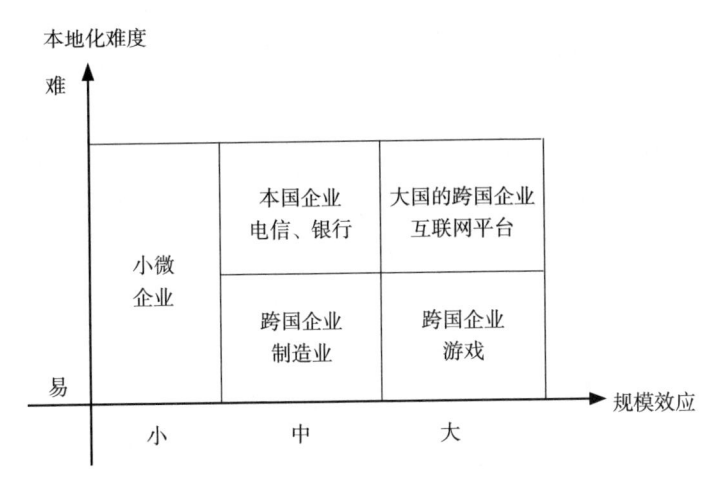

本地化难度	小	中	大
难	小微企业	本国企业 电信、银行	大国的跨国企业 互联网平台
易	小微企业	跨国企业 制造业	跨国企业 游戏

图 2-1　规模效应和本地化难度的竞争力模型

横坐标将不同行业的规模优势分成小、中、大三个档次，纵坐标将本地化难度分为易和难两个档次。当一个行业没有规模效应时，企业就没有优势，行业就很难产生大企业，就只有很多小微的本地企业，这些小微企业对国家的相对创新力不会有很大的影响。在一个行业有一定的规模效应后，就会产生大的企业。这时就要进一步看这个行业的本地化难度。如果这个行业的本地化难度不高，例如制造业，就可能会产生大的跨国企业，且小国也有机会产生很大的跨国公司。如果这个行业具有一定的本地化难度，譬如说当地的文化、法规对产品有较大的影响，例如电信和银行业，那么大的本国公司就会产生。最后，当规模效应很大时，例如在互联网平台和人工智能领域，大企业可以利用用户规模所带来的网络效应优势和用户数据优势碾压规模较小的公司。同时，这些行业又有一定的本地化难度，因此，大国的互联网公司在本国市场取得成功以后，将进行国际化，从而占领其他国家的市场。所以在这些行业中，大国的跨国企业成为世界的巨无霸（见表2-1）。而随着人工智能和互联网在本地化难度较高的服务行业中蓬勃发展，这些产业在经济中的占比越来越高，而来自大国的跨国企业往往能够占领全球市场，并且其地位在国家之间的经济和创新力竞争中变得举足轻重。

美国企业的大国优势非常突出。在过去100多年，美国一直是发达国家里人口规模最大的国家。随着创新在竞争中的关键作用愈加凸显，美国企业的规模优势也变得越来越大。在许多高科技和创意产业中，美国已成为世界的创新中心。纽约是世界金融业的创新中心，洛杉矶是世界影视娱乐业的创新中心，而硅谷则是世界信息技术产业的创新中心。美国的大学也成为学术研究的中心，美元是世界储备货币，英语是国际语言。

表2-1 世界上最大的互联网公司、制造业公司和服务业公司

序号	十大互联网公司	十大制造业公司	十大服务业公司
1	亚马逊（Amazon，美国），1994	特斯拉（Tesla，美国），2003	联合健康集团（UnitedHealth，美国），1977
2	字母表公司（Alphabet，美国），2015	台积电（中国台湾），1987	沃尔玛（Walmart，美国），1962
3	脸书母公司（Meta，美国），2004	三星（Samsung，韩国），1938	路易·威登集团（LVMH，法国），1987
4	腾讯（中国），1998	丰田（Toyota，日本），1937	家得宝（Home Depot，美国），1978
5	阿里巴巴（中国），1999	英特尔（Intel，美国），1968	开市客（Costco，美国），1976
6	贝宝公司（PayPal，美国），1998	迪尔公司（Deere & Company，美国），1837	阿里巴巴（中国），1999

（续表）

序号	十大互联网公司	十大制造业公司	十大服务业公司
7	奥多比（Adobe，美国），1982	洛克希德·马丁公司（Lockheed Martin，美国），1995	迪士尼（Walt Disney，美国），1923
8	奈飞公司（Netflix，美国），1997	卡特彼勒公司（Caterpillar，美国），1925	耐克（Nike，美国），1964
9	美团（中国），2010	波音（Boeing，美国），1916	埃森哲（Accenture，美国），1989
10	赛富时（Salesforce，美国），1999	大众汽车（Volkswagen，德国），1937	塔塔咨询服务公司（TCS，印度），1968

资料来源：十大互联网公司数据来自维基百科；十大制造业公司（根据市值排序），数据来自Companiesmarketcap.com；十大服务业公司（根据市值排序），数据来自Companiesmarketcap.com。

注：数据截至2022年6月。

中国企业的规模优势

由于中国人口是美国人口的4倍，因此中国已超过美国成为世界上最大的商品市场。与美国公司一样，中国公司，比如华为和联想，在形成规模并在国内市场取得成功后，就迅速成长为美国跨国公司的全球竞争对手。在服务业领域中，中国也正在快速追赶美国。当前，中国的旅游、金融和医疗行业仅落后于美国，位居全球第二。未来，我们将看到更多来自中国的全球服务品牌。仅就票房收入而言，中国电影业也正在迅速追赶美国。当然，中国电影不会立刻就达到好莱坞的水准，但前者所获得的预算肯定会让其他国家羡慕。

中国已经拥有一个比美国更为庞大的互联网市场。来自美国的互联网巨头们，并没能像征服其他国家那样成功占领中国市场，这让不少美国人感到相当惊奇。有人认为，一部分原因在于中国政府对互联网市场的严格监管。但实际上，谷歌在退出中国市场时也只占有

30%的市场份额，当时百度已占据60%的市场份额。其他例子还有不少，比如亚马逊败给了京东，亿客行输给了携程，eBay惨败于阿里巴巴。这些商业案例都说明，中国本土的互联网公司足够强大，而美国的互联网公司在中国并不具备规模优势。

很多中国互联网公司学习已经在美国取得成功的商业创新，并将这些创新迅速适配中国市场。在通常情况下，当美国创新者进入中国市场时，往往已经错过了最好的时机，因为中国企业依托规模庞大的本土市场，已经成长为强大的领先者。一位杰出的风险资本家曾这样评论："一家美国的互联网企业要想在中国取得成功，它必须在进入美国市场的同时登陆中国市场。"然而，对一家初创企业来说，试图同时占领中国和美国的市场往往是一项非常艰巨的任务。

创新政策和人口规模的关系

有人说，国家的创新力涉及很多因素，人口规模效应可能只是其中之一。我并不否认这种观点，国家的创新力当然与很多因素有关，例如政局稳定、贸易开放、法制体系等。这些条件都很重要。但是这里讨论的对象，主要是中等收入以上的国家，这些经济体大都已经具备相对完整的上述因素。除此之外，还有一些政策被认为能够提升创新力，我再专门对此进行一些分析。

反垄断法和鼓励竞争

实际上，一定程度的并购对创新会有好处，因为并购将帮助企业实现规模经济，这是创新的关键。然而，垄断或接近垄断却会降低竞争和阻挡创新。不过，反托拉斯政策执行起来也并不容易，因为虽然企业的市场份额过高会阻碍创新，但企业的经营目标本来就是取得更高的市场份额，企业规模越大，效率也就越高，所以很难界定哪些垄断行为有利于或者不利于创新。事实上，反垄断法的实施效果不一定很好，有时会把原本十分优秀的企业彻底管死。

因此，理想的产业结构就是有几家大型企业相互之间激烈竞争，这样既形成规模又形成竞争。但是只有人口大国才可能培育几家大型的互相竞争的公司，例如中国就有三家巨型电子商务公司（阿里巴巴、京东和拼多多），这是因为中国的电商市场比美国大很多，足以容纳多个巨头。相比之下，美国则只容得下亚马逊一枝独秀。至于英国、德国和法国等更小的国家，就几乎没有本土的电商巨头。

投资于基础研究

这一策略可以发挥作用，对于小国却并不是必需的。在第二次世界大战前，尽管美国在基础研究方面投入的资金不多，但是到了20世纪初，借助于规模优势，美国在商业创新方面，尤其是在汽车和电子产品领域，大幅度领先于其他国家，成为世界上最富有的国家。美国的一流大学随之成为世界上最富有的大学，有能力聘请世界上最好的科学家。于是不久之后，美国的大学也成为世界上最好的大学。一般来说，只有大国才有财力去做基础性研究，因为这类研究在初期往往没有立竿见影的经济回报，规模较小的国家难以承受这样的代价。至于美国曾经取得成功的基础研究模式，某种程度上在中国得到了复制，如今手握大笔资金的中国顶尖大学，也在做同样的事情。

投资于基础设施建设

良好的通信、交通和能源等基础设施，是经济发展和创新的基础。许多政府都明白这一点，问题是在财政上负担不起。储蓄率高、年轻人口多的国家，可以有更多资金用于基础设施建设。人口密集的大城市，容易形成有利于基础设施建设的条件，因为在人口稠密的地区，各种基础设施的利用率都会比较高。

良好的金融市场和充足的风险资本

对刚刚创立的高新技术企业来说，金融市场和风险投资对其具有重要的意义。然而政府并不需要对此做太多，因为风险资本市场是全球性的，只要看到很好的机会，投资者就会投入资本。如果有必要，他们还会想办法绕过政策障碍。15年前，中国不允许外资投资于互联网公司，中国的股票市场对互联网公司也不开放。然而，在庞大市场的强烈诱惑下，美国风险资本发明了"VIE结构"（可变利益实体）。在一个典型的"VIE结构"中，风险资本家利用咨询协议，可以间接地投资中国的互联网公司。不久之后，中国互联网领域就充斥着美国的风险投资，这就是大多数成功的中国互联网公司由美国风险资本支持并且在纳斯达克上市的原因。庞大的市场规模加上庞大的人才规模，自然就会吸引到庞大的资金。

我们通过一系列分析可以发现，以上提及的这些促进创新的政策，其实施效果都取决于人口规模的大小。在同等条件下，大国实施这些有利于创新的政策很容易结出硕果，而这些政策在人口小国那里产生的效果可能大打折扣。

国家创新力比较

古代的希腊和罗马，还有汉唐时代的中国，都曾经是创新力领先的国家。在欧洲，英国首先爆发了工业革命，引领了世界的创新。后来人口规模更大的法国很快追了上来。再后来，统一之后的德国成为欧洲人口最多和创新领先的国家。最后，人口规模更大的美国成为创新方面的领跑者。我们从图2-2中可以看出，19世纪后期，美国的专利数量已经超过了法国、德国和英国,成为世界创新的引领者。

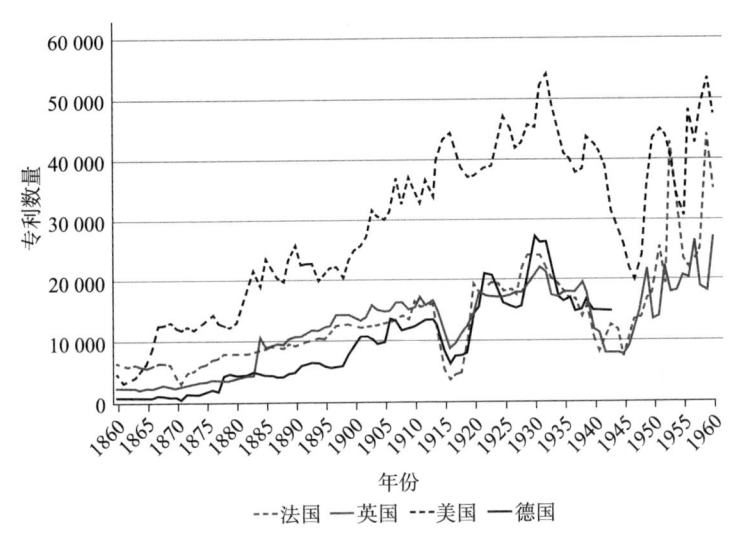

图 2-2　法国、英国、美国和德国的专利数量(1860—1960 年)

资料来源:B. Khan "An Economic History of Patent Institutions" ?. EH.Net Encyclopedia, edited by Robert Whaples. March 16, 2008。

第二次世界大战后,只有印度、中国、苏联三个国家的人口规模超过美国,但是这三个国家都实行了僵化的计划经济政策。这时,发达国家中人口仅次于美国的日本异军突起,在创新竞赛中位居第二(仅次于美国),但日本很快被甩到了后面,受制于人口老龄化也是一个重要原因。俄罗斯继承了苏联衣钵,但是人口只有苏联人口的一半,生育率又低,不具备与美国展开创新竞争的实力。印度则在20世纪的大部分时间实行僵化和封闭的经济体制,直到20世纪90年代才开始实行开放的市场经济体制。而中国的改革开放比印度早了将近20年,如今已经直追美国。图2-3是近30年部分国家的专利申请情况。近年来,中国的专利申请数量已远超美国。

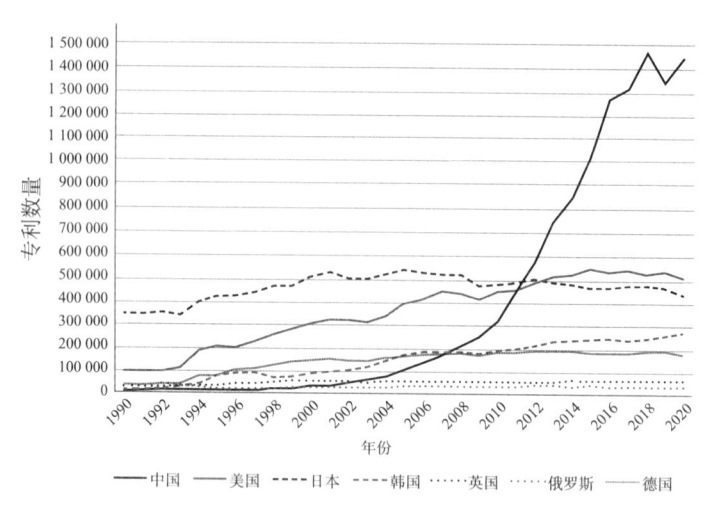

图 2-3　部分国家 1990—2020 年申请的专利数量

资料来源：WIPO statistics database。

虽然中国的人均收入还远不如发达国家，但是得益于庞大的人口规模，一些创新的人均指标已经接近发达国家的中低水平，与西班牙、意大利等国大致相仿。在人们的一般印象中，中国公司只是些低成本的生产者或者模仿者，但实际上，中国远比其他发展中国家更具有创新性。图 2-4 显示了每 100 万人中从事研究与开发的科研人员的数量。自 1996 年以来，中国每 100 万人中所拥有的科研人员数量已经超过了巴西和墨西哥。

根据《2022 年中国卓越科技论文报告》，SCI（科学引文索引）数据库中，2021 年收录中国科技论文为 61.23 万篇，已经超过美国，排在世界第 1 位，占世界论文数的 24.5%（见图 2-5）；从论文总数来看，前五名分别是中国、美国、英国、德国和意大利。

以中国人为第一作者的，共计发表论文 55.72 万篇，占世界总数的 22.3%。如按第一作者论文数排序，中国也排在世界第 1 位[1]。

为了更好地比较各国的创新力，我们需要"国家创新指数"这个

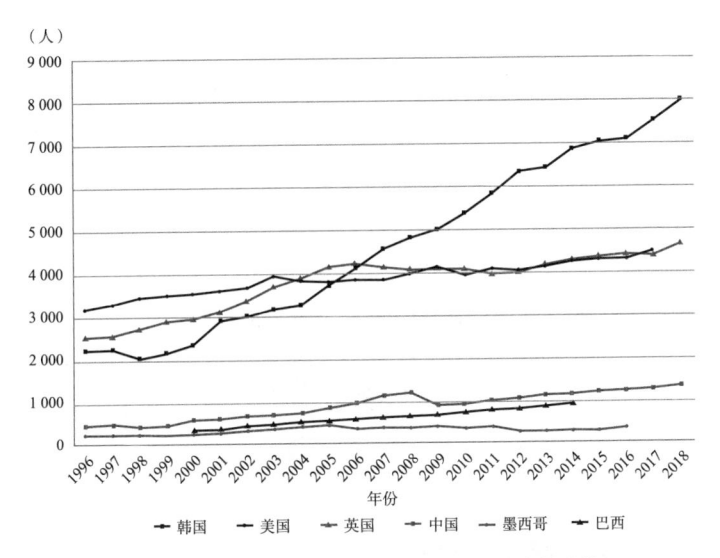

图 2-4 在研发活动中，每 100 万人中研究者的人数

资料来源：World Bank, 2022。

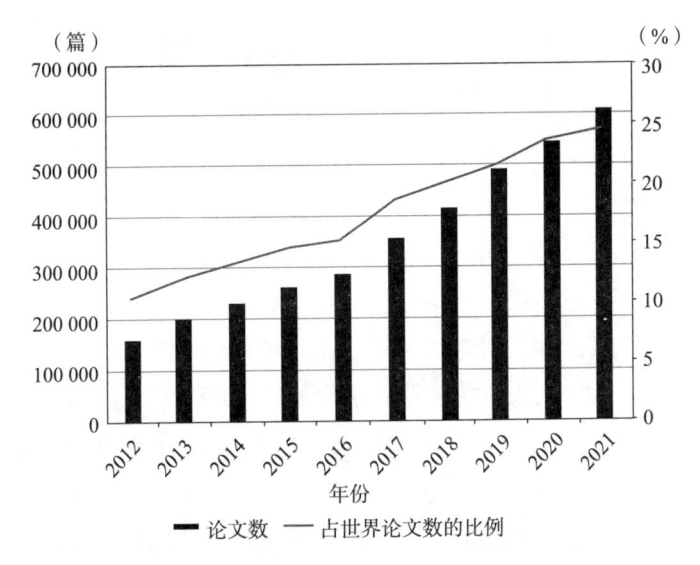

图 2-5 2012—2021 年中国在 SCI 发表论文数量

资料来源：中国科学技术信息研究所，2022。

第 2 章 人口数量和规模效应

综合指标。

在比较不同国家的创新能力之前，我们先看看如何综合测量和评价一个国家的创新力。图2-6显示了测量创新的所有指标。从投入的角度来看，测量创新的指标包括研发支出和研究人员的数量；从输出的角度来看，这些指标包括专利的数量、高科技产品的出口和学术出版物的数量。全球创新指数用于测量和总结所有这些指标，并赋予每个国家一个指数，以反映该国创新的整体水平。

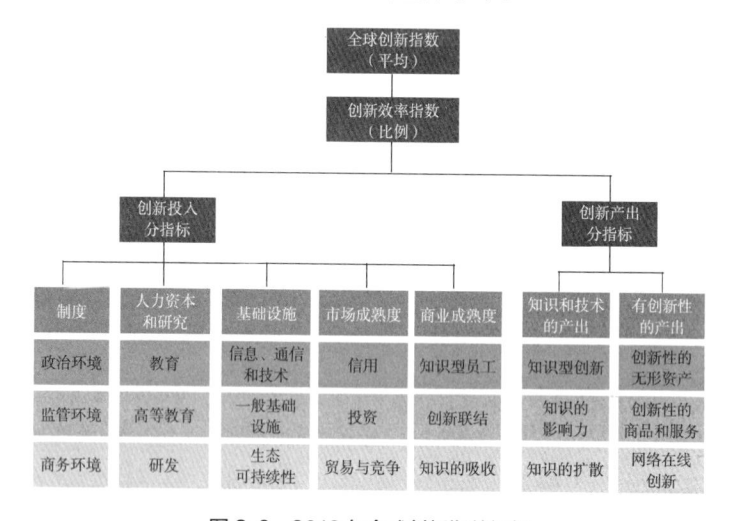

图2-6　2012年全球创新指数框架

资料来源：全球创业观察，2012年。

图2-7显示了主要国家相对于其收入的创新指数。纵轴代表全球创新指数，横轴代表该国以购买力平价美元计算的人均GDP。图上的每个圆圈代表一个国家，圆圈的大小表示该国人口规模的大小。该图显示，一国的创新指数与人均GDP之间存在明显的正相关关系，即高收入国家更具有创新性。这应当不难理解，因为高收入国家拥有更多的资源，致力于研究与开发，而更多的创新将会创造出更多的财富。通过绘制一条向上的回归线，我们可以从人均GDP中预测一国

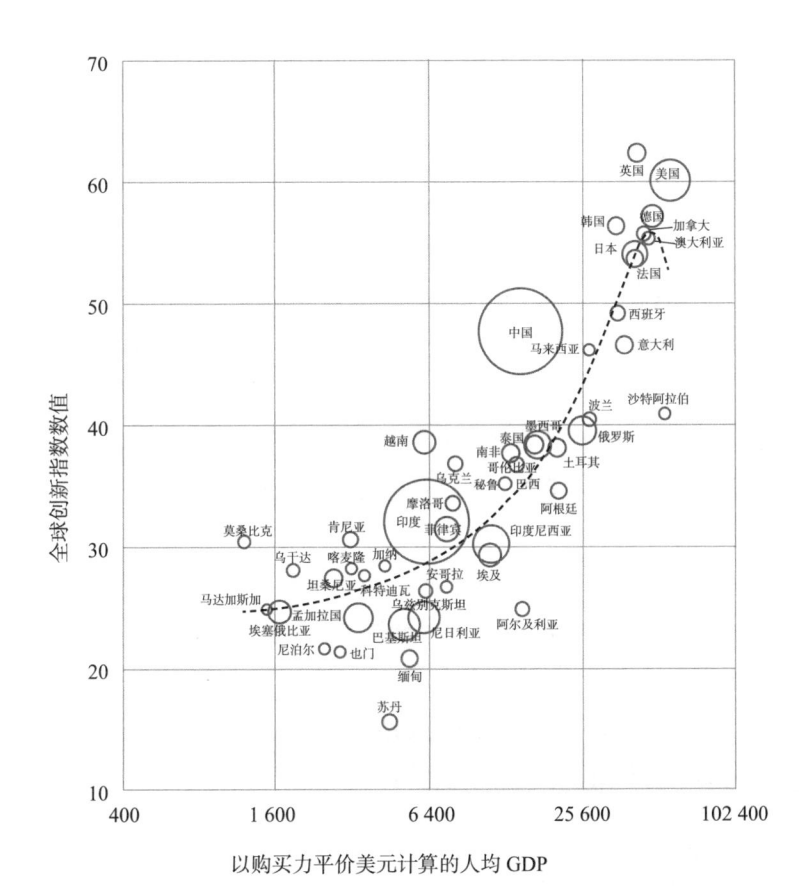

图 2-7 全球创新指数与以购买力平价美元计算的人均 GDP 之间的关系
（气泡的大小表示人口的多少）

资料来源：Global Entrepreneurship Monitor, 2015; World Bank, 2015。

的创新指数。

在图 2-7 中，国家大致分为三类。右上角地区是发达国家，其中最大的圆圈代表的是美国。这一区域下面有两个区域：一个在回归线的右下方，另一个在回归线的左上方。回归线以下区域中的国家，相对于其人均 GDP，它们并不具有明显的创新性。至于回归线以上区域中的国家，如果与依照其人均 GDP 预测出来的创新性进行比较，它们的实际表现则更具创新性。在这一区域中，有两个巨大的圆圈脱颖而出，最大的圆圈代表的是中国。与具有相仿人均 GDP 水平的国家（人均 GDP 为 7 500 美元）进行比较，中国明显表现出更多的创新性。印度的人均 GDP 为 2 000 美元，与那些收入水平相近的国家相比，印度也显得更加具有创新性。

与中国和印度不同，许多国家的创新指数实际落后于按其人均 GDP 预测出的创新指数数值，如拉丁美洲的巴西。如果我们分析这些经济体最近的增长率就会发现，那些相对于人均收入拥有高创新指数的国家，其经济增长速度普遍高于同等人均收入的国家。

创新已经成为中等收入国家经济增长的一个关键因素。此外，虽然不太明显，但我们仍然可以从图 2-7 中看出"规模效应"：大圆圈往往位于回归线上方，这意味着一个国家的人口越多，相对于其人均 GDP 所对应的平均水平，往往就越具有创新性。在此后的章节中，我将更详细地分析"规模效应"。

当我强调人口在创新中的重要性时，经常被问到这样一个问题：以色列是一个小国，为什么这个国家也能具有非凡的创业精神和创新能力？当然，人口规模不是唯一的因素，其他因素如文化和传统也非常重要，比如犹太民族在历史上曾涌现出无数优秀的企业家和创新者。但是换个角度来思考，假如以色列是一个大国，难道它不会取得更大的成功吗？大约有 2 000 万犹太人散居在世界各地，大约有 1/3 生活在以色列，1/3 生活在美国，另外 1/3 生活在其他地方。在世界上最富有的 10 个犹太人中，有 8 个生活在美国，两个生活在俄罗斯，却没有一个生活在以色列。这 10 个人中包括谷歌、脸书和甲骨文公司的创始人。由于在国内市场上的增长前景有限，许多以色列企业家把自己的公司卖给了大型跨国公司，他们很难像美国或者俄罗斯的犹太人那样取得更为巨大的成功。

有人会问中国的创新力已经很强了，但是为什么很少拿到诺贝尔奖？是不是高估了中国的创新能力？在一个新兴创新强国的早期阶段，缺乏诺贝尔奖得主并不奇怪。在通常情况下，高质量的学术研究远远落后于商业创新，而诺贝尔奖通常奖励科学家几十年前就开始的研究工作。虽然美国经济在整个20世纪都是最具创新性的，但直到第二次世界大战以后，美国才成为学术研究的领导者，才开始产生许多诺贝尔奖获得者。

表2-2显示了科学界诺贝尔奖（包括医学或生理学、物理学、化学和经济学）获得者人数最多的国家。日本在20世纪80年代成为世界领先的创新者之一，但在2000年之前，获得诺贝尔奖的日本科学家屈指可数。一直到2000年之后，它在诺贝尔奖获得者人数方面的排名才有所上升。有趣的是，自20世纪90年代以来，我们知道，日本的创新能力实际上有所下降。但日本人在诺贝尔奖的舞台上频繁获奖。统计21世纪以来诺贝尔物理学奖、化学奖、医学奖和经济学奖归属国，我们会发现日本的获奖次数已经上升到世界第三，成功超越了德国和法国。之所以出现这种现象，是因为诺贝尔奖通常在获奖者创新多年后取得重大成就才予以颁发。近期获奖数据反映出的，实际上是日本在20世纪90年代前后的科研能力。

表2-2　科学界诺贝尔奖获得者人数最多的国家

国家	1949—1999年	2000—2021年
美国	202（137）	139（95）
英国	51（38）	33（26）
日本	5（5）	20（19）
德国	43（42）	14（12）
法国	15（13）	11（9）
瑞士	11（8）	4（4）

资料来源：The official website of the Nobel Prize, 2021。

注：括号内的数字表示在本国出生的科学家的数量。

在表 2-2 中，括号中的数字表示在本国出生的科学家数量。这表明，美国和英国有大量出生于外国的诺贝尔奖获得者。相比之下，几乎所有日本获奖者都是土生土长的科学家。这显示了美国和英国在吸引外国人才方面的实力。我将在以后的章节中再次分析移民与创新之间的关系。

此外，学术研究并不完全与商业创新相关。英国和德国的诺贝尔奖获得者数量相当，但从经济上看，英国要弱得多。虽然截至目前，韩国几乎没人获得过诺贝尔奖，甚至也没有世界一流的大学，但它仍然能够培育出三星等著名的创新公司。韩国的问题在于，它的市场规模太小，无法支撑数量众多的高科技公司。

未来的创新竞争，必然在世界上人口最多的三个国家之间展开。虽然印度现在还是低收入国家，尚不具备很多创新竞争的基础条件，如普及的教育和完善的基础设施等，但这可能只是时间问题。从长远来看，印度在 2050 年以后将成为一个有力的竞争者。美国仍然是世界上创新力最强的国家，而中国则是追赶最快的国家。中国的人口是美国的 4 倍左右，现在每年的大学生数量也是美国的 4 倍左右，所以受过高等教育的人口基本上是美国的 4 倍。

但是美国有一个中国不具备的优势，那就是移民优势，在美国的顶尖科学家和企业家里面，有差不多一小半是移民。而中国在可预见的将来，非但不会引入大量的移民，而且还会有一定数量的人才流向美国等发达国家。这等于把美国的人力资源的池子放大了一倍，所以中国对美国的人力资源优势，未必真有 4 倍那么多，也许只能维持在两倍左右的水平。

即便是这个两倍左右的优势，也很难长期得到维持。因为中国现在的生育率已经跌破了 1.1，这意味着人口规模以每代人口减半的速度迅速衰减。中国的两倍优势将在一代人以后不复存在。只要美国继续保持吸引全球人才的能力，其人才规模优势可能反超中国。所以中国只有大幅度提升生育率，才能维持人口规模的优势。有关中国和美国的人才竞争，将在后面的章节详细论述。

大国的隐患和小国的机会

在全球的创新竞争中，实际上大国有许多优势，包括更大的市场、更多的人才、更大的城市。作为一种应对，小国则可以通过自由贸易区来构建更大的市场。欧盟（EU）就是这样一个自由贸易区，在欧盟之间，所有关于货物和劳动力流动的限制都被解除了。然而，由于文化、语言、法律法规的差别，以及其他非关税的壁垒，小国很难获得那种国内统一大市场的全部好处。即使在欧盟这样的单一劳动力市场上，文化和语言上的差异也会妨碍劳动力自由流动，这与美国、中国和印度那样的大国有所区别。

一个国家拥有大量人口，是不是有什么坏处或者隐患呢？人口增长会造成自然资源的短缺吗？我在前面的章节中提到过，自然资源已不再是现代经济最重要的制约因素。在发达国家以及包括中国在内的中等收入国家中，自然资源的经济价值占不到全部经济的10%。在现代经济中，取得成功的关键是创新，丰富的自然资源有时会起反作用，即所谓的"资源诅咒"。大国拥有大型国内市场和庞大人才库，这两者都是创新能够取得成功的关键。

那么大国真的可以躺赢吗？我在北京大学开设了一门课程，曾有一位博士生在课上提问："梁教授，你一直告诉我，人口众多对创新有好处，但在商业世界中，为什么小公司反倒比大公司更有创新力呢？"我回答："如果你看一下专利的产出，很快就能否定这个问题，实际上还是大公司比小公司更有创新力。"但在接下来的几天里，我一直在思索：虽然大公司一般更具创新力，但确实有许多初创公司在创新方面击败了大公司，很多大公司在跟进最新技术潮流方面不如小公司。这又是为什么呢？

携程网的案例：公司规模和国家规模之间的类比

我的公司携程旅行网是一个很好的研究案例。1999年的时候，我与朋友合作创办携程旅行网，一直经营到2006年。通过一系列创新，携程旅行网迅速成长为中国在线旅游市场上的领军者。携程旅行网成为一家盈利很好的上市公司，拥有数十亿美元的市值。由于我坚信携程旅行网的运营将会持续下去，就在2007年辞去了CEO的职位，前往斯坦福大学攻读经济学博士学位。2012年毕业后，我成为北京大学的经济学教授，继续从事人口和创新方面的研究。然而，在我缺席的几年中，在与初创公司的竞争中，携程旅行网创新乏力。从2009年开始，它开始渐渐失去市场份额，盈利能力遭受重创。到2012年的时候，它的市值就已经跌至20亿美元。

情况变得如此糟糕，董事会要求我再次掌管公司。因此，在2013年的时候，我重返携程旅行网，试图扭转公司的状况。实际上，携程旅行网的创新困境与其他大公司遇到的问题很相似。像许多成功的大公司一样，它变得自满和保守。此外，为了提高效率，携程旅行网的组织机构变得过于集中，而创新的想法却往往淹没在官僚机构中。

为了促进创新，加快执行的速度，我将公司分散成许多业务单元。每个业务单元都有自己的研发、服务和分销功能。在试验新产品和新技术方面，它们变得更加敏捷。为了使这些业务单元的领导者更像企业家，他们被允许购买业务单元的虚拟股票和虚拟股票期权。各业务单元之间的合作，由双方遵循自由市场的原则协商处理，而不是由总部协调。总部不再是企业发展的瓶颈，而只负责品牌、融资、投资和战略关系。这些功能仍然集中在总部，是因为这些功能的规模效应是最大的。随着企业中多数功能的分权化，企业的执行速度、灵活性和创新性得到了很大的提高。2014—2015年，在很短的时间内，携程旅行网成功地被塑造成一站式服务的移动旅游平台，在很多领域内的创新力超过了规模较小的竞争对手。在不到三年的时间里，携程旅行网再次成为市场上的领军者，拥有超过200亿美元的市值，是中国最成功的互联网公司之一。

携程旅行网创新能力的兴衰，与一个大国创新能力的发展路径相类似。自满和过度集中，往往是大国施政的隐患。越是庞大的国家，越容易自满，乃至过于自信。清朝的乾隆皇帝在被问及实行闭关政策的原因时说，中国如此庞大，在领土内就可以得到所需要的一切。但他错了，因为外面的世界大得多，也有规模更大的人口。中国皇帝实施的闭关锁国政策，浪费了中国在创新方面的规模优势。这是在过去的500年中，中国在与西方的创新竞争中失败的主要原因。

另一个政策陷阱是过度集中。大国倾向于按照自上而下的方式，在全国范围内实施统一的政策法规。从效率方面考虑，这显然是一个优势。例如，如果欧盟是一个单一的国家，那么一家在欧洲各国经营的企业，不用担心各个国家的不同的税法。不过，实行统一的政策也有其不利之处。第一，一刀切的政策可能不会适合所有地区，每个区域的最佳政策可能是不同的。第二，政策的高度统一禁止了不同政策的试行，不同地区之间也不易形成竞争。即使像中国这样一个国家，也应该允许在中央领导下的不同地区试行不同的政策。成功试行的政策将被其他地区模仿，居民也能够迁徙到推行成功的经济政策的地方。政策法规的适度自由竞争是有益的，完全一刀切的代价和机会成本可能会很大。

比如当时中国推行一刀切的计划生育政策，就并不适合全国所有的地方。在中国一些贫困的边远地区，其发展状况可能仍然处于马尔萨斯经济阶段，但大部分沿海地区如上海和广东等地，同一时期已经出现极低的生育率，与韩国和日本等发达经济体无多大差别。如果允许地方政府因地制宜地施行不同的生育政策，那么富裕地区也许在许多年前就可以结束"计划生育政策"。

最优的政策应当是在统一政策的高效率与区域政策的多样性之间取得平衡。大国应允许不同地区在经济政策上略有差异，比如允许尝试一些新技术。一般来说，对于无经济意义的一些习惯可以优先考虑统一，例如语言、度量单位等。其他方面的事情就要棘手得多，因此，大国的中央政府（或像欧盟和世界贸易组织这样的跨国机构），需要在统一性和多样性方面寻求最佳平衡。

大经济体的陷阱，也可能成为小经济体的机会。当一个大经济体设置贸易壁垒的时候，小经济体可以充当前者的窗口。例如，20世纪80年代，中国内地刚刚开始对外开放，内地希望与世界接轨却还存在很多障碍，此时香港地区作为内地与世界连接的一个窗口，很快就变得繁荣起来。近年来，随着贸易壁垒的降低，香港地区的这种窗口作用自然也就减弱了。

大国往往倾向于统一的政策，在采取与创新相关的新政策时行动缓慢。例如，当大国还在对有争议的新技术进行繁复论证时，小国可以率先引进这些新技术，于是就有可能在相关的产业领域内超越大国。这些有争议的新技术，包括生殖辅助、无人驾驶和基因工程技术等。

然而，和大国竞争是一场艰苦的较量，因为较小的国家即使生育率很高，也面临着国民不断向外移民的压力。大国拥有充满活力和创新力的大城市，像美国这样的大国，正在源源不断地从较小国家挑选和引入最好的人才。东欧国家拥有高质量的劳动力，但它们本土的很多人才移民去了美国。为了能够弥补人才流失的损失，小国必须实施成功的移民政策以吸引世界各地的人才，这一点至关重要。

我所在的斯坦福大学经济学博士生班上，大部分外国学生毕业后都选择留在了美国，包括几乎所有来自南欧和东欧国家的留学生。只有那些来自中国和印度等大国的学生，才会考虑返回自己的国家。还有一些博士毕业生，选择去一些英语国家的大学工作，比如澳大利亚和新加坡等。

移民可以补充本国人口规模。传统的移民国家，尤其是以英语为母语的国家有更强的吸引移民的能力。新加坡虽然是一个小国，而且自己的生育率也很低，但大量引进了高素质移民来补充自身人口的不足。新加坡每年吸引的移民人口达到3万左右（2019年数据），相当于自身人口的0.6%，按照存量计算，外来移民人口已占新加坡总人口的29.4%。加拿大也在高素质移民方面取得了很好的效果，每年吸引移民34万左右，移民人口占总人口的21.9%（2016年数据）。当然，全球吸引人才绝对量最大的还是美国，每年吸引移民100万左右，其中有20万左右是高科技移民（根据H-1B签证、EB-1签证发放数量），这部分移民和他们的孩子贡献了美国差不多一半的顶尖企业家和科学家，这包括谷歌创始人谢尔盖·布林，也包括了英伟达和Zoom的创始人黄仁勋、袁征。最近几年里，西欧的德国和英国也开始大量吸收东欧和中东的移民，日本也开始放开移民政策，试图缓解自身的低生育率问题。有关移民的内容，之后的章节会有详细的论述。而中国因为人口基数庞大，移民不足以弥补少子化问题。所以中国要维持现有人口规模，就必须大力鼓励生育。

比起移民，鼓励生育的起效会慢很多，因为一个小孩从刚生下来到长大工作，需要20多年的时间。但对中国这样的人口大国来说，除了大力鼓励生育，没有其他选择。现在世界几乎所有发达国家都在鼓励生育，每年花费GDP的1%~4%来鼓励生育。例如法国投入GDP的3.8%来鼓励生育。具体的鼓励形式多种多样，包括现金补贴、减税补贴、购房补贴、建设托儿所等。有关生育政策以及中国的对策，我将在后面的章节中详细论述。

总结

本章论述了影响创新的根本因素是人口。在几个最重要的人口效应中,人口规模是创新力竞争中的基础性变量。就好像对一家公司来说,其市场竞争力最终取决于人力资源的数量和质量,那么对国家来说,在教育等其他条件差不多的情况下,人口规模就是一个基础性变量。

第3章 人口能力和老龄化效应

创新力＝人口数量 × 人口能力 ×（内部交流量＋外部交流量）

继续看上面的公式，除了人口规模和交流畅通性之外，人口能力也是重要的创新要素。人口能力包括人的认知能力、学习能力、沟通能力、领导能力等，这些又与天分、教育、年龄等因素有关。所以我们先来看一下教育和创新力的关系，然后着重分析人口老龄化和创新力的关系。

教育和创新力

教育投资能够促进创新吗？如图 3-1，如果简单观察各国教育水平和创新力的关系，我们就会看到明显的正相关关系，即教育程度越高的国家，创新力越强。然而，教育与创新之间是否存在因果关系？不一定，因为二者关系可能是倒过来的。比如，一个国家整体上趋向创新，它就会更加富有，能够大幅增加教育投资以提高教育水平。事实上，大多数中等收入国家近年来大幅度提高了大学入学率，泰国和马来西亚等国的大学入学率已经超过了30%，与发达国家相比也并不会低多少。然而，在创新方面，这些国家仍然远远落后于高收入国家。由此看来，高等教育水平似乎只是创新的必要条件而非充分条件。

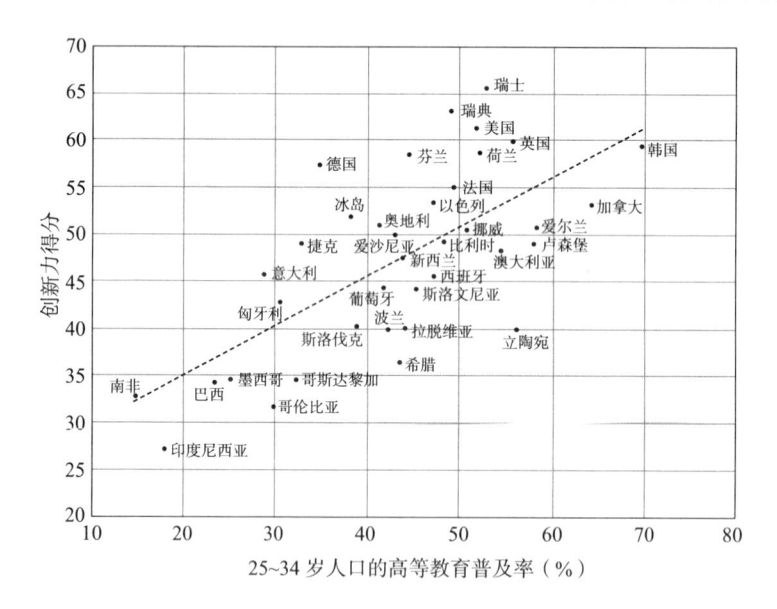

图 3-1　年轻人口高等教育普及率和国家创新力的关系

资料来源：OECD（经济合作与发展组织）数据库、全球创新指数（Global Innovation Index）。

仅拥有较高的大学入学率是不够的，因为高等教育的质量同样重要。如果用GRE（研究生入学考试）成绩来衡量大学生的质量，就可以发现东亚学生的数学成绩很好，但就语文成绩来说，东亚学生和欧洲学生的分数大致相同，而来自世界其他地区的学生则得分很低（见图3-2）。

总的来说，GRE成绩所反映的教育质量，与一国的经济发展水平密切相关，但印度和中国都属于例外。如果仅从大学毕业生的数量和质量来判断，中国应该是一个高收入国家，而印度应该是一个中高

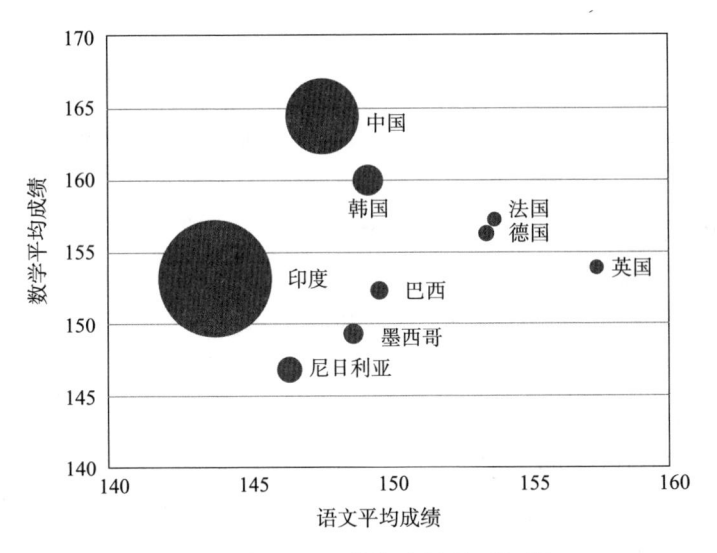

图 3-2 各国 GRE 数学和语文的平均成绩

资料来源：美国教育考试服务中心（Educational Testing Service），2015。

收入国家。为了解释这种现象，我将在后面章节中专门分析中国和印度两国的经济与创新能力。

提高高校的入学率很容易，但提高大学教育的质量则很难。此外，人类还没有找到能够教授创造力的方法。创造力是一项非常复杂的能力，直到目前为止，没有机构能够准确地测量或测试创造力，也就更不用说试图教授它了。一个国家将高校入学率提高到一定水平之后，进一步投资教育的回报率将会变低，导致教育军备竞赛（所谓内卷）出现。

一个低效和内卷的教育系统似乎也并不会对创造力形成太大损害。很多亚洲国家如日本和韩国拥有一个低效的高中教育应试体系，让学生用一两年的时间大量记忆以准备大学入学考试。然而，这似乎并没有削弱这些国家的创新能力。我的观点是，一个低效和内卷的教育体制的负面效应是拉低了年轻人的生育意愿，会在一代人以后造成年轻人口萎缩和老龄化，会对一代人以后的创新力产生负面影响。

我认为，在增加对教育普遍投入的基础上，如果提高学习效率，让有天赋的学生更早毕业并提前开始工作，也是促进创新的一个方案。如果有天赋的人可以更早地开始职业生涯，他们将有更多时间从事创造性的工作，从而有更长时间用于创业。对有天赋的年轻女性来说，提前毕业会让她们在取得职业成功的同时，也有更多的时间来组建家庭和生儿育女。在互联网时代，加快学习的过程是可能实现的，我稍后会在书中再次讨论快速学习的主题。

人口数量和人口能力之间有什么关系呢？有人会说，创新者都是百里挑一的精英，企业家、工程师和科学家所占比例不超过人口的5%。因此，一个国家可以集中资源，为这些精英提供最好的教育。但这种观点的错误在于，其逻辑依赖于一个假设前提，即你知道这5%中有哪些人将会成为研究人员和企业家。然而在现实中，没人知道这5%中有哪些人将会是下一个史蒂夫·乔布斯（苹果公司的创始人）或马云（阿里巴巴的创始人），这两个人都不是最好的学生。从宏观角度来看，最好的创新者基本上是随机出现的，并不像挑选篮球少年那样，可以用身高这种单一指标来判断其成为篮球巨星的潜力。对于未来的创新者，我们更像是在选择有可能成为顶级足球运动员的那些孩子，因为很难预测到底谁会成为一名优秀的足球运动员，所以必须扩大青少年参与训练的范围，然后确保好的足球运动员能从基层脱颖而出。

中国政府在篮球建设方面相对成功，因为政府可以集中资源全力训练少数被选拔出来的高大孩子。然而，自上而下的方法并不适合足球。所以，基于同样的道理，为了培养创新和创业精神，国家必须向许多人提供高质量的基础教育，然后才能看到更多的史蒂夫·乔布斯和马云从庞大人群中脱颖而出。最有天赋的企业家和科学家不需要太多额外的培训或投资，国家只要确保开放和公平的竞争环境，他们就会出现。这就像上帝向每个受过良好教育的人都发了一张天才的彩票。一个国家人才储备规模的大小，与有多少人接受过良好的教育相关，而这最终将与该国总人口规模的大小成正比。

日本的案例很好地说明了人口能力与数量的关系。20世纪六七十年代，日本的人口不仅年轻，而且数量也在不断增长。虽然大部分年轻人来自贫困家庭，但是他们中的许多人还是成了杰出的企业家和科学家。而在20世纪90年代以及21世纪初，随着年轻人口的减少，尽管日本的教育支出增加了，但其创造力和创业精神下降了。20世纪六七十年代，有许多日本毕业生到美国顶级的大学读书，对提升人口能力起到了积极作用。然而近年来，来自中国、印度以及韩国的毕业生数量都已经远远超过日本。据《华盛顿邮报》报道，在过去的10年中，日本研究生在美国大学读书的人数下降了27%，而来自韩国、印度和中国的学生，则已经增加了一倍多。学生质量下降的原因，很可能是本章要详细介绍的"阻挡效应"的一种表现形式。当一个国家变老了，年轻人的晋升前景暗淡，辛勤工作的回报降低，因此他们的进取心也下降了。

由于日本陷入生育率低下、劳动力萎缩和人口老龄化的陷阱，年轻人的素质和数量都受到了影响。这个教训告诉我们，增加人力资本投资并不能弥补人口数量的损失，更多的资金应该用来鼓励生育，从而增加未来的年轻人数量。

综上所述，当一个国家在人口中普及了大学教育以后（50%），加大教育投入并不能显著提升人口的创新能力。这个结论似乎令人失望，但是这个结论一点儿都不奇怪。因为几乎所有中等收入国家都有能力普及大学教育，但是变成创新性的富国要难得多。我认为教育对创新力的影响更大的是作用于对生育率和移民的影响。如果教育系统的效率很低、负担很重，那就会拉低生育率并且流失留学生人口。这个问题在中国尤为突出，中国的基础教育深度内卷，严重影响了生育意愿。有关教育和创新力的关系，这一章先讨论到这，以后的章节会专门来讨论教育减负提效的问题。

年龄和创新

年龄与认知能力

一般来说，一个人的体能在 20 多岁时达到顶峰。然而在现代经济中，驱动生产力发展的是人类的各种认知能力。随着年龄的变化，认知能力会发生什么样的变动呢？各种认知能力随年龄不同而发生变化。

如图 3-3 所示，一些认知能力在年老时依然能够很好地得到保持。例如语言能力在 50 多岁时达到顶峰，一直到 70 多岁时依然可以保持得很好。例如数字能力在一个人 30~40 岁的时候达到峰值，但在 60

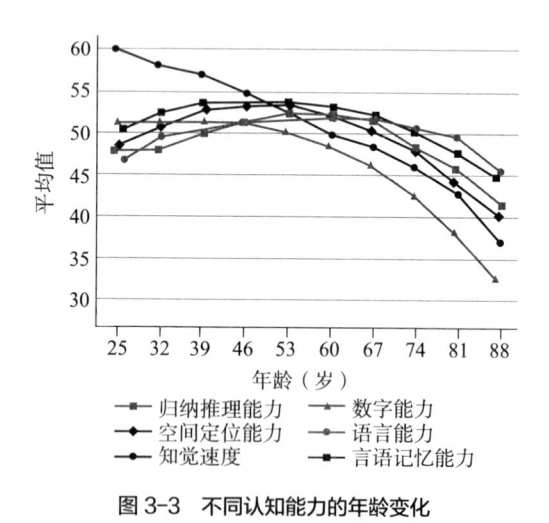

图 3-3 不同认知能力的年龄变化

资料来源：Trey Hedden and John D. E. Gabrieli, Insights into the ageing mind: a view from cognitive neuroscience, Nat Rev Neurosci 5: 87-96。

岁以后会有大幅度的下降。知觉速度反映了一个人吸收新信息的能力，在一个人20岁以后就会迅速下降，这与"人在青少年时代的学习能力通常最强"的研究结论是一致的。

认知能力只是生产力的因素之一，除此之外，经验也是形成创造力的一个重要因素。一般来说，一个人在30岁和40岁时最有创造力，因为他们已经有10~20年的经验，而且精力仍然充沛，能够迅速地思考和学习。

美国经济学家本杰明·F.琼斯分析了过去100年中300项最伟大的发明，其中72%的发明是由年龄在30~49岁的人发明的，这中间更有42%的发明是由30多岁的年轻人发明的（见图3-4）[1]。

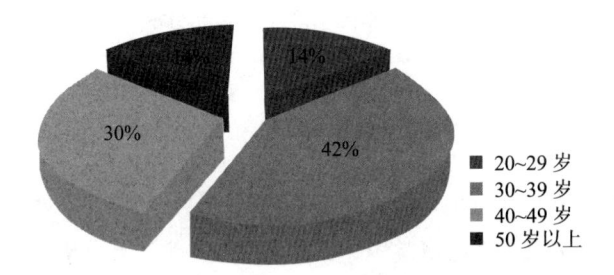

图3-4 发明家年龄与伟大的发明

资料来源：Benjamin F. Jones, Age and Great Invention, NBER Working Paper No. 11359, 2005。

学者还分析了过去100年中物理学、化学、医学、经济学等各学科诺贝尔奖获得者的年龄分布，也发现了类似的结果。大多数科学家在30多岁时就实现了自己研究生涯中的革命性突破，爱因斯坦提出相对论时更是只有26岁。当然，诺贝尔奖获得者并非普通的科学家或发明家，那就再来看一下专利持有人的年龄分布。图3-5显示了美国专利持有人的年龄分布。如图所示，在45岁以后，专利申请的数量出现下降。特别是在信息技术领域中，工程师和科学家都是在其30多岁甚至20多岁时，最有生产力和创造力。

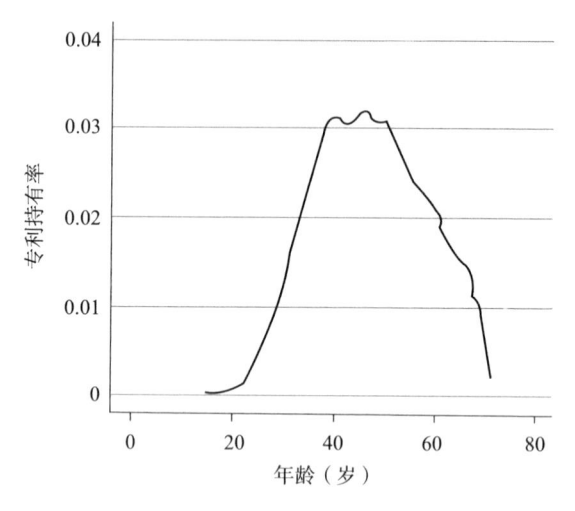

图 3-5　美国专利持有人的年龄分布

资料来源：The National Bureau of Economic Research Patent Database, 2006。

创新与创业

仅有工程师和科学家还不够，企业家才是让颠覆性发明在商业上取得成功的关键。在经济学中，创业始终是一个很难分析的主题，连创业的定义都难以确定。其中一个定义是企业家注册了一个新的法律实体。然而，按照这一定义，并非所有的企业家都是创新型的。咖啡店的老板也可以被称为企业家，但他们只是小企业主而非创新者。

无论定义如何，只有创新型的企业家才能对经济发展发挥重要作用。创新型企业家可能不是企业的唯一所有者，企业可能还有其他形式的投资者，比如天使投资者或风险资本家等。但不同于研究人员或教授的是，企业家可以分享更多创新的回报。

创新也可以分成不同的种类。成熟的大型公司善于进行改进型的创新，而颠覆性创新则通常来自新创立的公司。例如，亚马逊是一家创业公司，它的出现颠覆了零售行业，而优步则是一家颠覆了传统出租车行业的创新型公司。

那么，为什么传统大公司不善于进行颠覆性创新？这是因为传统大公司通常是现状的既得利益者，也就是说，它们从现有的生态系统中获益，而颠覆性的创新将会破坏现状，可能危及它们的既得利益。例如，巴诺书店的高级管理者没有"要做最好的网上书店"这一远见，当他们面临亚马逊的激烈竞争时，才创建了一家网上书店作为应对。此外，传统大公司的官僚体制和平均化激励制度，减缓了它们进行颠覆性创新的步伐。与此相反，创业者愿意承担更多的风险，所以拥有更多的决策权，最终能够获得更大的回报。

非常重要的一点就是，创新型企业家能够得到更大的回报。当非常大的潜在回报在前方召唤时，大多数创新者都会更加努力地工作。此外，只有当创新者的经济利益与企业主一致时，创新者才会进行适当的冒险，去换取商业上的成功。如果只是微创新，那么由于其结果相对容易预测，大公司也能设计有效的激励制度去鼓励创新。但颠覆性创新在本质上是不可预测的，公司也就不可能预设有效的激励制度。最好的激励制度就是利润分成，这实际上让创新者变成了企业家，这就是颠覆性创新只能在初创企业而非大型企业中蓬勃发展的原因。

在全球10家最大的高科技公司中，除了IBM之外，其他都是在过去40年的时间区间内，由企业家们在他们40岁之前创建的。这些公司很快把最新技术变成了商业上的成功。这些公司发展壮大之后，在研究和开发上投入了大量的资金，反过来又加速了它们在所在产业中创新的步伐。

年龄和创业

我与其他三位联合创始人一起创办携程旅行网时是29岁，当时的另外三位中，有两位是33岁，一位是36岁。我有很多选择创业的朋友，其中大多数都是在30多岁时开始创业。仅就直观感受而言，40岁看起来是一个拐点，40多岁开始创业的人比30多岁的少多了。

我对身边规律的有趣总结，得到了全球创业监测的数据支持。这项研究在调查了许多国家中成千上万名企业家之后发现，25~34岁是高产的创业年龄，而在45岁以后，进行创业的人数迅速下降（见图3-6）。

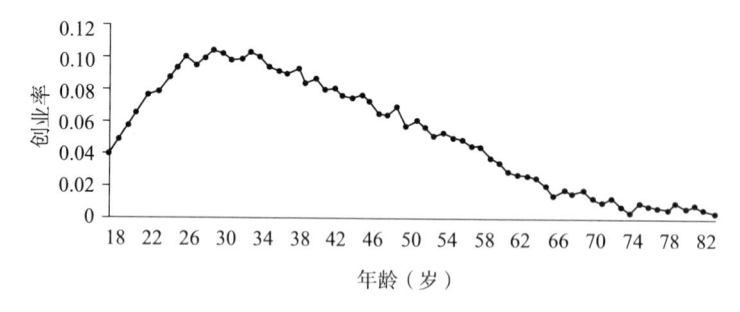

图3-6　2012年世界上各年龄段创业指数走势

资料来源：全球创业监测（Global Entrepreneurship Monitor），2012。

创业的年龄分布，可以用经济学的逻辑来解释：创业是一项长期且高风险的投资，企业家通常会牺牲大量的个人储蓄和闲暇时间，而失败的概率非常高。正因如此，年轻人更愿意承担如此高风险的投资，因为年轻人有更长时间去享受成功的果实。一个55岁的人一般不会去开公司，因为哪怕他辛苦创业15年后取得了成功，那时也已经70岁了，不会有很多年的寿命去享受成果。此外，35岁以上人群往往需要担负更多责任，比如孩子和家庭，因此也不敢承受过高的财务风险。此外，如前所述，大多数人的认知能力在30~50岁达到顶峰，学习能力在20多岁时最强，因此年轻人在学习新技能和适应新环境方面表现得更好。而创造性经营理念和经营创业公司所必需的知识技能，通常需要从经验中获得。综上所述，最好的创业年龄在25~35岁。因为这一年龄段的人已经积累了一些知识和经验，也仍然保有开放的心态，并且愿意去冒风险。

创业、老龄化与阻挡效应

前面讲了，30岁左右是最适合创业的年龄，所以一个国家如果拥有大量30岁左右且受过高等教育的年轻人，那么这会对其创新尤其是颠覆性创新很有帮助。相反，如果一个国家正在迅速老龄化，那么潜在的年轻发明家和企业家就会变少。

老龄化社会还存在一种阻挡效应，即老年人会阻碍年轻人的活力。一个员工获得高级职位的概率，取决于相关领域内的劳动力年龄结构。如果公司的平均年龄很高，那么年轻员工就不太可能被赋予更多的管理责任，因为高级职位已经被年长的员工占据了。正因如此，一个国家的年龄结构可能成为影响创业的重要因素。整体结构趋于年轻的社会，会为年轻人提供更多机会来获得创业所必需的技能。相反，在一个老龄化的国家中，随着时间的推移，人口的规模不断缩小，年轻的员工晋升很慢，拥有的影响力较小，技能也较差，因此难以成为潜在的企业家。结论就是，在一个老龄化的国家里，不仅是年轻人的数量变少了，而且由于他们的发展被人数更多的老年人群体阻挡，因此很难进行创业。

我和斯坦福大学、北京大学的经济学家研究了企业家精神与老龄化之间的联系。当初在研究日本创新数据时，我第一次注意到了这种联系。总体而言，日本的创新表现并不差。日本的大公司在研发方面投入巨资，获得了很多项专利。然而，这些发明大多是微创新，而不是颠覆性创新。例如，日本公司不断改进数码相机，使其体积更小、质量更好，并且具有更多的功能。但是，它们没有颠覆性的发明，如iPhone（苹果手机）。自20世纪90年代以来，尽管这些大型日本企业获得了大量的专利，但已经无法跟上美国企业特别是高新技术企业的创新速度。

日本公司并非一直都是这种表现。它们在20世纪70年代和80年代非常具有创造力，有很多革命性的发明，如随身听和游戏机控制台。日本经济在20世纪70年代和80年代飞速发展，当时有许多经济学家预测，其人均GDP将很快超过美国。然而，在1991年的房地产泡沫破灭后，日本经济一直停滞不前，美国经济则因得益于蓬勃发展的高科技产业而走在世界前列。关于日本出现"失落的几十年"的原因，至今仍然众说纷纭。一些经济学家将停滞现象归因于房地产泡沫破裂引发的金融危机。然而，历史上没有任何一次金融危机的持续时间超过10年，但日本的经济停滞已经超过30年。今天，越来越多的经济学家意识到，真正导致这一停滞的罪魁祸首，是人口的老龄化和创业精神的缺失。

日本在过去60年里的经济增长速度与老龄化指数（65岁以上人口与15~64岁人口之比）很好地说明了这一点。由于日本在二战结束不久之后就出现了生育率的迅速下降，老龄化指数在20世纪90年代突破20%，2020年更是直线上升到48%。与此同时，经济增长率从20世纪七八十年代的5%~10%放缓至1%左右，人均收入从相当于美国的130%的高点跌落到只有美国的60%。

日本经济比不上美国的原因之一就是缺乏初创企业，这导致其IT产业在过去30年中的发展活力远不及美国。如表3-1所示，在美国排名前10位的高科技公司中，有6家在1985年以后成立，创始人在成立公司时都很年轻，平均年龄只有30岁左右。相比之下，在日本排名前10位的高科技公司中，没有一家是在近40年之内成立的。

日本新企业的注册率，从20世纪六七十年代的6%~7%下降到了20世纪90年代的3%[2]。这一数字不到美国的1/3，在所有发达国家中最低[3]。根据一项创业调查的数据，日本人的创业倾向在所有发达国家中最低[4]。在美国，18~64岁的成年人中有4.9%的人正在从事创业活动，而在日本，这个数字只有1.9%。

日本是世界上第一个经历人口快速老龄化的国家，因为它没有经历像欧洲和美国那样的婴儿潮。日本的生育率在第二次世界大战之后

表3-1 美国和日本排名前10位的高科技公司及其创始人

美国	年龄（2022年）	创立年份	创立时年龄	日本	年龄（2022年）	创立年份	创立时年龄
苹果公司（Apple）[史蒂夫·乔布斯（Steve Jobs）]	已去世	1976	21岁	索尼公司（Sony）[盛田昭夫（Akio Morita）]	已去世	1946	25岁
微软公司（Microsoft）[比尔·盖茨（Bill Gates）]	66岁	1975	20岁	任天堂公司（Nintendo）[山内房治郎（Fusajiro Yamauchi）]	已去世	1889	30岁
谷歌公司（Alphabet）[拉里·佩奇（Larry Page）]	49岁	1998	25岁	日立公司（Hitachi）[小平浪平（Namihei Odaira）]	已去世	1910	36岁
亚马逊（Amazon）[杰夫·贝索斯（Jeff Bezos）]	58岁	1994	30岁	富士通公司（Fujitsu）[古河市兵卫（Furukawa Ichibee）]	已去世	1935	43岁
特斯拉（Tesla）[埃隆·马斯克（Elon Musk）]	50岁	2003	32岁	佳能公司（Canon）[御手洗毅（Takeshi Mitarai）]	已去世	1937	36岁
脸书（Meta）[马克·扎克伯格（Mark Zuckerberg）]	38岁	2004	20岁	松下公司（Panasonic）[松下幸之助（Kōnosuke Matsushita）]	已去世	1918	24岁
辉达（NVIDIA）[黄仁勋（Jensen Huang）]	59岁	1993	30岁	京瓷公司（Kyocera）[稻盛和夫（Inamori Kazuo）]	已去世	1959	27岁
博通（Broadcom）[亨利·尼古拉斯（Henry Nicholas）]	63岁	1991	32岁	东芝公司（Toshiba）[田中久重（Tanaka Hisashige）]	已去世	1875	76岁
思科公司（Cisco）[莱昂纳多·波萨克（Leonard Bosack）]	69岁	1984	33岁	电气公司（NEC）[岩垂邦彦（Kunihiko Iwadare）]	已去世	1898	41岁
甲骨文公司（Oracle）[拉里·埃里森（Larry Ellison）]	77岁	1977	32岁	夏普公司（Sharp）[早川德次（Tokuji Hayakawa）]	已去世	1912	19岁
成立以来的平均时间：32.5年				成立以来的平均时间：104.1年			

资料来源：CompanyMarketCap.com、Forbes。

注1：CompanyMarketCap.com 美国高科技公司按市值排序。
注2：Forbes 2021 排名，日本高科技公司按市值排序。

迅速下降，从20世纪70年代开始低于更替水平。因此，日本的劳动力在20世纪90年代迅速老龄化。

由于阻挡效应，当劳动力变得老龄化时，年轻员工的晋升速度就会减慢。如表3-2所示，20世纪70年代，日本有近32%的经理的年龄在35岁以下，而到了20世纪90年代中期，这一比例下降了近一半，只有16.4%。

表3-2 日本劳动力的年龄结构

时间	经理级别			部门负责人		
	<35岁	35~39岁	>40岁	<45岁	45~49岁	>50岁
1976年	31.8%	31.9%	36.3%	24.5%	31.1%	41.4%
1984年	18.3%	33.1%	48.6%	12.5%	37.3%	50.2%
1994年	16.4%	23.5%	60.1%	7.6%	27.8%	64.6%

资料来源：Summary of Report, Basic Survey on Wage Structure (Ministry of Health, Labour and Welfare) Various Years。

20世纪70年代，日本大约有1/4的部门负责人的年龄在45岁以下，而这一比例到了20世纪90年代的时候下降了约2/3。这是劳动力老龄化所导致的直接后果，因为在通常情况下，员工的晋升会基于工龄。当年龄结构呈现年长者多、年轻人少的倒金字塔形时，员工必须等待更长时间才能晋升到高级职位，无法在年轻时就得到成为企业家所需要的锻炼和积累。当他们最终获得晋升时，即便获得了成为企业家所必需的技能、资金以及社会影响力，那时他们也已是四五十岁的人，错过了创业的黄金窗口。

接下来，我们通过分析全球创业监测的调查数据，再来比较不同国家年轻人的创业概率。日本的人口结构老龄化最严重，创业率最低（见图3-7）。特别引人注目的是，在大多数国家中，30岁是最具有创业精神的年龄，然而，日本的情况却并非如此。日本30岁的人甚至比本国50岁的人更缺乏创业精神。阻挡效应放大了老龄化的影响，并且极大地损害了年轻人的创业活力。

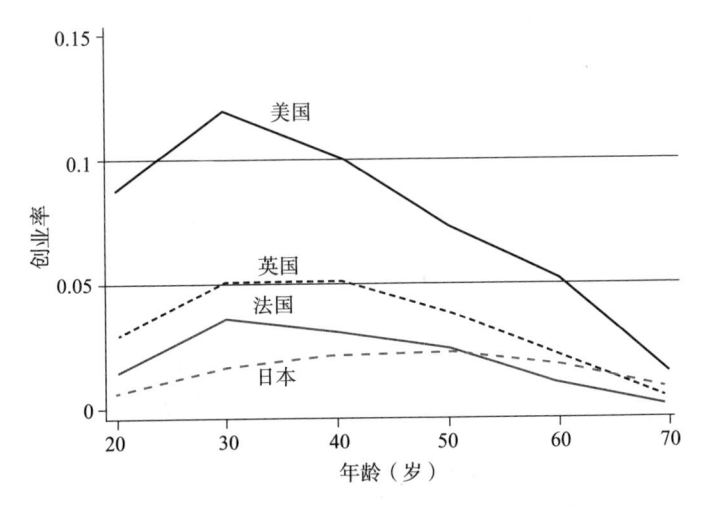

图 3-7　部分主要国家中按年龄组考察的创业率

资料来源：全球创业监测（Global Entrepreneurship Monitor），2012。

在过去的 30 年里，日本很少出现创新型的新企业，而且现存的大公司在颠覆性创新方面也变得非常迟钝。类似的阻挡效应同样在大公司内部发挥作用。为实现突破性的技术创新，大公司通常需要组建一个"创业项目"，其最好由 30 多岁的年轻人来负责。然而，在典型的日本企业中，30 多岁的员工通常只有较低的级别和技术能力，在公司中的影响力也不大，因此无法有效领导这些项目。鉴于这种情况，在一个老龄化的国家（或老龄化的公司）中，不仅创新型的新公司少，而且现有的大公司往往也会更趋保守，更缺乏创造性。曾经创新力很强的日本大公司不仅错过了互联网，而且在半导体、消费电子和新能源领域都显得创新乏力。

日本的年轻人的职业发展受到压制，很多年轻人选择了不努力工作也不结婚生子，成为所谓的"啃老族""草食男""躺平一族"。这使得整个经济缺乏活力，需求和投资低迷，日本进入停滞的"低欲望社会"。同时，年轻人的"躺平"也进一步拉低了生育率，形成恶性循环。有关日本经济和人口的问题将在以后的篇章详细介绍。

我们再看一下日本以外的其他发达国家，进一步分析老龄化和企业家精神之间的关系。在图 3-8 中，横轴是年轻人口比例，即年轻员工（20~39 岁）在总的劳动年龄人口（20~59 岁）中的占比，而纵轴表示该国成年人创业的可能性。如图所示，创业和年轻的年龄结构之间存在显著的正相关关系。在这些国家中，日本的人口结构老龄化最严重，创业率最低。与此相反，由于人口结构更年轻，美国和韩国更具有创业精神。

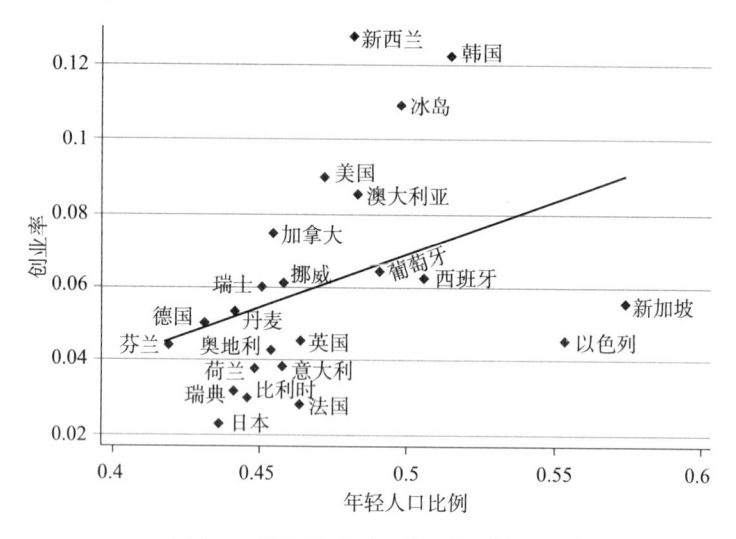

图 3-8　创业率和劳动力的年龄（发达国家）

资料来源：全球创业监测（Global Entrepreneurship Monitor），2012。

在这幅图中，如果我们把国家分成年轻国家和老龄化国家两类，就会发现，年轻国家的创业率几乎达到了老龄化国家的两倍。这种效应的影响，远远大于年轻人数量上出现的差距本身，说明阻挡效应（或其他结构性效应）必定产生了巨大的作用。

如果我们不只考察发达国家，而把目光投向所有国家，那么"人口结构越年轻则企业家精神越强烈"这一正相关关系仍然存在（见图 3-9）。当前中国的年龄结构仍然年轻，中国员工的创业精神也非常强烈。

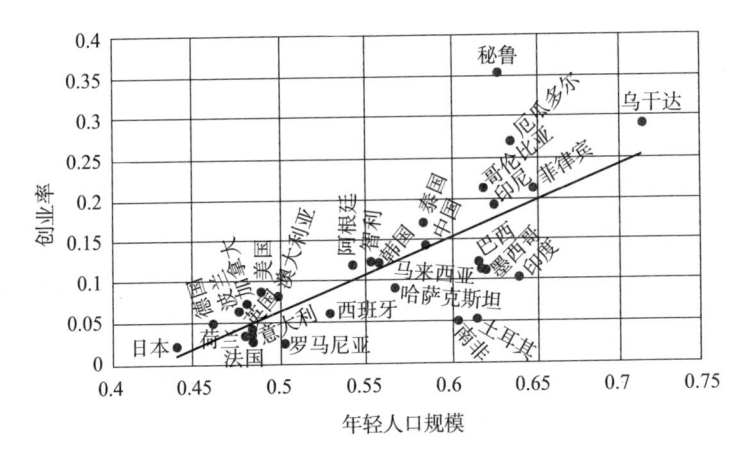

图 3-9 企业家精神和劳动力年龄（所有国家）

资料来源：全球创业监测（Global Entrepreneurship Monitor），2012。

最后，让我们把创业与经济增长联系起来。图 3-10 显示了 2000—2009 年不同国家的创业率和 GDP 增长率之间的关系。我们可以发现，较高的创业率与更快的经济增长之间存在正相关关系。

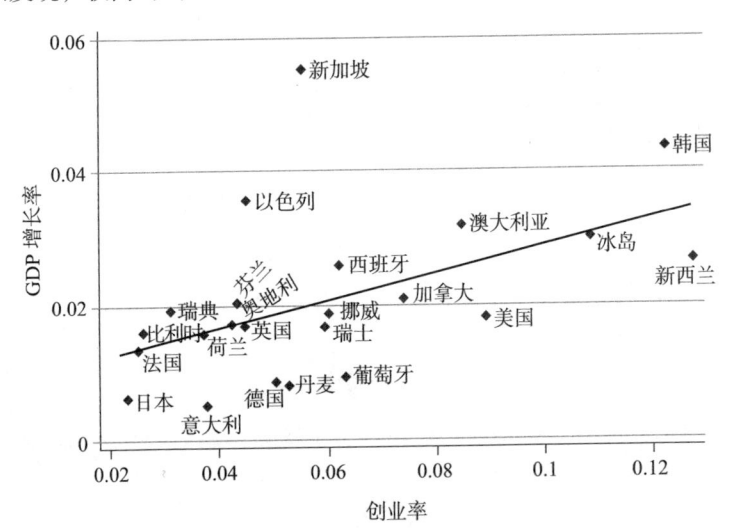

图 3-10 2000—2009 年不同国家的创业率与 GDP 增长率的关系

资料来源：全球创业监测（Global Entrepreneurship Monitor），2012。

第 3 章 人口能力和老龄化效应　　063

中国会不会重蹈日本的覆辙？

中国曾经是世界上最年轻的国家之一，因为中国在20世纪七八十年代还维持了每年2 000万左右的新出生人口。但是随着计划生育的严格执行和城市化、工业化的进程，生育率很快就跌至更替水平以下，到2019年，新出生人口降到了1 500万以下。虽然2016年正式实施"全面二孩政策"，2017年的新出生人口数据曾短暂反弹到1 700万，但是短短几年之后，2022年的新出生人口又跌到了956万的历史性低谷，生育率更是不到1.1，比同期的日本还要低。可以预见的是，中国的老龄化程度将比日本还要严重。

我们从图3-11中可以看出，日本和中国的老龄化程度类似，只是时间线有差不多35年的延迟。从长远来看，中国的老龄化程度比日本还要严重，老龄化所带来的负面影响也会更严重，除非中国能够通过鼓励生育大幅度提升生育率。

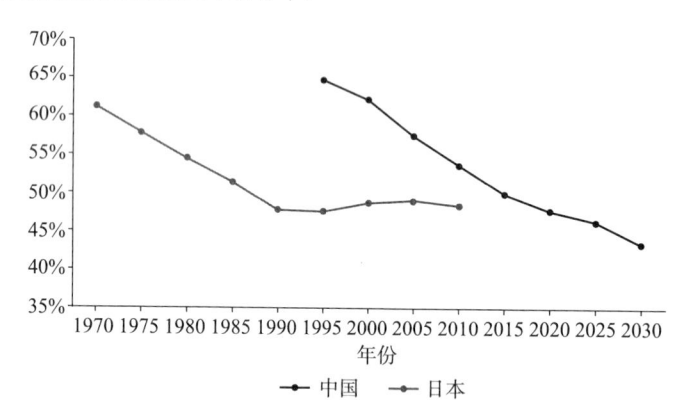

图3-11 中国和日本年轻人（20~39岁）占劳动力人口（20~59岁）的比例

资料来源：联合国人口署、日本统计局、中国国家统计局、育娲人口。

第 4 章　内部交流和聚集效应

创新力 = 人口数量 × 人口能力 ×（内部交流量 + 外部交流量）

前面已经介绍了创新力模型中的人口数量和人口能力。在模型中，创新力还取决于内部、外部交流量。如果以国家为单位，那么外部交流指的是国际交流，内部交流指的是国内交流。这种交流是广义上的交流，包括人员、货物、资金、信息等。这章我们先重点关注内部交流和聚集效应。

内部交流和创新力

国与国之间的交流一般存在语言、关税、签证等壁垒，有关如何促进国际交流会在下一章讲。在一个国家之内的交流通常没有类似的壁垒，所以国内交流要比国际交流频繁和畅通。但是有时候，国内交流也会受语言和文化差异的阻碍。中国在 2 000 多年前就统一了文字和主流意识形态，其语言和文化的交流壁垒低于同时期的欧洲和印度。

但有时候，内部交流还会受到制度上的制约，例如在中国历史上的有些时期，政府会限制商业或者实行计划经济的制度，这样就会限制交流，在很大程度上阻碍创新。

创新的重要条件就是要有相对自由的市场环境，因为计划经济在一定程度上禁锢了创新，阻碍了企业和企业之间的网络状交流。在计划经济的体制下，下级只需要完成上级的生产任务就可以了，无须在市场上寻找下游的潜在客户和上游的供应商。企业不去主动寻找新客户，就不太需要进行跨企业和跨行业的交流，创新力也就下降了很多。整个行业的合作形式相对固化，企业就没有太大的压力和动力去做创新性产品。长此以往，整个经济的创新力就停滞了。计划经济自上而下的交流方式，在执行一个确定的目标时可能比较高效。但是这种自上而下的交流方式，遏制了创新需要的大量不确定的网络式交流，结果就是计划经济普遍导致创新力的停滞，这也是苏联、中国和印度在计划经济时代领受的教训。

在市场经济的体制下，国内交流的壁垒要比国际交流小很多。在地域广袤的国家，最主要的国内交流的障碍是距离，商品运输和人员交流的成本都会直接受到距离的制约。虽然互联网能够替代一部分面对面的交流，但大部分服务还有创新创业活动还是需要相关人员聚集在一个空间里完成，所以内部和外部的交流性跟人口的地理分布密切相关。在枢纽城市，方便的通信和交通设施会激发旺盛的人员和商品的外部交流需求。而且，枢纽城市往往也是人口聚集地，所以会有很好的内部交流性。

人口聚集效应

在国内交流的最主要障碍就是距离，所以人口和企业相对聚集就会具有更好的内部交流性，从而有利于提升创新力，这就是所谓的聚集效应。

首先，供应链的聚集效应非常显著。现代工业往往集中在同一地区。美国的汽车产业集中分布在底特律，而日本的汽车产业集中分布于名古屋。中国的电子工业聚集于广东和江苏南部地区。一家公司在地理上靠近产业链的上游和下游，可以大幅度降低成本，比如运输成本、采购成本以及沟通成本。

中国在人口密度非常高的东南沿海地区有很多制造公司，因而拥有世界上最大、最完整的制造业产业集群。任何新产品的发明人，都能在同一地区找到成百上千的配套公司，快速且廉价地制造出成品。

中国的劳动力成本已经不再是世界最低的，中国的人均GDP在2021年已经达到12 551美元，劳动力成本已经比越南、印度尼西亚等东南亚国家高出几倍。从劳动力成本的角度考虑，许多跨国企业应该离开中国。但许多公司发现，复杂的产品需要强大的配套供应链做保障，中国在这方面的优势暂时还无法被动摇，这就是大多数高科技产品今天仍然在中国制造的原因。在高端制造业中，许多技术、部件和生产工艺都是相互关联的，一个领域的优势可以扩展到其他相关领域。例如中国在新能源和电池方面的优势，已经扩展到了新能源汽车领域。尽管劳动力成本上升了，但是中国利用其聚集优势，领军高端制造业的发展，比如在太阳能、风能等方面的新型制造业，以及高端电子产业。毫无疑问，中国企业从生产简单的、低附加值的产品，升级到生产高端制造品，其在供应链方面的聚集效应将是一个重要的有利条件。

人才聚集效应

相对于供应链的聚集，更重要的是人才的聚集，其可以促进交流和创新。高新技术企业的分布比制造企业更加不均衡。在美国，大量创新公司集中在硅谷，全国几乎一半的风险投资都投到了那里。硅谷，一个从旧金山到圣何塞的小小区域，却吸引了全世界最优秀的人才，创造出一大批在世界上最有价值的公司。在十大高科技公司中，谷歌、思科、惠普、苹果、甲骨文和脸书都在硅谷。

在制造业中，聚集效应是相关企业互相靠近的结果。高新技术产业的聚集效应，则是创新人才聚集的结果。当有创造力的人聚在一起时，这种效应可以产生化学反应。有些创意是在面对面的非正式的交流里产生的，很多合作的创业者以前就是朋友，偶然在一次聚会中碰撞出了创意。在硅谷的夜晚，餐馆和咖啡馆里坐满了身穿休闲装的工程师，他们讨论着下一次的技术突破和创业机会。

许多高科技公司比肩而立，使得人们很容易在不同的公司之间流动。在硅谷的企业中，员工的流动性非常大。如果一位工程师有新的创意，却不能得到自己公司的资金支持，他就可以带着想法加入其他公司，甚至可以在风险投资的支持下自行创办一家公司。员工的高流动性，不仅加强了思想和创新的交流，而且还帮助创业公司快速找到了人才。高流动性也降低了创业失败的成本，因为在这种情况下，人们很容易在创业失败后找到新的工作。至于高流动性的必要条件，则是一个地区能够聚集众多高科技企业。

此外，大城市不仅可以使人才与企业更好地匹配，而且可以为更多不同学科背景的人才提供在一起工作的机会。近年来，互联网和软件领域的技术创新往往需要多学科合作，这就进一步增强了大城市的优势。对受过良好教育的年轻夫妻来说，大城市特别具有吸引力，哪怕生活成本高，但是夫妻双方都有可能找到好的工作。

聚集效应是典型的网络马太效应。如果一个区域成为一个产业的创新中心，那么这一中心的聚集效应将会趋向于自我强化。随着时间的推移，这一中心会越来越大，优势也越来越明显。尽管房价高昂，但硅谷作为创新中心的主导地位已经持续了40多年。由于人才的集中，硅谷仍然是创办高科技公司的最佳地点。一旦某个地方变成创新的中心，其他地方就很难再超越。

还有就是大城市能够为人才提供更加高效和丰富的服务，这里包括教育、医疗、家政、餐饮、娱乐等各种服务行业。例如医疗行业，大城市的医院往往有更优秀的专科医生和更完善的医疗设施。例如配送和电商服务，人口密度高，配送更加方便，电商就会更加发达。例如餐饮服务，大城市可以提供丰富多彩的各地美食。例如文化娱乐行业，大城市有各种演出和展览。总之，一个城市的人口越多，获取服务就更加便捷，服务的品类就更加丰富多彩。随着一个经济体发展到工业化后期，服务行业的占比越来越高，这种服务行业的聚集效应就会凸显出来。这就进一步吸引了各类人才聚集到大城市，形成一个正向的反馈作用。近年来，随着聚集效应的增强，世界各地的大城市变得越来越大，地价越来越高，而很多国家的小城市却在萎缩。

城市规模和拥堵问题

大城市的聚集效应有利于创新，而且还有更好的医疗和教育等服务，那么大城市是不是越大越好呢？城市的人口规模有上限吗？城市人口增加会不会带来一些负面效果（比如交通拥堵）？在印度和中国这样的人口大国，主要城市都已经变得很拥挤。有人误以为城市人口密度与国家人口密度有关。一个国家的人口变多，城市就会更加拥堵吗？两者之间真有关系吗？

我们对城市人口密度进行分析的数据来自国际人口统计组织，该机构从世界各主要都市区搜集信息，来计算各大都市的城市人口密度。图 4-1 显示了城市人口密度与国家人口密度之间的关系。在图中，纵轴表示城市人口密度，横轴表示国家人口密度。

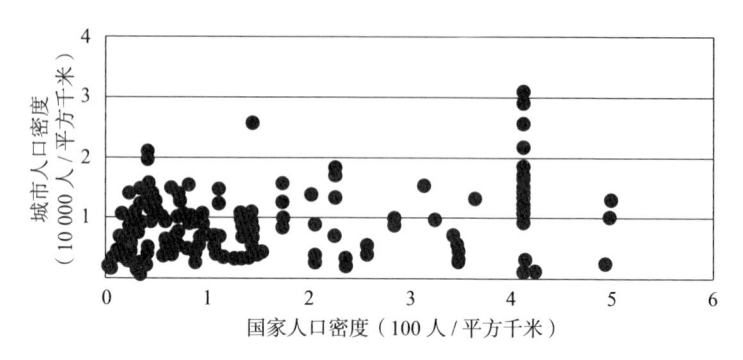

图4-1 城市人口密度与国家人口密度的关系

资料来源：Demographia International，2011。

我们从图4-1中可以看出，城市人口密度与国家人口密度没有明显关系。在阿根廷这个人口密度非常低的国家，其4 000万居民中的1/3都居住在布宜诺斯艾利斯，这个城市的人口密度比北京还高。巴西最大的城市圣保罗的人口密度，也比上海和北京都要高。

图4-2显示了城市人口密度与人均GDP之间的关系。纵轴表示城市人口密度，横轴表示所在国人均GDP。

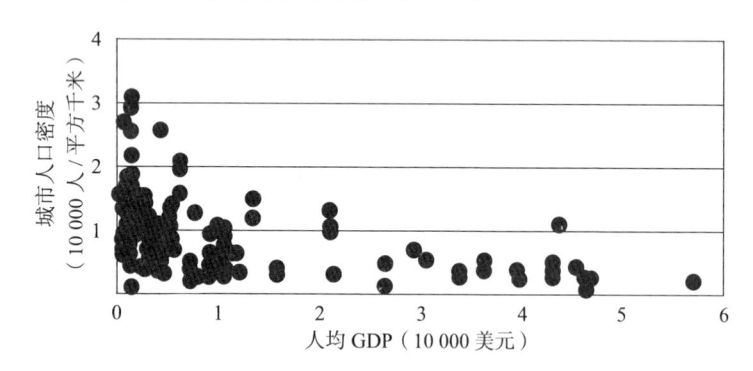

图4-2 城市人口密度与人均GDP的关系

资料来源：WHO (2011) and World Bank (2011)。

我们从图中可以看出，城市人口密度与人均GDP呈负相关关系。当一个国家变得更加富裕时，它的城市会更加宽松，人口密度也会降低。这是因为，随着财富的增加，城市有能力投资建设更好的道路和公共交通工具，居民通勤的距离可以更长。洛杉矶的人口密度就很低，因为它有非常庞大的公路系统。贫穷的城市没有足够的公路或其他公共交通系统，因此，居民不得不住在距离城市中心很近的地方，导致城市中心人口稠密，拥挤不堪。

让我们看看世界上最拥挤的十大城市（见图4-3）。我们可以看到，许多拥挤的城市都位于俄罗斯和巴西（这两个国家的人口密度并不高），而东京或首尔这样的大城市并不在名单上。显而易见，无论人口密度如何，只要国家相对贫穷，那么其大城市就容易拥堵。反之，富裕国家可以依靠良好的城市规划，来解决拥堵和环境问题。在城市的不同地区修建地铁和高铁等公共交通设施，是解决特大城市拥堵问题的途径之一。东京虽然已有3 700多万居民，但拥有一个非常高效的公共交通系统，其有效缓解了交通拥堵。

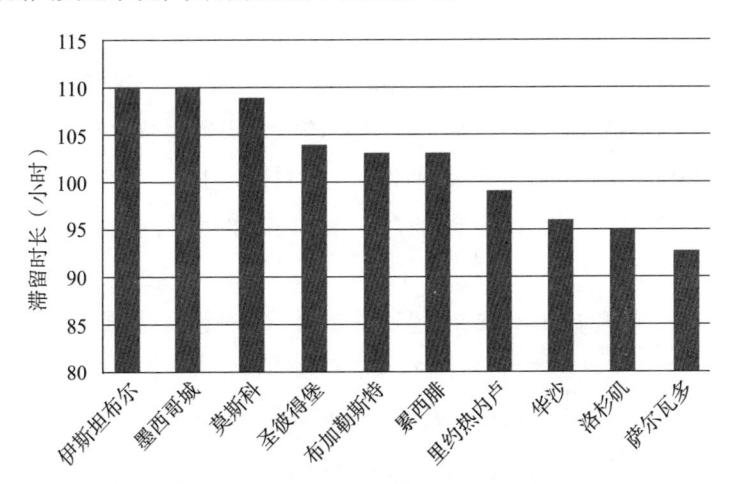

图4-3 世界上最拥挤的城市中每位通勤者每年滞留在路上的时长

资料来源：Niall McCarthy and Statista, These Are the World's Worst Cities for Gridlock 2015。

既然这些大城市更有效率和有利于创新，那么城市规模有没有上限呢？让我们假设：如果地球不再适合人类居住，我们都将搬到另一个星球上，那么人口会在那个星球上均匀地分布吗？也许不会，我们还可能在一个大城市里紧密地生活在一起。世界人口的当前分布可以用历史来解释：在经济以农业生产为基础的时候，人类需要分散耕作；在工业革命期间，人类需要接近矿源和港口；今天，高科技和服务公司是经济活动的主要动力，因此，更多人将会聚集在作为创新中心的大城市。

随着创新活动在经济中的重要性不断提高，国际上的主要大城市都越变越大。虽然日本的低生育率已经造成了总人口规模的下降，然而作为日本人口最多的城市，东京的人口仍然在增长。事实上，东京是日本唯一一个人口增长的城市。俄罗斯的低生育率已经导致许多小城市的人口数量减少，然而近年来，莫斯科的人口却显著增加。

中国也不例外。虽然中国的人口总量几乎稳定，但是北京和上海的人口都已经超过了 2 100 万，并且仍在持续增长。中国大城市的人口乃至房价的增长，要比中小城市快得多。在中国排名前 30 位的城市的住房价格一路飙升，而小城市的房价已经开始下跌，现在一线城市和小城市的房价已经相差 10 倍以上。目前，上海、北京和深圳三地的房价与收入比已经居世界前列，有关中国的房价问题将在以后的篇章里详细论述。

一个城市的规模到底能有多大，取决于两种相互竞争的力量：其一，人们被大城市吸引，因为这里有更多的就业机会和更好的公共服务；其二，人们对大城市里高企的房价和漫长的通勤望而却步。在这两种力量之间形成的平衡程度，将决定一个城市的规模。

图 4-4 显示了各国总人口数量与大城市人口数量之间的关系。横轴是一国的人口规模（对数刻度），而纵轴是该国大城市的人口规模。该图表明，一国人口规模与其最大城市人口规模之间存在明显的正相关关系，原因是主要城市会吸引来自该国农村地区和其他小城市的人

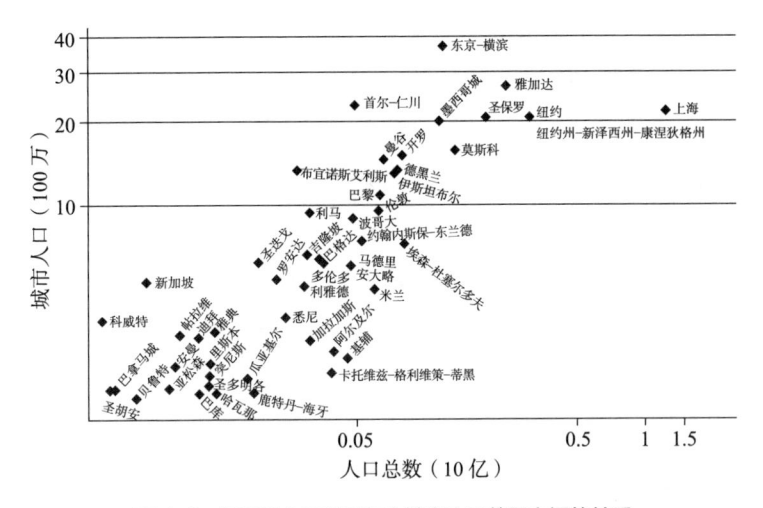

图 4-4　各国总人口数量与大城市人口数量之间的关系

资料来源：Demographia and World Bank, 2013。

注：作者使用的数据来自 Demographia 2013 年对世界主要都市群人口的分析。这里的大都市群，是指一个连续的城市区域，并不受行政管辖的限制。该机构根据一个统一的分类规则，使用卫星照片来定义一个大都会区，然后利用该区域的总人口数减去农业人口的数量，得到该都市群的人口数据。在所有的城市人口数据来源中，该机构的数据是与从经济学意义上定义的都市圈的含义最接近的，并且其会持续地对全世界进行测算。

们。毫无疑问，一个国家的人口数量越多，则该国居住在最大城市中的人口就越多。

按照这种逻辑，上海和北京的人口规模应该要比目前大。就人口而言，世界上最大的城市是东京，有 3 700 万名居民。首尔有 2 300 万名居民，而且这一数字还在增长过程中。中国的人口是日本的 10 倍、韩国的 25 倍。然而作为中国最大的两个城市，北京和上海都只有约 2 200 万名居民。对中国这个人口大国的创新中心来说，此等规模实在太小了，并不能充分发挥出创新的聚集效应。未来如果没有政策限制，即便中国的总人口没有增长或者下降，一线城市的人口规模也会继续扩大。按照上述分析，北京和上海的合理人口应该为 4 000 万~5 000 万。北京和上海的核心地段的房价，与曼哈顿和伦敦中部地

第 4 章　内部交流和聚集效应　　073

区的房地产价格不相上下。

北京应该可以容纳4 000万人的论断,可能会让很多人感到惊讶,因为大家的直观感受就是北京已经如此拥堵,未来还能容纳更多的人口吗?但北京之所以会在接近2 200万的人口规模下就产生严重拥堵,根本原因在于城市规划欠佳。

北京的密集度与世界上其他大城市相似。表4-1比较了世界主要城市的汽车保有量、人口数量和面积。北京的车辆比纽约和洛杉矶少,人口密度比东京低。

表4-1 世界主要城市的汽车保有量与城区聚集体

城市	范围	汽车保有量		城区聚集体		
		汽车保有量（万辆）	面积（平方千米）	人口数量（万）	面积（平方千米）	人口数量（万）
北京	行政辖区	502	16 808	2 019	3 479	1 731
纽约	纽约第五大道	196	850	780	11 642	2 046
	纽约以及城郊地区	1 037	30 670	2 209		
东京	东京市区	385	2 188	1 319	8 547	3 713
	东京城及其他三个郊区	1 379	13 556	3 562		
洛杉矶	第九区	580	10 518	989	6 299	1 490
	第二区	832	12 520	1 283		
	第五区	1 052	87 490	1 808		
伦敦	大伦敦	269[①]	1 572	817	1 623	859
巴黎	大巴黎	489[①]	12 012	1 179	2 844	1 076
圣保罗	圣保罗城市地区	697	7 944	1 989	3 173	2 019

资料来源:相关政府网站以及媒体。

注:①大伦敦和大巴黎的汽车保有量,只计算私家车辆和轻型车辆。

那么,为什么北京如此拥挤?根据2021年度《中国主要城市道路网密度监测报告》,北京的城市道路网密度(一定范围内的道路总里程与该范围面积的比值）仅为 5.8 千米/平方千米，其他一线城市如上海、广州、深圳，其路网密度分别为 7.3、7.2 和 9.7。其他公开资料显示，国际城市中，东京的路网密度达到 18.4 千米/平方千米，是典型的"窄马路，密路网"模式，而纽约也达到了 13.1 千米/平方千米。

此外，北京地铁或铁路的密度与世界其他城市相比并不算高。2015 年，北京的地铁总长度为 600 千米，每 100 万居民平均仅合 30 千米。然而，2015 年时，东京和伦敦的地铁或者铁路分别达到了每 100 万居民 69 千米和 192 千米。因此，尽管东京有超过 3 700 万人口，但远没有北京拥堵。

显然，北京的道路和公交规划水平仍有待提高。北京需要大力投资基础设施。作为一个富有的城市，它完全有财力这样做。随着印度的日益富裕，印度的大城市也需要这样大力投资基础设施。

如何规划拥有 4 000 万人口的特大城市呢？一个城市的人口增长，主要受限于通勤时间。一般来说，可忍受的通勤时间上限是单程 1 个小时，如果按照普通地铁的速度，城市半径一般在 25 千米左右。如果以 25 千米为半径画一个圆，形成的面积差不多是 2 000 平方千米，按照每平方千米 10 000 人的人口密度计算，城市差不多可以容纳 2 000 万人，这也基本上是世界上最大城市的一个人口上限。

但是东京是个例外，其都市圈内有 3 700 万人。东京的经验是用高速铁路连接卫星城市。比如横滨是东京的一个卫星城，距离东京的城市中心 28 千米，一条途中无站的高速铁路连接横滨和东京市中心，全程不到 20 分钟。以此作为参考，中国目前的高速列车比日本的快，时速可以达到约 350 千米。如果途中无站，高速列车可以在 10 分钟内从 40 千米之外的卫星城抵达市中心。如果在中途设 3~4 站，全程时间也可以控制在 20 分钟以内。因此，如果城市高速列车能广泛应用，通勤时间就可以大大缩短。

如果一个城市的轨道交通系统能够高效运行，那么该城市的人口密度就高。新加坡的人口密度为每平方千米近 8 000 人，而东京的人口密度为每平方千米 5 000 人。美国大多数城市的人口密度都太低，纽约和洛杉矶的人口密度只有每平方千米 2 000 人左右（尽管曼哈顿的人口密度要高一些）。如果高速列车可以在 20 分钟内从 40 千米以外的卫星城抵达市中心，那么这个城市的半径就可以扩展为 40 千米，将覆盖大约 5 000 平方千米的土地。如果人口密度为每平方千米 10 000 人，那么该城市就可以容纳超过 5 000 万的人口，而且居民仍可以在 40 分钟内从任何地点到达市中心。

为了进一步减少通勤时间，现行的城市规划应进行调整。显然，区分开工业区和住宅区是有必要的，但商业区和住宅区的分离没有必要。今天，即使是银行和金融公司也没必要集中在中央商务区。因为与以往不同，现在的金融交易无须面对面操作。因此，通过混合商业区和住宅区，通勤时间可以进一步缩短。另外，高科技公司不会像商业区内其他行业（比如银行）那样带来交通问题，也不需要紧邻其他商业或集中在中央商务区。因此，大多数高科技公司都可分布在居民区周围以便缩短通勤时间。当然，出于各种原因，比如配偶在很远的公司工作，部分员工可能还是无法搬到办公室附近的住宅区，但从总体上来看，混合商业区和住宅区可以减少通勤时间。

最后，随着网约车和共享单车的出现，连接地铁站的最后一公里问题也变得更容易解决了。还有，未来随着自动驾驶技术的进步，开车将会变得更轻松，停车也会更容易。因此，高铁、共享单车和自动驾驶技术的组合，将会解决特大城市的通勤问题，从而让城市可以容纳更多的人口，未来规划 5 000 万人口的大都市是完全可行的。

还有一个好的方式可以解决大城市的通勤和房价问题，那就是混合办公模式或许可以消除相当一部分通勤需求。新冠疫情期间，很多公司开始推广在家办公或者混合办公。员工被允许一周中有几天在家里办公，省下了平均每天一个半小时的通勤时间。如果员工每周只需要去公司三天，那么可以忍受的通勤时间就会从 40 分钟延长到一个小时。这样，随着混合办公模式得到推广，大城市的规模就可以进一步扩大。如果有效利用高速铁路，那么城市的半径就可以扩大一倍多，即 100 千米以上。如果把城市半径从 40 千米扩大到 120 千米，那么城市的面积就可以扩大 9 倍。按照这样的面积，房价可以大大降低，居住条件可以大幅改善，每周里有三天从自家别墅前往市中心上班，就不会只是富豪的特权了。

如果一个城市的半径是 120 千米的话，那么城市面积就是 4 万多平方千米，差不多就是上海、苏州、嘉兴和杭州的面积总和。如果把这 4 个城市连成一个都市圈来开发的话，按照每平方千米 3 000 人的人口密度（那可是别墅区的人口密度），就可以容纳 1.2 亿人，其比现在这 4 个城市的人口规模还大一倍（可以额外容纳 6 000 万人口）。有人说如果把上海、苏州、嘉兴、杭州都用来开发了，不是要占用很多农田吗？实际上，即使按别墅区每平方千米 3 000 人来计算，比起农村的人口密度，这样一个 1.2 亿规模的大都市区还是要高出很多，可以容纳大量外来人口来这里落户，这些人原本在当地所占的农田和房屋可以空出来，从全国范围来看，反而可能节省下更多的土地。

每平方千米 3 000 人，这可是每个人都能住上别墅和低密度住宅的人口密度。有人说这个反直觉——怎么可能中国人都住上别墅，中国有足够的土地吗？其实看看日本就知道了，日本的人均土地面积尤其是人均平原土地面积，其实只有中国的零头，但日本很多地方都是低密度的独栋房屋。两国的区别在于，东京已经和周围几个卫星城市连成一片，而上海和北京只要从市中心开车出去半个小时之后，就会来到大量农田和未开发的土地。据大致估计，京沪的住宅和商业用地开发只占城市面积的 20%，其余的土地中有 1/3 是农田。所以只要适当放开大城市的住宅用地限制，并且利用先进的轨道交通技术，就能大幅度地提高城市的容量，充分激发大城市的创新活力。大城市扩容的另一个好处就是缓解房价上涨，大城市的核心地段的房价很可能是非常高的，但是大量近郊的房子应该是物美价廉的，这会有效降低大城市年轻人的购房负担，而且有利于提升生育率。

总结

本章介绍了内部交流和聚集效应是如何促进创新的。大城市有利于人才的深度交流，从而促进创新，同时大城市拥有更高的效率和多样性。本章也探讨了规划特大城市的理论和国际经验。总之，要发挥特大城市的规模效应，就要科学地做出土地规划。中国的特大城市如果能够充分利用城郊的土地资源，就还有很大的扩容空间。作为经济强国以及世界第一的人口大国，中国应该具有最大、最繁华和最具创新力的特大城市。有关房价和中国城市化策略还会在第五篇中做进一步论证。

第 5 章　外部交流和流动效应

孔子曰："有朋自远方来，不亦说乎。"这可能是最能代表中国也最能让世界理解的中国传统了。见到远方的朋友之所以特别令人高兴，是因为远方的朋友带来了不同的想法，不同的商品，不同的世界观，这就让自己有了新的感悟和新的灵感。虽然我们并不认同朋友的一些观点，但是这并不妨碍我们和朋友交流合作。中国 2 000 多年前的传统智慧至今仍然受用。

面对未来的人口危机，保持对外交流的畅通显得尤为重要。因为广阔的世界市场，能够为不断萎缩的本国人口和市场提供一定的补充。这一章将分析创新力模型中的外部交流量，包括对外开放和人口流动性。

$$创新力 = 人口规模 \times 人口能力 \times (内部交流量 + 外部交流量)$$

从创新力模型来看，中国作为一个创新大国的优势是人口规模；人口能力也不差，得益于团结的民族和统一的文字以及良好的交通和通信设施；中国的内部交流性也很好。创新力模型中唯一相对不足的就是对外的交流性，尤其是相对于美国这样的移民国家。这一章我们来分析一下中国的对外开放策略并提出政策建议。

历史上的国际交流和创新

历史上国际交流的枢纽地区往往会成为创新的中心。2 000多年前，地中海地区的国际贸易十分发达，该地区的枢纽希腊和后来的罗马成了世界经济和创新的中心，成就了灿烂的古希腊和古罗马文明。后来，由于战争和蛮族入侵打断了原来的国际贸易，内忧外患的罗马帝国衰落了。后来，西欧国家发现了新大陆，荷兰、英国等国成了国际贸易的枢纽，也成了经济和创新的领先国家。二战前后，美国接纳了大量的外国人，其中包括很多欧洲的科学家。美国具有很强的吸引全世界移民的能力，成为具有创新力的超级大国。二战以后，亚洲"四小龙"用开放的出口型经济实现了经济的腾飞，"四小龙"人口相对更多的韩国和中国台湾也迅速提升了科技创新力。相对比的是南美国家，虽然其起点和自然条件远远比"四小龙"好，但是由于实行了进口替代的相对封闭的发展模式，其经济发展远远不如"四小龙"。

在中国历史上，最强盛的时代也是国际交流最畅通的时代。唐代曾经吸引了众多的外国人，有的是来做生意的，有的是来学习交流的，还有的就是来"移民"的。唐朝对于这些外国人几乎是一视同仁的，甚至有些重要的官员都是外国人。改革开放以后的中国也处于创新力飞速发展的时代。

国际交流如何促进创新力

创新力为什么要依赖对外开放呢？其实因为创新活动的前提是要

站在巨人的肩膀上。这个肩膀是全世界人类知识的结晶，如果只有本国积累的知识，那么这个巨人会矮很多，全球领先的创新力是培育不出的。这是清朝落后的原因，虽然中国当时和其他国家也有一些贸易，但是科学知识和其他先进思想的交流是非常弱的。当时几乎没有太多的人员交流，当然一部分原因是路途遥远，另一部分是源于官方和民间的"天朝上国"的盲目自大和排外观念。两三百年前，当西方的科学界已经研究物理和化学等现代科学知识时，中国的精英对西方的科学基本一无所知且毫无兴趣。与中国近代史上的闭关锁国类似，历史上很多国家也实行过贸易保护主义，都尝到了创新停滞的苦果。

国际交流的不可替代性的根本原因在于，再大的国家，相对于世界还是很小的；再多的国内人口，相对于世界人口还是比较少的。而且远方的物产、商品和创意，或许更具有多样性或者颠覆性。例如当哥伦布发现了新大陆以后，各种新的物种不仅提升了农业发展水平，也促进了博物学和进化论、天文学和物理学等近代科学的发展。所以即使是人口大国，也必须抱着开放和虚心的态度向全世界学习。

好在几乎所有国家现在都意识到了开放的重要性，普遍认可对外开放能给创新和经济发展带来积极影响。新中国在成立初期也走过了一段对外相对封闭的计划经济时期，提倡自力更生，这段时期中国经济和科技落后于西方发达国家。直到邓小平时代的改革开放以后，中国敞开国门，放开了人员、贸易的对外交流。而在加入WTO（世界贸易组织）以后，中国进入全面对外开放的阶段。此后，中国的科技水平和竞争力突飞猛进。

有人说当今学习先进的科学知识，不需要对外开放，只需要学习教科书就够了。这对于一两百年前的经典知识是可以的，但是现在的科技创新成果正在迅速增长，书本上的知识只是很小一部分，很多知识是在日新月异的学术文献里，更多地散落在互联网的各个角落，以及全球科研人员的脑子里面。所以书本上的知识只是基础，能够在互联网上获得全球信息也是必要的，而且还要有和全球的科研人员深度交流的机会。

国际交流的形式

国际交流包括贸易自由化、信息和人员交流、资本的开放等。接下来我从这几个维度来分析国际交流和创新力的关系。

商品交流

一般来说，一个国家开放首先实现的是贸易自由化，也就是商品的自由流通。这可以体现在一个国家对进口商品的关税水平上。其实世界主要国家基本上都实行商品贸易自由化的政策，整体关税水平都处于比较低的水平（见图5-1）。中国加入 WTO 以后，对外国进口的商品关税也已经降到了很低的水平。

图 5-1 世界平均关税水平

资料来源：世界银行。

对进口商品实行低关税，不仅让消费者享受了物美价廉的商品，更重要的是，进口商品凝聚了世界上最新的技术创新，这就有利于相关产业链的创新。因为如果本国企业想创新，就要在全世界获取最先进的技术和最廉价的零件。当一个国家存在很高的关税壁垒时，虽然能在短期保护本国的某些企业，但后果往往是相关产业链的企业无法参与世界的创新体系，长期而言，这会导致整个产业链的停滞和落后。

中国在改革开放初期，还专门保护少数产业如汽车行业。在很长一段时间里，针对进口汽车设置比较高的关税，而且也不对外资完全开放。但回头看，越是受到专门保护的行业，后来的国际竞争力反而越弱。相反，那些毫无保护的行业如电子消费行业，中国企业的国际竞争力却变得越来越强。

信息交流

互联网是科研人员获取国际学术研究论文和数据不可或缺的渠道，同时社交网络和电子邮件也是科研人员和国际同行交流的必备工具。不仅是科研人员，文化创意行业更需要运用国际互联网的社交媒体。因为其需要紧跟世界文化的潮流和时尚，才能创造出全球消费者喜欢的文化产品。其实，任何企业如果想把商品和服务推销到国际市场，就离不开运用国际互联网的社交媒体。如果每次获取国外信息或者和国外交流都需要使用VPN（虚拟专用网络），就会很不方便而且也存在法律风险。

资金交流

资金的国际交流对于创新也有好处。资本可以分金融资本和产业资本。产业资本能够带来的不仅是资金，而且还有资金背后附加的人员、技术的交流，所以人们普遍认为产业资本比金融资本更有价值。鉴于此，一般国家都会开放对企业尤其是技术型企业的投资，而对短期的金融投资有所限制。实际上，即使是纯金融资本愿意投资国内的资产如房产等，也是对国内外汇的有效补充。有了外汇，国内的企业才能买到海外的技术、吸引海外的人才。所以除非是短期炒作的资本，对金融资本的适当开放也是利大于弊。

人员交流和流动效应

前面已经论述了，创新是要站在巨人的肩膀上，这个巨人是全球的知识积累。书本上的知识只是很小一部分，大量的知识是在各种学术论文里，凝聚在企业和商品里，而且更多的是在全球科研人员的脑子里面。因此，国家要保持信息、商品和资金流通，还要保持人员交流的畅通。

深度交流离不开面对面的交流。我对人口问题的研究就是缘起于我在芝加哥大学与加里·贝克尔教授的交流。贝克尔教授是全球顶尖的人口经济学家，而我在芝加哥大学做访问学者时，研究的是创新，虽然研究方向并不相同，但是由于我的导师拉泽尔的推荐，贝克尔教授经常会邀请我参加他的学术会议，我家离他家也不远，有时候就一起从学校走路回家，慢慢成了朋友。我有一次到他家喝茶，就谈起了创新和人口的关系，这是我做人口研究的开始。所以深度的合作可能是从面对面的非正式交流开始，甚至是从交朋友开始。

相对于商品和资金的交流，人与人的国际互访是最深度的交流，这包括移民、留学生、国际游客、国际劳工、跨国婚姻等。总的来说，高素质的本国人口，如果能够具有很好的国际流动性，即经常到国外考察、旅游、学习，又能把国外的视野和人脉运用到本国的创新活动中，就会具有更强的创新力。换句话说，越具有流动性的人口，其创新力就越旺盛。历史上的大都市都是交通的枢纽，现在的国际大都市很多是国际航空的枢纽，方便的国际交流吸引了来自全世界的人群，这种跨地区、跨国家的人员交流促进了思想的碰撞和创新。

我们可以把创新力和出境旅游的人数做一个国际比较，图 5-2 是以美国为目的地的，欧亚的主要国家的创新力和到美国的人均访问次数。之所以以美国为目的地来测量其他国家的人口流动性，是因为美国是国际旅游最重要的目的地，而且到主要欧亚国家的距离差不多。当然，加拿大和墨西哥作为美国的邻国，出境到美国旅游的人数就会偏高，以美国为目的地来测量人口流动性就不太准确，但对于大多数欧亚国家，到美国的旅游人数就能够比较好地反映出该国家的人口流动性。

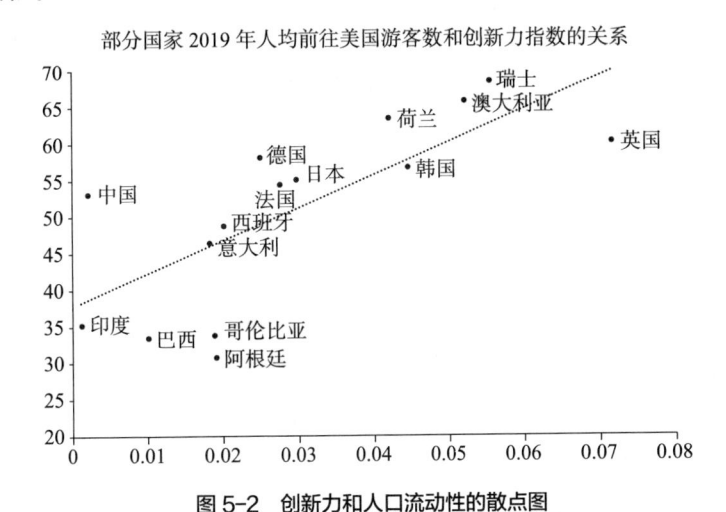

部分国家 2019 年人均前往美国游客数和创新力指数的关系

图 5-2　创新力和人口流动性的散点图

资料来源：美国旅游协会、全球创新指数。

我们从图 5-2 中可以看出国家创新力和人口流动性有着明显的正相关关系。这个相关性表明了两层意思。国家先进了，人民就更有能力旅行。反过来也成立，即一个国家的人民如果有更多的旅行，尤其是国际旅行，也会促进这个人群的创新力。

出境旅游考察

本国人出境旅游考察，虽然损失了一些外汇收入，但是出境旅游除了带来身心上的愉悦，更重要的是扩展了视野。所谓读万卷书，行万里路。据说马云做互联网的灵感就是来自一次硅谷之行。中国明清时期虽然也有对外贸易，但是很少像唐代的唐僧一样去国外考察取经，然后回国传达。

入境旅游考察

如果有国外的学者到国内来旅游和考察，那不是既可以赚钱又可以增加视野吗？当然要达到最好的效果，就不仅要吸引观光的游客，而且要吸引更多的学者到中国来交流和考察，比如可以通过举办国际研讨会，来促进国际的学习交流。新冠疫情期间，很多国际交流研讨会取消或者将召开地点改到了世界其他城市，这损失的绝对不只是一些旅游收入，而是潜在的创新合作机会。

出境留学生

出境留学生可以长期在国外学习，当然会有更深入的国际交流，但是如果一个留学生去了国外，毕业后移居海外再也不回来了，那么也不能算具有高流动性，也就不能对本国的创新有太多的帮助。好在中国的大部分留学生学成以后会回国发展，根据教育部在公开发布会上的介绍，近10年来，我国各类出国留学人员中的80%都在完成学业后选择回国发展。不少移居海外的华人也会和国内有频繁的交流，为国内的发展做出贡献。这是人口大国的优势，即人口大国有更多就业和创新的机会，会让更多的留学生回流。

入境留学生

入境留学生，尤其是高素质的入境留学生如博士研究生，也能促进本国的国际交流。这也是为什么对于国际博士研究生，各国往往给予全额奖学金。更好的情况是能让这些留学生在毕业后留下来发展，从而补充本国的高素质人口。

出入境移民

从人口规模角度来看，出境的移民会减少人口的规模，削弱规模性，但是从加强国际交流性上看可能是正面的，因为出境的移民还会对母国保持交流和有所贡献。高素质的入境移民既可以增加本国的人口规模，又可以增加国际流动性。当然移民也会带来一些社会问题，有关移民对经济和创新的影响将在后面的章节中详细论述。

出入境劳工

吸引低技能的国际劳工也是有好处的。低技能的劳工可能并不直接参与创新，但对经济也会有好处。出境劳工可以带来外汇收入，而入境劳工可以降低本国的用工成本。例如引入"菲佣"可以大幅度降低雇用保姆的成本，让更多的年轻夫妇雇得起保姆，减少做家务的负担，更有意愿生育更多的孩子。当然外国劳工对本地的劳工市场会有一定的影响，有关国际劳工对经济的影响将在以后的章节里详细论述。

综上所述，加强人员的国际交流，可以提升人口创新力。出境旅游考察可以拓宽国际视野。入境旅游考察在增加深度国际交流的同时，还可以赚取外汇。高素质的入境移民还可以补充人口，增强规模效应。

高素质的入境移民是很好的人口流动性的标志。美国有大量高素质的人才流入，体现了美国经济和创新的优势，也强化了美国的创新力的优势（见图5-3）。

根据诺贝尔奖基金会提供的数据，在281名就职于这些美国机构的获奖者中，有87人出生在美国以外。根据《财富》500强的数据，我们统计了美国前100家（基于利润）上市公司创始人的出生地，其中30%左右的创始人出生在美国以外。

显然，美国的对外开放，尤其是吸引外来移民，对于美国成为创

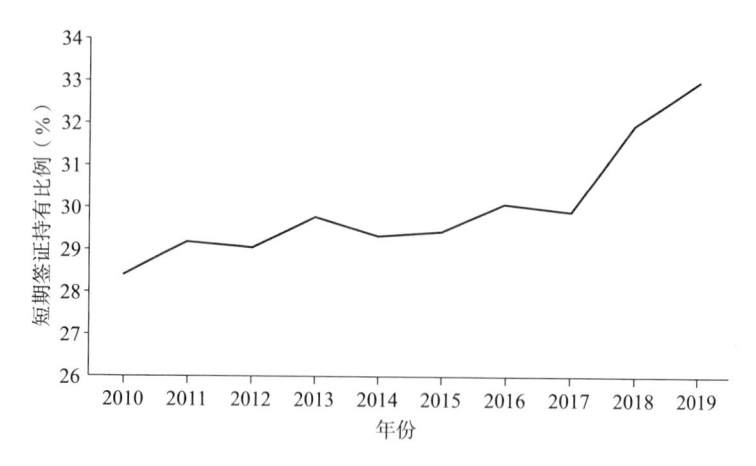

图 5-3　2010—2019 年美国博士生中的短期签证持有者的比例

资料来源：National Center for Science and Engineering Statistics。

新力强国功不可没。

为什么美国能够成为具有全球吸引力的国家，有人说美国拥有世界上最好的大学、最多的跨国公司、最大的资本市场和最繁华的都市。这些很大程度上都是因为美国拥有发达国家里最大的人口规模。最大的人口规模培育了最好的大学、最多的跨国公司和最繁华的都市。在这一点上，只有中国（和未来的印度）可以跟美国有一拼，因为中国在中高收入国家中人口规模更大。

流动性和英语普及率

《圣经》里记载过一个有趣的故事：上帝希望人类在地球上的各个地方生存繁衍，而人类却聚集在一起，并开始建造一座通向天堂的塔——巴别塔。对于他们的不顺从，上帝很不高兴，于是令他们说不同的语言，从而使不同的群体在地球上生活却彼此无法交流。思想交流和物品流通的主要障碍之一就是语言。中国在历史上的大部分时期能够得以统一，部分原因就是秦始皇在2 000多年前统一了中国的文字系统。与拉丁语系语言随着时间的流逝而演变成多种语言不同，中国的文字是象形文字，这使其在漫长的发展过程中免受各地口音的影响。统一的书面语言，是中国实现文化统一的关键因素。

今天，英语是世界上通用的商业和学术语言，所以英语国家具有优势。讲英语的小国或地区如新加坡、中国香港，与美国和英国那些讲英语的大国，从人才交流和流动的角度来讲具有很强的一致性。这些英语国家更易于从全球吸引人才，因为人们可以通过移民比较容易地融入当地。中国留学生的前四大目的地是美国、澳大利亚、英国、加拿大，无一例外都是英语国家。在北欧和西欧的一些小国，如瑞典、荷兰等，英语也是当地高科技公司和大学的通用语言，因为当地人都精通英语。对较小的国家来说，把英语作为第一或第二语言很有好处。即使是像中国这样的大国，也应该考虑把英语作为大学中的第二语言，这样可以大大增加对全球人才的吸引力。

未来中国企业要拓展国际市场，普及英语也是很有好处的，这样中国的管理人员就可以方便地管理海外的员工，更好地向海外市场推销自己的商品。当然，更关键的是和全球的科研人员合作、参与创新，尤其是在文创领域，如果管理人员没有国际化的语言和文化能力，企业就难以打入日益重要的全球文创市场。

有人说，我们可以让全世界的人来学汉语。这当然是一个美好的愿望，但只有当中国经济占据绝对优势时才有可能实现。中国的人口虽然占世界的人口超过10%，但还是远远少于把英语作为官方语言的国家的人口，尤其总人口很快会被官方语言是英语的印度超越。而且中国的新出生人口正在快速下降，2022年已经不到世界的10%，这使得汉语几乎不可能取代英语成为世界语言。当然，汉语是非常优美和有诗意的语言，中国人都应该为此感到幸运和自豪，未来也肯定会有更多的外国人，尤其是那些母语是英语的学生，基于商业或者文化的考虑来学习汉语。绝大多数母语不是英语的学生，他们则可以根据自己的需要来选择学英语或学汉语。

有人担心英语会增加孩子的学习负担，其实孩子学习语言的能力非常强。以前学习英语受到英语老师缺乏的制约，现在随着年轻人英语水平的提高和归国留学生的大量增加，今后不再会出现瓶颈。尤其是可以借助人工智能和在线教育技术，低成本地给孩子提供练习口语的环境。大学的某些课程，特别是研究生的课程也可以用英语开展，这样就可以吸引更多的高素质的留学生和学者到中国学习考察。总之，让中国成为一个"懂"英语的国家，有利于国际交流和提升创新力。

中国的对外开放策略

自 1978 年以来，中国对外开放程度不断提高，尤其是加入 WTO 以后，中国成为世界第一货物贸易大国。但是相对于其他发达国家，中国的开放程度还有很大的提升空间。中国在贸易和投资自由化方面并不比美国差多少，但是在信息交流和人员交流方面还是有比较大的差距。

从人员流动角度看，中国的出境旅游、留学和移民人数都是世界第一，但是在入境旅游人数、入境留学生和入境移民数量方面远远少于其他大国。当然如何吸引高素质的留学生和移民，是一个综合的工程，要从签证便利性、英语普及度、生活便利性、国际形象等很多方面提升中国对外国人的吸引力。如何提升人口流动性和国际交流，会在后面的章节中详细论述。

至此，我们通过本书第一篇的五章内容分析了与创新有关的 4 个最重要的人口效应：人口规模效应、人口老龄化效应、人口聚集效应和人口流动效应。从政策上来讲，我们可以通过大城市扩容来增强人口聚集效应，可以通过开放更多的移民和国际人员交流来增强人口流动效应。但是提升人口规模效应或者缓解人口老龄化效应会更加困难，因为人口规模萎缩和老龄化是由当前的超低生育率直接导致的结果。人口规模萎缩和老龄化的问题没有其他药方，只能通过鼓励生育的政策来解决，而且鼓励生育的政策需要很大的力度，因为中国正面临世界上最严重的低生育率危机。本书后面的章节将详细分析中国的低生育率成因以及相关的政策建议。

第二篇
人口和经济

第 6 章　人口对经济的其他影响

前几章分析了人口因素对创新的影响，这是低生育率对经济的最基础性的影响，也是最重要的影响，因为会在根本上影响长期的综合国力。当然，人口对经济的影响还涉及其他许多方面，包括养老、就业等。

低生育率与养老

人们在讨论低生育率时，最常提到人口老龄化对养老的影响。假设每个劳动者的产出保持不变，那么老年人和儿童的数量相对于劳动者数量的增加，将导致人均产出的减少和经济增长的降低。

在传统社会中，当父母年迈时，孩子就要赡养父母。然而在现代社会中，私人储蓄和公共养老金是供养老年人的主要资金来源。发达国家财政收入中的很大一部分，被用来支付养老金和医疗福利等养老保障。这些用于养老的公共开支，其实需要通过向目前正在工作的年青一代征税来筹集。因此，在老龄化社会中，随着政府养老支出的增加，税收负担和财政赤字也将会随之上升。图 6-1 显示了老年人口占比与公共支出占 GDP 的比例。正如预期的那样，一个国家的抚养比越高，其公共支出占 GDP 的比例就越高。

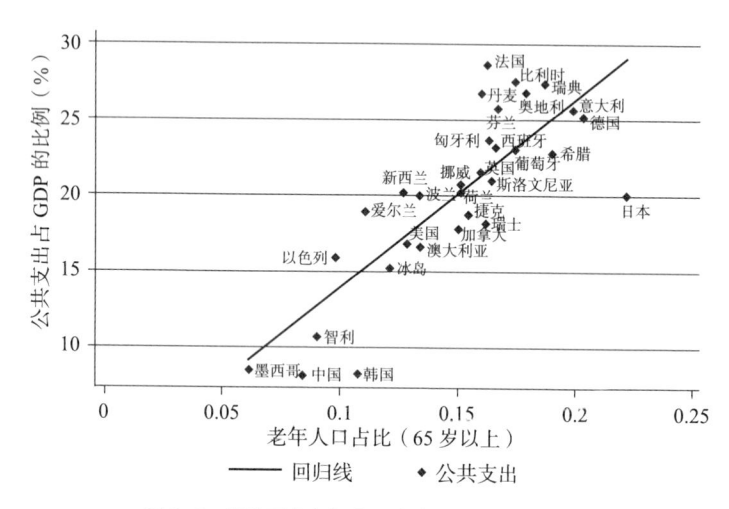

图 6-1 部分国家老年人口占比与公共支出的情况

资料来源：World Bank, 2015。

为了满足日益增长的养老需求，政府可以有多种选择：

（1）提高税收；
（2）增加赤字；
（3）减少老年人的福利；
（4）延长退休年龄。

提高税收会降低经济的活力，尤其是年轻人的活力。增加赤字只是拖延问题，因为赤字最终需要用更多的税收来偿还。减少老年人的福利在老龄化社会通常是政治上的"自杀"，因为老年选民拥有强大的政治权力。

延长退休年龄是减轻养老负担的常用办法。未来在中国等发展中国家，退休年龄将比目前的水平显著提高。在过去几十年里，中国的人均寿命从60岁提高到了78岁，目前的50~60岁的退休年龄水平显然不可持续。在日本，退休年龄已经从55岁提高到了65岁，但由于预期寿命（目前为80岁）持续提高，这一退休年龄也还是不够。日本政府几乎已经负担不起沉重的养老费用，其债务水平是所有富裕国家中最高的，达到了GDP的240%。在不久的将来，日本很可能将退休年龄提高到70岁。

许多人认为，由于平均寿命超过80岁，如今的老年人比以往任何时候都更健康，工作到70岁并不是一个大问题。所以，养老保障的财政缺口可以主要通过延长退休年龄来解决。然而，如果有越来越多的老年人停留在劳动力市场上，也会带来一个副作用，即当政治权力和社会资源越来越倾向于年迈的员工时，整个社会都会变得更加保守，创新和创业将不可避免地会受到影响。这种劳动力老龄化的负面影响，是导致日本经济出现"失落的几十年"的主要原因。这一点在前面的章节中曾有解释，我还会在后面的篇章中再次详细地讨论日本的老龄化。

低生育率可以产生人口红利，但仅限于短期内。人口红利通常可以用抚养比来衡量。抚养比是指在一个社会的人口当中，非劳动年龄（小于15岁的儿童以及64岁以上的老人）人口所对应的劳动年龄（大于15岁且小于64岁）人口的数量。抚养比越低，每个劳动者所需负担的儿童和老年人数量就越少，因此人均收入就越高，从而导致所谓的人口红利。

中国是一个很好的例子，"计划生育政策"导致中国的生育率和抚养比在过去30年中产生了剧烈的变化。1985—2015年，由于计划生育政策，儿童数量迅速减少，抚养比由44%下降至37%。在过去的20年中，中国经济享受到了巨大的人口红利，但这只是一个短期效应，因为今天更少数量的孩子意味着二三十年后更少数量的劳动者。2011年，中国劳动者的数量达到高峰。之后，中国的人口红利和抚养比会迅速逆转。2015—2040年，中国的抚养比将从37%上升到60%。抚养比的上升，特别是老年抚养比的上升，会给养老金和医疗支出带来沉重的财政负担，而这又必然会导致更高的税收或更高的退休年龄。这会耗费政府的大量资金，对中国经济的发展产生负面影响。

低生育率能减少失业吗？

更多的人口会导致失业，这种谬论基于工作数量固定不变的错误假设。这个假设在一个很短的时期内可能成立，因为有些工作需要资本投资。例如，服务员就业需要有餐馆，而餐馆不可能在一夜之间建成。所以乍一看，要是人口变多了，而餐馆数量和服务员岗位还是只有原来的规模，那么失业人口似乎会有所增加。然而，随着越来越多的人需要到餐馆就餐，更多的餐馆将会迅速建成。这不仅会提供更多服务员的工作岗位，还会提供更多的建筑业及相关行业的就业机会，最后让更多人而不是更少人找到工作。

除非存在严格的监管，否则，就业市场会非常灵活，可以让工资水平迅速调整。如果有更多的人希望到餐馆工作，那么服务员的工资就会下降，餐馆将会雇用更多的员工。此外，一个部门的低工资问题，往往可以在国际市场上找到出路。中国在20世纪80年代改革开放以后，大量农民成为剩余劳动力，但这并没有造成大规模的失业，反而使得劳动者的工资保持低水平，为中国成为制造业出口大国发挥了重要作用。

由此可见，当更多的人进入劳动力市场时，虽然创造了更多的劳动力供应，但也创造了更多的需求，因此更多的就业机会会出现。如果一个经济体向国际贸易开放，并且拥有灵活的劳动力市场，更多的人口并不会导致更高的失业率。事实上，经历了少子化和人口不断萎缩的中国东北地区，就业景气指数在全国各大区域一直垫底，而人口密度最高的东南沿海却欣欣向荣。世界上许多低生育率的国家，如俄罗斯和西班牙，失业率却很高，如图6-2所示。大多数经济学家认为，高失业率源于僵化的劳动力市场和工资结构不合理，而非人口过剩。通常导致高失业率发生的原因，在于最低工资太高和失业福利过于优厚，或者劳动法的僵化规定使得公司很难解雇工人，从而不愿意雇用正式员工。

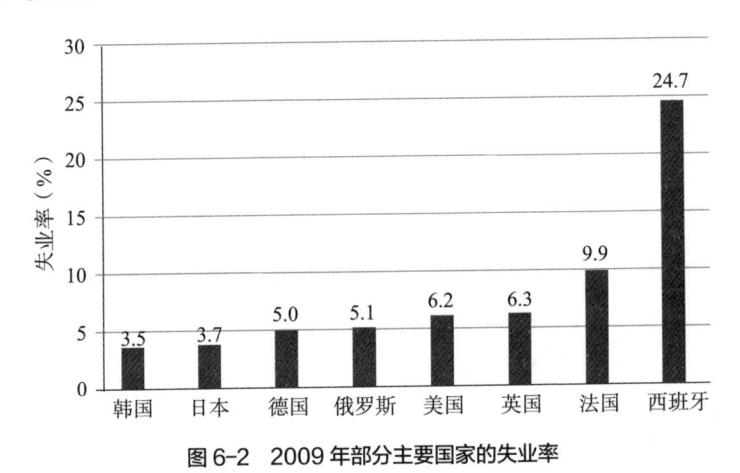

国家	失业率（%）
韩国	3.5
日本	3.7
德国	5.0
俄罗斯	5.1
美国	6.2
英国	6.3
法国	9.9
西班牙	24.7

图6-2　2009年部分主要国家的失业率

资料来源：International Labour Organization, Key Indicators of the Labour Market Database, World Bank, 2014。

在移民国家，移民对失业率的影响类似于高生育率。没有证据表明移民会导致失业率增加，恰恰相反，移民通常比本土人士更有创业精神，因此有很多移民居住的城市和地区通常更富有活力，失业率也低。不过，近几年欧洲和美国的公众舆论已经转向反移民，美国前总统唐纳德·特朗普也希望减少移民人数。这是因为移民问题会关系到复杂的人口政策，这一政策会影响收入分配，移民政策也会影响创新能力。我会在以后的章节中详细研究移民政策。

总之，所有工作机会都来自人的需求。人既是求职者，又是工作机会的创造者。人口减少，找工作的人少了，工作岗位也会变少。而且因为人口减少，航天、高铁等需要巨大规模支撑的行业将难以为继，这也会加重就业困难。如果中国人口仅有现在的 1/5，那么教师、零售人员、出租车司机等职位只有现在的 1/5，而航天、高铁这些由人口大国支撑的行业可能就会彻底消失。

机器人、失业与创新

随着人工智能和机器人技术的进步，许多人担心人类的就业机会将被机器人抢走。从历史上看，自动化和技术进步已经导致很多旧行业被新行业取代。从就业的角度来看，以往许多农业和制造业的就业机会被转移到了服务业。但有些专家认为这一次的改变将与以往不同，因为即使像司机这样的服务岗位也有可能会被机器人取代，更有甚者，哪怕是律师、医生之类的专业工作，也会受到前所未有的冲击。

由高度自动化引起的失业，其实并不是一个经济问题。这可以被视为一件好事，因为只需要少量高技能创新工作者每周上三天班，就可以确保在其余人口不工作的情况下，依然维持原先社会在商品和服务方面的供给水平。这种失业更大程度上还是一个社会问题，因为大多数人会感到自己是多余的；这也是一个政治问题，因为大多数人将不再是纳税人。我们应该把这种问题称为"休闲过剩"，而不是失业。况且，在可预见的未来，这种情况出现的可能性也不大，因为在短期内，服务行业将会产生很多工作机会；从长远来看，即使大部分日常工作可以被人工智能取代，未来仍会有许多与创新有关的工作机会属于人类。

首先，当前机器人技术水平还远远达不到完全代替人类从事服务行业的程度。电脑可以在棋类项目上击败人类，但机械手仍远远不及人类的双手灵巧。我估计，机器人要胜任简单的房屋清洁工作或航空乘务员的工作，至少需要 30 年，甚至由于涉及法律问题的缘故，无人驾驶汽车的普及也至少需要 10 年。所以，在不远的将来，服务业的工作机会将继续快速增长，足以抵消制造业就业机会的减少。

其次，即使电脑能够帮助专业人员（例如记者、股票分析师，甚至律师和医生）做一些分析工作，但电脑的主要作用是让专业人员变得更有效率，而不是直接取代专业人员。很难想象，一个机器人律师能够在美国的法庭上为被告进行慷慨激昂的辩护，被告仍然需要一位有血有肉的律师，在法庭上针对人类组成的陪审团进行道德和价值观上的说服。在此过程中，人工智能能做的只是帮助完成案例分析。

最后，与创新有关的工作可能一直主要由人类完成。一方面，允许电脑进行创新，可能带来人类无法掌控的危险后果；另一方面，创新往往涉及审美和口味的判断。例如，如果任务是评估一段音乐、一部电影或者一道新菜，那么人类永远都要比机器人更了解自己的需求。

总之，不久的将来会出现更多的机器人无法胜任的服务岗位。从更长远来看，越来越多的工作岗位将与创新有关，而机器人只能起到辅助的作用。有人说，创新只需要少数天才（而非大量人口）就能实现，但这种观点显然与历史趋势相悖。人类在创新方面正投入越来越多的资本和人力资源，人口越是密集的城市与地区，其创新力越旺盛，这种趋势现在并没有放缓的迹象。将来会有更多人具备参与某种形式创新活动的能力和意愿，其中既包括高技能工作（例如人工智能编程），也包括低技能工作（例如游戏测试和电影评论）。未来更多人会具备这种能力，这要部分归功于电脑帮助他们提升分析能力。未来更多人会具备这种意愿，这是因为参与创新将带来乐趣和满足感。即使像电影评论这种看似轻松愉快的工作，本质上也是某种形式的创造性活动。

从长远来看，创新不光解决具体问题，更是对未知事物的探索。对更多食物和住房的需求很容易饱和，然而人类总是有兴趣探索新的器具、新的故事或者新的游戏，还包括进行探索本身。只要人类保持对探索的兴趣，就不会被也不会让机器人代替。如果人类不再有探索的欲望，那么人类文明将开始衰落。这个问题要比"休闲过剩"（失业）严重得多。

经济科幻小说的比喻

我用一个类似科幻故事的场景来说明，即使有了机器人，只要年轻人比老年人拥有更高的生产力和创造力，那么老龄化仍将拖累人们的整体生活水平。

2100年，机器人将接管几乎所有的工作，甚至包括照顾老人。人类的平均寿命将会超过100岁。一切都很便宜，唯一的奢侈品是长途旅行，包括太空旅行。

让我们建立一个简单的经济模型。假设一个人每天的物质消耗和服务需求平均需要一个机器人（单位），每个老年人需要另加一个机器人，以满足其医疗需求。年轻人的主要工作是管理机器人，包括开发、生产以及保养。让我们假设每个劳动者都能管理10个机器人。除了提供日常物品和服务，机器人还可以提供长途旅行服务，如驾驶飞机和太空船以及管理太空旅馆，等等。

让我们比较两个假设的国家：一个是绿色国家，另一个是白色国家。白色国家有10亿个老年人，但由于生育率低，它只有5亿个年轻人和5亿个孩子，总人口为20亿。它需要30亿个机器人提供日常物品和服务。这些机器人需要3亿个年轻人来管理。其余2亿个劳动者管理正在旅游业工作的20亿个机器人，为居民提供旅游服务。20亿人口对应20亿个旅游业机器人，平均而言，白色国家中每个人消耗价值为一个机器人单位的旅行服务。

而在绿色国家中，有与白色国家相同数量的老年人（10亿）。然而，绿色国家的生育率更高，有10亿个年轻人和10亿个孩子，总人口为30亿。其公民的日常消费需要40亿个机器人，需要4亿个劳动者管理。如此，其他的 6 亿个劳动者就可以在旅游行业中管理 60 亿个机器人。30 亿人口对应 60 亿个旅游业机器人。

平均而言，绿色国家中的每个人可以有两个机器人为其提供长途旅行服务。而在白色国家中，就只能有一个机器人来从事此项工作。因此，绿色国家可用于旅游的人均消费是白色国家的两倍，而从旅游业的整体市场规模来看，绿色国家是白色国家的 3 倍。

上述模型表明，只要老年人需要年轻的劳动者提供额外服务，那么老龄化的国家将会降低在其他商品和服务方面（比如长途旅行）的人均消费水平，从而降低生活水平。

此外，白色国家中的死亡人数将超过出生人数，从而对机器人的需求也将逐年萎缩。绝大部分对机器人的新增需求将来自绿色国家。绿色国家中也将会有更多的劳动者致力于机器人的研究和开发，形成一定的规模优势。另外，绿色国家的年轻人更加富有，更常旅行，也有更多的晋升机会，因此绿色国家将会比白色国家具有更高的创新与创业活力。由于具有更高的生活水平和活力，绿色国家将会吸引白色国家的青年移居。这将导致白色国家失去相当数量本就在国内占比很低的年轻人口，形成恶性循环。

让我们展开想象继续假设：白色国家和绿色国家生活在不同的星球上，拥有不同的文明。在这个宇宙中，文明的发达程度可以由其旅行的半径来体现。绿色文明比白色文明多投入两倍的资源，因此它有更好的太空旅行技术。如果两个文明发生冲突，那么绿色文明首先会侦测到白色文明，后者可能因此被消灭。

人口结构变化对不同行业的影响

要了解人口结构对各行各业的影响，就要先了解人口结构变化的趋势。中国和其他国家在二战以后都有一个婴儿潮,但是中国的婴儿潮是1962—1991年的30年,比其他国家晚,持续时间更长,变化程度更加激烈。这对中国经济、世界经济乃至各行各业都会产生巨大的影响。

中国的迅速崛起及其独特的人口结构,对全球资本市场产生了显著的影响。中国的出生人口数量线中有一个凸起,即所谓的中国"婴儿潮",出现于1962—1991年(见图6-3)。

图6-3 1950—2015年中国的出生人口数

资料来源:中国国家统计局,2015年。

在这些年份出生的人口,比接下来的20世纪90年代各年份多出40%。1962—1991年,中国平均每年出生2 200万人口。1991年之后,由于"一胎化"政策严格执行,出生人口迅速下降。相比之下,1991—2015年,平均出生人口数量下降到每年只有1 600万。这种人口出生数量的变化,无论在绝对值还是在相对值方面,都是前所未有的。关于计划生育政策对出生于中国婴儿潮时期的庞大人口产生的经济影响,许多经济学家并没有充分认识到。人口结构的变化对不同行业也产生了广泛影响,主要体现在以下方面。

储蓄率和资本市场

金融业的本质,是劳动产出跨时间交易。孩子从父母和社会那里借来财富,当他们成人以后,就以税收的形式偿还。政府从就业人群那里收税,为老年人提供医疗方面的最低保障。在一个老龄化社会中,养老是昂贵的,政府可能不得不降低养老金福利。因此,大多数人越来越多地需要依靠私人储蓄或者投资进行养老,从而导致老龄化社会的金融业更加繁荣。

如图 6-4 所示,在职业生涯的早期,人们通常会有贷款即负储蓄,因为他们需要借钱购买第一套房子和抚养孩子。人们通常在中年的时候开始为退休而储蓄。人们的储蓄高峰的年龄一般是 40~60 岁。

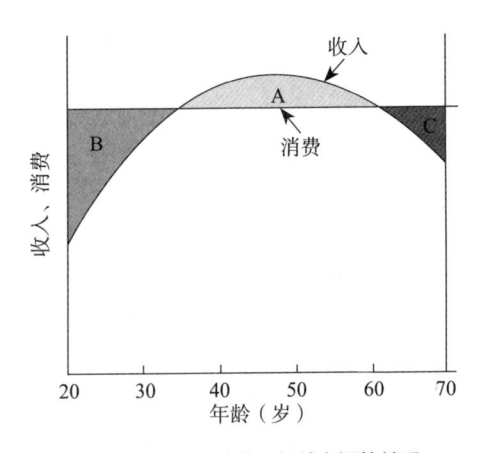

图 6-4 收入、消费和年龄之间的关系

前面讲了中国的婴儿潮是 1962—1991 年。1991 年以后,计划生育政策得到了严格执行。出生于中国婴儿潮时期的人们,通常只有一两个孩子,因此抚养孩子的负担就没有那么沉重。此外,随着近年来中国经济的快速发展,这些人的生活水平得到了很大的提高。因此,他们的储蓄率仍然可以保持在高水平,这也能部分解释中国在过去几十年里不同寻常的高储蓄率。让我们做一些简单的计算。在通常情况下，一个人的储蓄率在 50 岁左右达到最高。对出生于 1962—1991 年的婴儿潮一代来说，储蓄高峰应该出现在 2012—2041 年。如图 6-5 所示，家庭储蓄率从 2002 年的约 30% 增加到了 2012 年的约 40%，这是相当高的。如果不把人口因素考虑进来，如此高的储蓄率就非常令人迷惑。

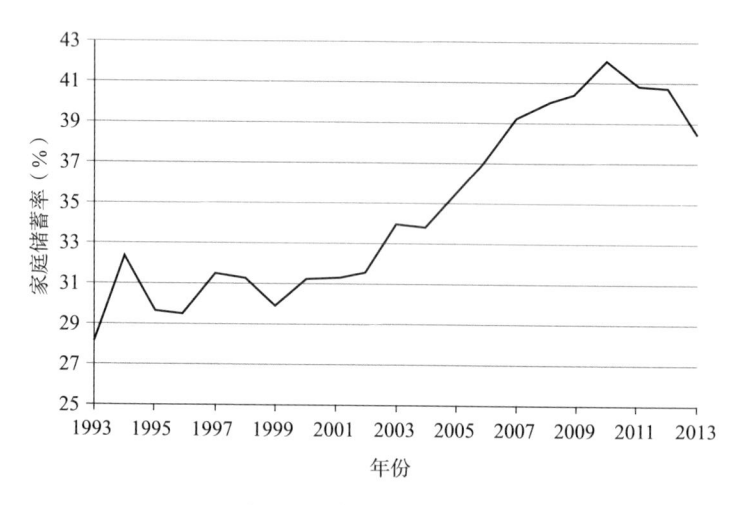

图 6-5 中国的家庭储蓄率

资料来源：中国国家统计局，中国人民银行，Haver Analytics，Barclays Research，2013。

中国的高储蓄率将会持续到 2041 年，这将给国际资本市场带来充足的资本。因此，房地产和股票市场会拥有非常充足的流动性，因为中国需要为其巨量的储蓄寻找出口。中国婴儿潮一代需要在国际上进行投资，这意味着他们将来需要依靠其他国家的孩子为其养老。这依然是因为他们基本只有一两个孩子，中国经济在 2040 年以后受累于老龄化，届时产生的收入不足以支撑婴儿潮一代的养老需求。这就是为什么在未来的几年里，中国将会不可避免地输出大量资本到世界各地，而这将降低资本价格和利率。近年来，美国向中国出售了 1.2 万亿美元的国债。宏观经济学理论认为，巨量的资本外流必然伴随着巨大的贸易顺差。基于中国独特的人口结构这一视角，中国的巨额贸易顺差可以得到部分解释。

娱乐旅游业

娱乐业和旅游业是朝阳产业，因为它涉及人类的精神需求。人在物质方面的消费，比如食物、衣服和住房，会在达到一定程度之后饱和，但精神方面的消费仅受限于时间。随着人们变得越来越富裕，越来越多的时间将会用于娱乐和旅游活动。此外，老年人将有更多的自由时间来从事这些活动。因此，即使人口已经老龄化，旅游业和娱乐业也将在整体经济中占据越来越大的份额。

旅游业的增长速度要快于娱乐业，因为把一个人从一个地方运送到另一个地方受制于物理规律，同时旅游产品相对来说更昂贵。与此相反，数字娱乐产品可以变得非常便宜，因为数字产品几乎可以被零成本复制，所以虽然数字娱乐会越来越多地占据人们的闲暇时间，但其总规模将增长缓慢。无论处于哪个年龄阶段，人们都会将更多的时间和金钱用于娱乐与旅游业。

健康产业

在一个老龄化的社会中，医疗保健也将成为一个快速增长的行业，因为老年人将会花费更多金钱来延长寿命。基因技术的最新进步，使得医疗保健成为最具活力的创新产业之一。美国的医疗保健行业在发达国家中受监管最少且最昂贵，同时也最具活力和最具创新，已占其国内生产总值的20%，而且这一比例仍在增长。

对大多数国家来说，很大一部分医疗支出来自政府预算和公共养老金。一旦人口老龄化，持续提升的医疗福利费用就会给政府预算带来沉重的负担，而这一切只能依靠课以重税或延迟退休来缓解。

房地产行业

房地产行业也会受到人口的严重影响。虽然所有年龄段的人都有住房需求，但人们通常在 30~45 岁购买住房。大多数国家的人们在 30 岁左右的时候购买他们的第一套住房，当他们有了孩子之后会置换一套更大的房子。到了 45 岁的时候，家庭中最大的孩子上了大学以后，他们通常就不再买更大的房子了。事实上，当孩子们都离开家以后，他们会再换回一套较小的住房。有钱的老年人可能会买一个度假屋。但一般在 45 岁以后，人们的住房需求会萎缩。图 6-6 给出了美国各年龄段住房支出与非住房支出情况。

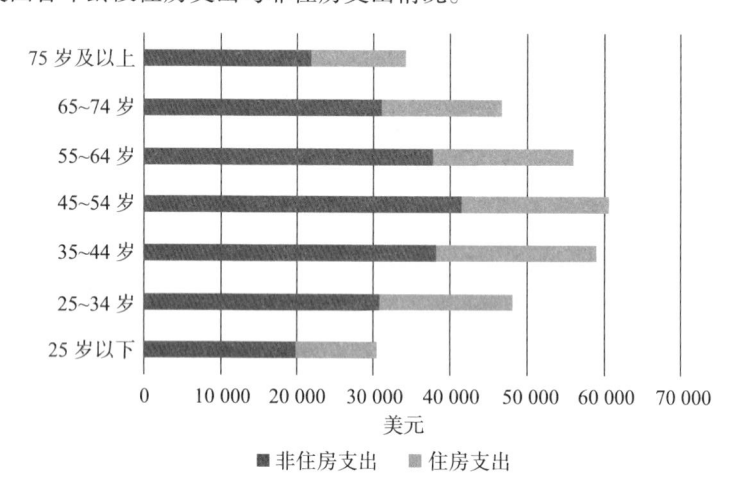

图 6-6　2013 年美国的住房支出及非住房支出（分年龄组数据）

资料来源：U.S. Bureau of Labor Statistics, December 2015。

美国的婴儿潮一代出生于 1945—1964 年。假定他们在 30~45 岁购买住房，我们就会得出如下结论：2001—2005 年，房地产市场将有一个繁荣期，而从 2006 年或者 2009 年开始萎缩。在上述认识的基础上，再来看始于 2007 年的美国次贷危机期间的房地产市场泡沫和衰退，或许本可以从人口数据中得到预测。次贷危机出现的主要原因，是美国金融监管制度的缺失导致华尔街钻制度的空子过度投机；另外还有一个原因，是华尔街在预测房地产市场时未能充分考虑到人口因素。

日本是一个只出现过短暂婴儿潮的发达国家。第二次世界大战以后，日本的出生率迅速下降。由于人们房地产消费的高峰期是在45岁，我们可以推算出，日本的住房需求将在20世纪90年代达到高峰，这一推算与日本房地产市场泡沫破裂的实际时间是相符的。

房屋往往有很长的寿命，因此对于新房屋的需求只能来自新增的住房需求。我们知道，日本的人口总量正在下降，所以其房屋的新增需求实际上为零或者为负。唯一的例外出现在东京，由于聚集效应，东京地区的房屋价格仍在上涨。而在其他所有城市中，住房需求的负增长将使房地产的价格持续低迷。

现在，让我们再次运用这个购房需求模型，来预测一下中国在婴儿潮时期出生的人们的住房需求曲线。前面说了，中国的婴儿潮出现在1962—1991年，而购房的年龄是30~45岁。那么中国购房的需求高峰将在2021（1991+30）年下一个台阶，而且会在2036年（1991+45）年彻底熄火。当然房地产市场还会受到聚集效应的影响，人口会向大城市集中，中国的大城市仍然将继续吸引年轻人源源不断地涌入。中国一、二线城市（即排名前30位的城市）的房地产市场仍将保持强劲。

制造业

大多数制造业，比如汽车、家具、服装、家电、钢铁、水泥等，都与房地产业相关。因此，正如房地产行业一样，这些制造行业同样会受到人口的影响。当然，由于制造业是一个非常宽泛的概念，因此，并非每种制造行业所受的影响都一样。例如，飞机制造业实际上应该归类于旅游业，医疗设备制造业则属于健康产业的一部分。在一般情况下，对大多数大型耐用消费品来说，按年龄的消费周期与房地产相似，即大多数人购买耐用消费品的年龄都为25~45岁。因此，一个国家进入老龄化以后，对耐用品的需求将会减少。

能源和大宗商品

对能源和大宗商品来说，人们消费的高峰年龄段也是25~45岁。作为能源和大宗商品的最大消费国，中国的需求在2010年前后达到峰值，因为此时是在婴儿潮时期（1962—1991年）出生的人们的需求达到消费高峰年龄的时段（见图6-7）。中国的钢铁和铁矿石需求高峰刚刚过去。

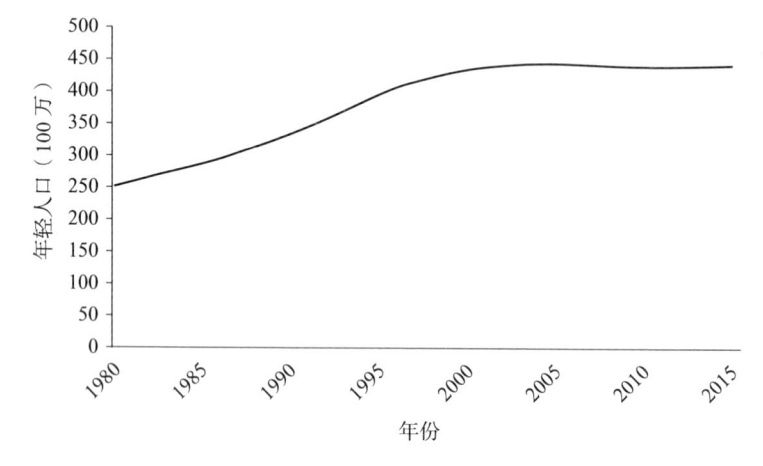

图6-7 中国年轻人口（25~45岁）数量的增长

资料来源：World Bank, 2015。

继中国之后，有类似需求规模的国家是印度。随着印度经济的腾飞，全球能源和大宗商品需求将会在2040—2070年达到高峰。2070年以后，随着全球人口增长进入停滞，世界将进入老龄化的阶段，大宗商品需求将会下降，商品的价格和在经济上的重要性也将会随之下降。一个国家的竞争力和财富将越来越依赖于创新。

人口与通货膨胀

人口结构的变化还会与通货膨胀有关。对许多行业来说,人们的需求高峰年龄都是 25~45 岁。20 多岁的年轻劳动者是重要的消费群体,然而他们的生产率仍然比较低。因此,一般来说,某个经济体一旦拥有数量庞大的 20 多岁的年轻人口,总需求旺盛与产能不足这两种情况会并存,从而导致通货膨胀。根据这一逻辑,我们其实可以准确地预测出,美国之所以在 20 世纪 70 年代、80 年代出现高通货膨胀率,是因为婴儿潮时期出生的人们当时正在进入劳动力市场(见图 6-8)。

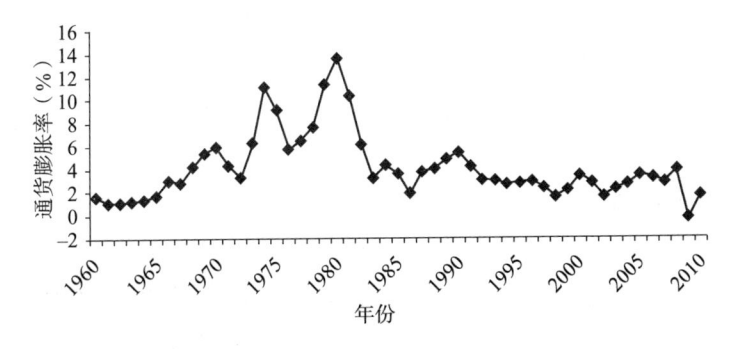

图 6-8　1960—2010 年美国的通货膨胀率

资料来源:World Bank, 2015。

与之相反,当年轻人口由于低生育率而减少时,经济通常会处于缓慢增长和通货紧缩的状况之中。日本的人口迅速老龄化,年轻的劳动力不断减少,因此,日本的经济没有增长且通货膨胀率为负,即通货紧缩。年长劳动者往往以牺牲年轻劳动者的利益为代价,从通货紧缩中获益。

首先,在通货紧缩的经济中,老一代储蓄的购买力能够随着时间的推移而提高。此外,在典型的日本公司里,名义工资很少会下降,因此,当货币的购买力增加以后,当前在职劳动者的有效工资将会上升。为了降低成本,公司不得不降低新员工的工资。这正是日本现在的情况，年轻劳动者深受经济停滞和通货紧缩的双重拖累。与30年前相比，当前的高薪全职工作的职位要少得多，年轻人的收入和职业前景大不如他们的父辈，由此，年轻人创新创业的活力大不如前。这是"阻挡效应"的另一种形式。

人口和贫富差距

法国经济学家托马斯·皮凯蒂在他的畅销书《21世纪资本论》中，描绘了一幅人们收入贫富差距不断增加的悲观图景[1]。不平等似乎是世界经济中最具挑战性的问题。我先来澄清关于不平等的一些常见误解。

首先，收入更均等总是更好吗？

由于人与人之间的能力和文化的差异，达到完全的收入平等不仅不可能，而且也不可取。在一个收入完全均等的世界里，人们将失去创新、冒险和努力工作的动力，这也将降低社会整体的生活水平。计划经济时期强调工资和福利的绝对平等，却完全不考虑能力、生产力水平或对经济增长的贡献的平均主义不可取。只要我们希望还有竞争和冒险的行为，就总会产生赢家或输家。因此，一定程度的不均等是必要的。

其次，全球的贫富差距是否更严重了？

近几十年来，很多人认为贫富差距的问题正变得越来越严重。然而，如果从全球的角度来看待贫富差距，人们将会发现，在人类历史发展进程中的绝大部分时期里，全球贫富差距在不断扩大；然而，在过去的20年里，中国和印度比世界其他地区在致富的道路上走得更快，得益于两国的快速发展，全球的贫富悬殊状况有所拉平。可是当观察一国内部的贫富悬殊状况时，我们又看到许多国家的贫富悬殊状况变得恶化。从出现贫富悬殊加剧情况的国家内部来看，很明显有一部分人在全球化中大大获益，而其他人则完全没有。在大多数欧洲国家和富裕的亚洲国家中，衡量贫富悬殊的基尼系数基本保持稳定，但是在美国，贫富悬殊的状况在显著增强。图6-9显示了全球基尼系数的不平等状况。0代表完全平等，1代表完全不平等。

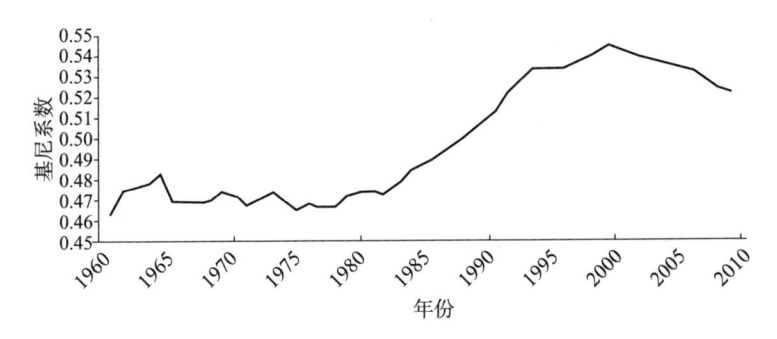

图6-9 全球不同时期的基尼系数

资料来源：The Conference Board of Canada, World Income Inequality-Is the World Becoming More Unequal? September, 2011。

随着通信和交通技术的不断提高，创新者获得了更大的市场来获取利润。总的历史发展趋势是，技术进步和全球化使得更多的财富集中到创新者和企业家手中，因而导致更大的贫富差距。

贫富差距的状况在原始社会中表现得最不明显。在财富总量相对较低的背景下，人与人之间可能出现的差距必定较小。在前工业化的世界里，由于地主变得富裕而其他人都还很穷，贫富差距开始拉大。世界大战以后，由于发达国家远比发展中国家要富裕得多，贫富差距进一步拉大了。在人类发展的历史进程中，不仅对于成功所需要的高技能要求越来越高，并且成功后可以获得的回报也在不断增加。

在供给侧，人力资本和高技能工人也在增加。在某些时期，如果人力资本（人均教育供给）的需求增长得更快，贫富差距就可以暂时缩小，但当人力资本的供给达到饱和时，贫富差距将会再次扩大。

在人类历史的大部分时间里，全球的贫富差距一直在加剧。但近些年来，由于中国和印度的崛起，全球的贫富差距实际上已经降低。这简直是一个惊人的逆转，具有非凡的意义。如果印度能够在中国之后，成为中高收入国家，全球的国家之间的贫富差距将大幅度得到缓解。

在美国，1950—1980年，大学毕业生的供给大幅度增加，收入不平等减少了。但1980年以后，美国的大学毕业率停滞在50%，远低于其他发达国家。因此，美国的高技术劳动者和低技术劳动者之间的收入差距持续扩大。

1980—2000年，为什么美国的大学毕业率停滞在50%？这是因为其大学入学率继续上升到近80%，但其中只有约60%的人可以毕业。低毕业率的原因之一，是低收入家庭只能获得低质量的中小学教育（这个话题较复杂，超出了本书的讨论范围）。因此，与其他国家相比，美国的问题是两极分化：一方面，美国拥有最具创新能力的人口；另一方面，它也拥有大量低技能的人口。随着技能回报在全球范围内的增长，美国的收入差距扩大了。

移民和生育率如何影响贫富差距呢？

当一个人从贫穷国家迁移到富裕国家时，几乎总能减少全球的贫富差距（或者从移民的来源国和接收国相结合的角度来看）。因为当一个穷人移居到富裕国家并能赚取更多的钱时，其结果就是使世界的收入变得更加平等。

但是从移民接收国的角度来看，一个移民属于高技能还是低技能的劳动者，就会决定其对不平等的影响。如果是低技能劳动者，那么他将与当地的低技能劳动者竞争，并拉低他们的工资，从而加剧移民接收国的不平等。反之，如果是高技能劳动者，那么他将与本土高技能劳动者展开竞争，这也会拉低他们的工资，从而降低接收国的不平等程度。这就是为什么一国政府总是喜欢高技能移民：因为政府关心国家内部的不平等。同时，大多数国家也都允许劳动者在国内自由迁徙，因为内部"移民"总是有利于减少国家内部的整体不平等。这就是移民和平等问题之间的逻辑关系。

生育率对不平等的影响与移民类似。如果高技能的夫妇能生育更多的孩子，也将有助于减少不平等，因为高技能的夫妇往往可以养育高技能的孩子，从而增加高技能劳动者的供应，降低其所在群体的工资水平，并拉低整体的不平等。相对应地，如果低技能的劳动者生育了更多的孩子，也会抬升不平等。在第二次世界大战以前的人类历史中，情况一直是富人养育更多可以存活到成年的小孩，这实际上成为一个不平等的减速器。直到20世纪60年代，欧美地区的富裕国家例如英国和美国，由于高生育率和良好的健康状况，在世界人口中的增长率比其他国家更高。自此，西方国家的人口在世界总人口中的占比一直在增长。

然而，20世纪70年代以后，发达国家中出现了一种新的人口趋势：高技能劳动者在教育和工作上花费了更多的时间，导致他们生育的孩子数量比低技能劳动者少，这降低了未来高技能劳动者相对于低技能劳动者的供给，进一步导致下一代以后的劳动者收入差距扩大。

总而言之，发达国家的收入不平等的全面扩大，主要原因之一是由技术进步和全球化造成的。此外，新的人口趋势也会部分加剧这种趋势，对此只能依靠人口政策来解决。所需的人口政策，基本上是一个聪明的移民政策，以鼓励更多的高技能移民；还有鼓励生育的政策，以促使高技能劳动者养育更多的孩子。我将会在第五篇中讨论这些政策。

中国的不平等主要是城乡差异。城市中年轻人的人力资本和技能水平，远高于其在农村的同龄人。近几年来，由于大部分创新都发生在大城市里，这导致了二、三线城市及农村地区相对落后，不仅中国的城乡差距不断扩大，而且小城市和大城市之间的差距也越来越大。为了改变这一现状，最好的办法是让更多的人进入城市，并且鼓励在城市中的人们养育更多的孩子。

低生育率可以提高人均资产水平和富裕水平吗？

人均资产/资本水平也是经常被提到的问题。低生育率可以提高人均资产水平和富裕水平吗？人均资产/资本水平低会降低生产率和人均收入。短期内，许多因素都会降低人均资产/资本水平，比如移民和高生育率。这里的资产是指房地产、设备以及诸如道路和机场之类的基础设施。最近，有一位来自印度的朋友在访问中国时评论说，虽然中国沿海地区的人口密度与印度类似，但中国的公共场所如机场、火车站、百货商店等，远不如印度拥挤。这是因为，尽管中国仍是一个发展中国家，但由于在过去20年中保持了很高的投资水平，中国现在的人均资产水平远高于其他发展中国家。如果有客人在20年前来过中国，他就会觉得以前与现在很不一样，因为那个时候中国的人均资产水平很低。在那个时代，中国的机场和火车站与印度的一样拥挤。

在假日期间，中国的很多旅游景点，例如长城，都变得非常拥挤。有人认为这是由于中国拥有庞大的人口。然而，真正的原因是众多游客同时在公共假期涌入了这些景点。对大多数中国的劳动者来说，带薪假期都集中在春节期间和其他法定公共假日。因此，旅游景点在这些时间段内接待了一年中的绝大部分游客，但一年其他时间里的游客则少得多。对旅游景点来说，增加设施不会有很好的回报，因为这些设施在大部分时间里供过于求。

人们往往用中国长城上的游客摩肩接踵，来说明人口众多对旅游业的负面影响。但在现实中，人口众多实际上对旅游业发展有好处，因为从长远来看，更高的需求将导致更多的投资，从而可以建立更多和更好的景点。从历史上看，中国之所以能建成如紫禁城和长城这样宏伟的项目，正是由于其庞大的人口规模。今天，随着旅游需求的增加，不断有新的长城段被开发为旅游景点。

我们从这一点上可以看出，人口与人均资产/资本之间的负相关关系是短期的。从长远来看，更多的资产最终将由更多的人才创造出来。人均资产/资本水平与人口规模无关，但与储蓄/投资率相关。在移民国家，对移民的普遍批评是，他们使道路更加拥挤了。然而，正是大量的移民促使足够的通勤需求产生，从而可以修建更多的道路和地铁。世界上最大的城市，往往拥有最高效的公共交通系统。

我最近访问了夏威夷的大岛。由于人口稀少，这个岛的主要道路是一条环绕海岸的四车道公路。一般居民需要开车45分钟去上班。我曾经问酒店的一个工作人员，为什么不把住处安置在离旅馆近一些的地方。她说整个岛上只有一所中学，但酒店非常分散。几年前，政府曾经考虑过建设一条高速公路，但由于人口密度太低，没法这么做。中国海南岛的情况则完全不同，和夏威夷非常相似，海南岛也是一个大受欢迎的热带海滩度假胜地。虽然面积只比夏威夷大一倍，但海南岛的人口是夏威夷的5倍，游客接待量（主要来自中国）是夏威夷的6倍。由于居民数量多以及游客密度高，海南岛有资金建设一个高速公路网络，而且一条环岛的高速铁路已经建成通车。

由此可见，从长远来看，人均资产/资本水平与人口数量无关，因为资产来源于储蓄和投资。从长期来看，储蓄率和生产率决定了人均资产水平。通常情况下，类似中国这样的高增长国家的储蓄率很高，最终中国的人均资产水平将会接近高收入国家。

这里讨论的资产，并不是指自然资源。显然，更多的人口将降低人均土地和其他自然资源的水平。从理论上讲，这可能导致生产力下降。我将在下一章中讨论自然资源的话题。当前，关于人口增长（如大量的移民）的一种普遍的说法是，更多的人口将会挤占公共资源，如道路、医院等。这种说法是错误的，因为公共资源不是自然资源。从长远来看，公共资源是由人们的储蓄和投资而产生的。

总之，在人均财富的计算公式中，人既是分母也是分子，因为人不仅会消耗财富，更会创造财富，而且人一生中创造的财富在整体上大于消耗，否则人类社会怎会进步？财富多少还是要看创造财富的能力，要看工作效率和创新效率。市场大、人才多，可以投入的研发就多，就会出现更多的创新成果，所以人口大国和人口稠密的地方效率更高，创新力更强。美国的创新优势，就来自发达国家中最大的人口规模和吸引全球人才的能力。中国的科技创新能力最近几年进步很快，也得益于世界上最大的市场和人口规模。

如果中国持续受累于低生育率，一代人以后年轻人口减半，这种制造业和科研创新的规模优势会大幅度被削弱。中国经济被卡脖子的风险就会大幅增加，全球竞争力和效率就会大打折扣。

总结

人口对宏观经济和各行各业都有很大的影响，但是人口减少总的来说是偏负面的，其中最主要的问题是养老负担的加重。很多人口减少的好处是似是而非的，人口减少并不能改善就业、贫富差距、人均资产以及资源和环境。人口减少最大的负面效应是规模效应的降低和老龄化引起的创新力的削弱。

第 7 章　人口、资源与环境

当我和学生讲解人口和创新力的关系时，一个常见的问题是虽然人口多对创新力有好处，但是人口多是否会加剧资源和环境压力，从而拖累经济呢？这一点上还存在普遍的认识的误区，也是造成中国人口政策改革滞后的最重要的原因之一。这一章来分析人口和资源环境的关系。

1968 年，美国生物学家保罗·拉尔夫·埃利希出版了一本名为《人口爆炸》的畅销书，预言地球将无法维持人口的爆炸性增长，那么地球的人口承载极限到底是多少？在对过去预测世界人口规模的 69 项研究进行系统的定量分析之后，经济学家发现，这些研究对世界人口规模的估计范围从 70 亿到 1 万亿不等，数据之间相差悬殊[1]。有趣的是，随着世界上实有人口的不断增长，这些估计数值也在不断上升。在 1950 之前，中位数估计为 61 亿，但在 1950 年后，中位数估计为 1 600 亿。马尔萨斯曾经预言世界人口的极限是 10 亿。然而，地球现在已经承载了超过 80 亿人口。由于人口的发展趋势发生了巨大的转变，世界人口将会在达到 100 亿左右时停止增长。几乎所有经济学家都认为地球的资源能很好地支持 100 亿人口。此外，在未来的

100年里，人类很有可能前往其他星球探索和利用自然资源。

不过，每当出现一次短期的能源或粮食价格上涨，人们对资源和环境的担心总会卷土重来。1972年，在一份题为《增长的极限》的报告中，一些环境学家预测人口增长将会导致饥荒、污染和资源枯竭。报告预测，人类将会在1981年耗尽黄金，1992年耗尽石油，1993年耗尽铜。当然，现在的事实能够证明这些预测都是错误的。然而，许多人又会找出其他的理由，来担心人口过多会导致资源枯竭和损害经济增长。

自然资源与经济增长

首先，有个需要澄清的误区，那就是很多人认为中国是人均资源比较低的国家。事实上，中国的人均资源比大多数发达国家要多，在世界十大经济体中，只有美国和加拿大是资源富国。其他大部分发达国家，如日本、韩国、德国、英国、意大利的人均土地面积和人均资源都低于中国。当然最重要的是，从数据上来看，人均资源高的国家并不更加富裕。

我们来看看自然资源与经济增长之间的关系。人均自然资源的丰裕程度，与人口密度密切相关。一般来说，低人口密度的国家的人均资源禀赋高。如果考察人口密度和人均收入水平的关系，我们就会发现有许多人口密度高的贫穷国家，如印度和越南，也有许多人口密度低的富裕国家，如美国和加拿大；然而，还存在许多人口密度高的富裕国家，如日本和部分西欧国家，以及许多人口密度低的贫穷国家，如巴西和非洲一些国家。总体而言，资源丰富与经济发展之间没有必然关系。在过去几十年里，资源匮乏的亚洲国家，如中国和印度，其经济发展速度要比资源丰富的拉美和非洲国家快得多。在这里，资源丰富与经济发展之间似乎存在负相关关系。

在农业经济中，人口密度越大，人均耕地和人均收入越低。而在工业经济中，更多的人则意味着可以有更加细致的专业化分工和更多的贸易机会，从而提高生产率。同时，更多的人也会消耗更多的资源和产生更多的污染。对服务业和知识经济来说，更多的人将会产生更多的创新，从而提高生产率和加速经济增长。因此，随着世界经济的发展，高人口密度正日益成为一种优势。

图 7-1 显示了人口密度与人均收入之间的关系。富裕程度与人口密度之间没有关系。如果观察每个国家的情况，我们就会发现，通常人口密度高的地区比人烟稀少的地区更富有。

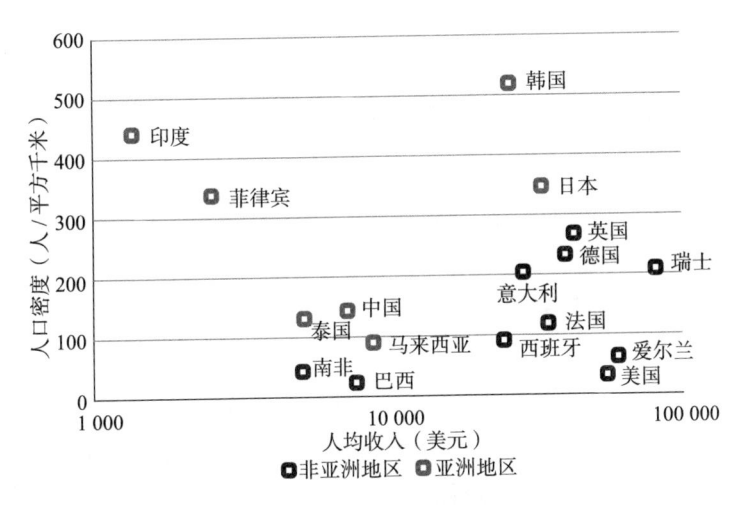

图 7-1　人口密度与人均收入之间的关系

资料来源：World Bank，2015。

在现代经济史上，还没有一个国家的经济发展遭受资源瓶颈的约束。资源禀赋很差的国家，如日本、韩国和以色列，都发展得非常好。相比之下，倒是有很多"资源诅咒"的例子，比如典型的"荷兰病"现象。

"荷兰病"描述了荷兰在20世纪60年代出现的经济困境。1959年，荷兰发现了大量的天然气储量，之后出口猛增。天然气出口导致了大量的外币流入，推升了本币币值。这削弱了本国经济中其他产业在国际市场上的竞争力，企业投资下滑。另一个问题在于，天然气开采是一个资本相对密集的产业，产生不了太多就业机会。1970—1977年，荷兰的失业率由1.1%上升到了5.1%。

拉丁美洲国家拥有丰富的矿产和石油资源，其大量出口带来了高额的收入。然而，这些国家的经济发展水平却很低。许多经济学家分析了"资源诅咒"的现象。诺贝尔经济学奖得主约瑟夫·E.斯蒂格利茨（Joseph E. Stiglitz）与合作者写了一本关于"资源诅咒"的书[2]。他认为，这些国家由于依赖"石油美元"或"资源美元"，缺乏改善制度和提高人力资本的动力，因此，资源丰富的国家往往伴随着腐败的政府、有缺陷的制度和低下的人力资本。此外，由于石油和大宗商品的价格波动很大，资源丰富国家的经济在很大程度上受世界大宗商品市场波动的影响。

许多人仍然会担心，随着经济发展和人口增长，自然资源将变得越来越稀缺，因此会越来越昂贵。然而，实际的资源价格和供给数据却与这一担心相反。

数据得出的结论看似有些颠覆常识：人类使用的资源越多，新发现的资源也就越多。如果未来人类不能发现更多的石油，那么会在2010年之后的54年里耗尽石油。然而，早在1980年就有人预测，人类将在32年内，即到2012年时，用完石油，我们现在已经知道这个预测错得非常离谱。这是因为尽管石油消费量在增长，可是新发现的石油储量增长得更快（见图7-2）。此外，开发新的替代能源仍有很大的空间。因此，从长期来看，石油价格相当稳定。在20世纪六七十年代的时候，人们对于资源枯竭还有相当严重的忧虑，现在世界的人口数量比那个时候翻了一番，但对资源枯竭的担忧已经逐渐消退。

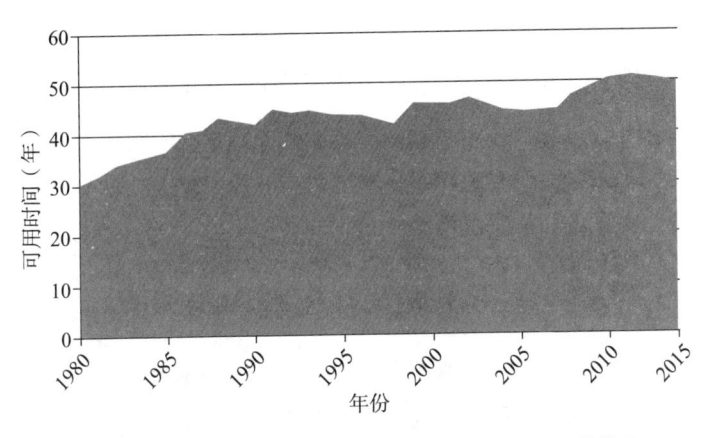

图7-2　1980—2015年石油探明储备和石油年开采量的情况

资料来源：World Bank, 2015。

最近有人担心，中国日益增长的能源需求将推高全球资源价格。中国是能源消费大国，人均能源消耗量虽然仅为美国的30%，但已经是日本的70%。随着中国越来越富裕，其能源消费也将继续增长。然而，中国的能源需求增长会放缓，因为其制造业的发展将会显著放缓，而与服务业相比，制造业的能源密集度更高。中国的能源使用效率有可能比美国更高，因为中国的人口更加稠密，可以大力发展高速铁路和地铁这类相比飞机和汽车更为节能的交通工具。在未来20年内，中国每年的整体能源消耗将比其经济增长的速度慢2%~3%，其增速预期会低于全球能源供应增长的速度。

事实上，如果价格能反映一种特定资源的供应和需求，任何一种资源的枯竭都不会成为大问题，因为随着价格上涨，其他替代资源将会被投入使用。曾经有一段时期，石油价格超过了每桶100美元。然而，此后不久，太阳能和电动车行业就开始蓬勃发展，几年之后，石油价格就回落到今天的每桶约50美元。

从理论上讲，替代能源的发展几乎没有任何限制。地球上所有的能量最终都来自太阳，照射到地球上的一个小时的太阳光，就足以提供当今世界一年的用电量。人类仍然使用大量化石燃料的原因是，现在化石燃料仍然相对丰富且便宜。最近的页岩气技术进一步降低了化石能源的成本。拥有丰富页岩气储量的美国，在不久的未来将会成为净资源出口国。中国也储藏着丰富的页岩气资源，一旦石油价格上涨，其就可以用来支持中国的消费。

能源价格高涨的时期偶尔也出现过。20世纪70年代发生的石油危机，就是由地缘政治事件引发的。在通常情况下，世界需要几年的时间来适应替代资源，因此石油和能源危机往往是短暂的。在21世纪最初的几年中，中国经济的快速增长带动了能源需求，致使油价飙升。然而，到了2015年，高油价加速了太阳能、风能和页岩气技术等替代能源的发展，又使得油价渐渐回落。

图7-3显示了自1947年以来，石油开采业、非石油矿业和农业占世界GDP的比例。如图所示，相对于整体经济，从长期来看，自然资源的价值呈下降趋势。这反映了开采和勘探技术的改进，以及许多新的替代资源的发展。

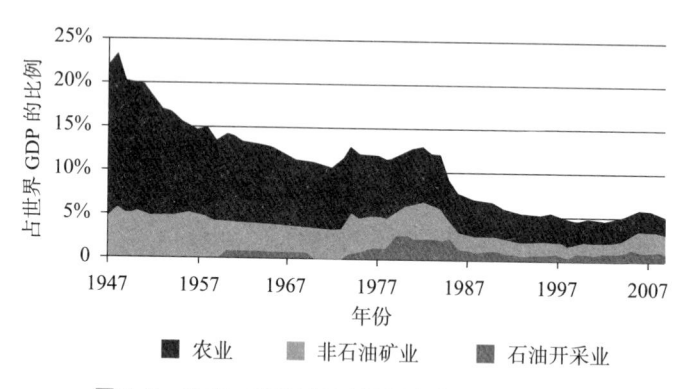

图7-3 1947—2007年自然资源占世界GDP的比例

资料来源：Madison（2009）and the World Bank。

注：矿产＝非石油矿业＋石油开采业。由于缺乏数据，假定1960年之前的石油开采业价值为零。

今天，世界经济中只有5%的份额与自然资源相关。这与我们的日常经验是一致的，生产汽车、制造电脑以及建造房子所用到的金属、塑料与合成纤维等原料，并不那么值钱。此外，资源消耗更少的服务业，在经济中的地位将会更加重要。我们可以预测，资源的重要性从长期来看会持续下降。

在一个国家内部，资源丰富的地区一般都比较贫穷，而人口密集的地区则更富裕一些。在美国，大多数人都居住在距离海岸 50 英里[①]之内的地方，多数大公司、大学和研究机构也都位于沿海地区。二战之后，美国之所以成为最强大的国家，不是因为它有丰富的自然资源，而是因为它拥有丰富的人力资源。

清洁能源

大多数科学家认为，全球变暖是由诸如二氧化碳之类的温室气体排放造成的。历史上，工业化国家曾经是温室气体排放的主要来源，但近年来，随着发展中国家经济的持续增长，其排放量也将随之增长。为了遏制这一趋势，中国和其他主要国家已经制订投资清洁能源的计划。清洁能源能解决温室气体排放的问题吗？清洁能源能与化石燃料能源一样丰富和廉价吗？

回答有关未来的问题之前，不妨先分析一下过去：如果没有现代能源技术，人类仍然只能借助木材取暖和做饭。那么，世界将会比现在更加肮脏，污染也变得更严重。相对于木材和煤炭，石油和天然气要清洁得多，效率也更高。在过去几十年里，人类已经意识到燃烧化石燃料带来的全球变暖的潜在风险，这就创造了由清洁能源替代传统能源的需求。近年来，大量资金投到清洁能源技术的研究和开发中，

---

① 1 英里 ≈1.61 千米。——编者注

并且取得了很大的进展。

清洁能源技术的广泛应用才刚刚开始。在需求方面,世界人口将在 21 世纪增长缓慢并达到峰值;在供给方面,清洁能源技术的进步将稳步推进。因此,从长远来看,清洁能源技术能满足世界上大部分的能源需求。

现在已经出现许多有前途的清洁能源技术,如核能、风能和太阳能等。我将专注于分析这些能源技术。

首先,太阳能是终极的能源来源,并且几乎可以无限制地供应。如前所述,照射到地球上一小时的太阳光就足以提供世界一年的用电量。如果建立一家能为全美国供应电力的太阳能发电厂,美国只需要使用 1% 的陆地面积就可以了。太阳能电池板的主要原料是硅,它是地球上最丰富的资源之一。按照目前的技术,太阳能电池板的使用寿命为 20~30 年,但生产太阳能电池板所需的能量,只需要用太阳能电池板花费两三年产生的电力。

此外,太阳能技术仍然在迅速改进。目前,太阳能发电的成本仍然是煤炭发电的两倍。

近年来,太阳能发电的成本正在迅速下降,每年约下降 7%~10%,而火力发电成本,则由于运输和环境成本的增加而持续上涨。目前,如果我们把环境成本计入火力发电成本,则太阳能发电的成本已经相当于火力发电的成本。在未来 10~15 年内,太阳能发电将在直接成本方面与火力发电旗鼓相当。

另一项有前途的清洁技术是核电。虽然在理论上,核能只能有限供应,但它在地球上的储量也非常丰富。据估计,世界上目前已探明的铀储量,可以达到全世界 200 年的各种能源消耗的总和。核能发电的成本已经比火力发电便宜,目前的主要问题是安全,然而,实际死于核电事故的人数,要远远少于死于煤矿开采事故的人数,更不论那些因煤炭污染导致的死亡人数。早期的核电事故是由技术不成熟造成的。法国能够用核能发电提供大部分的电力供应，却从来没有发生过重大事故。当然，与太阳能发电厂一样，核电站需要大量的资金和时间来建设。

除了太阳能和核能，还有许多有前途的能源，如风能和热能。目前，这几种新型能源的成本都高于传统能源，但也在稳步下降。在未来，人类除了化石燃料，还有许多其他能源可以替代使用。当然，所有这些新技术都需要大量的投资，正如前面所说，也都需要时间来建设。

看来，如果清洁能源成本的下降速度能得以维持，那么化石燃料将在几十年内被清洁能源取代。唯一能阻止这种情况发生的是，化石燃料的成本也随着技术的进步而迅速下降。最近的页岩气技术极大地降低了天然气的成本，因此，美国将从一个主要的能源进口国转变为能源净出口国。近年来，天然气和石油的价格下降了近50%，延缓了清洁能源的使用。总之，人类不必担心能源或资源的枯竭，这些资源并不是稀缺的。对人类而言，唯一稀缺的就是自己的创造力。

中国在新能源领域已经具备很强的竞争力，得益于世界最大的生产规模，中国的企业在太阳能发电、风能发电和电池领域都有很高的市场份额。所以未来中国能为全世界解决碳中和的难题做出重要贡献。另外，还是得益于中国相对年轻的人口结构和很高的储蓄率，中国有能力在清洁能源的基础设施建设上投入巨大的资金，但这种能力未来可能受到人口减少和老龄化的影响而被严重削弱。

世界粮食生产

同样，尽管世界的人口数量和粮食消费一直稳步上升，但世界粮食的价格一直保持稳定，并有所下降。

20世纪70年代,世界的粮食价格曾经大幅上涨,但在20世纪80年代以后,由于农业的技术进步逐渐赶上人们日益增长的需求,粮食价格开始回落。20世纪60—80年代的两件事情的意义尤为重大:一是绿色革命蔓延到印度,把它从食品进口国转变成食品出口国,尽管这一时期印度人口的增长极为迅速;二是中国的农业技术也大大提高,尤其是实施了农村家庭联产承包责任制以后。

图7-4显示了世界上部分主要国家中每公顷土地的粮食产量。正如我们所看到的,每公顷土地的产量以每年3%的速度稳步增长,比总人口的增长快得多。此外,粮食增产的现象出现在所有国家,既包括像法国和德国这样的高收入国家,也包括像印度这样的贫穷国家。富国与穷国在土地生产效率上的差距仍然很大,像印度和巴西等国家,在提升每公顷产出方面仍有很大的改进空间。

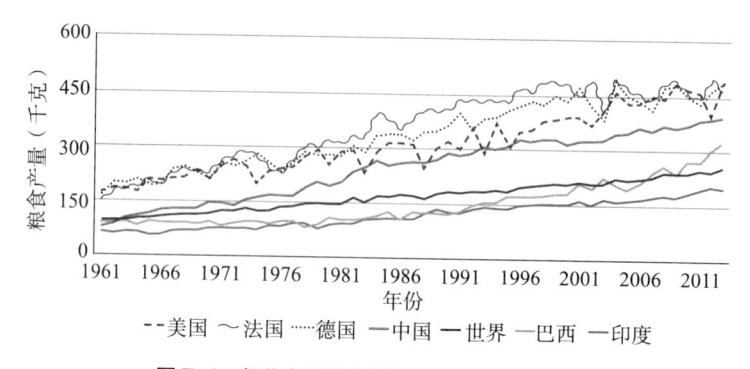

图7-4 部分主要国家中每公顷土地的粮食产量

资料来源:Food and Agriculture Organization of the United Nations, 2013。

中国在生产效率方面显示出了巨大的改进。中国每公顷土地的粮食产量,已经接近高收入国家的水平。中国是世界上最大的食品消费国,粮食自给率达到95%以上。尤为值得一提的是,中国在农业科技进步方面发挥了巨大的作用,用世界9%的耕地养活了全世界18%的人口,这意味着世界上有充足的土地来养活全球的人口。

在需求方面，食品消费的增速将明显放缓。首先，世界人口的增长明显放缓。此外，包括中国在内的经济大国的人均粮食消费都已经饱和。如图7-5所示，中国的人均热量摄入已经达到约3 000千卡/天，与韩国接近，高于日本（约2 800千卡/天）。因此，随着需求减少和农业技术的不断进步，食品价格在可预见的未来将保持稳定。农业在世界经济中所占的比重将继续减少。总之，未来粮食将会很丰富，并且很廉价。

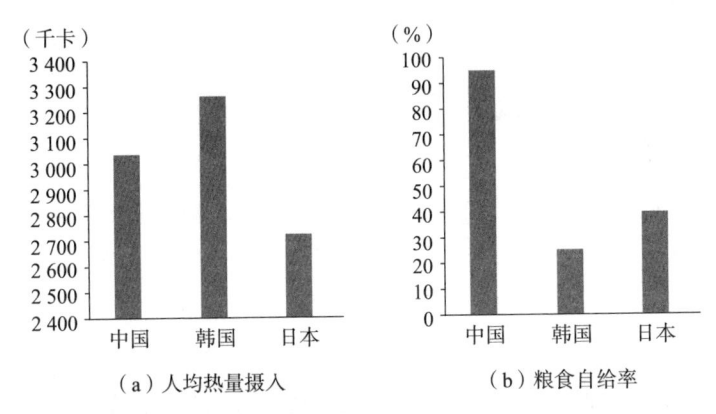

图7-5 中国、韩国和日本的人均热量摄入与粮食自给率

资料来源：Food and Agriculture Organization of the United Nations, 2014。

尽管中国总体来说能够实现粮食的自给自足，但出于效率和改善饮食结构的考虑，还是可能进口某些品种的粮食，近年来中国进口的粮食品种主要是大豆。并非因为中国耕地不够，而可能是随着农村人口的减少和劳动力成本的上升，中国会失去一些农产品生产的比较优势。现在农村的生育率也下降得很快，年轻人普遍不愿意从事农业相关工作，未来可能会有大量的次优农田被闲置。我们对此不必太担忧，因为只要有充足的粮食储备，万一有战争等突发事件，补种或者换种需要的作物就可以了。

水会变得稀缺吗?

水是一种可再生资源,地球上所蕴含的水资源总量是固定的。从平均意义上讲,地球上的每个人都有充足的水。然而淡水的分布并不均衡,通常情况下,在人口稠密的地区,水利基础设施项目需要生产、运输和回收其他地区的水。水资源短缺不是资源问题,而是生产、分配和资源保护的经济问题。

例如,发达国家对于农业用水的利用,要比发展中国家更有效率,原因是发达国家大量投资于节约用水的技术和设施。以色列是世界上人均水资源最少的国家之一,由于率先采用了滴灌系统,其用水量比传统灌溉用水少50%。此外,海水淡化技术也发展到了相当高的程度,淡水大量生产,成本已经低于1美元/立方米,略高于传统自来水厂。世界上的大多数人口都生活在海岸附近,在发达的海水淡化技术的支持下,这些地方的淡水供应不会有瓶颈,水的价格不应超过1美元/立方米。

但是,当政府把水价定在成本之下时,水就会出现短缺。设定低于成本的价格在经济上是低效的,可是出于许多原因,这正是许多政府现在采取的措施。无论什么时候,价格低于成本就都需要补贴或配给,这就使得人们形成了水资源缺乏的印象。

例如,在一些沿海大城市中,人们一直担心水资源会被耗尽。而实际上,问题的本质是水价太低。水的实际成本是0.7美元/立方米,却按0.3美元/立方米来计费。城市周围有很多农田,效率低下的灌溉浪费了大量的水。由于价格太低,人们没有足够的动力去节约用水。例如,水的主要用途之一是洗车。此外,由于价格低廉,政府需要给水厂提供巨额补贴。因此,政府不断地告诉人们,水资源是稀缺的,应该节约用水。如此就造成了"水是稀缺的"的错误印象。城市离海岸非常近,从理论上讲,可以以1美元/立方米的价格生产无限量的海水淡化水，这个价格肯定是富有城市所能承受的。然而，没有私人公司会这样做，因为水价仅为 0.3 美元 / 立方米。在大多数城市中，水资源短缺是政府价格管制的结果。随着这些城市的日益富裕，无论依靠政府补贴还是私人投资，都将会有更多的水供应。

人口与环境

随着工业化的快速发展，如印度等国的大城市已经成为世界上污染较为严重的地方。人口增长和工业化会导致环境灾难吗？

空气污染

在过去几年中，中国东部和北部的部分地区雾霾频发。雾霾的成因，是大量悬浮颗粒物在特定气象条件下堆积于空中。通常认为，悬浮颗粒物主要来自汽车排放、燃煤、工业污染和建筑扬尘，都是人类活动的产物。倘若没有高度的工业化和巨大的人口规模，也就没有严重的雾霾天气。基于这一原因，很多环保主义者认为世界人口太多，人口控制将会对环境有利，甚至有极端环保主义者公开提倡人类自愿灭绝运动，他们要求志愿者停止生育。他们认为这是保护环境的唯一办法。然而，这绝非真相！

人口规模只是环境污染的次要因素。技术和生活方式的选择对环境的影响，要比人口规模大得多。例如，与公共交通或清洁能源汽车相比，使用汽车通勤消耗的资源要高出 10~20 倍。此外，对人口数量最激进的估计是，世界人口峰值将仅比今天的水平增长 80%。因此，对于环境的影响，人口因素比交通方式小得多。1980—2012 年，中国的能源消费增长了 400%，但中国的人口数量只增长了 10% 左右。在未来的几十年里，中国的人口数量将逐渐减少，能否解决中国的环境问题，取决于清洁技术的采用速度。

历史上，通过投资、研发和使用清洁技术，人类曾成功解决了严重的环境问题。例如，伦敦曾经被称为"雾都"。令人奇怪的是，伦敦早期的大雾被视为进步标志，并且被认为是有益于健康的，所以对它没有采取任何措施。然而，大雾变得越来越重，很明显地给人们的健康带来了危害。1952年那场持续了5天的大雾，让许多人死亡。之后，英国政府决定采取一系列措施来解决污染问题。2011年，根据世界卫生组织的数据，伦敦虽然有比当时多得多的人口，但其空气质量在全球143个大城市中居第38位。

还有一个例子。1943—1980年，美国洛杉矶也经历过多场大雾。在政府、企业和居民的共同努力下，特别是在1970年《清洁空气法》颁布以后，该城市的空气质量逐步得到改善，污染天数从1977年的121天下降至1989年的54天，再降至1999年的0天。与此同时，经过50年的发展，洛杉矶的人口已由原来的430万增加到了今天的超过1 400万。由于采用了更好的排放技术，尽管洛杉矶的石油消费量比以前增加了很多倍，但是空气质量还是得到了不断提高。

伦敦和洛杉矶的经验表明，即使在人口快速增长的背景下，空气质量也可以得到改善。图7-6显示了世界上最大城市（人口超过200万的城市）的空气污染指数与人口密度和人均GDP之间的关系。在此图中，纵轴是空气污染指数，即可吸入颗粒物（PM10）。图7-6（a）表明，人口密度和空气污染之间并没有关系。图7-6（b）表明，空气污染与人均GDP之间存在明显的负相关关系。很明显，随着人们变得更加富裕，一个国家的空气质量会得到提高。

因此，空气质量主要由经济发展水平决定。当一个国家变得更加富裕时，它将有机会获得更好的技术，并有能力对环境保护投入更多。例如，日本和韩国的人口密度比中国更高，然而，东京和首尔却比北京拥有更好的空气质量。良好的空气质量更多地依靠先进并且强有力

（a）空气污染指数与人口密度的关系

（b）空气污染指数与人均 GDP 的关系

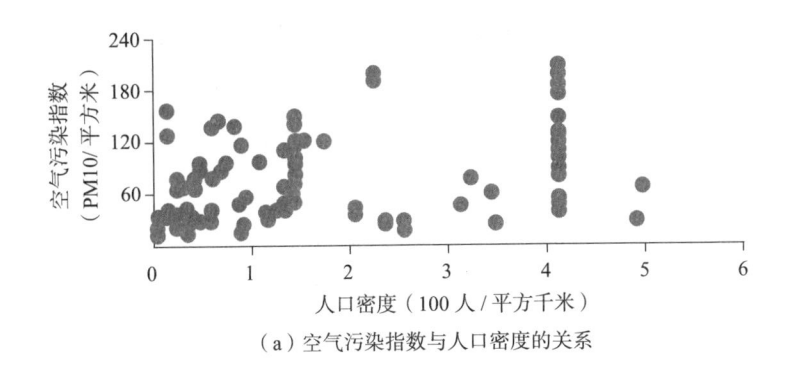

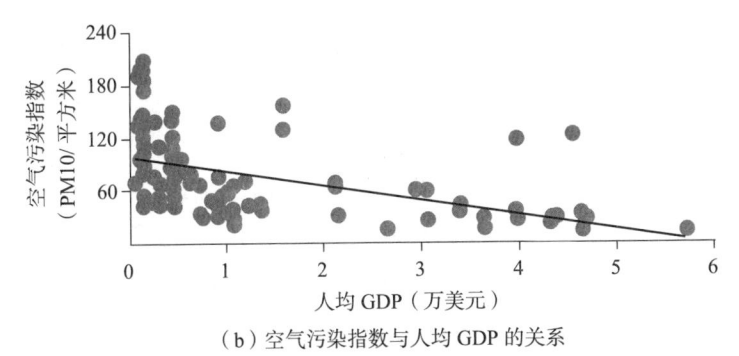

图 7-6　空气污染指数与人口密度和人均 GDP 的关系

资料来源：WHO (2011) and the World Bank (2011)。

的环境保护措施。人口稠密的欧洲比人烟稀少的非洲的环境还要好。根据布莱克史密斯研究所和瑞士绿十字会这两家环保组织在 2013 年的考察，在世界上 10 个污染最严重的城市中，有 5 个位于人口密度并不高的国家。

格罗斯曼和克鲁格[3]分析了经济发展与环境污染之间的关系。他们发现了一个共同的规律：在工业化初期，所有污染指数迅速恶化，然而，当一个国家的人均 GDP 达到 8 000 美元时，这些污染指标大多会达到一个转折点。

前几年，当中国的空气污染非常严重的时候，我曾预测这种局面会在几年内逐步好转，当时有很多人认为预测过分乐观了。事实上，过去几年随着中国人均 GDP 大幅度超过 8 000 美元，中国的环境污染问题也正在好转。这反映了当整个社会富裕了以后，就有更高的意愿和能力去治理环境。可以预料的是，随着中国人均 GDP 的进一步提高，未来的环境质量将逐步接近发达国家的水平。

  我想用已故的美国著名经济学家、诺贝尔经济学奖得主加里·贝克尔的观点来结束本章。2011—2012 年，我有幸在他的指导下于芝加哥大学做博士后研究。他是人力资本和劳动经济学领域的先驱，在包括环境和人口等领域撰写了很多关于公共政策的文章。其中对于 2011 年联合国做出的"21 世纪末人口可以达到 100 亿"的预测，他发表了标题为《地球将有足够的资源养活 100 亿人》的文章。他在文中首先指出，联合国对于 21 世纪末人口可以达到 100 亿的预测过高。因为随着发展中国家的人均 GDP 持续增长，其生育率会随之大幅下降，这样世界人口数量将会远远低于 100 亿。接着，他又解释了为什么可以通过技术的增长和创新，来应对日益增长的食品、水源及其他资源的需求。在文章最后，他总结道："如果到 21 世纪末，世界人口能够增长到 100 亿（这将是一个不太可能出现的结果），给这个世界带来的好处将会超过伤害。"

第 8 章　人口的历史和趋势

在这一章里，我将介绍世界各国的人口历史和趋势，包括发达国家、中等收入国家和最不发达国家。

首先来定义一些常用术语。出生率是每 1 000 人中的出生人口数量，即用年出生人口除以年平均人口。2022 年中国的出生率是 6.77‰，是世界上出生率最低的国家之一。总和生育率是指在一个国家或地区中，所有年龄组平均每个妇女生育的子女数量的总和。总和生育率简称生育率，大致可以理解为平均每个妇女一生的生育子女数量。生育率要达到 2.1 才能维持整个群体的人口规模稳定，所以我们把 2.1 的生育率称为更替水平生育率。更替水平生育率为什么不是 2 而是 2.1？这是因为有一小部分孩子未到成年就会夭折，所以生育率要达到 2.1 而不是 2 才能够维持每代人口不变。中国 2022 年的生育率不到 1.1，几乎是世界上最低的，仅仅略高于韩国。

现代化和人口增长的规律

在工业革命之前，所有国家的人口发展都呈现出低增长率、高死亡率和高出生率的特点。农业社会的医疗水平落后,婴儿死亡率比较高,儿童成年之前的夭折率也比较高。父母需要生育尽可能多的后代,以确保至少有一个孩子可以活到成年。所以妇女平均都会生五六个孩子,但养大成人的可能还不到一半。所以虽然生育率很高,但由于高死亡率,整体人口呈现出缓慢低增长的趋势。如果碰到战争或者瘟疫等灾难,人口还会急剧减少。

在工业革命和技术革命完成以后的最近 200 年中,世界经济规模的增长非常惊人,世界人均收入从几百美元增长到几千美元。伴随着财富的增多,吃饱穿暖已经不是问题。在维持高生育率的同时,死亡率大幅下降,于是人口快速增长。人口增长又反过来促进了科技创新和工业化,人类历史上出现了一段人口、科技和经济同时高速发展的时期。

但是到了 20 世纪,人们逐渐意识到,随着健康水平的提高和婴儿死亡率的降低,不再需要生育很多孩子来确保有子女能活到成年。同时,方便高效的避孕工具开始普及,年轻人尤其是年轻女性的生活观念也发生变化。于是出乎很多经济学家和社会学家的意料,生育率开始迅速下降了。

然而,婴儿死亡率下降和生育意愿下降之间,通常会有一代人的时间差。因此,当一个国家开始繁荣的时候,低婴儿死亡率和高生育率的叠加,就会形成一个人口爆炸阶段。只有过了几十年以后,生育率才会开始下降。即使此时的生育率低于更替水平,总人口往往还会继续增长一至两代的时间,这是因为人们的寿命比以前更长了。在大多数中高收入国家中,虽然生育率已经低于更替水平,但总人口仍在缓慢增长。然而,只要生育率水平长期维持在更替水平以下,那么人口规模最终会缩小。同时,随着新生儿数量的减少和平均寿命的延长,大多数国家的人口将迅速老龄化。

在一个国家完成工业化以后,上述人口特征转变的模式会非常典型。例如，在20世纪五六十年代的时候，欧洲国家拥有很高的生育率，人口的增长也十分迅速；然而，到了20世纪90年代，这些国家的生育率降到了更替水平以下。最近几年，这些国家的人口少子化和老龄化程度进一步加剧。在俄罗斯以及东欧和南欧的很多国家，生育率已经降到了1.4以下，这就意味着0~4岁组的人口比例相比31~34岁组的人口比例少了30%。日本的情况更差，其生育率早在20世纪70年代就已经低于更替水平，最近只有1.3~1.4。日本是世界上人口总量较早发生自然减少的国家。20世纪七八十年代，中国也曾经出现过一个人口增速较快的爆炸时代。然而，部分受计划生育政策的影响，中国现在的生育率极低，在2021年降到了1.2。预计在今后几年，中国的人口也将开始负增长。

随着工业化和城市化的发展，越来越多的国家正在经历生育率下降的过程。印度的生育率过去10年下降很快，现在只是略高于更替水平。少数例外出现在最不发达的那些国家（如尼日利亚），它们还没有全面进入工业化阶段。整体而言，当今世界上有超过一半的人口，都生活在生育率低于更替水平的国家中。

图8-1预测了世界人口的发展。目前世界的人口总数是80亿。然而，在接下来的几十年里，包括中国在内的许多国家将告别人口高峰期，世界人口将会呈现下降趋势。即使是人口即将超过中国的印度，在20年内也将出现低于更替水平的生育率。印度人口峰值将会出现在2090年。到那个时候，世界人口将可能达到100亿左右的峰值，之后，将会停止增长甚至下降。

这些对人口数量的预测，建立在预测未来生育率的基础之上。如果每个妇女生育的孩子数量比预测值少（或者多）0.2个，那么世界人口的预测峰值将会相应地减少（或者多出）约10亿。生育率的下降有时会相当惊人，例如，在1970年，没有任何一个人能够预测到，中国的生育率会从那时的5.8迅速下降到2020年时的1.3和2022年

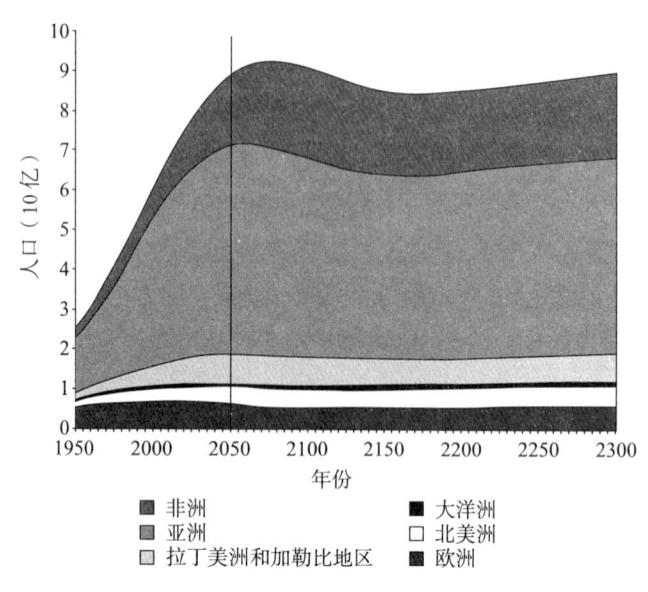

图 8-1　1950—2300 年世界主要地区的人口数量预测

资料来源：United Nations, Department of Economic and Social Affairs, Population Division (2004). World Population to 2300。

时的不到 1.1。

人均收入与生育率之间的负相关关系，看起来相当紧密和普遍（见图 8-2）。总的来说，一个国家随着人均收入的提高，生育率快速下降。

前面已经提到，家庭规模下降的原因之一，是婴儿死亡率的下降。另一个原因则是现代避孕措施的普及。这是中等收入国家生育率下降的两个主要因素。然而，在婴儿死亡率和获得避孕药具这两个方面，高收入国家和中等收入国家之间并没有太大的差别。人们因此认为，当一个国家从中等收入国家发展到高收入国家的时候，其生育率应该会稳定下来。然而，令人惊讶的是，当中等收入国家爬过经济阶梯成为高收入国家之后，其生育率通常会继续下降。

一些高收入国家（以及中国）的生育率低于 1.5，这是一个超低

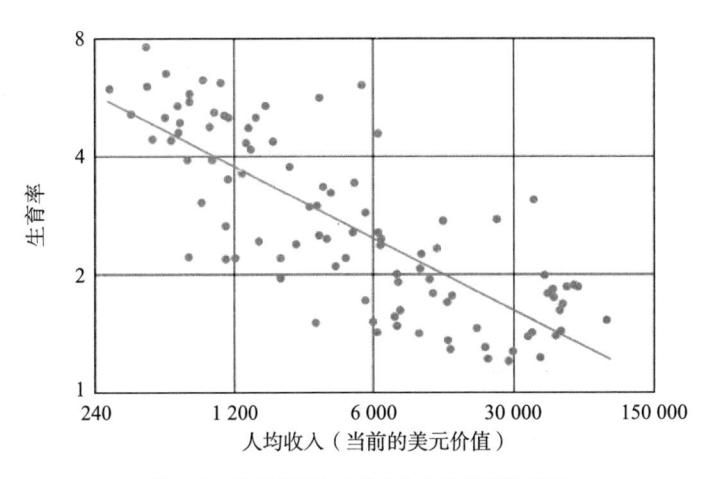

图 8-2　选定国家中人均收入与生育率的关系

资料来源：U.S. Census Bureau and the World Bank, 2015。

的水平。1.5 的生育率，意味着每一代人都将比上一代人人口数量减少 25%。超低生育率，在很多国家已经成为一个非常令人担忧的社会问题，涉及欧洲南部和东部的国家，以及日本、中国和韩国等东亚国家。

超低生育率背后的因素

首先，在高收入国家中，教育是受到高度重视的，其成本也是很高的。因此，培养高学历后代的支出变得越来越大。根据美国农业部发布的育儿成本报告，2015 年一个中等收入的美国家庭养育一个孩子，从出生到 17 岁所需的养育成本是 233 610 美元，是美国人均年收入的 4 倍，而且这一数字还不包括大学学费。在富裕的亚洲国家，父母通常更加关心子女的教育问题，在教育上的开支甚至更高，因为父母通常不仅需要支付孩子的大学学费，而且要为他们的孩子参加补习班投入很多，以帮助其考上名牌大学。中国家长对补课的热衷程度远超欧美家长，根据育娲人口的报告，2021 年中国的抚养孩子到 18 岁的成本接近 10 万美元，是人均收入的 6.9 倍，几乎是世界上最高的。[1]

这是中国现在超低生育率的重要原因。

其次，随着经济更多转向服务导向型和创新驱动型，女性的受教育程度和劳动力参与率都在稳步上升（见图8-3、图8-4）。在许多国家中，女性的大学入学率与男性不相上下，甚至还高于男性。在美国和英国，女性大学毕业生的人数几乎比男性高出40%。中国虽然仍是一个中等收入国家，但是女性大学毕业生的数量也已经多于男性。此外，中国城市的女性劳动力参与率约为70%，在世界范围内是比较高的。很自然地，女性在教育和事业发展方面投入的时间越长，她们可以用于养育子女或者投入在自己身上的时间就越少。

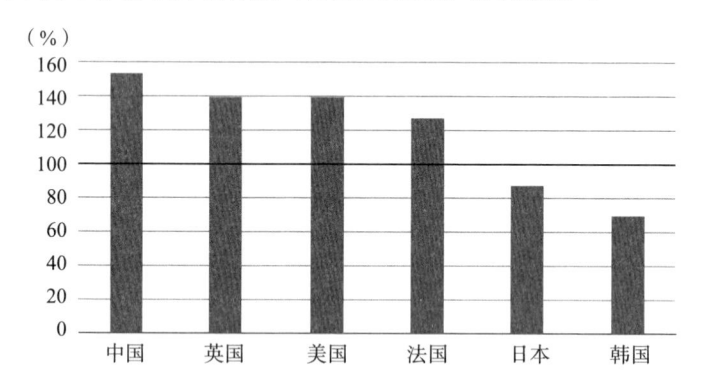

图8-3　2008年选定国家中女性大学生与男性大学生的比例

资料来源：World Bank, 2015。

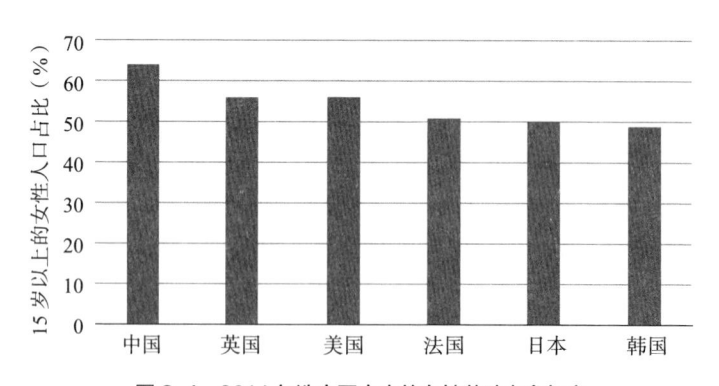

图8-4　2014年选定国家中的女性劳动力参与率

资料来源：World Bank, 2015。

另外，在以农业为基础的经济体中，养老是养育子女的主要动机之一。在高收入国家中，老年人主要依靠自己的储蓄和公共养老金生活。尽管抚养孩子的费用越来越高，但孩子对赡养父母没有提供多大的帮助。因此，仅仅从财务角度来看，在现代社会中养育孩子是赔钱的。当高收入国家能提供很好的养老福利时，人们往往会倾向于养育更少的孩子。

最后，现代城市给人们提供了许多娱乐休闲的生活方式，使得人们用来养育孩子的时间变得更少了。正因如此，城市中的年轻人不断地推迟结婚时间，晚婚已成为大势所趋。有些人会选择不生孩子，甚至宁可过单身生活。与此同时，在高收入国家尤其在大城市，离婚率变得更高，这也会导致生育率下降。

对各国的人口预测

联合国和美国的人口调查机构以及世界银行，都发表过各种人口预测。虽然各个机构的假定和预测数值都不同，但对人口发展模式和趋势的预测结果则是相似的。联合国预测，世界人口虽然将继续增长，但相对于此前的几十年，增长率将会下降。2011年前，世界人口以每年1.24%的速度不断增长。现在，世界人口的增长速度是每年1.18%，大约每年增长8 300万。

大多数报告都预测，世界人口总数到2050年时将达到90亿，大约在21世纪末将达到100亿的峰值。以人口数量为指标的国家排名将发生变化。印度和中国将仍然是世界上人口最多的两个国家（每个国家的人口数量占世界人口总数的18%~20%）。然而，印度的人口将在2023年超过中国。在世界人口数量排名前10的国家中，有5个国家位于亚洲（印度、中国、印度尼西亚、巴基斯坦和孟加拉国），有两个国家位于拉丁美洲（巴西和墨西哥），有一个国家地处非洲（尼日利亚），其他两个国家，一个位于北美洲（美国），另一个位于欧洲（俄罗斯）。在这10个国家中，尼日利亚拥有最高的人口增长率，到2050年时，其人口数量将超过美国，成为世界排名第三的人口大国。有6个国家的人口数量，有望在2050年时超过3亿。它们是印度、中国、尼日利亚、美国、巴基斯坦和印度尼西亚。

最不发达国家和非洲

根据联合国《世界人口展望2015版》的报告，48个最不发达国家（LDC）从整体上看仍有较高的生育率（2010—2015年，每个妇女平均生育4.3个孩子），其总人口数量以每年2.4%的速度快速增长，尽管这一增长率预计在未来10年会明显放缓。最不发达国家的总人口数量（2015年总人口为9.54亿）在2015—2030年预计将会增加39%，到21世纪中期的时候，将达到19亿。

非洲共有54个国家，其中有6个国家的人口数量超过了5000万（尼日利亚：1.82亿；埃塞俄比亚：1亿；埃及：9200万；刚果：7700万；南非：5400万；坦桑尼亚：5300万）。在世界上最不发达的国家中，生育率最高的国家都位于非洲（见表8-1）。

表8-1 部分主要国家2020年的生育率

国家	生育率	国家	生育率
安哥拉	5.37	马里	5.69
布隆迪	5.24	马拉维	4.06
布基纳法索	5.03	莫桑比克	4.71
乍得	5.55	尼日利亚	5.25
刚果（金）	5.72	尼日尔	6.74
埃及	3.24	索马里	5.89
冈比亚	5.09	赞比亚	4.5

资料来源：World Bank。

虽然当前非洲人口仅占世界总人口的 1/7，但由于其极高的生育率，非洲大陆的人口规模及其在世界总人口中的占比都将增长得非常快。不仅如此，2015—2050 年，预计世界人口增长中的一半以上都会分布在非洲。在此期间，非洲有 28 个国家的人口预计都将增加一倍以上。此外，到 2100 年，包括尼日利亚在内的许多非洲国家，其人口数量将是当前规模的 5 倍。与此同时，非洲的人口是世界上最年轻的。2015 年，15 岁以下的人口占 41%，15~24 岁的人口占 19%。

到 2050 年，非洲人口将占世界人口的 25%（目前只有 14%）。到 2100 年，非洲人口将占世界人口的 40%，超过 40 亿。然而，并非所有非洲国家的生育率都很高，更富裕一些的非洲南部国家如南非，其生育率为 2.3，仅略高于更替水平。

其他发展中国家

第二次世界大战后，发展中国家的人口经历了高速增长。20 世纪 50—80 年代，发展中国家的人口增长了 95%。而在同一时期，发达国家的人口仅增长了 36%。发展中国家在这一时期的人口快速增长，是死亡率下降和高生育率共同作用的结果。

第二次世界大战后，得益于医疗保健技术的进步，尤其是现代免疫技术消除了许多传染病以后，死亡率急剧下降。到了 1960 年，发展中国家的死亡率下降到了 17‰，1970 年更进一步降到了 12‰。

同时，出生率开始下降。20 世纪 60 年代中期，发展中国家的出生率还高达 40‰。可是从 20 世纪 60 年代末开始，这些国家的出生率呈现下降趋势。20 世纪 70—90 年代，出生率从 37‰ 下降到了 30‰。这种下降的趋势一直持续到今天。大多数发展中国家的生育率在 2~3，一些国家如巴西、泰国、孟加拉国，其生育率相对低于更替水平较多（见表 8-2）。

表 8-2 2020 年部分主要国家的生育率

国家	生育率	国家	生育率
土耳其	2.04	孟加拉国	1.99
巴西	1.71	印度尼西亚	2.27
阿根廷	2.23	越南	2.05
墨西哥	2.08	菲律宾	2.49
伊朗	2.14	泰国	1.5
巴基斯坦	3.39		

资料来源：世界银行。

发达国家

第二次世界大战以后，大多数发达国家都经历了一次人口快速增长的婴儿潮。然而，不久之后，生育率就开始下降。美国经历的婴儿潮，出生人口最多，持续的时间也最长，从 1945 年一直到 1964 年。欧洲的婴儿潮规模小于美国，时间也更短，而日本的婴儿潮时间最短，几乎战争结束后，就开始了生育率下降的进程。到了 1980 年，所有发达国家都进入人口增长缓慢的时期。近几年，个别发达国家例如日本，其总人口规模已经开始下降。

当前在主要发达国家中，除了以色列之外，所有国家的生育率都低于 2.1 的更替水平。生育率较高的国家是法国、英国、澳大利亚和美国，它们的生育率相对低于更替水平较少。而东亚国家如日本、韩国还有新加坡，其生育率则远远低于更替水平（见表 8-3）。

表 8-3 主要发达国家 2020 年的生育率

国家	生育率	国家	生育率
法国	1.82	意大利	1.24
英国	1.58	日本	1.33
澳大利亚	1.58	德国	1.53
美国	1.64	韩国	0.84
加拿大	1.4	新加坡	1.1

资料来源：法国统计与经济研究所、意大利国家统计局、英国国家统计局、日本厚生劳动省、澳大利亚统计局、德国联邦统计局、美国疾病管制与预防中心、韩国统计厅、加拿大统计局、新加坡统计局。

大多数发达国家已经意识到低生育率对经济发展不利，并且采取了程度不同的各种鼓励生育政策。

文化、宗教与生育率

文化和宗教也会对生育率产生影响。图 8-5 显示了文化、收入与生育率之间的关系。如图所示，收入和生育率之间存在紧密的负相关关系，因为 3 个回归线全都向下倾斜。此外，伊斯兰国家的回归线比其他国家的回归线更高。与之相反，东亚国家，如韩国、日本、中国和越南，其回归线要比其他国家低得多。简而言之，在同样的收入水平下，不同国家的生育率会受到文化和宗教的影响。伊斯兰国家的生育率相对更高。而同样收入水平下，东亚国家的生育率相对更低。同样收入条件下，伊斯兰国家的妇女要多生育 0.5 个孩子，而东亚妇女则少生育 0.5 个孩子。如果这种状况持续几代人，将对人口的长期构

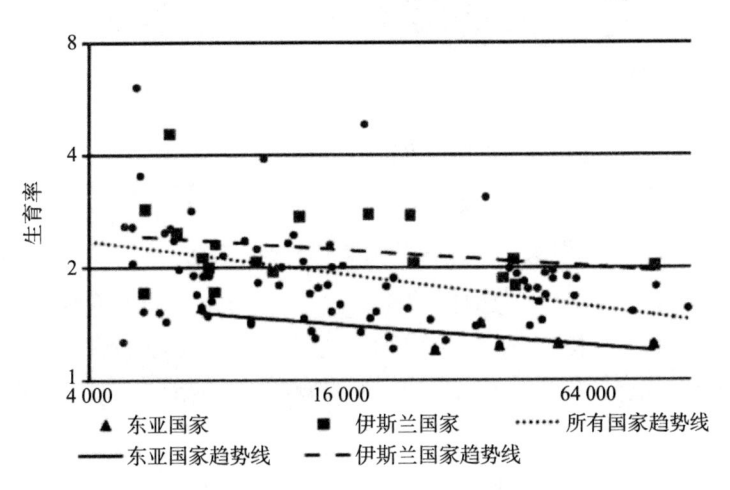

图 8-5　文化、收入与生育率的关系

资料来源：World Bank, 2015。

成产生巨大的影响。

基督教文化，包括西方和非西方的基督教文化区域（非西方的区域主要是拉丁美洲地区），是迄今为止影响最为广泛的文化。基督教国家包括欧洲和美洲的大多数国家，如美国、巴西和墨西哥等人口大国。根据2015年4月美国皮尤研究中心（the Pew Research Center）发布的一份报告，在2010年，基督教大约拥有22亿名信徒，占全球总人口69亿的近1/3（31%）。在过去100年里，这些国家的人口迅速增长，其人口在19世纪和20世纪之交超过了中国。中国和西方国家当前的生育率都非常低。到21世纪末，西方国家和中国的人口数量，都将被拥有印度文化和伊斯兰文化的国家超越（见图8-6）。

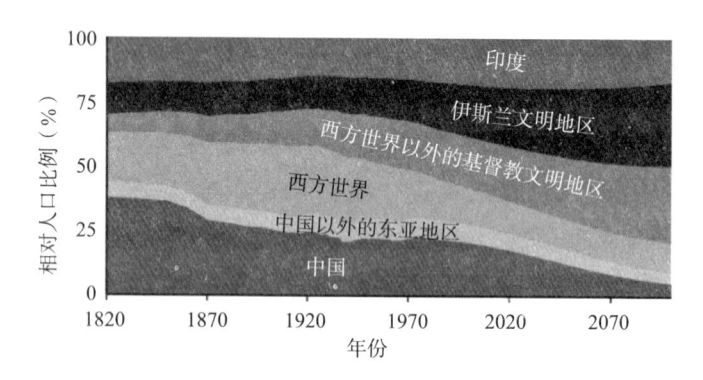

图8-6 世界主要文化影响所及的相对人口比例

资料来源：黄文政，《中国人口问题的深入分析》，载于《人口和文明的兴衰》（第20章）。

再来看伊斯兰文化。伊斯兰国家共有50多个。一般来说，这些国家的经济相对落后，而且其生育率高于处在同一经济发展水平的国家。原因是，与其他国家相比，伊斯兰国家中妇女的受教育水平和劳动力参与率都比较低。因此，穆斯林人口的增长速度远远超过世界人口增长的平均速度。

2010—2050年，世界总人口预计将上升到90亿，比现在的数量增加30%。而在同一时期，由于拥有相对年轻的人口，并且保持着较高的生育率，穆斯林人口预计将会增长70%。与之相比，基督教国家预计将增加仅30%。如果保持这样的趋势，到21世纪末的时候，穆斯林人口将超过基督教人口，如图8-6所示。

伊斯兰国家的生育率普遍很高，但伊朗是个例外。跟许多发展中国家一样，在20世纪50—80年代，伊朗保持了高生育率。然而到了20世纪90年代，随着国家逐渐变得富裕，伊朗的生育率也开始迅速下降。到了2000年，伊朗的生育率下降到了更替水平以下。最近，伊朗已经开始实施鼓励生育的政策。

东亚文化圈中的国家，包括日本、韩国、中国以及新加坡。从古至今，东亚文化圈主要采用孔子哲学以及汉语书面语。东亚地区之所以会出现超低生育率，可能是受儒家重视教育的文化传统的影响。有本畅销书的作者"虎妈"蔡美儿（Amy Lynn Chua）是一位美籍华人，她因用中国传统方式抚养孩子而闻名于世。像她一样，有许多亚裔父母为了让孩子能够进入一流的大学，不惜花费大量的时间，这种育儿方式使得他们很难有足够的精力抚养多个孩子。因此在美国少数族裔中，亚裔美国人的生育率最低。与之相似，东亚国家例如韩国、日本和中国，其国内的高考竞争都十分激烈。生活在这些国家中的父母，不仅需要花费很多精力辅导孩子的家庭作业，而且还要花很多钱让孩子参加培训班。数量巨大的培训机构，已经在这些国家形成了相当庞大的产业。东亚父母似乎更关心孩子的质量而不是数量，由此，东亚国家出现了世界上最低的生育率（见表8-4）。

表8-4 东亚部分国家或地区2020年的生育率

国家或地区	生育率	国家或地区	生育率
中国（不含港澳台）	1.3	日本	1.33
中国台湾	0.99	新加坡	1.1
中国香港	0.883	韩国	0.84

资料来源：中国国家统计局、中国香港特区政府统计处、中国台湾"内政部户政司"、日本厚生劳动省、新加坡统计局、韩国统计厅。

在东亚的大多数国家中，非婚生子女仍然是社会禁忌。在日本和韩国，非婚生子女的比例分别只有2%和2.1%；在欧洲国家里，非婚生子女的比例则在20%以上；在北欧国家和法国，非婚生子女的比例约占50%。总之，东亚国家的单身妇女一般不生小孩。倘若几乎所有女人都结婚，那么东亚国家极低的非婚生育率就不会成为一个问题。但近几十年来，许多女性选择晚结婚或不结婚。例如，在日本，30~34岁未结婚的女性比例高达32%。假设在一个社会中，有20%的女性在一生中保持非婚状态，并且没有子女，那么即使每个已婚妇女平均生育两个孩子，这个社会的生育率也只有1.6 [（1−20%）×2]。

东亚国家的低生育率，将导致这些国家的人口数量在世界人口总量中的占比迅速下降。尽管东亚国家（主要是中国）是过去几千年里世界上人数最多的，但在未来几十年内，它很快就会被基督教、伊斯兰教和印度教文化超越。

老龄化趋势

由于低生育率和高预期寿命两种因素的叠加影响，世界人口正在逐渐呈现老龄化的趋势。美国人口老龄化调查报告指出，2015年，老年人口（大于60岁）占世界总人口的8.5%；到2030年，预计这一数字将增长到12%；到2050年，这一比例将超过15%，并将继续保持增长态势。到2050年的时候，日本和韩国将是世界上老龄化最严重的国家，国民的平均年龄约为53岁；在欧洲一些超低生育率的国家中，德国、意大利和西班牙等国的国民平均年龄约为50岁，比2010年时增加了7~10岁；到2050年，中国国民的平均年龄将达到约46岁，比现在的平均年龄大9岁左右（见图8-7）。

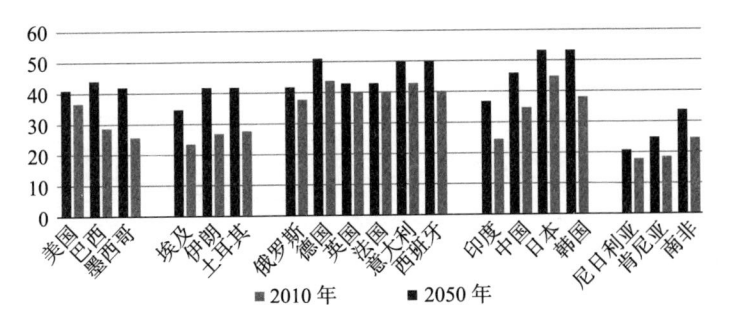

图 8-7　各国年龄中位数值的预测（2010—2050 年）

资料来源：United Nations, Department of Economic and Social Affairs, Population Division (2014). World Population Prospects: The 2012 Revision, Methodology of the United Nations Population Estimates and Projections, Working Paper No. ESA/P/WP.235。

"老年抚养比"这一概念，衡量了人口中非劳动年龄人口中老年部分（65 岁及以上）与劳动年龄人口（年龄在 15~64 岁）之比，用以表明每 100 名劳动年龄人口要负担多少名老年人。日本的老年抚养比由 2010 年的 36% 上升至 2050 年的 72%，将成为世界上老年抚养比最高的国家。到 2050 年，韩国的老年抚养比将会达到 66%，是其 2010 年该项数值的 4 倍多；德国、意大利和西班牙三国的老年抚养比也将超过 60%；按照育娲人口的预测报告，中国的老年抚养比在 2050 年将超过 50%，是当前中国这一数值的 2.5 倍。[2]

城市化趋势

世界人口的另一个主要趋势是，随着经济的发展，越来越多的人生活在城市。2008 年，有超过 50% 的人生活在城市中。这一数字在 20 世纪 50 年代时只有 30%。预计到 2050 年，世界上将会有超过 70% 的人生活在城市中；在发达国家中，大约有 90% 的人将生活在城市里（见图 8-8）；这是工业和服务业增长的直接结果，也是农业相对衰落的结果。

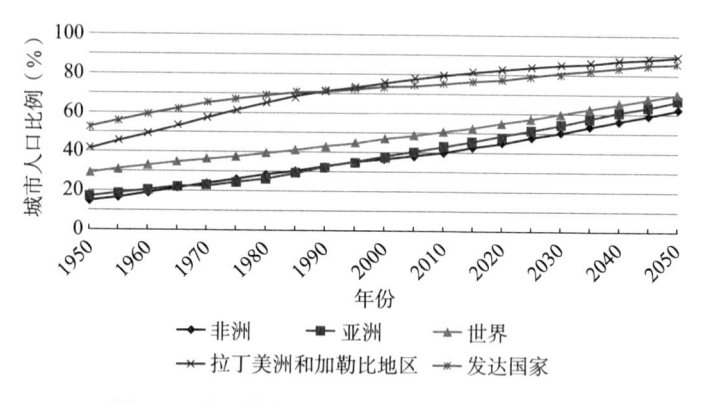

图 8-8 生活在城市的人口比例（1950—2050 年）

资料来源：United Nations, Department of Economic and Social Affairs, Population Division (2008). World Urbanization Prospects: The 2007 Revision。

人们并未迁徙到所有的城市，他们更多地被吸引到大城市中。大城市的经济发展比小城市快得多。劳动者特别是高技能工作者愿意主动投身大城市，原因之一是大城市有足够的经济规模，能够提供更好的公共服务。更重要的是，大城市在创新方面具有优势。

表 8-5 列出了 2016 年世界十大城市 / 城市群中的人口数量。

表 8-5 2016 年世界十大城市 / 城市群人口数量排名

排名	城市 / 城市群	国家	人口数量
1	东京-横滨	日本	37 750 000
2	雅加达	印度尼西亚	30 091 131
3	德里	印度	24 998 000
4	马尼拉	菲律宾	24 123 000
5	纽约	美国	23 723 696
6	首尔-京畿道-仁川	韩国	23 480 000
7	上海	中国	23 416 000
8	卡拉奇	巴基斯坦	22 123 000
9	北京	中国	21 009 000
10	广州-佛山	中国	20 597 000

资料来源：Demographia. Demographia World Urban Areas（12th ed.）. Retrieved November 17, 2016。

东京是世界上人口最多的大都市，有 3 700 万人口，约占日本人口的 1/3。尽管日本的总人口正在减少，然而东京的人口仍在增长。中国最大的两个城市是北京和上海。尽管中国政府颁布政策严格控制大城市的人口数量，但这两个城市里的常住人口在过去 30 年里还是翻了一番。如果没有控制大城市人口的政策，那么上海和北京的人口还会比现在多得多。在美国，像纽约、洛杉矶和旧金山这类大城市，其人口增长速度要比小城市快得多。因此，在过去的二三十年中，这些城市的房地产价格上涨得十分明显。尽管生活成本更高，但大城市仍然吸引着许多受过高等教育的年轻人和移民，这使其成为创新和创业的中心。

世界范围内的大都市化，将成为生育率的另一个"杀手"。因为生活在大城市中的人们，必须面对高昂的生活成本和巨大的职业压力，导致生育孩子的意愿变得更低。中国的大城市中，比如北京、上海、香港和台北，都已经出现了很低的生育率。除了大都市化，社会和技术的其他发展趋势也可能进一步降低生育率，甚至下降速度比之前的预测还要低。一方面，现代娱乐方式的出现，特别是电脑和手机，正在越来越多地占据着年轻男性的休闲时间，使得他们不太有意愿结婚；另一方面，受过良好教育、拥有不错工作的女性比以往任何时候都更加独立。许多受过高等教育的女性，不愿嫁给受教育程度不高、不够成熟、经常沉迷于电子游戏的年轻男性。在信息技术领域中，虚拟现实技术已经获得了隐约可见的突破性进展。这种技术可以提供廉价而又真实的性体验，也将进一步削弱人们结婚的意愿。因此，世界各地的结婚比例可能会下降，生育率将进一步下降。巨大的人口转型才刚刚开始，可能比预期要剧烈得多。

中国人口的危机

中国自秦汉以来，几乎一直是世界上人口最多的国家：秦朝人口大约有 2 000 多万，汉朝有 6 000 多万，唐朝有 8 000 多万，宋朝和明朝都超过 1 亿。到 1790 年，清朝人口已经超过 3 亿，并在 1835 年的时候突破 4 亿，在 1851 年达到 4.3 亿的峰值。后来由于太平天国运动发生在人口比较集中的南方，持续时间长达 14 年，战乱和饥荒导致清朝减少了大约 1 亿人口。到了 1900 年，清朝人口才恢复到了 4 亿左右。在接下来的时间里，1912 年全国人口大约有 4.1 亿，1928 年是 4.4 亿，1949 年的时候上升到了 5.4 亿。

1953 年，新中国进行了首次人口普查。普查结果显示，当年的人口有 5.8 亿。中国人口在 1960 年达到 6.6 亿，1970 年为 8.3 亿，1980 年为 9.9 亿，1990 年为 11.4 亿，2000 年为 12.7 亿，2010 年为 13.4 亿，2019 年达到 14 亿。

用这些数据对比世界人口就会发现，1950—2019 年，世界人口的增长速度其实要比中国快。虽然 1950—2019 年，中国人口从 5.5 亿增加到 14 亿，增长超过 1.5 倍，看起来增加得很快，但同期的世界人口可是从 25.4 亿增加到 77 亿，增长超过 2 倍。

近 200 年来，中国人口占世界人口的比例其实在不断下降。1820 年，中国人口有 3.5 亿，世界人口约有 10 亿，中国人口占世界人口的约 35%；1900 年，中国人口约有 4 亿，世界人口约有 16 亿，中国人口占世界人口的约 25%；1950 年，中国人口为 5.5 亿，世界人口为 25.4 亿，中国人口占世界人口的 22%。

随着现代化、城市化和工业化，中国的生育率也经历了迅速下降的过程。其实在推出计划生育的 20 世纪 80 年代之前，生育率已经降到了接近更替水平。2000 年就已经降到了 1.5 以下，出生人口也从 20 世纪 80 年代的每年 2 000 多万，降到了每年 1 000 多万。全面放开"二孩"政策出台后，补生二孩的效果使得新出生人口数量小幅反弹到了1 700万，但又快速下降到了2022年的956万，生育率也跌破了1.1，比日本还要低，中国几乎是世界上生育率最低的国家（仅仅略高于韩国）。而且糟糕的是，这还不是最低谷，我们有理由相信中国的生育率还会继续下降。

为什么中国的生育率比大多数发达国家低？除了实行限制生育的政策之外，还有以下几个主要原因。

第一，中国大城市的住房支出，占据了一个普通工薪阶层的很大一部分收入。比如，根据《2019年全国50城房价收入比》的报告，深圳房价收入比是35，也就是说，对深圳的普通家庭来说，即便不吃不喝也平均需要35年才能买得起一套房子。上海和北京的房价收入比也很高，分别是25和24。中国一线城市的房价收入比是世界上最高的。这样的高房价，会严重压抑城市夫妇的生育意愿[3]。

第二，中国小孩的教育压力和成本也是最高的。中国独特的高考制度，催生了庞大的补课产业。家长为此不得不消耗高昂的费用和精力来为小孩准备高考。这使得中国的育儿成本相对于收入也是最高的。

第三，在中国养育孩子，还面临着严重的看护困难。相对于其他国家，中国的托儿所奇缺。一项2015年的调查显示，0~3岁的婴幼儿在各类托幼机构的入托率仅为4%，远远低于一些发达国家50%的比例。

有关生育成本的具体分析和对策将在以后的篇章里详细介绍。通过这些分析，我们可以得出中国的生育成本几乎是世界上最高的。所以，如果不解决这些问题或者大力鼓励生育的话，中国的生育率可能会比其他国家低很多，甚至中国的生育率可能是全世界最低之一。

有人说，中国农村还有较高的生育率，可以基本补偿城市的极低生育率。但绝大多数中国农村中的年轻人，都已在城市工作和生活。相较于城市人口，他们还面临更大的生活压力和社会身份压力，而且脱离了之前的亲友氛围,生育观念也在向城市靠拢。

复旦大学 2020 年的一次调查结果显示,中国人的理想子女人数只有 1.6 个。可见,中国人的平均生育意愿不但显著低于日本,也显著低于韩国。

虽然日本是出名的低生育率国家,但是根据我的观察,有孩家庭的小孩数量似乎要比中国多很多,街上大部分妈妈都是带着两三个小孩。这种观感能得到数据上的佐证,对于有孩子的日本家庭,平均的孩子数是超过两个的。也就是说,在日本人的观念中,除非放弃生育,否则只要选择生育,大多数日本家庭还是会生 2~3 个孩子。

相比较而言,中国大城市中的年轻夫妻大多只要一个小孩,所以中国的低生育率问题其实要比日本严重得多。日本的生育率之所以只有 1.4,是因为有将近 30% 的人不婚不育。糟糕的是,中国大城市的结婚率也在迅速下降,尤其是很多职业女性找不到合适的婚配对象,中国未来的不婚不育率也正在向日韩看齐。

根据育娲人口的预测,中国的出生人口将很快跌破 900 万,人口进入负增长,然后持续下降,按照中等预测,到 2030 年、2050 年、2100 年,中国总人口分别为 13.95 亿、12.64 亿、6.85 亿,占世界人口的比例分别为 16.5%、13.2%、6.5%。新出生人口还将继续下降,到 2030 年、2050 年、2100 年分别为 909 万、773 万、306 万,占世界新出生人口的比例分别为 6.78%、5.71%、2.56%

由此可见,中国的低生育率问题将是世界上最严重的,将对未来的中国社会产生很多负面影响,尤其是对创新力和综合国力的削弱。北京和上海的户籍人口生育率只有 0.7,已经创下了人类有史以来最低生育率的世界纪录,达到了每两代人减少近 90% 的速度。中国只有出台鼓励生育的强力政策,才能扭转人口萎缩的趋势。本书的第四篇和第五篇将详细论述中国应对低生育率的策略,包括鼓励生育政策的具体改革方案。

第 9 章　全球移民和留学概况

从全球的角度来看，移民不会解决老龄化问题，但对一个国家或地区来说，与鼓励人们多生孩子相比，吸收移民是一种更容易和更快捷的补充人口的办法。例如，大学毕业生是一个非常受欢迎的移民群体，因为这些人可以立即开始工作并且纳税，移民接收国实际上是搭了移民输出国的便车，无偿获得了这些人的教育投资。近年来，大多数发达国家都放松了移民政策，以解决劳动力短缺和老龄化的问题。这一章先介绍全球移民和留学的概况，再介绍移民对经济的影响，最后介绍各国包括中国的移民政策。

全球移民概况

根据联合国《世界移民报告 2022 版》，截至 2020 年，世界范围内共有国际移民 2.81 亿人，其相比较 2019 年上升了 3.9%，占世界人口的 3.6% 左右[1]。从存量的变化趋势上看，根据联合国的预测数据，过去 50 年国际移民的数量一直在增加，图 9-1 展示了自 1970 年以来

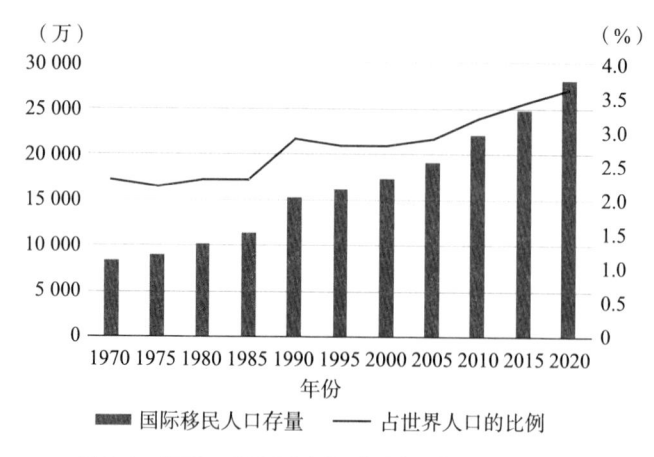

图 9-1　1970—2020 年国际移民人口存量和占比变化

资料来源：United Nations Department of Economic and Social Affairs, 2021。

国际移民人口存量的变化以及占世界人口比例的变化。

从移民类型来看，2019 年的国际劳工移民数量约为 1.69 亿，占总体国际移民的 60.1%，组成了移民群体的大部分。关于跨国劳工的具体分析，我们将在之后的内容中进一步展开。

对于给定的国家和时间段，净移民是指移入人数与移出人数之间的差值。对整个世界而言，净移民水平为零。图 9-2 展示了 2015—2020 年部分国家的净移民情况。不同国家的移民问题差别很大，高收入国家通常是移民的目的地，而发展中国家是移民的输出国。美国 5 年内共接纳 500 万左右的移民，是最大的净移民输入国。而中国和印度作为人口大国，净移民流出的情况也非常严重。

图 9-3 展示了部分国家人均 GDP 与每千人净移民的情况之间的关系［横坐标已做 Ln（对数）处理］，数据来自世界银行。我们可以看出，人均 GDP 与每千人净移民率基本呈现正相关关系。这种现象应当不难理解，人往高处走，移民的基本规律是穷国流向富国。作为一个中等收入国家，中国目前平均每千人净移民为 –0.24，相对于同

样的人均GDP，移民的相对吸引力偏低，这可能和中国严苛的移民政策有关。

移民一般可分为劳工、家庭、难民等几大类，其中劳工和家庭占据了绝大多数。

家庭移民是指本国公民和新移民的直系亲属，一般国家都有类似

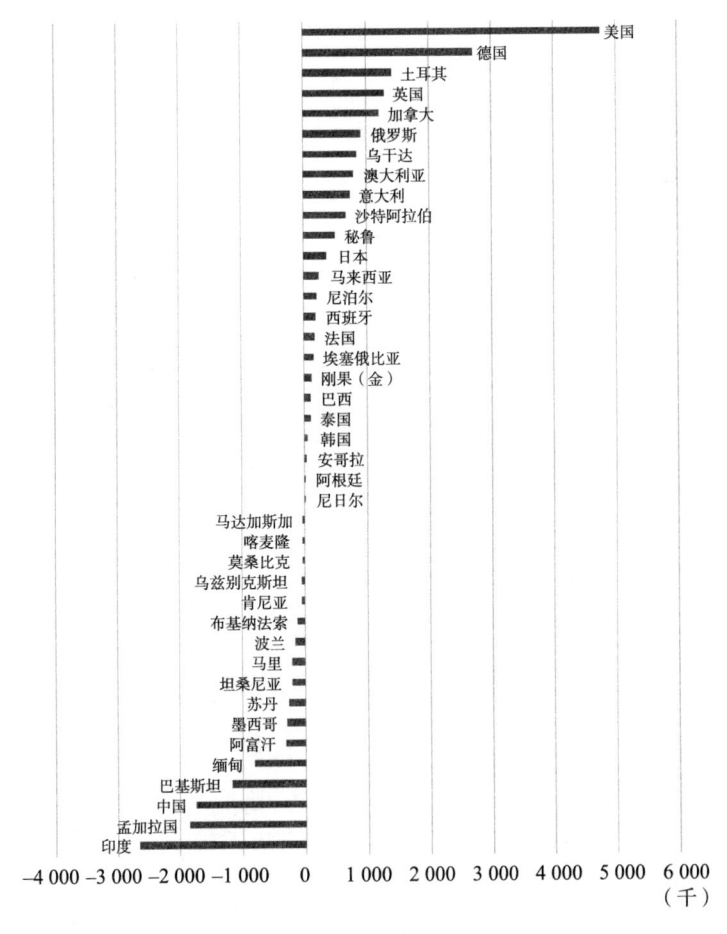

图9-2 2015—2020年部分国家净移民数量

资料来源：United Nations, World Population Prospects 2019。

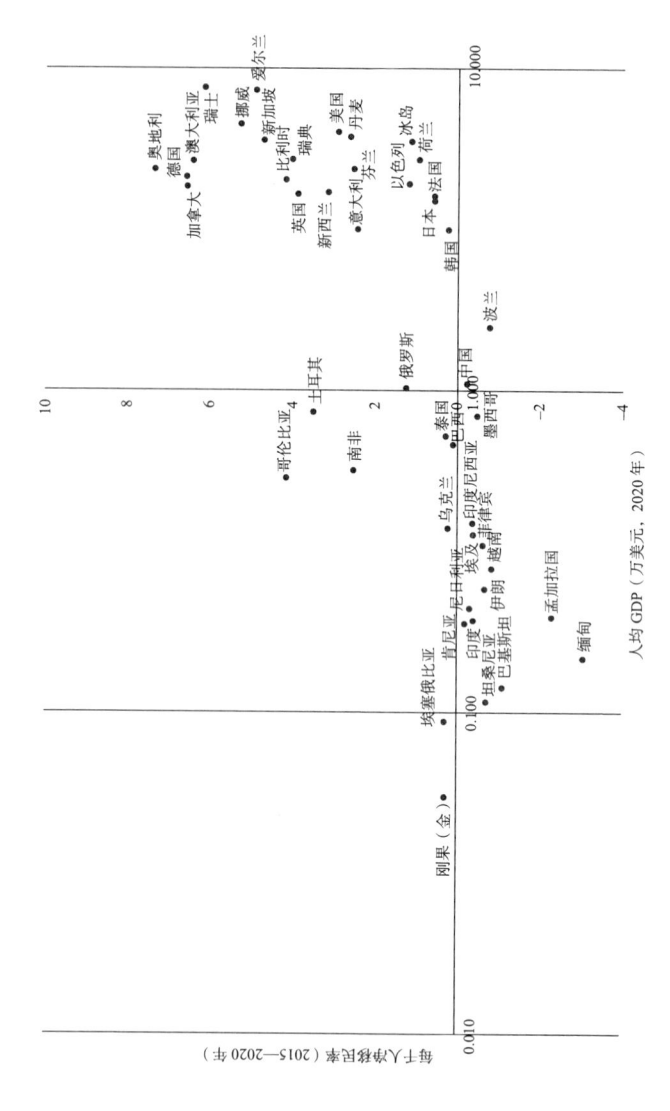

图 9-3 部分国家人均 GDP 与每千人净移民的情况的关系

数据来源：世界银行，2020。

人口战略　158

的家庭移民的政策，允许本国公民的直系亲属取得定居权和公民资格。在一些国家，跨国婚姻占总体结婚数的比例比较高。美国的跨国婚姻占比在2011年就已经达到7.7%[2]，日本在2020年的这一数据是3%左右[3]，韩国（2021年）是6.8%[4]，法国（2020年）是16%[5]。而根据中国统计年鉴的数据，2019年中国涉外及港澳台居民登记结婚的对数占总体的比例，只有不到0.5%[6]。

跨越国界工作，是国际移民背后的主要动机之一。2019年，国际移民工人总数为1.69亿，占了移民总数的60%。根据国际劳工组织2019年对全球移民劳工数据的统计和预测，国际移民工人占全球劳动力的近5%，是世界经济重要的一部分。

超过2/3的移民工人集中在高收入国家，其中欧洲和中西亚占比38%，大约有6 380万移民工人，美洲有4 330万，阿拉伯国家、亚洲和太平洋地区各有大约2 400万移民工人，而非洲有1 370万移民工人，占比8.1%。

从职业上看，2019年，66.2%的移民工人从事服务业（住宿餐饮、家政、金融、教育、卫生、艺术），26.7%的人从事工业（采矿、制造、水电、建筑），7.1%的人从事农业。在服务业中，女性国际劳工比例较高，部分原因可能是护理经济对劳动力的需求不断增长，包括卫生和家政工作[7]。

从性别和区域来看，2019年，61%左右的移民劳工居住在3个区域：欧洲北部、南部和西部，北美，以及阿拉伯国家（见图9-4）。

家庭佣工也是所有国际劳工中的一个重要组成部分。国际劳工组织报告显示，2015年全球移民中已经有1 150万家庭佣工。从占比来看，国际家庭佣工占所有国际劳工的7.7%，占所有家庭佣工的17.2%。这些数据表明，世界许多地方的个人或者家庭服务需求已经由移民工人满足。从性别来看，家政工作大多由女性承担，所有移民家政工人中73%是女性[8]，主要目的地包括日本、韩国、新加坡、文

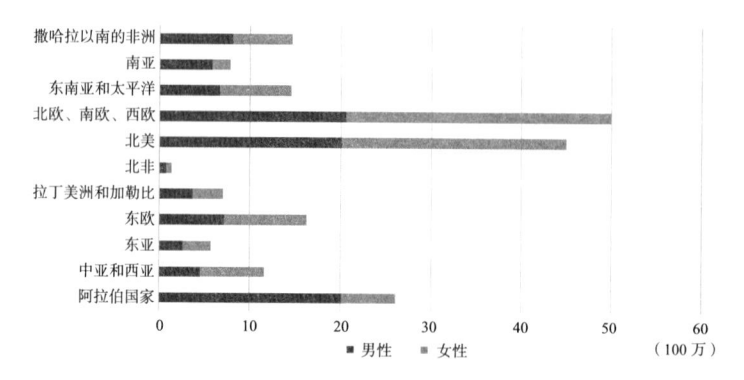

图 9-4 按性别区分移民劳工的地理分布

数据来源：International Labor Organization，2021。

莱、马来西亚，以及中国的香港地区和台湾地区。以香港地区为例，截至2020年底，香港地区有超过37万名外籍家庭佣工（55%是菲律宾人），主要来源国是菲律宾和印度尼西亚，如表9-1所示。

表 9-1 2016—2020 年香港地区外籍家庭佣工情况

年度	菲律宾	印度尼西亚	其他	总计
2016	189 105	154 073	8 335	351 513
2017	201 090	159 613	8 948	369 651
2018	210 897	165 907	9 271	386 075
2019	219 073	170 828	9 419	399 320
2020	207 402	157 802	8 680	373 884

资料来源：香港资料一线通，2020。

移民会将在目的地国家工作获取的一部分收入寄回母国，对一些低收入国家而言，这是外汇收入的重要来源。

2020年，印度、中国、墨西哥、菲律宾和埃及（按降序排列）是最大的5个汇款接收国，印度和中国远高于其他国家，从汇入汇款总额来看，这两个国家都收到了超过590亿美元（见表9-2）。

表 9-2　接收汇款收入最多的 10 个国家

单位：现价 10 亿美元

2005 年	接收汇款收入	2010 年	接收汇款收入	2015 年	接收汇款收入	2020 年	接收汇款收入
中国	23.63	印度	53.48	印度	68.91	印度	83.15
墨西哥	22.74	中国	52.46	中国	63.94	中国	59.51
印度	22.13	墨西哥	22.08	菲律宾	29.8	墨西哥	42.88
法国	14.64	菲律宾	21.56	墨西哥	26.23	菲律宾	34.91
尼日利亚	14.21	法国	19.9	法国	24.07	埃及	29.6
菲律宾	13.73	尼日利亚	19.74	尼日利亚	20.63	巴基斯坦	26.11
比利时	6.88	德国	12.79	巴基斯坦	19.31	法国	24.48
德国	6.86	埃及	12.45	埃及	18.33	孟加拉国	21.75
西班牙	6.66	比利时	10.99	德国	15.58	德国	17.9
波兰	6.47	孟加拉国	10.85	孟加拉国	15.3	尼日利亚	17.21

资料来源：世界银行，世界移民报告 2022 版。

全球留学概况

留学生虽然不是严格意义上的移民，但很多工作移民的来源是留学生。所以留学生不仅仅是该国一个收入来源，更重要的是，会成为提供高素质工作移民的来源。而且留学生的数量和质量，反映了该国的大学竞争力、企业竞争力以及综合软实力。

根据联合国教科文组织定义，留学生是指"出于教育目的，跨越国界或领土边界，现在在其原籍国以外就读的学生"。根据联合国数据，2015—2019 年，全球高等教育阶段留学生数量在稳步上升（见图 9-5），2019 年达到 606 万左右，生源国前 10 名的分别是中国、印度、越南、德国、法国、美国、韩国、尼泊尔、哈萨克斯坦、巴西（见图 9-6）[9]。

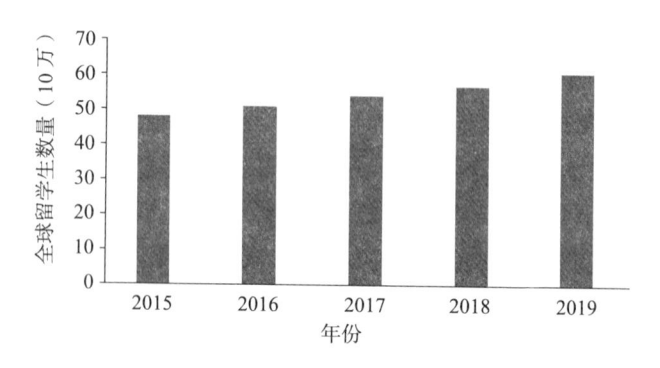

图 9-5　2015—2019 年全球高等教育阶段留学生数量

资料来源：联合国教科文组织统计研究所，2020。

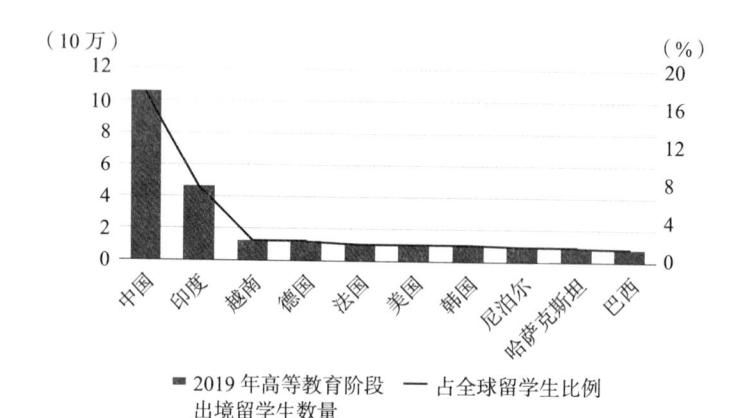

图 9-6　2019 年全球高等教育阶段留学生数量前 10 名的国家

资料来源：联合国教科文组织统计研究所，2020。

从留学目的地的角度来看，我们会发现全球留学目的地呈现出更加多元化的发展状态，中国也有望超越英国成为第二大留学目的地。

根据 IIE（美国国际教育协会）的报告，2020 年留学目的地前 10 名分别是美国、英国、中国、加拿大、澳大利亚、法国、俄罗斯、德国、日本、西班牙。表 9-3 是根据 IIE 的数据整理的 2016—2020 学年十大留学目的地国的变化情况[10]。我们可以看到，加拿大和澳大利亚等工作和移民政策更加开放的经济体，其留学生同比增长比较高，

2019—2020学年分别增长15.6%和10.3%。

表9-3 IIE公布的全球十大留学目的地国

排名	国家	2016—2017学年人数	2017—2018学年人数	2018—2019学年人数	2019—2020学年人数	2016—2017学年同比增幅（%）	2017—2018学年同比增幅（%）	2018—2019学年同比增幅（%）	2019—2020学年同比增幅（%）
1	美国	1 078 822	1 094 792	1 095 299	1 075 496	3.4	1.5	0.05	-1.8
2	英国	501 045	506 480	496 570	551 495	0.9	1.1	-2	5.2
3	中国	442 773	489 200	492 185	—	11.4	10.5	0.6	—
4	加拿大	312 100	370 710	435 415	503 270	18.3	18.8	17.5	15.6
5	澳大利亚	327 606	371 885	420 501	463 643	12.1	13.5	13.1	10.3
6	法国	323 933	343 386	343 400	358 000	4.6	6	0	4.3
7	俄罗斯	296 178	313 089	334 497	353 331	4.7	5.7	6.8	5.6
8	德国	251 542	265 484	282 002	302 157	6.6	5.5	6.2	7.1
9	日本	171 122	188 384	208 901	228 403	12.5	10.1	10.9	9.3
10	西班牙	94 962	109 522	120 991	125 675	24.9	15.3	10.5	3.9

资料来源：美国国际教育协会Project Atlas，2020。

表9-4列出了部分国家入境留学生占该国高等教育阶段学生人数的比例。我们可以看到在一些英语国家，比如澳大利亚、加拿大和英国，入境留学生已经占到了20%~40%。前面的章节已经论述了英语国家更能让留学生快速融入，所以具有吸引留学生和移民的优势。美国作为绝对量最大的留学生目的地，留学生比例却只有5.5%。

表9-4 2020年部分国家入境留学生占高等教育阶段学生人数比例

国家	入境留学生占该国高等教育阶段学生人数的比例（%）
澳大利亚	31.3
加拿大	23.7

（续表）

国家	入境留学生占该国高等教育阶段学生人数的比例（%）
英国	22.3
新西兰	13.5
法国	13.4
荷兰	13.2
丹麦	11.8
德国	11.7
瑞典	10.7
俄罗斯	8.5
挪威	8.1
西班牙	7.9
波兰	6.4
日本	6.2
美国	5.5
阿根廷	4.0
中国	1.2

资料来源：美国国际教育协会 Project Atlas，2020。

中国出国留学概况

从生源角度来看，中国是世界上留学的第一大国。留学规模稳步扩大，出国和回国人数持续增长；在出国留学的人数中，自费留学占比保持在90%以上；国家公派和单位公派留学在近三年有明显增长；近几年低龄留学生显著增长。

中国教育部的统计数据显示，2019年度我国出国留学人员总数达70.3万（见图9-7）。从历史趋势来看，中国的出国留学人员数量一直呈正增长，增长率在2009年达到近10年的最高值27.5%。近几年，虽然留学的适龄人口随着20世纪90年代以后的生育率下降而下降，但是总的留学人员数量仍然稳步增长。

根据中国统计年鉴和教育部公布的数据，表9-5整理了2000—2019年出国留学和留学回国的人数、年度增长率以及差值。截至2019年，累计回国人数占累计出国人数的64.5%。

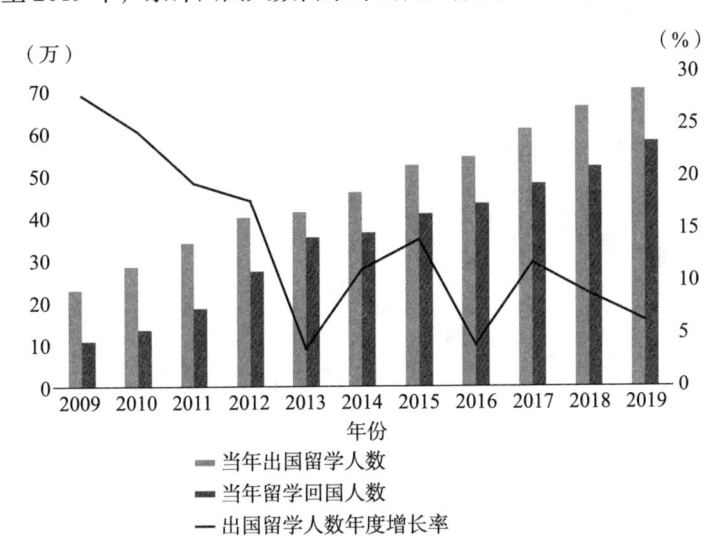

图9-7 2009—2019年中国每年出国留学和留学回国情况

资料来源：中国教育部。

表9-5 2000—2019年中国出国留学和留学回国人数、年度增长率以及差值

年份	出国 当年出国留学人数（万）	出国 年度增长率（%）	出国 累计出国留学人数（万）	回国 当年留学回国人数（万）	回国 年度增长率（%）	回国 累计留学回国人数（万）	差值 累计留学回国人数与累计出国留学人数的差值
2000	3.9		34	0.91		13	−21
2001	8.4	115	46	1.22	34	13.5	−32.5

(续表)

年份	出国 当年出国留学人数（万）	出国 年度增长率（%）	出国 累计出国留学人数（万）	回国 当年留学回国人数（万）	回国 年度增长率（%）	回国 累计留学回国人数（万）	差值 累计留学回国人数与累计出国留学人数的差值
2002	12.5	49	58.5	1.79	47	15.3	−43.2
2003	11.73	−6	70	2.02	13	17.8	−52.2
2004	11.47	−2	81.4	2.51	24	19.8	−61.6
2005	11.85	3	93.3	3.5	39	23.3	−70
2006	13.4	13	106.7	4.2	20	27.5	−79.2
2007	14.4	7	121.2	4.4	5	32	−89.2
2008	17.98	25	139	6.93	58	39	−100
2009	22.93	28	162	10.83	56	49.7	−112.3
2010	28.47	24	190.5	13.48	24	63.22	−127.28
2011	33.97	19	224.5	18.62	38	81.84	−142.66
2012	39.96	18	264.46	27.29	47	109.13	−155.33
2013	41.39	4	305.86	35.35	30	144.48	−161.38
2014	45.98	11	351.84	36.48	3	180.96	−170.88
2015	52.37	14	404.21	40.91	12	221.86	−182.35
2016	54.45	4	458.66	43.25	6	265.11	−193.55
2017	60.84	12	519.5	48.09	11	313.2	−206.3
2018	66.21	9	585.71	51.94	8	365.14	−220.57
2019	70.35	6	656.06	58.03	12	423.17	−232.89

资料来源：中国统计年鉴、中华人民共和国教育部。

应该说，大量的出国留学生和回国留学生，反映出中国整体经济水平的提高，对中国和留学生目的地国都有好处。目的地国家不仅增加了教育产业的收入，而且还获得了高素质的人才，因为有相当一部分人才毕业后留在了目的地国家。中国虽然流失了一些人才和外汇，但是大部分人在获得国际化教育后回国发展。即使少部分留学生留在了目的地国家，这些海外华人也会有益于中国的国际交流和创新力的提升。

中国是世界第一大国际学生生源国，表9-6显示了在主要留学目的地国中，高等教育阶段中国留学生在该国的占比和排名情况。在所选国家中，这一比例最高的是日本，中国留学生在日本所有留学生中的占比约为41%。按人数绝对值来看的话，中国留学生人数最多的5个国家分别为美国、澳大利亚、英国、加拿大、日本。可见英语国家是中国留学生的主要目的地，美国仍然是中国留学生的最热门目的地。

表9-6 2019年中国留学生在主要留学目的地国人数及占比

国家	中国作为生源国的排名	中国留学生在该国人数	中国留学生占该国国际学生比例（%）	该国留学生数
美国	1	369 500	34	1 095 300
澳大利亚	1	153 800	37	420 500
英国	1	109 200	22	496 600
加拿大	2	96 200	22	435 400
日本	1	86 400	41	208 900
德国	1	36 900	13	282 000
法国	2	30 100	9	343 400
俄罗斯	2	30 000	9	334 500
新西兰	1	20 000	33	61 200
瑞典	3	2 600	7	37 900
芬兰	4	2 200	7	31 900

资料来源：美国国际教育协会，Project Atlas，2019。

作为中国学生的第一留学目的地，中国学生超过了前往美国的全球留学生的1/3。根据IIE的Open Doors Report的数据，2019—2020学年，来美的中国学生总人数为372 532，占美国所有留学生的

34.6%，其中本科生略多于研究生。简单来说，就是在美国留学的外国留学生中，每三个就有一个来自中国。

受疫情影响，虽然2020年美国境内国际学生数量有所下降，但中国仍是美国国际学生来源第一大国。从国家分布来看，中国和印度这两个亚洲大国占据了赴美国际学生的半壁江山。根据IIE 2021年的报道，2020年中国和印度的来美留学生占美国所有留学生的53%。

根据美国移民与海关执法局2021年的报告，目前共有49 630名低龄国际学生在美国接受K-12阶段的留学教育，其中中国留学生就占38%，远超其他国家。其余在K-12阶段留学生中占比较大的国家依次为：韩国8.7%（4 288），墨西哥7%（3 462），越南6.7%（3 323），加拿大4.3%（2 129）[11]。近几年，中国的低龄留学生虽然基数较小，但有快速上升的趋势。

移民对经济的影响

虽然对全球来说，移民不能解决世界范围内的低生育率问题。但对大多数国家和地区来说，移民可以有效缓解本国的低生育率。尤其是毕业不久的大学生，可以补充本国高素质年轻人的不足。移民不仅有助于解决劳动力短缺，还有助于加强创业和创新。总的来说，移民更加勤劳且更富有冒险的创业精神。他们也更重视家庭，会养育更多的孩子，这就有助于提高移民目的地国家的生育率。总的来说，移民对经济会产生非常广泛的影响。

首先，移民能够有效地增加内外部交流。也许有人会说，一个国家不需要依靠移民来补充人口，而可以通过与大国进行贸易来实现规模经济。的确，贸易开放是实现创新和经济效率的重要因素，所以才有越来越多的国家加入WTO、欧盟等组织。然而，进口货物与"进口"能够制造货物的人仍有很大不同，因为这些人可以融入当地社群之中，开办企业、纳税以及参与选举。尤其当移民是接受过高等教育的高科技人才时，他们可以和本国人密切互动、碰撞交流，也可以和母国加强国际交流，从而产生更多创新的想法。所以移民对于内部和外部交流的增强效果远胜于贸易，不仅可以补充劳动力，更重要的好处是提升创新力。

然而，移民接收国的选民通常认为移民会产生很多问题，从而引发众多争议。对移民的担心，与对人口过剩的焦虑非常相似。人们总担心移民涌入会导致就业岗位、学校、道路等方面的短缺。在此之前，我曾指出这些都是短期问题。虽然移民会在短期内消耗公共资源，但从长远来看，移民特别是其中的年轻人，将会工作、储蓄和纳税，从而产出更多的公共资源。移民也不会增加失业率，因为他们不仅需要工作，而且会通过对商品和服务的需求创造出更多的就业机会。

对移民文化融合的争议也被过分宣扬了。虽然第一代移民可能很难完全融入当地文化，但是第二代移民通常会把当地的语言当成母语，也能完全适应当地的社会。有些人担心欧洲的伊斯兰化，我将在后面的章节中详细讨论这一点。对于像美国这样的国家，想进入这个国家的人数远多于它可以接受的数量。因此，它必须实行适当的移民政策，以对移民的数量、质量等进行选择，并非所有移民都会受到欢迎。

有些移民是为了获得他国利益而进入该国的人，简称福利移民。对移民接收国来说，这可能会带来负担。例如，退休人员进入别的国家来领取公共养老金和医疗福利。然而，这类人群很可能是当地公民的亲属或者难民，拒绝他们移入在道德上不可接受。显而易见，福利移民会选择移入福利最好的国家，这将给高福利国家的政府带来压力。对高福利国家来说，如果它们想获得移民带来的好处并保持高福利，就必须有区别地限制新移民可获得的福利（包括投票权）。

人才水平差异在移民流动过程中也会产生不同的影响。低技能移民，是指那些从事低技能工作的移民，如女佣、棉花采摘员、园丁等。这些移民因其低廉工资而让他们的雇主受益，但会伤害本地的低技能劳动者。通常而言，对移民接收国来说，总体利益大于成本，受益者主要是富人，但成本由穷人承担，从而加深了国家的不平等程度。这是许多国家不欢迎低技能移民的主要原因之一。

如前面所说，一个国家在吸引移民时会偏好高技能的人口，而歧视低技能的人口，目的是保护当地的低技能国民。但如果从整个人类的角度来看，就要考虑输出国和输入国所有人的利益，其中也包括移民本人的利益。这种移民的全局效益计算和国家内部迁徙的逻辑类似。对一个发展中国家的农民工来说，搬到大城市生活比待在乡村要好得多，而且这可能是摆脱贫困的唯一途径。此外，当一个农民搬到城市以后，其他留在村里的农民也会受益，因为留下的农民可以耕种更多的农田。发展中国家的内部移民，是减少贫困和收入不平等的重要渠道。因此，如果考虑一个国家所有公民的总体福利，那么政府应该取消所有内部迁徙的限制。基于同样的逻辑，全球最好的扶贫计划，是联合国要求所有国家都开放边境，以使各国国民自由移民。当然，这在现实中不可能实现，因为所有国家往往都只关心各自国家公民的福利。

高技能移民，尤其是年轻的高科技劳动者，首先有利于他们的雇主，然后这些人还将创造更多的低技能服务需求，如对女佣和园丁的需求，从而提高低技能劳动者的整体工资水平，降低移民接收国的不平等程度。曾有人认为，高技能移民可能会拉低当地高技术人群的工资。但从近几年的情况来看，这种论断恐怕并不正确，特别是在全球化的高科技产业中并不成立。在创新的全球竞争中，当一位有天赋的中国工程师被硅谷公司雇用之后，他大概不会取代一位美国工程师，而是可能取代全球同行公司（比如中国公司）的某位工程师。此外，创新有很强的聚集效应，集中在一个地区的创新能够带来更多创新。在高科技产业中，更多移民可能会创造出更多互补的高技能工作，而不是消耗它们。威廉·R.克尔和威廉·F.林肯发现，高技能移民对本土高技能劳动力人群没有负面影响[12]。

大多数国家都有吸引高技术移民的政策。美国已经建立了自己的创新中心，在吸引高技术移民方面具有巨大的优势。例如，在印度最好的工程学校的毕业生中，有50%的人都前往美国工作或攻读研究生。美国吸引全球顶尖人才的能力令其他国家羡慕，但是这种优势没有充分发挥出来。美国的H1工作签证的配额限制，使得高技能移民需要很长的等待时间。事实上，美国政府最好的政策应该是接收所有拥有工程和科学学位的人。

移民政策和人才的战争

越来越多的国家已经意识到了高技能移民的好处。在创新竞争中能够吸引最多人才的国家或地区，就能增加获胜的机会。强大的聚集效应，意味着世界上只会产生少数几个创新中心。吸引创新人才是一场高投入、高回报的激烈竞赛。那么，哪些地方能吸引最优秀和最聪明的人才呢？经济学家列出了最有吸引力的城市标准，这些标准包括：交通、环境、教育、多样性和经济活力。显然，在当今世界，创新竞争中的获胜者似乎大多位于美国：硅谷是IT创新中心，洛杉矶是娱乐中心，而纽约是金融创新的中心。这种局面并不奇怪，因为在所有发达国家中，美国拥有最大的市场和人才库。能与美国竞争的国家，唯有中国和印度，因为这两个国家拥有比美国更多的人口。像上海、深圳和北京这样的中国城市，人口规模庞大，正在成为新的创新中心。未来创新竞争中心的竞争，主要会在美国和中国之间进行。

移民政策是人口政策的重要组成部分。很多国家都把移民作为吸引人才、增加创新活力的重要手段。下面我们来看看一些国家的移民政策。

美国作为全球净移民最多的国家，每年吸收 100 万左右的移民，目前大约有 4 500 万移民生活在美国，其占美国人口的 14% 左右[13]。墨西哥、中国、印度是美国移民来源最多的三个国家。外国出生人口的劳动参与率高达 75%，高于本国出生人口。事实上，海外高素质的移民已经在美国科技领域发挥着重要作用。

根据 2019 年美国国家科学工程基金会的调查，美国当年博士毕业 55 614 人，其中约 33% 是临时签证持有人（即外籍，18 324 人），中国是除美国本土外第一大生源国，2019 年共 6 300 多名中国籍博士毕业，其中科学工程学科占 91%，STEM 专业博士毕业留美就业的比例均在 80% 左右[14]。图 9-8 展示了博士毕业的临时签证持有人毕业后的去留情况。

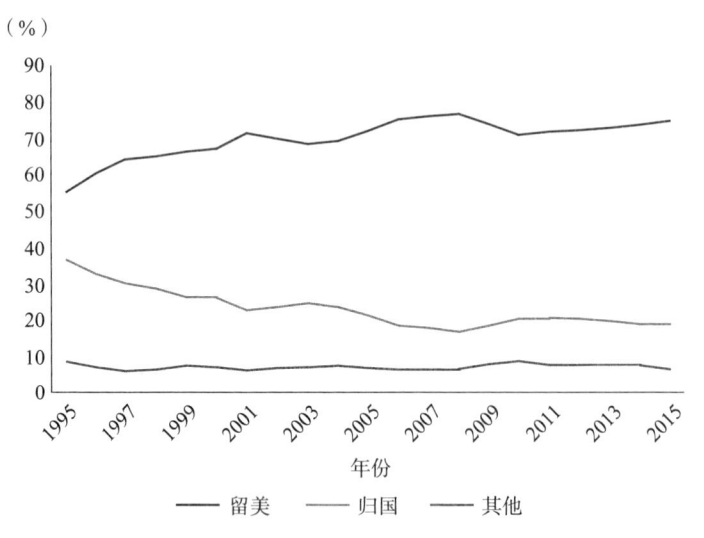

图 9-8　1995—2015 年美国博士毕业的临时签证持有人的去留情况

资料来源：美国国家科学基金会，2017。

注："其他"包括获得博士学位后，前往本国以外的其他国家的临时签证持有人和前往（或出生于）未指定外国国家/地区的人员。

人口战略　　172

美国也一直在吸引高技能人才的移民，主要有两个方向：一是移民法，二是相关政策。第二次世界大战以来，美国多次调整移民法，确立和优化技术类移民条款，使高素质人才可以通过移民进入美国。美国用颁发工作签证的方式吸引人才临时入境从事短期工作。在美国众多工作签证中，H-1B影响最大也最受争议。H-1B是一种临时（非移民）签证类别，允许雇主帮受过高等教育（学士学位或同等学力以上）的外国专业人士来申请，持有者可以在美国从事相关领域的"专业职业"。科学、技术、工程、数学等领域的工作通常符合条件。H-1B签证类别的初始期限为3年，最多可延长至6年，其间绝大部分人会申请绿卡，而后取得公民资格。2006年5月，国会参议院通过了一项移民法案，决定给所有在美国大学接受高等（硕士学位以上）科学、技术、工程与数学教育的外国学生免除临时工作签证与绿卡配额的限制，只要这些外国学生毕业后愿意留在美国。

但是，美国H-1B签证远没有提供足够的数量来有效地留住国际STEM（科学、技术、工程、数学）毕业生，每年只有85 000个H-1B签证可用，而每年在美国本科S&E专业领域就读的国际留学生就达到18万左右，H-1B签证的排队等待时间长达几年。因此，硅谷的许多公司被迫在美国以外的地方建立研发中心，主要是在中国和印度。20世纪90年代后期，甲骨文公司就在印度建立了许多研发中心，雇用了成千上万的当地工程师。后来，这些工程师帮助印度从事IT外包行业，其成为印度在世界上最具竞争力的产业。

美国政府也意识到移民是跟中国进行科技竞争的独特优势，正在不断完善相关政策，并通过立法增加高科技移民的配额。总的来说，美国在国际人才竞争中依旧占据得天独厚的优势。

我们再来看看其他发达国家的移民政策。

加拿大2019年的迁入移民约为34.11万。截至2020年，移入移民的存量为800万左右，约占加拿大总人口的20%，这个比例比美国还要高很多。而在2015—2020年的5年净流入移民数据方面，加拿大也位居全球前五，大约有121万移民流入。近年来，它已决定将其移民提高到每年40万~50万，这个人数占加拿大总人口的比例非常高。加拿大近50%的经济技术移民，通过联邦快速入境（Express Entry）系统计划完成。和美国的H-1B系统不同，加拿大并非采用先到先得的排队系统，而是通过一个综合评分排序系统。候选人根据年龄、教育程度、语言技能和工作经验等标准，获得CRS（综合排名系统）分数。大约每两周，CRS分数最高的候选人会被邀请申请永久居留权。加拿大力求通过快速通道年均接收110 000名移民。

澳大利亚也是著名的移民国家。出生在海外的澳大利亚人口比例，从1947年的9.8%迅速增加到1971年的20%左右，而且这个数字还在增长。根据2010年的统计数据，澳大利亚常住人口的26%出生在海外。到了2020年，联合国的数据显示，澳大利亚存量移民已经达到其本国人口的29%。

为了使移民对经济和社会发展产生正面积极的影响，联邦政府每年都会制订移民计划，为希望永久移民澳大利亚的人分配名额。自1945年创建第一个联邦移民方案以来，在近70年里，澳大利亚移民政策从专注于吸引主要来自英国的移民以增加人口，逐步转向专注于吸引技术移民，以满足澳大利亚的技术劳动力需求。

英国在从2011年3月开始的9年期间，平均每年有336 000名净移民移居该国。截至2020年，有920万在外国出生的英国居民，其占英国总人口的14%；大约600万居民是非英国公民（占总人口的9%）[15]。英国于2020年2月实施"全球人才计划"，取代原有的Tier 1 Exceptional Talent签证。如果是以下领域之一的专家或者潜在专家（学术或研究，艺术和文化，数字技术），可以申请在英国生活和工作长达5年，还可以延期1~5年。政府表示，此举旨在吸引"那些在科学、技术、工程、数学领域拥有非凡才能或表现出非凡潜力的人"。英国在2021年推出了新的移民积分体系，想要移居英国的移民工人，必须至少获得70分。积分方式包括英语能力以及在符合条件的企业工作，如果属于优秀的高技能人才，就可以获得额外的加分。比如相关博士学位为10分，科学、技术、工程或数学博士学位为20分，等等。

德国是欧盟中最发达的大国，所以吸引了大量欧盟内部的移民，尤其是来自东欧的移民，有效缓解了本国低生育率造成的年轻人口的不足。近几年德国还吸收了大量难民，对于非欧盟的高科技人才，德国也有类似英语国家的专才计划。受限于非英语国家的劣势，德国并不能成为全球非欧盟顶尖人才的主要目的地。但是得益于其在欧洲的经济中心地位，对欧盟的年轻人来说，德国依然是最具吸引力的欧洲移民目的地。

日本虽然传统上对移民并不友好，但是随着社会深度老龄化和人口负增长，也加大了吸引移民的力度。现在在日本毕业的外国留学生，只要找到专业技术类的工作，取得居留权就会比较容易。政府预计5年内将在长期护理、建筑、电器、农业等14个行业接收多达34万外国人，以缓解劳动力短缺的问题[16]。

韩国的低生育率问题也十分严重，所以同样开始放宽移民政策。韩国政府计划在2022年上半年引入"永久居留/入籍快速通道"制度，从而让在韩国完成硕士和博士课程的科学人才，毕业后可以稳定地留在韩国直到找到工作。另外，政府也将设立新的"韩流签证"，以吸引K-pop（韩国流行音乐）等文化领域的人才，该计划向留在韩国进行娱乐活动或来学习韩国著名娱乐机构先进系统的"文化学生"提供签证，以提高韩流内容在国际舞台上的竞争力。

阿联酋也是著名的移民国家。以阿联酋最大的城市迪拜为例，绝大部分的工作都是由外国劳动者完成的。外国劳动者不仅仅是低技能的建筑工人和家政工作者，大量的专业人员和管理人员也都是外国人。

严格意义上来讲，迪拜的外国劳动者不能算移民，因为他们并不拿当地护照也没有投票权。但是这些外国人在迪拜可以很容易地取得工作签证和长期居留权，很多人在当地买房置业，孩子上国际学校，并且享受了各种社会福利（除了投票权以外），实际已经把迪拜当成了第二故乡。如果从外来人口占常住人口的比例来说，那么迪拜的外来人口比例是世界上最高的。近几年，迪拜除了成为世界著名的旅游胜地，还吸引了很多高科技公司，如区块链和 Web 3 的创新公司。可以说，迪拜的成功很大程度上得益于其开放的外国劳工和移民政策。

中国的移民政策

中国是世界上最大的移民输出国之一。截至 2013 年，中国的海外移民存量已达 933.4 万人，成为第四大移民输出国，目前全世界有 6 000 万海外华人。但很少有外国人移居中国，连海外华人也很少移居中国。造成这种现象的原因之一，是外国人要取得中国永久居留权非常困难。

1986 年实施的《中华人民共和国外国人入境出境管理法》，把外国人在华居留分为"短期居留"、"长期居留"和"永久居留"三类。但是申请的条件非常严苛，实际获得居留权的外国人只有几百人。所以中国的移民政策还有很大的提升空间，我们将在后面的篇章中详细讨论中国的移民政策。

总结

目前世界各国都在鼓励高技能移民迁入，因为高技能移民的迁入，不仅可以提升收入和税收，增加企业的竞争力，还可以缓解贫富差距，更重要的是可以提升创新力。移民普遍比本土人更愿意冒险，更勤劳，更具创新力。引进国际高层次人才可以促进国际交流，增加规模效应，优化年龄结构，从而提升国家的整体创新力。为此各国都推出各种政策，鼓励和引进工作移民，尤其是高技能移民和留学生。

中国在移民政策方面还有很大的提升空间。由于长期实行计划生育，中国社会普遍视人口为负担而非贡献者，因此现有的移民政策还是过于严苛，不利于吸引全球的人才。中国应该出台更为开放的人才引进政策，尤其是吸引更多文化背景相近的海外华裔，来补充中国的人才池子。当然，由于中国的人口基数远远超过其他国家，因此中国无法像其他国家那样主要通过移民来解决低生育率问题。在放开移民的同时，中国还必须依靠提升生育率来解决人口问题。

第三篇
人口和国际竞争

我关心创新，是因为创新是国家竞争和文明进步的关键要素。历史上，文明和创新的中心经过多次更替，其规律也可以用熟悉的创新力公式来解释：

创新力＝人口数量 × 人口能力 ×（内部交流量＋外部交流量）

根据这个模型，创新力的源泉是人口交流，所以文明和创新的中心，往往是商品交换和思想碰撞最旺盛的地方。创新中心总是位于商品和人员的流动枢纽。纵观历史，由于运输和通信的技术进步，这些中心的位置不断发生迁移。这种由技术进步引致的枢纽位置之变，可以用来解释包括西方崛起在内的主要文明兴衰。

3 000 年前，在远距离航海技术还不成熟时，欧亚大陆的地理中心是埃及和中东。这两个地区成为最先进文明和创新中心的家园，同时也是世界主要宗教的诞生地。后来，随着航海技术的发展，地中海成为商品和人员流动的高速通路。希腊和罗马恰恰位于地中海区域的中心，因而成为流动枢纽，也是当时的创新中心。

比较罗马帝国和汉代中国的规模。罗马帝国的人口峰值估计为 8 000 万，大于汉朝约 6 000 万的人口规模。人口为 100 万的罗马，也比人口为 50 万的长安（今西安）大得多。因此，罗马帝国的人口最多、贸易量最大，是当之无愧的世界创新中心。

后来，罗马帝国和汉朝相继解体，进入四分五裂的状态，曾形成人口很少、贸易量很小的诸多小国。在黑暗的中世纪，欧洲仍然分崩离析，贸易和交流受到阻碍。而中国在历经一段时期的分裂后，终于在唐宋时期重新统一。据估计，唐宋盛世时期的人口规模约有1亿，这比欧洲任何一个国家的人口规模都大得多。宋朝不仅有最大的国内市场，还与东南亚各国进行广泛的贸易。宋朝有20多个通商口岸，关税收入一度占财政收入的15%以上。唐代的中国在技术创新方面领先于世界，典型例证是火药和雕版印刷术的发明。

15世纪，随着航海技术的进一步发展，横跨大西洋不再是妄想。西欧位于大西洋与非洲和美洲之间贸易路线的前沿，重要的战略性地位使其成为世界中心。中国在15世纪的航海技术实际上更为先进，但未能跨越比大西洋更广阔的太平洋。可惜的是，中国的著名航海家郑和没能领先于欧洲探险家发现美洲大陆。再之后，中国皇帝一度奉行闭关锁国的政策，阻碍了与外部世界的商品贸易和人员往来。

西欧在成为世界贸易中心后，位于该地区的国家竞相成为世界领导者。通常的模式是，短期内，小国可以取得新技术或组织形式的突破，发挥引领作用；然而，从长期看，大国会实现技术赶超，取而代之成为领导者。起初，仅有数百万人口的葡萄牙、西班牙、荷兰是领先国家，后来被人口数千万的英国和法国取代，再后来，又被人口更多的德国赶超。最终，人口过亿的美国取代了德国之位。

第二次世界大战后，只有印度、中国和苏联三个国家的人口规模超过美国。这时，有一亿人口的日本异军突起，在创新竞赛中仅次于美国，位居第二，但受制于人口老龄化，日本很快被甩到了后面。俄罗斯继承了苏联衣钵，但是人口只有苏联人口的一半，生育率又低，不具备与美国展开创新竞争的实力。以欧盟为例，欧洲国家由于语言和文化不同，迄今仍然不是真正意义上的单一市场。此外，许多欧洲国家特别是南欧国家，饱受严重的低生育率和人口老龄化之苦。所以，有机会与美国竞争的国家只剩下了中国和印度。

时至今日，得益于现代通信和航空技术的襄助，跨国旅行也不过一天航程，因此当今世界已经不存在自然地理中心的概念。竞技场上呈三足鼎立态势的国家分别是印度、中国和美国。虽然中国和印度的人口规模大于美国，但美国的独特优势是能够吸引全世界最具天赋的创新者。这三个国家的人口之和接近世界人口的一半，如果中国、印度和美国都成为富有创新力的高收入国家，世界将会大不同。近一半的世界人口将在创新的竞争中相互学习，人类文明也将随之提升到新高度。

人才的激烈竞争可以提高教育的投资回报，并且促使政府加大对人力资本的投入，因此会造就更多的人才。但是，这依然是个高赌注的游戏，毕竟世界上只能有为数不太多的创新中心。当一个城市或者地区成为某一领域的创新中心时，它就会比其他城市更具活力，也更加富裕。自然资源不再像以前那样重要，经济竞争将体现为创新的竞争和对人才的争夺。

未来创新竞争将在人力资源的大国之间展开。显而易见，最值得关注的国家是中国、印度和美国。稍后我将详细讨论这三个国家的人口和经济情况。目前，中国已成为全球重要的创新来源，而印度依然还需要一代人才能成为世界经济强国。我也会讨论日本，因为它是世界上第一个受到老龄化影响巨大的国家。我还将讨论欧盟，因为它是世界上货物和劳动力的最大自由贸易区。

第10章 日本

日本是研究老龄化的最佳案例,因为这是第一个经历严重老龄化影响的大型经济体。欧洲一些小国也出现了老龄化问题,然而,由于欧盟内部的劳动力流动相对比较自由,很多小国也输入了不少移民,因此,老龄化对这些国家的影响要温和得多。日本没有吸引多少移民,使得它成为研究老龄化和低生育率的典型案例。日本的老龄化对创新和企业带来的负面影响,已经为世人敲响了警钟。

日本经济的老龄化

在过去几年中,我经常去日本研究其人口问题。有一天传来这样一条新闻:作为日本最为杰出的互联网企业家之一,堀江贵文由于违犯证券法而被逮捕了。最初,我对此并未给予太多注意,因为他的公司规模并不大,但是当我与日本的经济学家在讨论创新和创业时,堀江贵文经常被提到。有一位经济学家评论道:"您想不想知道为什么日本的年轻企业家数量如此之少?看看我们如何对待堀江贵文就可以知道了。"后来，我得知堀江贵文在日本是为数不多的小于 40 岁的年轻企业家，他创立了一家颇受欢迎的互联网门户网站，其叫作"活力门"。这家公司对传统媒体的垄断地位形成了挑战。他特立独行，高调古怪。他在工作的时候穿 T 恤衫而不是商务正装；他与模特约会，开豪华跑车，并且公然挑战和批评现状；这些行为都不被日本的商界接受，因此，他被日本媒体妖魔化了。当他试图收购一家电视台的时候，他被起诉了，后来因财务问题而被捕了。很显然，日本的经济学家对于这位年轻企业家报以同情。而他的失败打击了任何不甘墨守成规、试图挑战现状的日本人。

堀江贵文也许是有罪的，然而令人震惊的是，在他被捕之后，日本的学术界给予他如此多的同情。现在我开始理解出现这一情况的原因了，因为日本的确需要更多像堀江贵文这样的人。日本的很多经济学家认为，日本经济之所以出现长时间的停滞，就是因为缺少企业家，尤其是年轻的高新技术企业家。与美国相比，日本的高新技术企业要少得多。中国和韩国所拥有的高新技术企业也比日本多得多。

日本并非一直都缺少成功的高新技术企业。在 20 世纪前半期，日本的年轻企业家创立了索尼、丰田等高新技术企业，然而，过去 30 年中却没有再出现成功的高新技术企业。商界中的老一代掌控了所有的权力和资源，年轻的企业家，尤其是那些并不遵守常规的年轻人不被信任，往往会被边缘化甚至被压制，所以人们才会给予堀江贵文这么多同情。

失去的几十年

20 世纪 50—80 年代，日本的经济在发达国家中是最具活力的。在长达 30 年的时间内，日本的年均 GDP 增长率超过 8%。日本公司成长迅速，在诸如电子工业、自动化以及工业设备等很多领域中都是创新的领导者。1990 年，在国家竞争力的世界排名中，日本高居榜首，而且日本的人均 GDP 也超过了美国。

然而，到了 20 世纪 90 年代，随着日本的人口开始急剧老龄化，日本的经济命运也迅速反转。创新的引擎很快失去了动力，最具创新精神的日本公司几乎都开始变得迟缓和保守。最初在半导体行业中，紧接着就是软件和通信行业，最后在遗传学领域，日本公司被来自美国和新兴经济体（如中国和韩国）的公司赶超。2008 年，在最具竞争力国家的排名中，日本掉到了第 20 位。近年来，日本的人均 GDP 已经远远落后于美国，经济增长率几乎为零。

从 20 世纪 90 年代开始的日本经济停滞，被经济学家称为"失去的十年"，然而，更准确的说法应当是"失去的几十年"，因为迄今为止，日本的经济衰退已经持续了三个十年。在第一个"失去的十年"中，许多经济学家把衰退归因于由房地产价格泡沫破裂引发的金融危机。他们认为，等到金融危机过去之后，日本经济和日本公司就会重新获得竞争力。但越来越多的经济学家逐渐认识到，金融危机尽管是一个重要的转折点，但并非问题的本质。金融危机一般会持续 2~4 年，历史上最严重的经济危机——美国经济大萧条也才持续了 12 年。然而日本的经济衰退持续了 30 年。

还有一些经济学家认为，日本经济的衰落是由于美国对日本的打压，以及《广场协议》带给日元的急剧升值，从而削弱了其出口产业的竞争力。所谓《广场协议》，是指 1985 年美国、日本、英国、法国和联邦德国五大工业化国家的政府代表签署的一项联合协议，旨在通过政府干预货币市场，使美元相对于日元、英镑、法国法郎和德国马克等主要国际货币贬值，从而促进美国出口，平衡贸易逆差。《广场协议》只是日本经济陷入停滞的诱因之一，日本的问题还包括自身原因，尤其是人口老龄化。在之后的 20 年中，日本经济一直保持着高额的贸易盈余。日本公司之所以落后于美国公司，主要并不是由于越来越多的日元升值，而是因为在科技和创新方面丧失了领导地位。这一状况的形成，与日本劳动力的老龄化直接相关。

图10-1显示了日本从1966年到2006年的40年中的GDP增长率与老龄化指数。老龄化指数在20世纪90年代急剧上升，与此同时，GDP增长率放缓至1%左右。

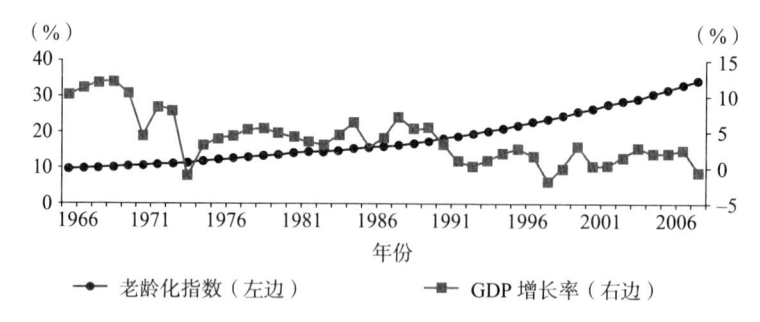

图10-1 日本的GDP增长率与老龄化指数

资料来源：Statistical Survey Department, Statistics Bureau, Ministry of Internal Affairs and Communications, 2008。

注：老龄化指数=（65岁以上人口/15~64岁人口）×100%。

20世纪90年代以后，日本成为世界上人口平均年龄最大的国家。与美国及其他发达国家不同，日本在第二次世界大战以后只出现了很短暂的婴儿潮，生育率在20世纪五六十年代迅速下降。同时，日本人在很短的时间里快速富裕起来。当日本的人均收入在20世纪70年代达到5 000美元时，其生育率跌至更替水平以下。当20世纪80年代人均收入达到10 000美元时，日本的生育率下降到了1.6以下。20世纪90年代，日本的生育率进一步下降到1.5，目前为1.3~1.4（见图10-2）。

自20世纪70年代以来，低生育率导致日本的人口结构严重老龄化。65岁以上的人数从20世纪70年代占总人口的7%，增加到了2020年时的28.5%。20~39岁的人数占总人口的比重，从20世纪70年代的35%下降到了2020年的21%。图10-3、图10-4比较了2020年日本和美国的人口结构以及2040年中国和日本的预测人口结构。

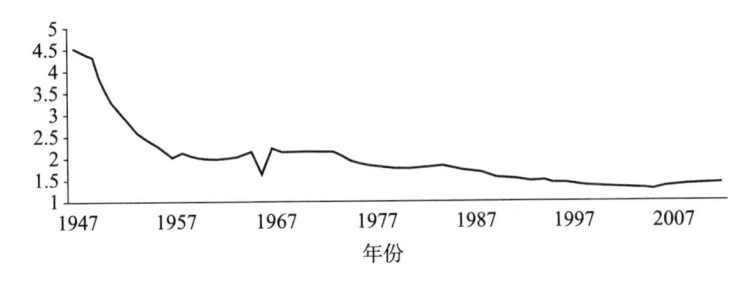

图10-2　第二次世界大战以后日本的生育率

资料来源：Statistical Survey Department, Statistics Bureau, Ministry of Internal Affairs and Communications, 2011。

正如我们所见，今天的美国比日本要年轻得多。虽然今天的中国要比日本年轻得多，但到2040年的时候，中国的老龄化程度几乎与日本一样。

目前在日本，每个劳动者需要扶养0.8名老人，此外，许多年龄超过65岁的日本老人依然在继续工作。日本每年的政府收入为8.3万亿日元（约合830亿美元），但公共养老基金的规模已经超过100万亿日元。庞大的养老费用，使日本成为所有高收入国家中负债最多的国家，债务金额超过600万亿日元。未来，日本政府想要解决预算赤字问题，要么进一步提高退休年龄，要么增加税收，但这些举措都不利于创新和创业。

随着劳动力的老龄化，一家典型日本公司的员工年龄分布往往是这样的：年龄为40~50岁的员工数量，远多于20多岁和30多岁的员工数量。通常情况下，日本企业在考虑给员工晋级的时候会论资排辈。当中年甚至更为年长的员工人数在公司中占据多数时，年轻员工的晋升就会放慢。

在第3章中，表3-2显示了日本企业中经理的年龄。20世纪70年代，日本企业中31.8%的经理年龄在35岁以下，但到了20世纪90年代，只有16.4%的经理是35岁以下的年轻人。再来看看部门负

日本（2020年）

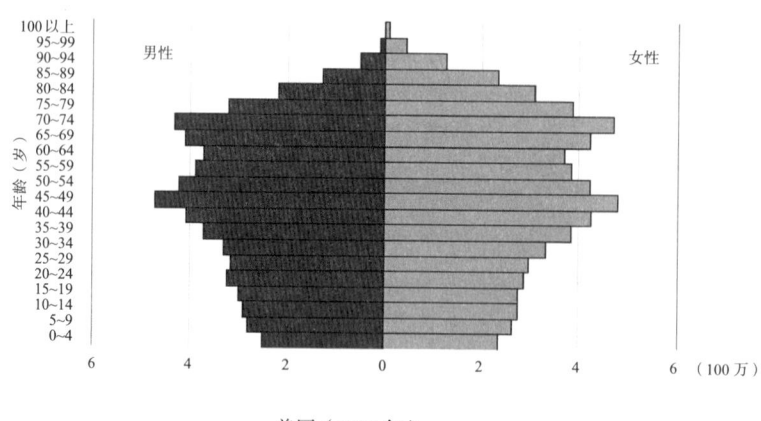

美国（2020年）

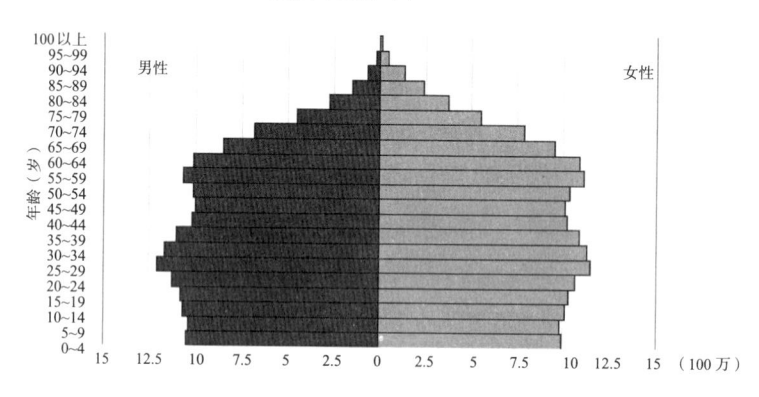

图 10-3　2020 年日本和美国的人口结构

资料来源：US Census Bureau, 2020。

责人的年龄构成：20 世纪 70 年代，24.5% 的部门负责人的年龄在 45 岁以下，但到了 20 世纪 90 年代，只有 7.6% 的部门负责人的年龄低于 45 岁。企业中，初级管理层中的年轻人比例比整个公司的年轻人比例下降得更快，高级管理层中的年轻人占比要比初级管理层中的年轻人占比下降得更快。这是因为，在一般情况下，管理层的晋升或多或少与资历有关，因此在管理层的年龄构成中，劳动力老龄化带来的

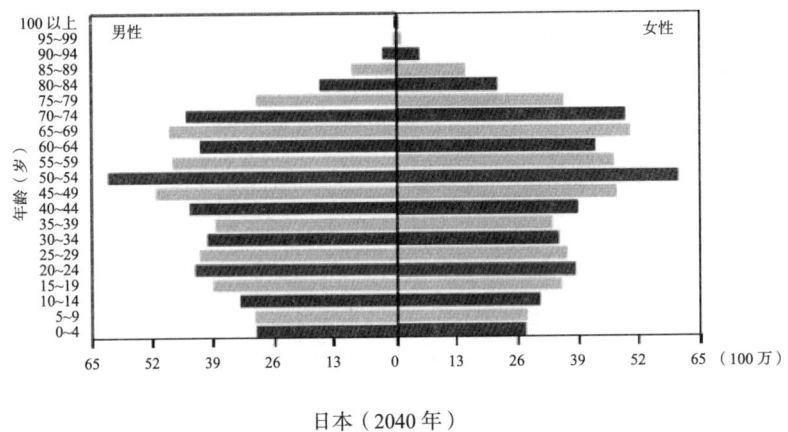

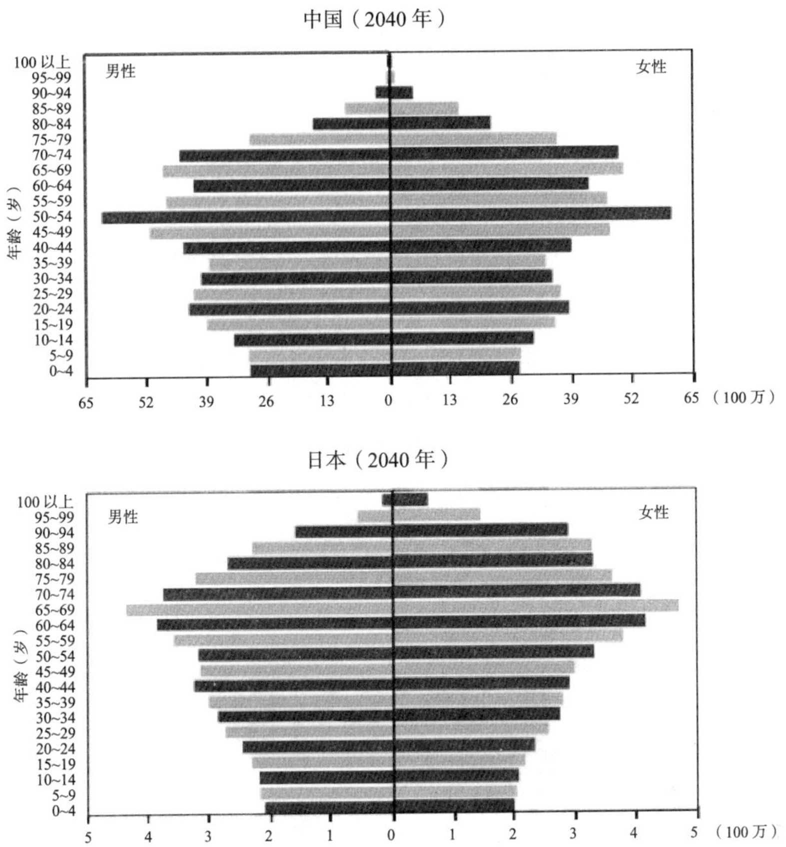

图 10-4　2040 年中国和日本的预测人口结构

资料来源：US Census Bureau, 2015。

影响会被放大。这就形成了一个恶性循环，当企业的管理层变得越来越老时，他们倾向于让晋升标准变得更保守、更重资历，从而保护他们的权力和影响力。因此，日本的年轻劳动者只能占据较低的职位，管理经验较少，财务资本和社会资本也都很少，造成其创业和创新能力低下。

在第 1 章中，我已经论证 30 岁左右的人最有潜力成为企业家，他们此时已经积累了行业经验和社会关系，工作勤奋且仍具备冒险精神，可以快速学习新技术。但在一个老龄化的国家里，30岁左右的年轻人不仅数量少，而且创业能力低，因为他们在社会中的地位很低，导致创办一家新公司所需的经验和社会资本都不足。

当经济增长缓慢时，公司发展缓慢，新雇用的员工数量也很少，这更增加了创业的风险。在这样的环境中，如果一家创业公司失败了，那么这家公司中的员工将会陷入困境，因为他们很难在其他公司再找到同等的工作。因此，初创企业通常很难吸引到有天赋的员工，从而缺乏竞争力，也就更难获得成功。

日本是研究这种现象的一个很好的案例。图10-5显示了1966—2002年日本公司的创立和退出情况。创立率从20世纪60年代的6%~7%下降到了20世纪90年代的3%~4%。

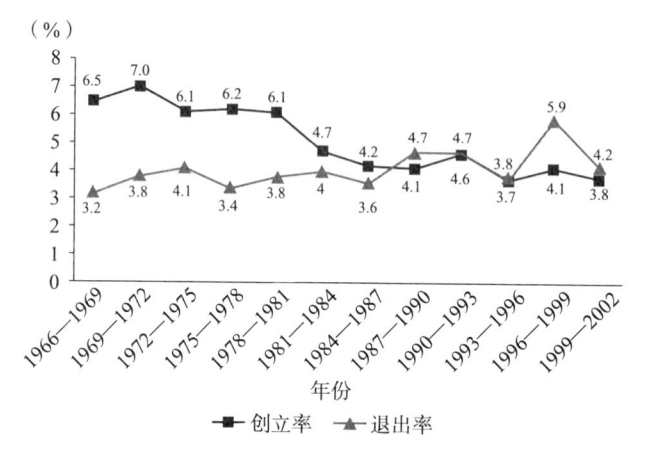

图10-5　1966—2002年日本公司的创立和退出情况

资料来源：MPHPT, Establishment and Enterprise Census of Japan。

与美国人相比，日本人的创业率要低得多。事实上，日本人的整体创业率是世界上最低的，如图10-6所示。

图 10-6　不同国家的创业率

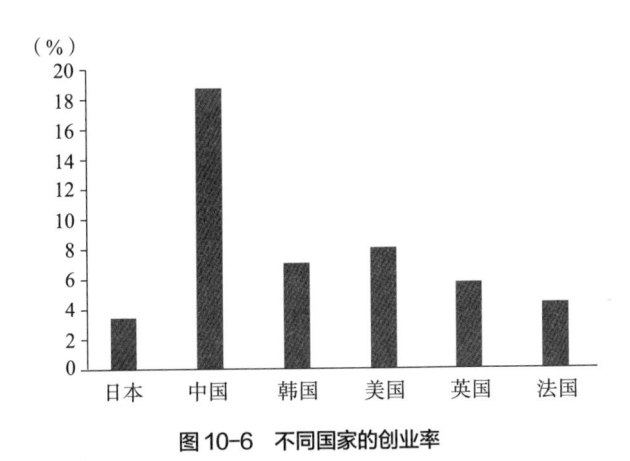

资料来源：Global Entrepreneurship Monitor, GEM 2009 Global Report, 2010。

在高科技产业如软件和互联网行业中，初创公司至关重要。让我们比较一下 2010 年美国和日本两国的十大高科技公司的《福布斯》排名。在第 3 章中，表 3-1 显示了这些公司的创始人的信息。在美国的十强企业中，有六家是在近 40 年内创立的，而在日本，没有一家是在近 40 年内成立的。

美国十大高科技公司中的七大公司的创始人至今仍然健在。他们创办公司的平均年龄是 28 岁。比尔·盖茨创立微软公司时，年仅 20 岁；莱昂纳多·波萨克创立思科公司时，年仅 33 岁；拉里·埃里森创立甲骨文公司时，年仅 32 岁；拉里·佩奇创立字母表公司时，年仅 24 岁；迈克尔·戴尔（Michael Dell）创立戴尔公司时，年仅 22 岁。另外，已故的史蒂夫·乔布斯在 21 岁时创立了苹果公司。

这些高科技公司的股东，大多是创始人、公司员工以及美国公民。所以，这些公司在过去的 30 年里为美国创造了巨大的财富。这些公司市值总和在 2017 年超过 3 万亿美元，相当于美国 GDP 总量的 10% 以上。美国经济的卓越表现，可以说主要得益于高新技术企业。

然而，在过去 30 年里，日本公司的价值却并没有增长多少。我观察到的一个有趣的现象是，日本领先的互联网公司大都由跨国公司或大型财团的专业经理人来掌管运营。例如，日本最大的搜索引擎是谷歌日本公司，最大的门户网站和拍卖网站是雅虎日本公司，而最大的社交网站连我网站（line），原本是一家韩国公司的子公司。相较而言，在美国、中国甚至韩国，几乎所有的互联网公司都是由当地的年轻企业家所创办的。这是日本缺乏创业精神的另一个证据。

日本企业的老龄化

日本不仅仅缺乏创业企业，即使是曾经领先的老牌企业，在与美国企业的竞争中也表现得行动迟缓，决策僵化。

几年前，我带着携程旅行网的高管人员在日本参观一家领先的旅游公司。两家公司的高管团队相对坐在会议桌的两侧。尽管两家公司的规模相似，但现场的反差异常鲜明，两家公司的高管人员俨然来自两代人。携程旅行网的高管人员都是30岁上下的年轻男女，而日本公司的高管人员都是50岁以上。会议期间，偶尔也会有年轻的日本员工进出，但他们都是公司高管人员的秘书或助手。

通常，一名年轻的大学毕业生在加入一家日本公司后，他的晋升主要是基于资历，一般会在同一家公司工作直到退休（女性员工有例外，因为大多数女性在结婚后就不再工作）。一位日本朋友对我说，论资排辈的文化在日本公司中仍然强大而普遍。举一个例子，年轻员工需要用不同的方式称呼年长员工。我就问他：一名年轻员工如果被提拔到一个比年长员工更高的职位时，那么他是否需要改变自己称呼年长员工的方法？这位朋友想了一会儿说，据他所知，这种情况在他的部门从来就没有发生过。我问他为什么这种令人窒息的论资排辈文化能够在企业中持续存在？他说这是因为公司中的高层职位都被年长的员工占据着，他们根本没有任何动力去做出改变。

许多经济学家认为，劳动力的老龄化与僵化的晋升制度相结合，削弱了日本公司的活力，导致它们在与美国年轻公司的创新竞争中落败。例如，日本公司曾经一度主导世界的半导体产业。20 世纪 80 年代，日本公司拥有世界市场份额的一半以上。日本电气公司和东芝公司是世界上最大的两家半导体公司。世界十大半导体公司中有一半都来自日本。然而，20 年之后，世界十大半导体公司中只有两家公司来自日本。排名第一和第二的两家公司分别是英特尔公司和来自韩国的三星公司（见表 10-1）。日本公司衰败的原因是，半导体产业在 20 世纪 90 年代出现了重大创新。英特尔公司抓住了个人电脑领域中微型处理器的机会，三星公司则占领了个人电脑领域中的内存芯片市场。相比之下，日本公司对新机遇的反应非常缓慢，它们继续专注于对大型机芯片的完善，却没有转换到个人电脑市场。结果，日本公司输给了美国和韩国的竞争对手。

表 10-1 世界十大半导体公司在各地区的市场占有率

排名	1993 年 公司	市场占有率（%）	2000 年 公司	市场占有率（%）	2006 年 公司	市场占有率（%）	2016 年 公司	市场占有率（%）	2017 年第一季度 公司	市场占有率（%）
1	英特尔	7.6	英特尔	29.7	英特尔	31.6	英特尔	57	英特尔	14.2
2	日电电子	7.1	东芝	11	三星	19.7	三星	44.3	三星	13.6
3	东芝	6.3	日电电子	10.9	德州仪器	13.7	高通	15.4	SK海力士	5.5
4	摩托罗拉	5.8	三星	10.6	东芝	10	博通	15.2	美国美光	4.9
5	日立	5.2	德州仪器	9.6	意法	9.9	SK海力士	14.9	博通	4.1

（续表）

排名	1993年 公司	市场占有率(%)	2000年 公司	市场占有率(%)	2006年 公司	市场占有率(%)	2016年 公司	市场占有率(%)	2017年第一季度 公司	市场占有率(%)
6	德州仪器	4.0	摩托罗拉	7.9	瑞萨电子	8.2	美国美光	13.5	高通	3.7
7	三星	3.1	意法	7.9	SK海力士	7.4	德州仪器	12.5	德州仪器	3.2
8	三菱	3.0	日立	7.4	飞思卡尔	6.1	东芝	10.9	东芝	2.9
9	富士通	2.9	英飞凌	6.8	恩智浦	5.9	恩智浦	9.5	恩智浦	2.2
10	松下	2.3	飞利浦	6.3	日电电子	5.7	联发科技	8.8	英飞凌	1.9
十大公司市场金额（100万美元）		47.2		108.1		118.2		202.1		56
半导体市场总金额（100万美元）		108.8		218.6		265.5		365.6		99.6
十大公司市场占有率（%）		43		49		45		55		56

资料来源：Research Bulletin of IC Insights, 2017。

另一个例子是软件行业。美国和欧洲在20世纪90年代出现了许多专注于ERP（企业资源计划）的软件公司。ERP是指帮助大型制造企业管理其业务的软件。领先的ERP软件制造商甲骨文公司和SAP（思爱普）公司，已经进入世界上最大的软件公司之列。日本拥有世界上最大和最先进的制造企业，可是，为什么没有出现一家全球ERP软件公司呢？原因在于，与美国公司相比，日本公司在采用新的互联网技术方面非常缓慢。ERP软件的普及水平只有其他发达国家水平的一半，甚至比韩国和中国台湾的公司都要低很多。一项调查研究了日本公司应用 ERP 软件水平低的原因：日本的管理层对互联网技术的认识水平比较低，也不愿意改变自己现有的业务流程。采用互联网技术的滞后，与日本高管人员的保守心态有关，毕竟这些高管人员比其美国同行的年龄大得多。

日本的其他高科技产业，如互联网和通信设备，在适应新的互联网技术方面也非常迟缓。总体而言，日本不仅缺乏新的创业公司，而且现有公司也变得思想保守、行动缓慢、流程僵化。当技术创新和应用的步伐加快的时候，年长的日本高管人员就很难跟上了。

日本社会的老龄化

我经常与日本的经济学家讨论日本经济的困境，许多人认同低生育率和老龄化社会是日本问题的根源。问题是日本政府在提高生育率方面做了什么？正如我在前一章中所讨论的，与其他生育率低的发达国家相比，日本政府给予鼓励生育政策的预算比较低。目前，日本的生育率只有 1.3 左右，仍然是世界上生育率最低的国家之一。我问一位经济学家，为什么日本没有花更多的钱来提高生育率？我得到的答案是，日本政府的主要服务目标人群是老年人。

随着日本老龄化日益加重，对年轻选民来说，老人和老年选民越来越多，因为与年轻人相比，老年人更多地出现在投票站前。2003 年，在日本选民中，60~69 岁的人中有 77% 的人参加投票，而 20~29 岁的人中仅有 35% 的人参加投票。由于老年人主导选票，公共政策自然会倾向于老年人。随着越来越多的预算被用来支持老年人，日本政府没有意愿也没有能力拿出更多的钱来资助养育子女的年轻夫妇。

在过去几年中，日本经历了持续的经济衰退，工资毫无增长，年轻员工的利益受到了严重损害，但是针对老年人的福利一直保持稳定。

日本经济的通货紧缩，也是以牺牲年轻人的利益为代价来帮助老年人的，因为即使没有名义上的加薪，在职老员工的实际工资也在不断上涨，而企业不愿雇用年轻人或给年轻人加薪。图10-7显示了不同年龄段人群的工资趋势。这表明，最近一段时间以来，年轻员工的工资增长速度远远低于他们的父母一代，而老年员工的工资和福利基本上不受影响。

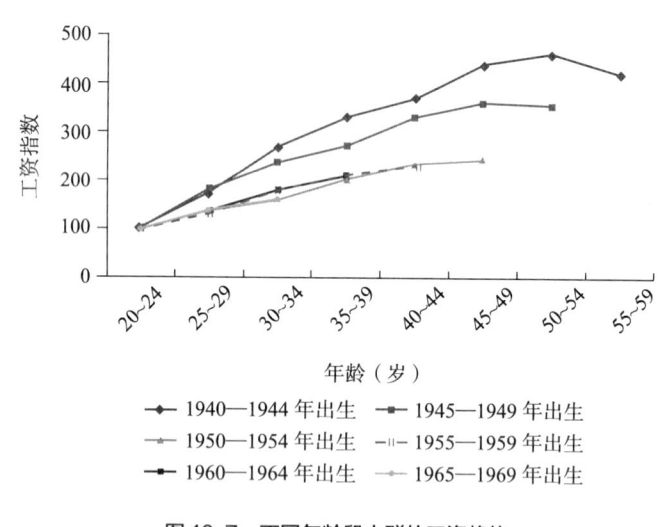

图10-7 不同年龄段人群的工资趋势

资料来源：Basic Survey on Wage Structure (annual edition), Ministry of Health, Labour and Welfare; Consumer Price Index, Ministry of Public Management, Home Affairs, Posts and Telecommunications。

注：设20~24岁的工资指数为100。

随着人口老龄化的加剧，日本越来越多的社会资源和注意力投向老年人。2016年，当我在日本一家医院填表的时候，医院提供了三副度数不同的老花眼镜。日本退休老人所享有的福利和权益，让其他国家的人都羡慕不已。退休后，日本员工可以领取原来工资的70%，远高于年轻员工的工资。政府通过税收和福利制度的设计，将本应属于年轻人的一大笔收入转移给了老年人，难怪日本被认为是老年人的天堂。

把年轻人的收入转移给老年人并非一定不公平，因为最终每个年轻人都会变老。然而，就像当老年人占据更多的管理岗位后，公司就会变得不那么具有创新精神一样，当老年人相对于年轻人拥有更多的财富和权力时，政府和整个社会都会变得更加保守，日本的政治家也采取了更加保守的经济政策。20世纪90年代，当日本的房地产泡沫破裂时，政府采取了零利率政策。这是一种非常保守的做法，使得那些管理不善的银行或企业能够继续生存下去。许多西方经济学家无法理解为什么日本政府不允许这些低生产率的企业倒闭，从而使得创新和创业所需的能量得以释放。这一政策选择也可能与劳动力的老龄化有关。日本人的中位年龄是45岁（而美国人的中位年龄是35岁）。如果政府允许这些企业倒闭，与一个35岁的劳动者相比，一个45岁的劳动者被解雇后学习新技能和找到新工作都要困难得多。让这些低生产率的企业得以生存，也许是日本政府做出的正确选择，毕竟中老年雇员的调整成本实在太大了。

出于类似的原因，日本政府在移民政策上也过于保守。由于日本政府过于关注公共资源的短期负担或吸收移民的短期痛苦，日本的移民政策过去一直非常保守，直到最近几年才逐步开放。但是同样地，从控制选票的老年人的角度来看，这是一个理性的选择，因为老年人通常只关心短期利益（在他们在世的那一段时间内）。在一个老龄化社会中，公共政策会趋于保守和短视，年轻人则被边缘化，因为他们本就在政治的边缘。

年轻人被边缘化，对结婚和生育率也有负面影响。为了省钱，更多年轻人不得不和父母一起生活。父母一般来说更加富裕，也很高兴有自己的孩子留在家里，并愿意提供额外的资金支持。有一个词来形容那些和父母住在一起的年轻人，即"食草男"。这些"食草男"通常只有临时的工作或没有工作，在经济上主要依赖父母。因为职业前景暗淡，他们既没有努力工作的动力，也没有追求婚姻伴侣的动力。

他们通常是妈妈的宝宝，不怎么做家务，显然对于女性也没有吸引力。据一本叫作《"食草男"正在改变日本》的畅销书估计，在20~34岁的日本男性中，有2/3是"食草男"，按照传统的标准，日本女性越来越难以找到合适的丈夫，因此，许多日本女性仍然单身。近年来，所有年龄段的日本单身女性比例都在迅速增加。在30~34岁的年龄组中，单身女性的比例从1985年的10%上升至2015年的35%[1]，她们中的许多人很可能不会结婚。晚婚或不婚进一步加剧了低生育率的问题，形成了恶性循环。

总结

从创新力的模型来看，日本虽然已经是创新的强国，但是由于长期的低生育率，其人口规模和人口能力（老龄化程度）不断恶化；创业和创新活力的缺失，使得日本在高科技创新的竞争中被美国和其他新兴国家击败。老龄化社会的影响会自我强化，因为老年人控制着选票和公司的管理职位，年轻人更加难以摆脱束缚。因此，在老龄化社会中，年轻人越来越缺乏进取心，也更不愿意结婚和抚养小孩，日本陷入了长期的低生育率陷阱。

日本的教训尤其值得中国反思，因为中国的低生育率的危机来得比日本晚40年，而且现在的生育率已经低于日本。2030—2040年，低生育率对中国的负面影响可能比现在日本面临的还要严重。

第 11 章　欧洲

创新力＝人口数量 × 人口能力 ×（内部交流量＋外部交流量）

从创新力模型的几个要素来看，欧洲主要国家的教育水平和人口素质是很高的。从对外交流角度来看，虽然欧盟建立了单一的关税贸易区，使用欧元作为单一货币，但是每个欧洲国家都有自己的语言、文化、法律和公共机构，所以其交流顺畅程度还是不如中国或者美国这样的国家的国内交流。就规模而言，德国、法国、英国这些欧洲较大的国家，其人口规模都比不上美国，也远远小于中国、印度和日本等国家。此外，欧洲人口老龄化速度加快，平均生育率仅为 1.6，低于美国。因此，从人口规模角度来看，欧洲国家也弱于美国。以上因素都将成为欧洲大国挑战美国和中国创新领导地位的障碍。本章主要分析欧洲一些较大的国家，即英国、法国和德国，这些是创新领先国家的潜在竞争者。

昔日的创新之王

在罗马帝国的统治下，欧洲曾经是一个大一统的国家（可以把罗马帝国看作欧洲的前身，虽然罗马帝国并没有涵盖与现代欧洲完全相同的地区）。在地理和人口方面，罗马帝国是当时世界上当之无愧的最大国家，甚至比汉朝时的中国都要大得多。据估计，罗马帝国人口达到 8 000 万，比汉朝人口多 30% 左右。罗马是世界上最大的城市，人口已达百万之巨，面积是当时中国最大城市长安的两倍之多。和中国拥有统一的语言一样，罗马的官方语言为希腊语和拉丁语。在整个地中海区域，罗马各地区间的商品、人员和思想交流极其活跃，充满活力。罗马帝国自然是创新和科学的全球引领者，其工程、军事、航海和运输技术一直居于领先地位。不幸的是，400 年左右，罗马帝国大厦轰然倒塌，分崩离析为许多小领地。在更早的时候，中国的汉朝也被推翻。不过几百年后，中国在唐宋时期再次统一，并在此后的 1 000 年中一直是世界领先的创新者。

直到 1500 年左右，中国的统治者开始奉行闭关锁国的政策。在同时期，一些欧洲国家特别是西欧国家，开始尝试利用航海技术在大西洋探险。新大陆的发现，就是幸运的突破口。包括葡萄牙、荷兰、西班牙和英国在内，这些国家都是中小国。正是由于规模小，这些国家才有很强的探索海洋的动力，试图寻找连接亚洲的新贸易路线。这就解释了为什么是这四个较小的国家带头在大西洋探险，而不是规模更大的法国。新大陆给这些国家带来了丰厚的自然资源，新贸易路线使其能够进军亚洲新市场，加上对亚非拉国家的殖民和掠夺，从而增强了国家财力。它们的人均收入远高于欧洲其他非贸易国家。18 世纪初，上述四国中最大的国家英国凭借皇家海军的优势，经过一系列战争在四国的竞争中脱颖而出，树立了海上霸权地位，成为世界贸易和殖民争夺的主导者。

在这期间，英国是世界上最富裕和最先进的国家。尽管人口规模不及法国，但是受益于印度等更大的殖民市场，英国是全世界生活水平最高的国家之一（仅次于荷兰，而后者的规模要小得多），国内企业家和工程师的数量要远多于欧洲其他国家。这是 18 世纪 60 年代工业革命出现在英国的关键因素之一。在 1800 年前后，英国是无可争议的世界霸主，引领全球创新。

工业革命发祥于英国，并很快蔓延到欧洲其他国家和美国。在很长一段时间里，法国都是欧洲最大的国家，人口最多，GDP 最大。但是法国饱受多次战争之扰，人口大量流失，政局动荡不安。此外，频繁的革命导致生育率偏低。再看德国在统一之后，其人口数量很快超过了法国和英国。得益于人口规模优势，德国在 19 世纪中期第二次工业革命时期，开始成为创新的领导者。德国科学家创立了现代化学，而德国企业成为现代化学工业的世界领军者。到 1925 年，德国的人均收入已经跻身全球前列。

20 世纪初，德国虽然算得上是欧洲最大的国家，但它的人口规模仍远低于美国。事实上，如果视当时的俄国为欧洲国家，那么德国也不能被称为欧洲最大的国家。当时俄国的人口规模远大于德国，而且人口增长速度极快，在工业化和创新方面也正在迅速迎头赶上。第二次世界大战时期，纳粹德国严重低估了苏联的实力，直接后果是在与苏联的战争中吃了败仗。事实上，苏联是比法国强得多的大国，人口是法国的 3 倍之多。当然，由于对手中还有美国这一更为强大的霸主，纳粹德国的失败命运早已注定。

纵观欧洲历史的通常模式，短期内小国可以取得新技术或组织形式的幸运突破。然而从长期来看，技术或组织创新会在更大的国家传播和应用。一旦大国赶上，发挥出其规模优势，也就自然地成为创新中心，在创新中赢得包括战争在内的各种竞争。

先来看看欧洲最大的国家德国的前景。在 19 世纪统一后，德国成为欧洲的超级大国。在 19 世纪末，德国的人口规模位居欧洲第一，也是西方世界的创新领先者（在被美国赶超之前）。这一时期，德国在技术、创新和科学研究方面引领世界。20 世纪 90 年代之后，随着民主德国和联邦德国重新统一，德国再次成为欧洲最大和最强的经济体，在许多行业特别是高端制造业中处于领先地位。德国的跨国高科技公司遍及全球，比如我们熟知的奔驰和西门子。与日本一样，德国可能会在高端制造业的强有力竞争中占据一席之地。但问题是，制造业的重要性将日渐式微，未来的主导产业是信息技术、娱乐业和高端服务业，它们在经济中的占比将日益增大。在这些行业，背靠几亿人本地市场的美国企业可能会更成功。

在服务业领域中，法国雅高酒店是欧洲唯一的大型连锁酒店品牌。法国是德国统一之前最大的欧洲市场，雅高酒店创建于法国并不令人惊奇。欧洲的大型软件公司也很少，唯一的例外是 SAP 这家软件公司。诺基亚曾是非常成功的手机生产商，但当手机成为移动互联网时代的掌上电脑时，诺基亚已经完全不是苹果公司等硅谷企业的对手。再来看互联网产业，欧洲本土的互联网企业几乎没有。在娱乐业，除了英国之外，欧洲大陆其他国家远远落后于美国。正是受益于英语这一遗留的语言优势，英国基本上可以把全部英语国家的市场当作本土市场，从而创造出了《哈利·波特》等文创产品的成功案例。

欧洲的首要问题是，为什么没有在服务、信息技术和娱乐行业形成更多的创新。还是因为人口规模不够大。为单一欧洲国家开发的网站或手机应用软件，难以在研发支出方面和美国企业竞争。制造业的产品规格和质量有严格的客观标准，因此制造业的创新企业可以利用国际市场，将产品销往世界各地，从而享受世界市场规模的好处。但在服务、软件和互联网行业中，一家企业需要与客户合力打造服务产品体验，所以如果能以庞大的国内市场为试验田，就会有巨大的优势。德国软件巨头 SAP 取得成功的原因在于其软件服务的对象是制造企业，而其大多数制造企业客户的基地位于德国或欧洲其他地区。凭借这个优势，SAP 成为世界上最大的软件公司，但是 SAP 几乎是唯一的欧洲的软件巨头。在其他类别的软件尤其是消费类软件行业，巨大的本土市场，给了美国企业巨大的先天优势。

本国人口的规模优势在互联网上更加凸显，因为在互联网行业的竞争中，速度就是一切。一个初创的互联网企业如果能够获得足够数量的早期客户，就可以在竞争中获得先机。做一个假设，如果美国需要 100 万用户来打磨一个社交网站，那么脸书的普及率需要达到 0.25%，而在英国，任何潜在的竞争者都要等待普及率达到 1.3%。这样，美国的脸书将会占尽先机，可以预留出足够的时间在美国启动和完善产品，然后进入英国市场，扼杀所有英国本土的竞争对手。但这种场景不会在中国重演，因为中国的市场比美国更大，中国本土企业可以很快获得需要的早期客户。

欧洲本土企业在软件和互联网行业中的糟糕业绩，在风险投资方面的数据中得以体现（见表 11-1）。

表 11-1 2009 年部分欧洲国家、中国、美国及其他国家的风险投资情况

国家	风险投资（100 万美元）
美国	180 000
中国	15 285
英国	7 174
意大利	2 958
法国	2 786
印度	2 765
德国	1 363
俄罗斯	1 308
日本	1 100
西班牙	879
韩国	711

资料来源：欧洲风险投资协会（EVCA）年报，2011。

欧洲的第二个问题是为什么欧洲人缺乏创业精神。互联网和电子商务等最具颠覆性的技术，通常来自新企业。有人分析，欧洲缺乏创业精神源自于保守的文化传统。相比之下，得益于更具创业精神的移民文化，美国文化则更加多元和富有创造力。然而我认为这并非主因，关键还是市场规模。在一个较小的国家内，获胜的激励不够大。如果有人创立一个法国旅游网站，经济回报也许只有一个美国旅游网站的20%（因为市场规模只有20%），更不用说美国旅游网站还有扩展到其他国家的机会，可能会占领世界市场。所以市场小是欧洲缺乏"创业文化"的真正原因，中国的情况则与欧洲完全相反，文化方面虽然不如欧洲那般崇尚个人主义，但凭借巨大的中国市场规模，即使一个非常小众的产品，也能创造出巨大的利润。因此，中国的创业精神非常强。

第三个问题是为什么欧洲人表面上不如美国人勤奋。从数据上看，欧洲人的工作时间比美国人要少，但我还是把这个归因于人口规模。由于本国的人才市场比较小，因此竞争性就没有那么强。尽管欧盟国家没有限制劳动力的自由流动，但是由于语言和文化差异，劳动力的流动并不充分。举个例子，一位在法国大学任教的教授，实际上只需与其他讲法语的教授竞争，而不是参与更大的英语学术界的竞争。对于其他高技能劳动者，道理也是如此。因此，相比美国，欧洲的高技能劳动者更悠闲。这也是大城市居民更加努力工作的原因，换句话说，城市的人口规模促进了勤奋。

脱欧以后，英国和其他欧洲国家之间的交流增加了一些障碍，但是得益于其优势，英国仍然是欧洲国家里对外交流最好的国家。英国的国内市场虽然不大，但其劳动力市场与其他英语国家有着高效的连接（签证不会成为障碍，毕竟大多数国家都会欢迎高技能移民）。要在英语语系国家成为商业领袖或电影作家，英语作为母语是显而易见的优势，尤其对于高技能工作更是如此。

对英国而言，英语是一把双刃剑。一方面，英国的优秀人才更容易融入美国，从而流失到美国；另一方面，在娱乐业等某些行业中，英国企业可以把庞大的英语语系国家当作自己的本土市场。此外，英语也是吸引移民的优势之一。最后，考虑到英语的语言优势，美国甚至中国的跨国公司更可能将地区总部或者研发中心落户英国。

总的来说，对英国、加拿大和澳大利亚等国家而言，英语是一个优势，可以提升对外的交流性和创新力，从而共享其他英语国家巨大的商品与劳动力市场。当然，关键在于能否与美国及其他英语语系国家更加紧密协调地融为一体。

欧洲其他国家

除了德国，欧洲大陆的三个人口大国分别是法国、意大利和西班牙。其人口规模比德国小，而且由于语言的障碍，也不容易吸引到高质量的移民。尤其是西班牙和意大利，其低生育率和老龄化问题比较严重，未来的创新力并不被看好。其他欧洲国家的情况则更加糟糕，生育率很低，还有大量的年轻人流失到美国，未来很难成为一个创新强国。虽然，北欧国家的人口规模比较小，但也曾经是创新力非常好的国家，尤其是瑞典。得益于其高福利，北欧国家的生育率也比较高。所以这些国家能够维持比较好的人才优势，但是由于整个北欧五国的人口加起来只有2 800万左右，不到意大利的一半，因此并不能扭转欧洲整体的弱势。

虽然欧洲整体的创新力远不如美国，但是欧洲也有可能出现门户型的创新亮点，尤其是语言和文化上特别国际化的小国，如荷兰、爱尔兰（英国也部分扮演着欧洲门户的角色）。这些国家特别注重吸引外资和跨国公司，有着优惠的税收和移民政策。例如谷歌、亚马逊、苹果等巨头往往会把欧洲的总部和部分的研发中心放在爱尔兰、荷兰或者英国，使得这些国家的人均创新力非常不错。但这些国家终究是人口小国，总体上还是对欧洲的创新能力的拉动有限。

俄罗斯属于欧洲吗？

俄罗斯的情况与英国恰恰相反。俄罗斯虽然地处欧洲大陆，但它不是欧盟成员，这意味着与欧盟市场的隔离。此外，俄罗斯在文化和政治上与西欧很不同，而更类似于东欧。在第二次世界大战之后，苏联的人口甚至一度超过美国。尽管企业家精神在计划经济体系下被严加遏制，创新活动也处于严格的国家控制之下，但苏联仍向太空发射了第一颗人造卫星。随着苏联解体，其人口规模锐减过半。2020年时，俄罗斯人口仅为1.44亿，不到美国的一半，仅略高于日本。更糟糕的是，较低的生育率（1.5）使该国前景相当暗淡。充裕的自然资源可能起不到太大作用，反而会因大宗商品价格的波动引发"资源诅咒"。正如本书第7章所述，自然资源并非经济发展、创新活动的积极因素。一般情况下，资源丰富的国家通常面临不稳定的政府、低效的公共机构和不完善的财产保护法律。俄罗斯目前就面临以上问题，而这些都是创新的禁忌。

创新前景和生育率

由于固有的文化、政治和语言障碍，旨在打造单一市场的欧洲一体化很难彻底实现。此外，提高生育率举措的效果不尽理想。移民是解决方案之一，但受制于语言，欧洲大陆对高技能劳动力的吸引力远不如美国。因此整体而言，与美国和中国相比，欧洲在创新方面的竞争力要弱得多。

平均而言，欧洲的生育率为1.6，是更替水平的约75%，但不乏个别亮点。高生育率国家包括法国和部分北欧国家，比如法国的生育率为1.82。低生育率国家是德国和南欧、东欧国家。

作为欧洲最强的经济体，德国的生育率过去在欧洲一直排名靠后，1995年时仅为1.25，但过去的20年来开始稳步回升，2021年已经达到1.53左右。在鼓励生育方面，德国在不断加强力度。除了基础的产假，父母还有权在孩子满三周岁前，享有最长三年的育儿假期，在此期间，可向政府申请12~14个月的育儿补贴，金额为每月300~1 800欧元。每个孩子自出生后至18岁，父母都可以为其申请儿童金，从2002年的每月154欧元（约合人民币1 116元）增加到2021年的每月219欧元（约合人民币1 588元）。德国对公共托育服务的财政投入也在不断上升。作为欧洲最富有的大国之一，德国还不断提出相应政策吸引其他国家的移民，移民也对德国人口增长产生了更重要的作用。

其他低生育率国家出现在南欧和东欧。意大利和西班牙的生育率为1.3，西班牙和波兰的生育率为1.4，这些国家正在迅速走向老龄化。与德国形成对比的是，这些国家经济较弱，不在最具吸引力的移民目的地之列。事实上，它们正在受累于人才流失，本国许多优秀的年轻人正在流向美国及其他欧盟国家。此外，这些国家财政积弱，没有财力实行高水平的家庭津贴政策，因此这些国家成为创新中心的希望更加渺茫。

这就引出了下一个问题：高生育率国家和低生育率国家之间的区别是什么？

高生育率国家和低生育率国家之间的不同之处在于，高生育率国家的政府提供慷慨的财政支持，以及其他有利于提高生育的福利，比如日托中心。平均而言，高生育率国家的家庭资助支出占GDP的3%~4%，而低生育率国家的此项平均支出为1%~2%。一般来说，家庭资助支出与较高的生育率之间有明显的正向关系。当然，对大多数低生育率国家来说，这项发现可不是好消息，因为大多数南欧和东欧国家的经济疲弱，政府预算原本就很吃紧。

另一个不同是对婚姻和婚外生育的态度。随着女性受教育人数和就业人数的增加，结婚率普遍下降。当然，如果非婚生育率随之上升，那么结婚率的下降就不是生育问题的主因。然而，低生育率国家的非婚生育率通常比北欧等高生育率国家低得多。非婚生育率低的原因可能是文化，这些国家仍然重视传统家庭观念，对单亲家庭有所歧视。另外，也可能是经济原因，如前所述，低生育率国家的政府家庭津贴开支较少，单亲母亲更难独立抚养孩子。如果原因在于经济压力，那么富裕的德国倒是可以通过增加对大家庭和单亲家庭的资助支出，来提高本国的生育率。

欧洲移民

美国从移民特别是高技能移民中受益匪浅，那么欧洲国家能否把移民作为缓解人口短缺的解决之策呢？让数字说话，图11-1显示了主要欧盟国家和美国的5年的净移民人数以及占总人口的比例。

从图中的数据来看，以移民占总人口的比例计，主要欧洲国家所接受的移民数量与美国相当，有些国家的移民所占份额甚至更大。

当然，对欧洲国家来说，和美国直接比较移民数字可能有点儿不公平。因为欧盟国家之间不需要签证就可以自由迁徙，在欧盟内部从一个国家到另一个国家的迁徙，相当于从美国一个州迁徙到另一个州。表11-2将移民区分为欧盟移民和非欧盟移民。

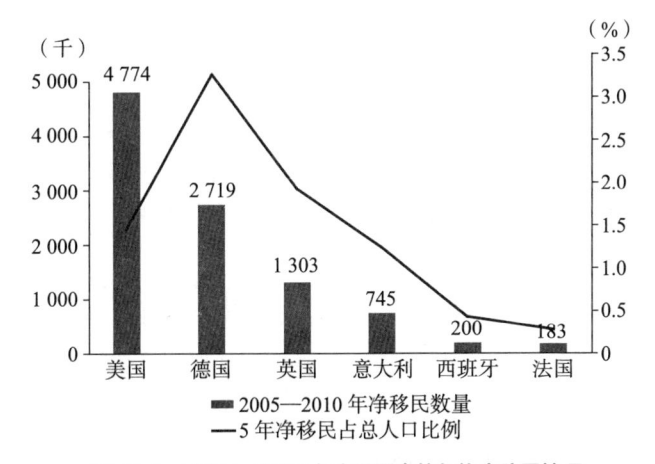

图 11-1　2005—2010 年主要国家的年均净移民情况

资料来源：UN, World Population Prospects (the 2010 Revision), New York, 2011。

表 11-2　进出欧盟的移民数

国家/地区	2010年总人口（千）	外国劳工总人数（千）	占比（%）	出生地为欧洲其他国家的人数（千）	占比（%）	出生地为非欧洲国家的人数（千）	占比（%）
欧盟	501 098	47 348	9.4	15 980	3.2	31 368	6.3
德国	81 802	9 812	12	3 396	4.2	6 415	7.8
法国	64 716	7 196	11.1	2 118	3.3	5 078	7.8
英国	62 008	7 012	11.3	2 245	3.6	4 767	8.1
西班牙	45 989	6 422	14	2 328	5.1	4 094	8.9
意大利	60 340	4 798	8	1 592	2.6	3 205	6.5
荷兰	16 575	1 832	11.1	428	2.6	1 404	8.5
希腊	11 305	1 256	11.1	315	2.8	940	8.3
瑞典	9 340	1 337	14.3	477	5.1	859	10.2
奥地利	8 367	1 276	15.2	512	6.1	764	9.1
比利时	10 666	1 380	12.9	695	6.5	927	7.3
葡萄牙	10 637	793	7.5	191	1.8	602	5.7
丹麦	5 534	500	9	152	2.8	348	6.3

资料来源：Eurostat, Migration and Migrant Population Statistics, 2013。

表 11-2 中显示，非欧盟移民人数较多，几乎是欧盟移民人数的两倍。事实上，欧盟内部移民的数量远远低于美国各州之间的人口移动，这意味着欧盟国家之间的劳动力流动低于美国内部。由此，这也从另一个方面佐证了本书仍然将欧盟视为国家的集合而非单一国家的合理性。大约 2/3 的移民来自非欧盟国家，而且往往是那些低技能劳动力。

问题是欧洲大国能否像美国一样吸引高技能创新者？如图 11-2 所示，西班牙、法国、德国的移民当中受过大学教育的比例低于本土人口。此外，接受大学教育的比例并不代表全部，美国比欧洲吸引了更多的顶尖人才（比如拥有博士学位的人）。

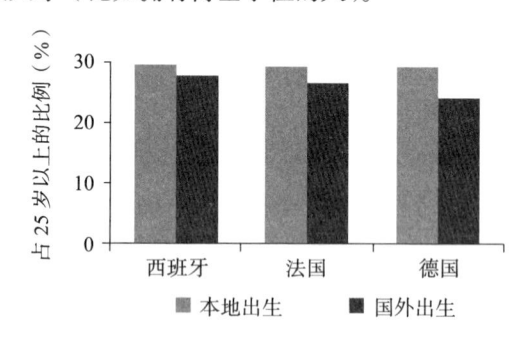

图 11-2　2011 年按出生地划分的受高等教育的程度

资料来源：Eurostat (Census hub HC34 and HC45)。

在某种程度上，欧洲国家没有吸引到高学历的移民群体。显然，其可以设计移民政策以吸引寻求高端工作机会而非福利导向的移民。加拿大正是根据教育、技能和年龄来优先遴选移民，这一制度也被其他国家采用。然而，总的来说，由于缺乏最好的大学或创新企业（更不用说是否具备语言优势），欧洲国家对高技能劳动力的吸引力远远弱于美国。

大约 100 年前，美国也接纳过比本土人口受教育程度更低的低技能移民。这些爱尔兰、中国和印度移民的子女很好地融入了当地社会，积极参与社会和政治生活。他们中的许多人成了出色的企业家和创新者。

一些人担心穆斯林很难融入当地文化，而且他们的高生育率将使欧洲变色为伊斯兰大陆，这种担心可能纯属杞人忧天。

目前，穆斯林只占欧洲人口的6%。穆斯林人口的生育率比当地人口平均高出50%，这意味着经历一代人的时间，到2050年，穆斯林人口占比将为10%，而经过两代人口的更迭到2100年，穆斯林人口占比将达20%（见表11-3）。即使占比真的达到20%，灾难也不会形成。然而，在穆斯林人口占比已经超过10%的部分国家和城市中，穆斯林人口的增长态势仍能引发当地人的担忧。

表11-3　2010—2015年按地区划分的穆斯林的生育率

地区	所有地区	穆斯林	两者之差
撒哈拉以南非洲	4.8	5.6	0.8
中东-北非	3	3	0
北美	2	2.7	0.7
亚太地区	2.1	2.6	0.5
欧洲	1.6	2.1	0.5
世界	2.5	3.1	0.6

资料来源：The Future of World Religions: Population Growth Projections, 2010—2050。
注：两者之差是根据前两项计算而得，选取的是数据可得的区域。

以上预测的前提是，所有穆斯林移民的第二代或第三代，其生育率仍然远远高于本地人。但是这个预测是值得怀疑的。正如前面章节所讨论的，穆斯林女性生育率更高的主要原因，是她们的教育水平和劳动力参与率较低。可这些移民欧洲的穆斯林女性的第二代甚或第三代，很可能在将来接受更多的教育，变得更加职业化，而不是生更多的孩子。

80年前，人们曾经认定天主教徒要比美国新教徒更热衷于宗教。回头来看，这一观念经历了两三代人之后已经完全改变，世界各地的人都越发世俗化，女性追求接受更多的教育和拥有独立的事业。在世界许多地区，穆斯林生育率也在随着城市化和收入增加而下降，如伊朗的生育率已经低于更替水平。未来，欧洲穆斯林的生育率可能会与当地人口趋同。因此，到2100年，欧洲人口当中穆斯林的比例更有可能是15%而非20%。即使占比达20%，也不能形成太大的社会问题。

欧洲的政策选择

相比英国和法国的高生育率，德国是一个生育率偏低的欧洲大国（意大利的生育率与德国相当），而且最有可能提高本国的生育率。以北欧国家为参照对象的话，德国还有许多政策空间可以利用，比如动用3%~4%的GDP来鼓励生育。德国完全具备实施类似生育支持政策的财政实力。

关于移民问题，虽然各国应继续开放各类移民，但也需要通过制定倾斜性政策，以吸引更多的高技能劳动力移民。欧洲各国应该致力于营造更友好的英语环境，比如像新加坡那样创造出双重官方语言系统，此举可更好地吸引母语或第二语言是英语的高技能移民。

对德国来说，焦点在于发展高端制造业，因为这些行业对本国市场规模的依赖性没有服务业那么高。此外，对较小的国家而言，总体战略在于积极引进略有争议的高新技术，比如基因工程和无人驾驶汽车。小国完全可以为这类新技术提供宽容的法律环境。相反，大国在法律和条例的调整方面通常较为缓慢。例如，虽然美国一直致力于无人驾驶汽车的法律推进，但是新加坡更早宣布将在未来5年内实施无人驾驶汽车计划。

拥有世界第一语言——英语的优势，英国不仅在制造业，而且在高端服务业领域中脱颖而出。它可以充当欧洲的门户，连接美国和世界其他地区。英国已经是欧洲金融中心，也是美国和中国跨国公司进军欧洲的第一站，所以英国将继续成为欧洲最强大的经济体之一。

前面讲了，一些小国如果采取特别开放和包容的政策，包括移民政策、税收政策和行业审批政策，就有机会成为大国或区域的门户，取得经济上的成功。小国甚至不必非得在技术上有所创新，也可以在政策和制度方面创新。中国香港在20世纪下半叶成为世界通往中国内地的门户，虽然它并没有很多高科技企业，但其门户地位成就了繁荣。新加坡是另一个很好的例子，它正在迅速成为东南亚国家的门户。事实上，新加坡之所以比中国香港更为成功，根源在于东南亚对新加坡的依赖度高于中国内地对香港地区的依赖度。作为门户战略的一部分，新加坡和中国香港都正确奉行了非常开放和自由的经济政策：以市场为中心、低税收、低福利。这些政策是门户战略的得力要素，因此也成为吸引合适移民必不可少的利器。

在欧洲和北美洲以外，富裕国家的数量有限。有些是充当门户的富裕小国，比如新加坡。有些则是资源丰富的英语语系国家，比如澳大利亚。有些人把这些国家的成功归因于国内丰富的资源，但是别忘了，南美洲和中东地区存在着许多资源丰富的穷国。那些资源丰富的英语国家之所以脱颖而出，是因为拥有良好的制度，得益于英语的语言优势，且与其他富裕国家保持着紧密的联系。然而，这些国家的劣势也是显而易见的：国家太小，没有足够的人才。

以色列人极具创新性，是一个特殊的例子，但是仍然受制于规模小，所以不能建立大企业。以色列的大部分技术创新，在研发初期就会被售卖给中国或美国的企业。随着中国和印度的竞争实力不断上升，以色列必将面临人才流失到美国、印度和中国的压力。事实上，正如我们在前面章节中所解释的，生活在大国（美国和俄罗斯）的犹太人要比留在以色列的犹太人成功得多。

总结

欧洲作为一个整体，其人口规模和人口能力都是可以和美国一比高下的，但是生育率和吸引高端移民的能力不如美国，而且由于欧洲各国语言和文字上的差异，其国家之间交流的畅通程度低于美国和中国这样的国家的国内交流，所以其综合创新力还是弱于美国。不过，如果欧洲国家对来自世界其他地区的高技能移民的政策更趋向开放，营造更友好的英语环境，加大鼓励生育的力度，那么欧洲在经济方面尤其是高端制造业上的创新前景仍然乐观。

第 12 章　美国

创新力＝人口数量 × 人口能力 ×（内部交流量＋外部交流量）

从创新力模型的要素来分析，美国的人口能力并不突出，美国学生的平均成绩在发达国家中排在后面，更不如东亚国家如中国和韩国，美国创新力的优势在于其人口规模和对外交流方面，最突出的优势是其有能力不断吸收全世界顶尖人才来增补本身的规模效应和人口能力。

美国的创新史

美国这个超级大国的出现，改写了 20 世纪的世界历史。美国经济在创新方面取得了巨大的成功。19 世纪后期，美国的专利数量已经超过了法国、德国和英国，成为世界创新的引领者。细细数来，电灯、电报、电话和量产汽车等最负盛名的创新，要么诞生于美国，要么最早在美国取得商业化成功。19 世纪 70 年代，美国人均 GDP 仍比英国低 30%，但到了 1929 年，情况逆转，美国人均 GDP 已高出英国 30%，相当一部分应当归功于创新驱动所带来的增长。

美国在创新方面的异军突起曾令人惊讶，毕竟美国在 19 世纪 60 年代时仍处于南北战争的旋涡中。与之形成鲜明对比的是，英国、法国特别是德国等欧洲国家的工业化程度更深，拥有世界上最好的企业和最好的大学，似乎占据着创新的所有优势。

那么问题来了：美国是如何迅速取得成功的呢？有观点认为，这应该归因于南北战争之后的铁路延伸和领土扩张。我对此有不同的看法，认为终极推动力是人口扩张。人口的增长，致使大批人口涌向原为西班牙殖民地的美国西部和南部地区。从某种程度上讲，美国的领土扩张大获成功正是受益于人口的增长，最终帮助美国在美西战争中击败西班牙。而铁路延伸则是由于人口扩张和领土扩张的双重推动。换言之，美国在 19 世纪后期独树一帜的根本推动力在于人口的迅速增长。

如图 12-1 所示，1865—1925 年，美国人口从 3 000 万增加到 1.1 亿。对比同一时期的欧洲主要大国，法国人口仅从 3 800 万增加到 4 000 万，英国人口从 2 400 万增加到 4 500 万，德国人口从 3 800 万增加到 6 300 万。数据显示，美国当之无愧地成为这一时期最大的移民接收国家。

此外，与当时的其他新兴国家相比，美国的人口规模也更为庞大。1870 年，美国人口已经达到 4 000 万；相比之下，墨西哥和巴西的人口不足 1 000 万，阿根廷的人口甚至不足 200 万。到了 20 世纪初期，美国市场已经相当于法国或英国市场的 2 倍、德国市场的 1.5 倍。

19 世纪 90 年代初期，尽管美国的创新数量更多，但在基础科学和研究方面仍然落后于欧洲。比如，美国诺贝尔奖获得者的数量远远少于德国。然而，尽管缺乏世界级的科学家，但美国在创新领域仍能超越欧洲，其法宝是国内的巨大市场，这为发明家和企业家提供了最诱人的商业机会。欧洲人发明了电力，然而却是爱迪生、特斯拉这些

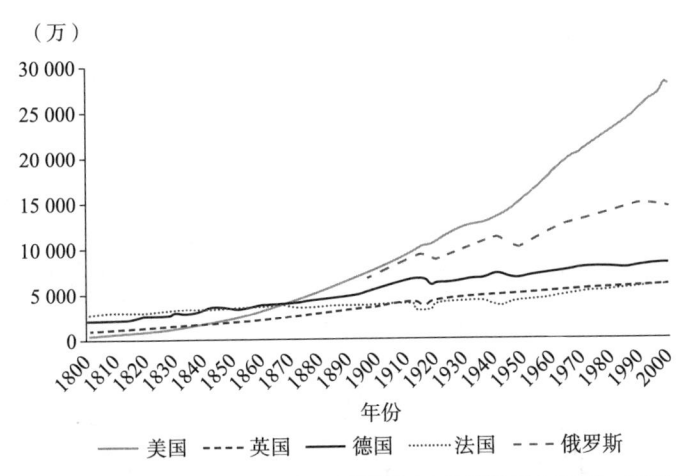

图12-1 美国、俄罗斯①、德国、英国和法国的人口变迁数据（1800—2000年）

资料来源：B. R. Mitchell. International historical statistics (ed. 3+4); Statesman's yearbook (1930—2001); Demographic yearbook / United Nations (195X-); "Suomen tilastolinen vuosikirja" 1998; A hundred year (1890—1990) database for integrated environmental assessments / C.G.M. Klein Goldewijk and J.J. Battjes (1997).

美国企业家揭开了电力商业化应用的时代大幕。到了1925年，纽约俨然已是世界城市之最，人口超过巴黎和柏林的两倍，达到700万之多。借助于最广阔的市场，在电力和相关技术商业化方面，美国企业总能比其欧洲同行更早实现规模经济。也正是依托于庞大的市场，美国企业率先引进装配生产线的大规模生产方式。1908年，福特公司的流水线生产出第一辆T型车，自此，单位生产成本的急剧下降和生产率飙升，推动美国汽车企业跃居成为世界领先的创新者。

规模优势不仅体现在对消费产品创新的促进上，也体现在对资本产品创新的助推上。以19世纪90年代初期机械行业的创新为例，由于拥有众多制造企业作为其潜在客户，美国生产商成功研发了专业化的机械加工设备，在这个领域内成为世界领先的创新者。

---

① 跨多个历史时期时，本书使用"俄罗斯"指代，不再标注不同时期的名称。——编者注

19世纪90年代初期，在西方国家里，美国人口规模已经是第二大国德国的两倍之多，早在第一次世界大战前，美国已成为经济超级大国。后来，美国强大的经济实力用于战争，起到了决定性作用，美国赢得了两次世界大战，重新书写了20世纪的世界历史。第二次世界大战后，美国在人口方面更具有不可比拟的优势。许多科学家特别是犹太科学家进入美国大学，填充并夯实了美国的基础科学研究，从而使美国在这方面的实力最终超越欧洲。

美国在持续吸引优秀移民方面比欧洲更具优势，其出生率又高于欧洲，因此到了21世纪，美国人口已经增至3亿，这一规模比英国、德国、法国和意大利的人口总和还大，差不多相当于日本人口的3倍。直到不久前，刚刚富裕起来的中国才在市场规模上与美国相匹敌。在20世纪的大部分时间里，美国一直拥有世界上最优秀的大学和最优秀的企业，长期占据世界创新的领头羊之位。

得益于规模优势，美国在信息技术、金融服务、媒体产业和军事技术方面远远领先于其他国家。当然也有例外，欧洲企业和日本企业在部分制造业中占有领先地位。欧洲企业和日本企业在国内市场规模较小的劣势下，之所以仍能与美国企业同台竞技，原因在于制造业的产品特征。制造业的产品规格有严格而客观的质量标准，因此出口制造产品要比出口服务、软件或电影容易得多。芬兰诺基亚公司在国内市场狭小的背景下，照样可以在世界范围内实现产品的规模效应。在移动手机产品的竞争中，诺基亚曾经有过引领时代的辉煌创新。

然而，制造业在现代经济中的份额正被侵蚀，逐渐让位于服务、软件和互联网产业。在这些非制造业的行业内，所生产的产品不再只是简单的直接出口，因为服务产品的完善需要企业与客户的合力打造。正因如此，庞大的国内市场成为服务和信息技术行业的重要竞争优势。我们可以看到，在服务和信息技术行业，美国企业一枝独秀。美国拥有最大的物流企业，如联邦快递和UPS（美国联合包裹运送服务公司），还有最大的餐厅、连锁酒店以及最大的金融服务公司。美国企业在全球服务业中所占的市场份额，要比其欧洲或日本同行大得多。通常，这些美国企业首先会在美国市场实现规模经济和产品完善，之后再进军其他国家的市场，成为响当当的全球品牌。毫无悬念的是，美国软件和互联网企业主宰了许多国家的市场。当移动手机成为服务/软件产品而不仅仅是制造业产品时，美国的苹果公司也就取代了诺基亚的王者地位。

美国拥有创新的固有优势吗？

现在的问题是，美国能否挡住来自中国的竞争？美国总统拜登说过，美国的创新优势不可动摇。他还指出美国的创新优势体现在政治制度、经济制度和教育制度三个方面。我不同意这种看法，上述三个方面根本不是美国创新竞争力的源泉。

首先，政治制度与创新没有直接的关系，许多西方式的民主国家就不是创新的成功案例。几乎所有欧洲国家都是西方式的民主国家，但受制于市场规模小、人口老龄化，南欧和东欧国家的创业创新水平很低。而在20世纪七八十年代，中国大陆及台湾地区、新加坡和韩国都没有实行西方式的民主制度，但不能否认上述经济体都是相当成功的创新者。

其次，经济制度的优势不可持续。创新的政策要素囊括贸易自由化、适度的监管、良好的基础设施，以及包括知识产权在内的完善的产权保护体系。大多数国家深谙于此，并制定相应的政策。中国已经实行了适合国情的社会主义市场经济、对外开放和知识产权保护的政策，并拥有良好的基础设施。从这个意义上讲，良好的经济制度并非美国所独有。

最后，教育制度仅代表部分而非全部优势。美国高中教育比大多数发达国家差，甚至比东亚国家还要糟糕。有人认为，由于死记硬背的应试教育制度，中国学生不会成为创新者，这纯属臆断。尽管中国高中生的学业压力沉重，但是没有证据显示超负荷学习会对创造力有明显的弱化影响。其实，日本学生的教育压力何尝不是与中国一样呢？然而日本人却在20世纪七八十年代为世界贡献了随身听、电子游戏机等许多伟大的发明。直到最近，日本制造的质量才因其劳动力老化而饱受重创。韩国的教育制度也与中国相似，但韩国在汽车工业、家电行业等领域的创新非常成功。近年来，许多中国企业已经在高技术产业中发挥创新引领者的示范作用，可见20世纪七八十年代形成的中国教育体系并不会抹杀创新。

如果非要找出美国无法被抢走的固有优势，那就是能吸引和留住更多的优秀人才，并且维持相对较高的生育率，这是世界其他地区无法做到的。由于美国大学能吸引来自世界各地最优秀的学生和学者，美国在高等教育方面仍居于世界领先地位，特别是在硕士研究生和博士研究生的培养项目方面。

美国的人口优势

美国人口的高增长，源于高生育率和移民两方面的贡献。首先来看生育率，美国的生育率在发达国家中居于高位（见图12-2）。根据世界银行的数据，2019年美国生育率为1.7，高于欧洲平均1.5的生育水平。即使我们只观察美国的白人人口，其生育率仍高于欧洲（见图12-3）。

与其他发达国家相比，为什么美国的生育率特别高呢？学者仍在讨论研究这个问题，原因似乎不止一个。原因之一可能要归结于宗教。在美国，人们对宗教的热衷程度高于欧洲，而宗教理念倾向于让信徒重视婚姻和大家庭。例如，摩门教徒和天主教西班牙裔的生育率通常较高。

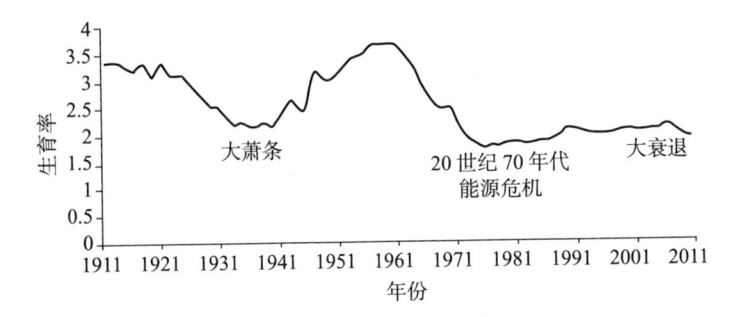

图 12-2　美国的总体生育率趋势（经济下行期间美国生育率下降）[1]

资料来源：National Center for Health Statistics, 2012。

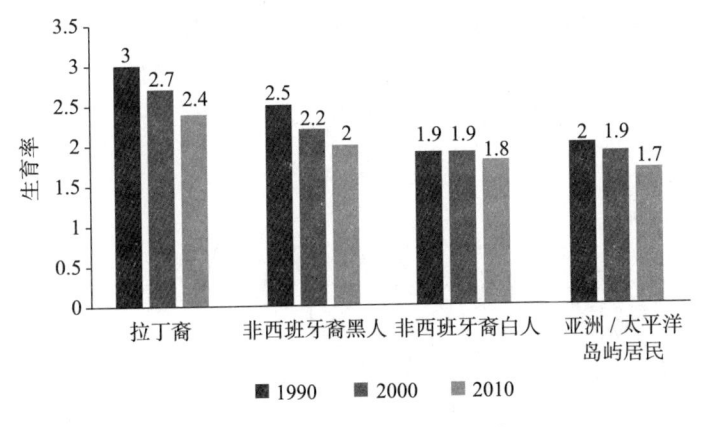

图 12-3　美国的少数族裔生育率

资料来源：National Center for Health Statistics, 2012。

另一个原因是美国的住房相对便宜。与东亚国家的中国、韩国和日本相比，大多数美国人居住在住房成本低廉得多的郊区，因而居住空间通常不会成为生育更多孩子的限制。

但是，美国的生育优势可持续吗？我的判断是，美国的生育优势会随着时间的推移而逐渐减少。在媒体和文化日益全球化的背景下，

---

[1]　据美国人口资料局（PRB）估计。

美国年青一代的生活方式必将大为不同，相应地，他们对于生小孩的态度将会与欧洲人趋同。越来越多的美国年轻人涌向大城市，而由于聚集效应，大城市的房价将变得高不可攀，也会抑制未来的生育意愿。

美国在创新方面的终极优势在于移民，这也是美国成为超级大国的主要原因（见图12-4）。美国要维持创新之路的领导地位，唯有再次依靠移民。目前，美国每年吸引50万~100万移民，这些移民的技能水平呈现两极分化：一方面，大多数移民只有高中学历或更低层次的受教育水平；另一方面，移民人口中拥有硕士、博士学历的比例要远远高于美国本土人口。在这里，我把低技能劳动力定义为没有大学学历的人口，相应地，高技能劳动力具有大学或更高的学历。在这些移民中，有一半以上来自拉丁美洲的低技能家庭，但是不可忽略的是，也有几十万来自欧洲和亚洲的高技能劳动力。

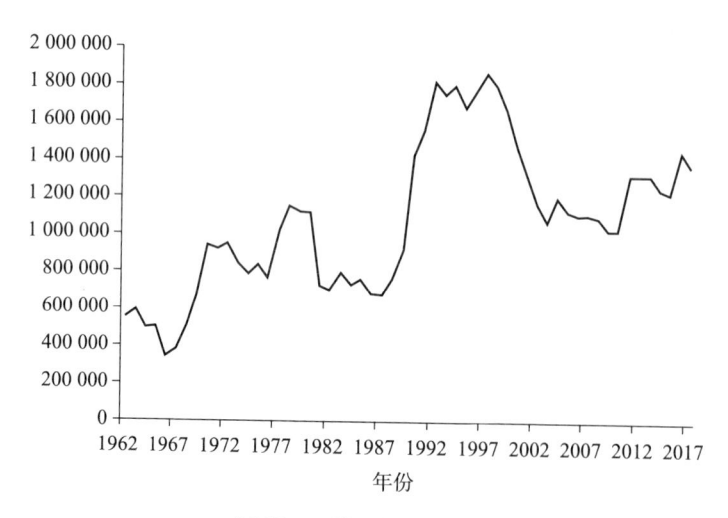

图12-4 美国净移民人数

资料来源：世界银行。

许多研究也显示，移民往往更具有创新精神和创业精神，比本土人口的生育率更高，更加重视子女教育。与美国本土人口相比，美国的高技能移民在申请专利上的概率约为本土人口的两倍,而创业成功的概率高出30%[1]。

每年,美国大学都会吸引来自全世界的优秀学生。根据专业的统计数据,美国大学外籍博士毕业生的比例从5%到50%不等(见图12-5)。以计算机和信息科学以及工程学为例,这一比例分别为45%和47%。大多数博士生毕业后会留在美国就业,他们都是自己国家最为优秀的人才,许多人后来成为行业内的领军研究人员和企业家。在美国,有一小半的成功高科技企业由移民所创立。如果我们把第一代移民的孩子计算在内,那么硅谷一半以上的工程师来自移民家庭。

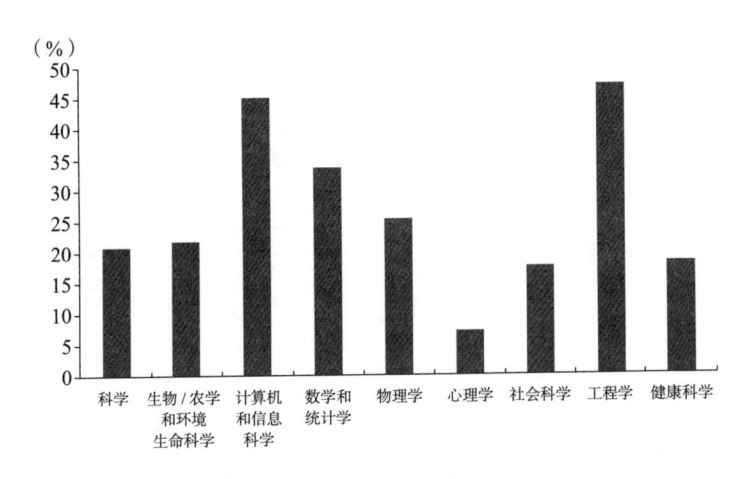

图12-5 美国大学外籍博士毕业生的比例

资料来源:National Science Foundation, National Center for Science and Engineering Statistics, Scientists and Engineers Statistical Data System, 2012。

美国在吸引移民方面的独特优势,还在于其国内已有的庞大移民群。这一典型的网络效应,是世界上其他任何国家都不可比拟的优势。新进入美国的移民,更容易利用美国本族裔的群体寻找朋友和工作。此外,不断增长的人口、极具活力的经济,都为移民提供了更多的就业机会和创新机会,从而吸引更多的移民加入。最后,越来越多的移民使得美国在文化和政治方面呈现更大的多样性与包容性，进而对移民产生更大的吸引力。美国在移民规模和网络效应方面的优势，其他任何国家都没法在短期内超越。

语言是另外一个优势，英语的使用让新移民更容易融入和被同化。英语系国家是最受移民和留学生欢迎的目的地。图 12-6 比较了美国、英国、澳大利亚和加拿大 4 个国家的留学生数量。而在所有英语系国家中，美国凭借人口最多和经济总量最大的绝对优势，能够为留学生在毕业后提供更多的定居和工作机会，从而对留学生的吸引力最大。因此，许多英国、澳大利亚和加拿大的留学生在本科毕业后，会选择赴美就业或攻读研究生。

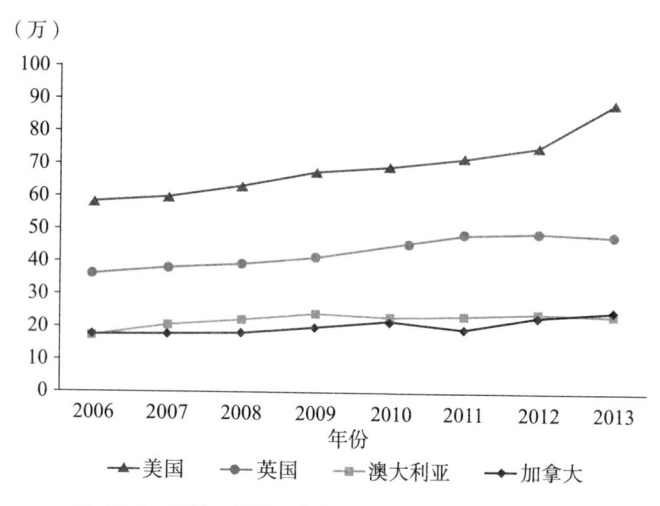

图 12-6　美国、英国、澳大利亚和加拿大的留学生数量

资料来源：Project Atlas Australia, International Students in Australia, 2013。

移民是美国的不可比拟的独特优势，但这种优势会不会持续下去呢？美国历史上曾经多次出台限制移民的严厉举措。我认为，除非美国重蹈大幅削减移民的覆辙，否则移民优势将得以延续。纵观美国历史，移民开放时期恰逢繁荣时期，这并非偶然。1924 年，美国出台了新的移民法，导致移民人数大大减少，而这恰逢大萧条前夕。具有讽刺意味的是，一旦美国经济遭遇困难，一些政客常常就会把移民当作不平等和失业等问题的替罪羊，这实在是很荒谬的说辞。

收入不平等的确是个问题。如图 12-7 所示，近年来，美国的收入不平等也在加剧。1% 最富有的美国人的税前收入占比，从 2009 年的 13.3% 上升到 2011 年的 14.6%。2012 年，1% 最富有的美国人的收入增长了近 20%，而其余 99% 的美国人的收入仅增长了 1%。

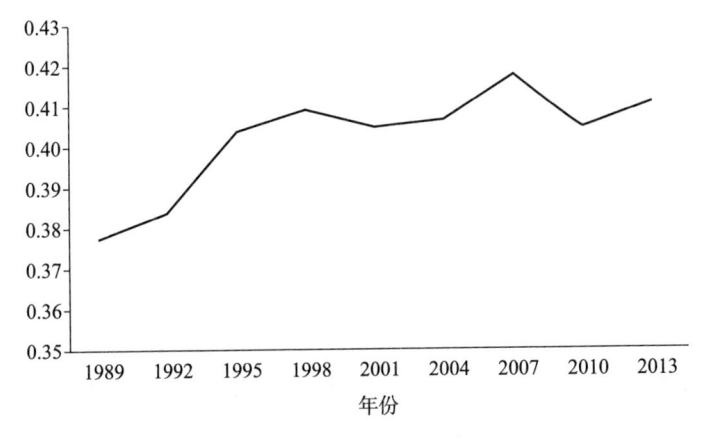

图 12-7　美国的基尼系数（世界银行估计）

资料来源：World Bank, United States GINI Index, 2015。

美国在全球收入不平等方面的统计排位是第 30，这意味着大多数国家的收入分配比美国更为平等。

与此同时，美国拥有最强大的经济体和最具活力的 IT 产业。不平等加剧和 IT 业崛起同时发生并非巧合。IT 提高了相关行业高技能劳动者的生产率。因此，IT 相关行业的高技能工程师和企业家赚了个盆满钵满，美国的贫富差距越拉越大。

收入再分配并非药到病除的良方，因为这将抑制创新和创业的动力。更为有效的方式，是创造公平竞争的环境和提高贫穷群体的技能水平。但知易行难，仅仅向穷人直接投放资源，并不足以显著提升他们的教育水平，贫穷背后的文化等复杂因素，都在阻碍穷人接受更高水平的教育。

高技能移民有助于解决不平等问题。高技能移民人数的增加将加大高技能劳动力的供应，从而降低高技能劳动力的工资溢价。与此同时，高技能劳动力也会让市场对园丁、管道工、家政服务等低技能劳动力的需求增加。结果是，低技能劳动力的工资随之增长，收入不平等问题得以缓解。

中美科技竞赛

中国和美国的科技竞争，是特别引人瞩目的话题。从各项指标来看，中国的科技水平都在直追美国。无论专利数量、论文数量还是研发投入的资金和人数，都大有超过美国之势。未来大约在10年内，中国的经济总量也将超过美国，拥有比美国更加庞大的国内市场。中国还将依托达到美国4倍的人口规模，在今后的20年中继续赶超美国。

虽然中国的国内市场将更加庞大，但是对于某些行业，比如娱乐业，市场边界将是文化和语言，而不是国界。例如，一部中国电影的国内市场规模为14亿人，而英语电影的市场规模接近20亿人（欧洲和印度的大部分人群都是潜在消费者）。互联网、软件产品等大多数服务产品的情况也跟电影行业相类似，文化和语言会取代国家成为主要的边界，所以美国在这些领域会具有一些优势。但这种优势也不是绝对的，比如在游戏行业，语言就不是太大的障碍，中国的一些游戏公司已经研发出流行于世界的游戏产品。

我们还是可以用前面讲过的创新力模型。

创新力 = 人口数量 × 人口能力 × （内部交流量 + 外部交流量）

美国的外部交流量略强于中国，而中国的内部交流量略强于美国。所以归根结底是人口数量和人口能力的竞争。中国的人口数量是美国的4倍，但是中国的人口正在迅速老龄化。比较中国和美国2040年的预测人口结构，我们可以看出，中国的人口结构呈现明显的倒金字塔形（见图12-8）。

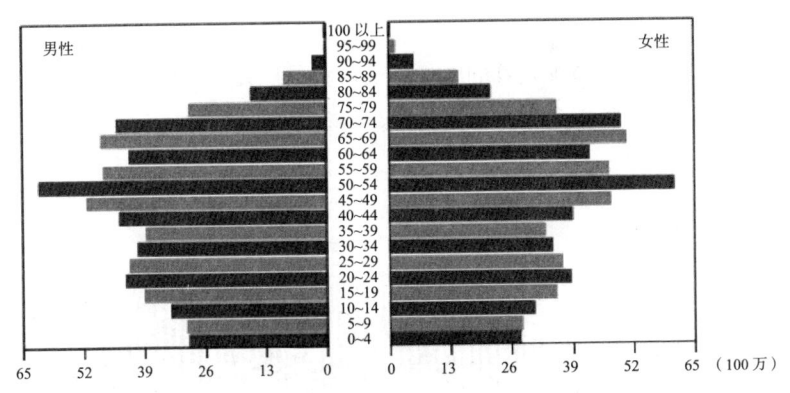

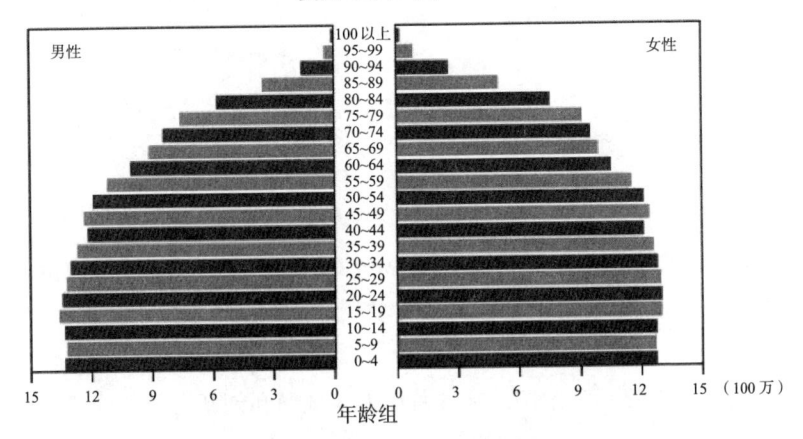

图12-8　2040年中美的预测人口结构

资料来源：U.S. Census Bureau, 2015。

考虑到中国人口老龄化的负面效应，我将只比较两国的中青年中（25~44岁）受过高等教育的大学生数量。另外，美国顶尖人才的质量比中国更高，原因是美国的顶尖人才不局限于本土，而是来自全球更大的人才池，我们可以称其为"外来天才"效应。美国每年吸引几十万留学生和高技术移民，这些人对美国的贡献有多大呢？如何把这部分对美国人才的质量的提升量化呢？其实也不难，因为从各种统计来看，这些高技术移民贡献了差不多一半的顶尖科学家和企业家，所以我们可以粗略推断移民把美国的人才质量提升了一倍，或者把可用的人才池扩大了一倍。

把美国受过高等教育的中青年人口数量扩大一倍以后，我将其和中国受过高等教育的中青年人口数量进行了比较（见图12-9）。

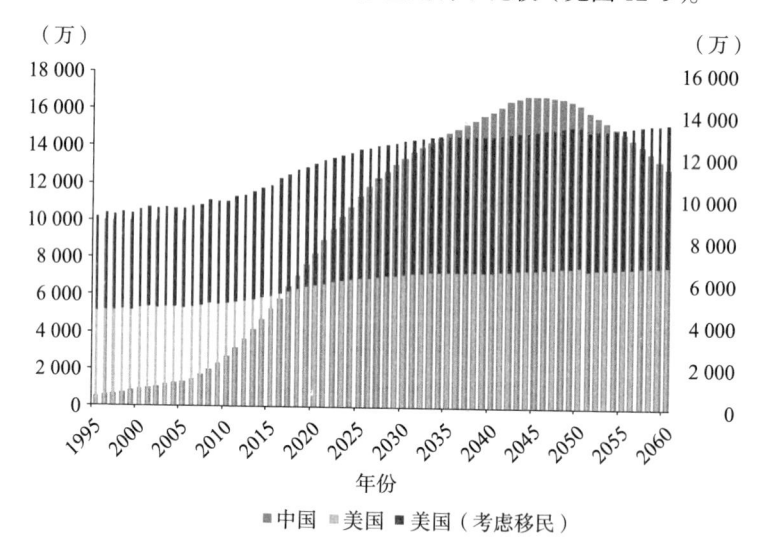

图12-9 1995—2060年中美两国25~44岁人口中拥有大学以上学历人口数

资料来源：National Bureau of Statistics of China; National Health Commission of the People's Republic of China, etc。

注：2020年之后的数据，根据公开资料预测得到。

图12-9显示，中国现在的总体人才规模和创新力还是弱于美国，但在2025年以后会赶超美国，并在2045年左右到达顶峰，超过美国

约20%。但在那之后，中国就会被少子化和老龄化拖累，到2055年左右甚至可能被美国反超。

当然，上述分析成立的前提，是美国能够保持吸引全球顶尖人才的能力。

中美两个国家的竞争已经全面展开。先是贸易摩擦，很快又延伸到更关键的科技领域。有人甚至担心，两国竞争是否会进一步升级到军事冲突。

以古希腊历史学家命名的修昔底德陷阱，指的是现任超级大国与一个新兴超级大国必有一战的预言。历史上，比如德国和英国，又比如雅典和斯巴达，这些国家之间的对立通常会导致战争爆发。显而易见，如果中美之间发生军事冲突，对两国乃至全世界都可能是一场大灾难。

但我仍然坚持认为，这次会有所不同。在农业和工业时代，各国竞相争夺的是土地、劳动力和自然资源。但时至今日，人类头脑中的创新和技术，已成为经济中最重要的因素。换句话说，创新者的大脑是最关键的资源。一个国家可以通过战争征服另一个国家，争夺所有的自然资源，但人力资源或人类的大脑是任何外力都无法抢夺的。假设外国军队占领硅谷，那么硅谷就会立即停止创新。谷歌的工程师会离开美国，在其他地方启动新的搜索引擎。一旦人力资源和创新人才成为最宝贵的资产，传统战争的动机自然也就消失了。

今日，经济竞争的关键已经是科技之争而非资源之争。而科技之争的根本是人才之争，其与战争不可同日而语。它更像是一场选美比赛，为了吸引最优秀的人才，各国需要"八仙过海各显神通"，竞相亮出最美丽、最安全的城市名片，辅以最好的公共服务和基础设施。今天，最聪明的大脑具有移动属性，任何侵略性的军事对峙都会制造恐惧和不安全感，导致最有天赋的人才移民到更安全的国家，所以侵略者基本上不能从战争中获利。

到 2040 年，中国经济将面临人口老龄化的严重威胁。经验显示，一个老龄化的国家在国内外政策上将趋于保守。因此，中国的创新能力如果受制于老龄化社会的不利影响，那么可能将失去在技术和创新方面与美国的竞争力。

美国和中国的政策选择

据估计，目前在美国的留学生已经超过 100 万。每年在美国大学获得学士学位的人数约为 200 万，其中只有大约 10% 是留学生。近几年，美国每年吸引的高技术移民差不多有 20 万人，美国若扩大留学生招生规模，其顶级名校能够扩建或允许更多在线教学来扩大招生规模，并大幅增加高技术移民的人数，这将会进一步扩大美国人才优势，提升美国的竞争力。

中国提升创新力的策略当然是鼓励生育，另外在对外开放和吸引移民方面也有很大的提升空间。而鼓励生育和吸引高端移民都是一项综合工程。吸引高端移民不仅要放宽签证，还要在文化包容、提供国际化的公共服务、普及英语等方面付出努力。当然，更关键和更有难度的是提高生育率，因为这涉及公共财政、教育、房价等复杂话题。这些将在本书的后半部分详细论述。

总结

从人口创新力模型来看，美国是发达国家中人口最多的国家，现在还能保持相对比较高的生育率，尤其在对外开放程度和吸引世界高端人才方面有着得天独厚的优势。因此，它仍然是世界上创新的超级强国。

第13章　印度

我一直对印度非常感兴趣。印度在很多中国人的心目中是一个贫穷的国度，但是，得益于其庞大的人口规模，印度的经济总量在2019年已经超越了英国和法国，成为全球第五大经济体。最近几年，印度的经济高速增长，是世界几大经济体中增长最快的。印度政府的目标，是在2030年前成为世界第三大经济体。当然印度还没有达到中等收入国家水平，其现在的创新水平尚不处于世界前沿，更多的是适应性创新。但是在10年以后，印度很有可能达到中等收入国家水平，其创新能力就有可能和现在的中国一样，在世界舞台上崭露头角。

印度的创新力和经济预测

创新力 = 人口数量 × 人口能力 ×（内部交流量 + 外部交流量）

我还是用创新力模型来分析印度的创新力，从人口规模、人口能力、内部交流量和外部交流量几个维度来分析。

根据联合国数据，印度的人口总量将在 2023 年超越中国，成为世界第一人口大国。而且印度现在的生育率几乎是中国的两倍，每年的新生人口更是远远超过包括中国在内的其他任何一个国家。所以在可预期的未来，印度在人口规模上将远远超过包括中国的其他国家。

从人口能力角度来看，印度正在大力发展高等教育，其大学生数量从 2000 年的 840 万增加到 2013 年的 2 380 万以及 2020 年的 3 500 万左右。有人会质疑印度高等教育的质量和印度大学生的能力。我们可以通过分析来评估印度大学生的能力。比较不同国家大学生能力的一个办法是，看来自不同国家的留学生在美国研究生院所获得的博士学位的份额。因为美国仍然拥有世界上最好的博士研究生院，而且相对公平开放地接受全球各个国家的大学生申请。

图 13-1 标注的是 2006 年获得美国理工科博士学位的非美国公民人数按照国籍区分所占的比例。这一数字表明，被授予博士学位的中国学生人数是欧洲学生人数的两倍多。被授予博士学位的印度学生所占的份额和欧洲差不多，大于南美洲和非洲所占份额的总和。从人均获得美国理工科博士学位的角度来看，印度学生的人均水平远远高于

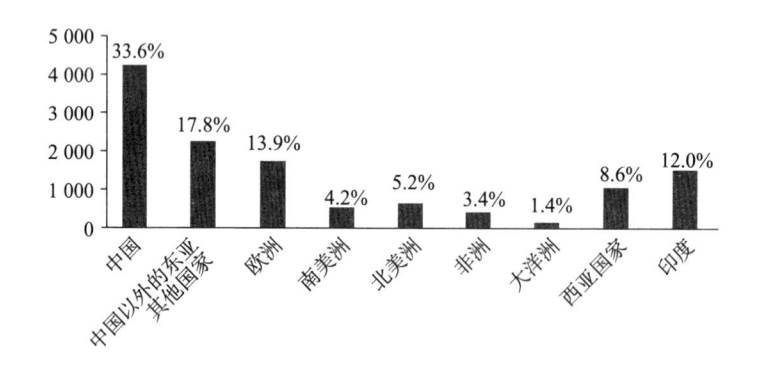

图 13-1　2006 年获得美国理工科博士学位的非美国公民人数按照国籍区分所占的比例

资料来源：National Science Foundation, Science and Engineering Doctorate Awards: 2009-10。

注：共有 25 个学位被授予了来自美国之外的非美国公民。

其他发展中国家的人均水平，由此可见，印度的人口能力虽然现在还远远落后于发达国家，但是高于其他发展中国家，而且随着接受高等教育人数的增加，还有很大的上升空间。

从内部交流量角度来看，这是印度过去最大的问题，由于过去地区保护主义盛行，印度被割裂成了很多相对封闭的地区，内部交流性受到了影响。此外，印度实行了很长时间的计划经济，严重影响了交流性。但是随着印度经济改革的展开，其内部环境正在得到改善。

最后从开放性角度来看，印度曾经实行严重的地区保护主义和贸易保护主义。但是最近几年这种情况有很大的改善，各种壁垒正在被逐步打破，外资和出口稳步上升。我们可以预期未来印度的对外开放程度还有很大的上升空间。印度有庞大的海外印度裔群体，这个群体对印度的对外交流有很大的帮助。印度比中国更有优势的是，英语是其精英阶层的第一语言。

综上所述，2030—2040年，当印度达到中等收入国家水平时，印度的创新力将持续提升，从而进一步推动其经济快速增长。彭博社预测，未来15年，印度经济将保持每年7%左右的增速，经济总量翻两番，2030年人均收入将达到8 000美元的规模。届时印度将超过日本和德国，成为世界第三大经济体。与中国相似，当印度达到中等收入国家水平时，将出现数以亿计的中产阶级消费群体和受过良好教育的劳动力，预示着印度将成为创新的沃土。印度的前景将更加光明。2030年之后，与中国不同，印度虽然仍会相对贫穷，但得益于更庞大、更年轻的群体以及越来越多的人口红利，印度可以继续发挥后发优势，实现比美国和中国更快的增长。从现在起的两代人时间里，印度的劳动力人口将比中国庞大得多，而青年劳动力的数量将达到中国的两倍。预计到21世纪末，印度经济将反超中国和美国，成为世界最大的经济体。

肯定有人认为上述判断很牵强，但这种发展趋势得到过历史的证明。例如，亚洲"四小龙"二战后的人均 GDP 从占美国的 5% 增长到 50%，实现这一切的时间跨度还不足 50 年。中国的人均 GDP（不含港澳台数据）的增长速度甚至更快，自 20 世纪 80 年代以来，30 年间从仅为美国的 5% 增长到 20%。此外，中国极有可能在不到 50 年的时间内增长至美国人均 GDP 的 50%。没有理由说，中国会是最后一个加入富国俱乐部的国家。下一个国家，将是拥有大量高质量人力资本的印度。

印度为什么还是个穷国？

历史上的印度，曾经拥有和中国一样伟大的灿烂文明，跻身于几大文明古国之列。在过去的 60 年里，印度的民主制度平稳运行。但是，在工业化的道路上，为何印度是姗姗来迟的后发国家呢？

在历史上的大多数时期，印度并不是一个单一的国家。相反，它是许多独立小王国的集合。我曾对工业革命始于西方、早于东方做出解释。第二次世界大战后，世界其他地区的经济体开始奋力追赶。日本、韩国等经济体在此时期采取了开放的市场经济体制，而印度奉行的却是截然不同的自给自足的计划经济制度。

从政治意义上讲，尽管印度绝非苏联式的政权，但不可否认的是，在 20 世纪 90 年代之前，印度实行的经济政策正是苏维埃式的自上而下的计划制度。很多原来的私营企业被迫国有化，例如原来印度的私营航空公司就被收归国有（近几年由于经营不善再度私有化）。计划经济的政策给创新和创业加上了沉重的枷锁，比如许可证制度。如果希望经营企业，企业家首先需要获得许可证，而其获取成本通常极其巨大，有时干脆就是不可能完成的任务。根据一项初衷是帮助小型企业的法律条款，任何企业如果要扩大规模，拥有百余名雇员，就需要经过政府的特别审批程序。此外，不计其数的烦琐的法规政策，都成为企业扩大经营规模的桎梏，比如超过一定规模的企业如果要解雇工人，就必须经过政府批准。因此，假设一家企业经营成功，想再扩大规模，但其扩大到一定规模后，就会面临不能解雇任何工人的情况（需要政府审批）。对企业经营者来说，不能解雇任何工人是很可怕的情形。由于这些条条框框，许多行业的企业规模很小，相当多的企业不得不冒着法律风险大量雇用临时工。

这从根本上扼杀了创新和创业的动力。而正是扩大经营规模的目标和潜在回报，激发了企业家创业与创新的动力。既然创业开公司没有发展前景，理性的聪明人会转行做其他工作。一旦企业成长失去动力，那么印度最大的优势——巨大的市场规模造就的规模优势也会消失殆尽。我曾经对比过中国和印度两国的纺织企业，结果发现印度企业的平均规模远比中国小得多，而企业的生产效率与企业规模密切相关，即大纺织企业的生产效率远远高于小企业。中国的大型企业动辄有成千上万名员工，其生产率具有世界领先的竞争力，因此兼具大型出口商的身份。相比之下，印度几乎没有大型纺织企业。当我问到印度企业家为何不扩大生产规模时，得到的答案是，现行的法律法规更有利于小企业，在此背景下将企业做大的成本高昂。所以，与中国不同，印度没有以出口为主的劳动密集型制造业。

印度政府在20世纪90年代改革前所犯的一个错误是，没有实行开放贸易。部分原因是国内企业的规模有限，无力在世界市场上竞争。为了保护印度的小企业，政府对进口商品征收高额关税。外国直接投资在印度企业中不得高于50%，由此阻碍了许多跨国公司的投资。与许多拉丁美洲国家一样，印度的进口替代战略惨遭失败。印度企业没有与世界同行进行竞争的机会，这进一步拖累了印度的追赶和创新战略。最后，限制性贸易政策不仅切断了印度与世界市场的联系，还减缓了其与世界其他国家的人员、思想和技术的交流。凡此种种，都对印度的创新和经济增长造成沉重打击。

1950—1990年，印度经济的年均增长率只有3.9%；相比之下，

1960—1990年，韩国经济的年均增长率为9.6%。第二次世界大战后的初期，印度的人均收入与韩国不相上下，但是到了1991年，印度的人均收入仅为韩国的1/10。中国自20世纪70年代末实行改革开放以来，经济实现了惊人的两位数增长，这与1991年前的印度经济形成了鲜明的对比。

20世纪90年代初，经过对中国改革开放成果的10年密切观察，印度终于下定决心开启自己的改革之路。但是，在其国内民主政治体制下，印度的改革之路走得比中国慢得多。直到2004年，经济学家辛格成为印度总理，改革步伐才得以大幅加快。在辛格任期内，许可证制度几乎完全废弃了。印度的关税和其他贸易壁垒大幅减少。大多数行业取消了对外资持股的比例限制。随着新经济政策的实施，印度经济增长步伐显著加快。近年来，其GDP年均增长率为6%~7%，而在未来两三年，预计GDP增速有望达到8%~9%（见图13-2）。此外，印度出口和外汇储备也随之快速增长。

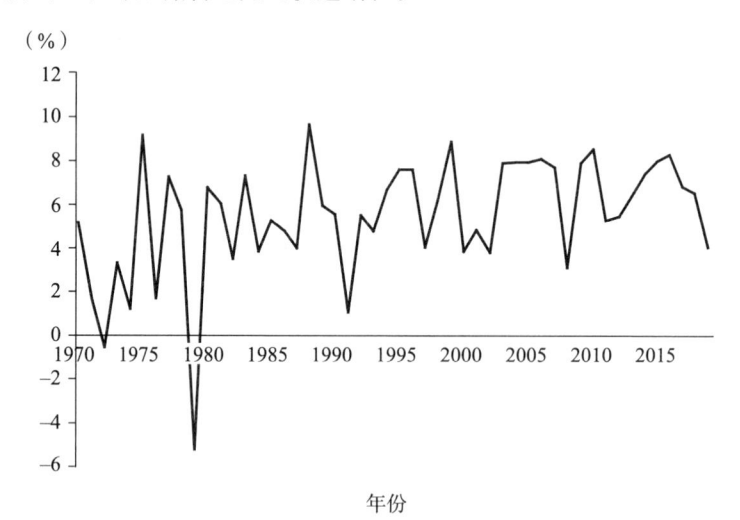

图 13-2 印度 GDP 增长率

资料来源：World Bank。

印度能否实现持续增长？人口和市场规模是推动创新的基本要素。近年来，印度的人口规模保持世界第一，而且其人力能力得以显著提升。自20世纪90年代改革以来，大学入学率从6%稳步提高到10%，印度现在每年有超过200万名大学毕业生。按照美国最优秀的研究生院的生源指标来衡量，印度本土培养的素质过硬的大学生，是美国研究生院招生的最大来源之一。比如，印度理工学院享誉世界，每年培养数以千计的工程和科学领域的顶尖人才。

印度以其庞大的人力资本为杠杆，撬动了世界级的IT外包产业和服务业。IT服务的年出口额，已经从2000年的50亿美元增长到2010年的超过200亿美元。[1] 印度在创新指数的排名上，遥遥领先于大多数同等人均收入水平的经济体。印度的风险资本投资迅猛发展，从2006年的7.18亿美元增长到2015年的44.15亿美元（见图13-3）。

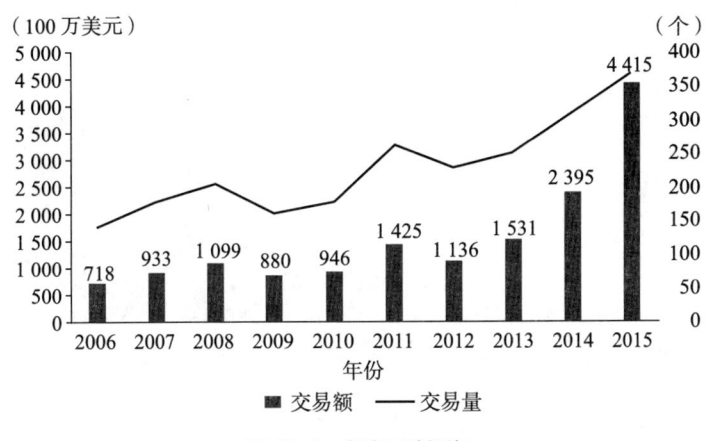

图13-3 印度风险投资

资料来源：Snigdha Sengupta, "10 Years of Venture Capital Investing in India: Time to Pause, Reflect & Correct"。

坐拥14亿庞大人口的印度，当然具有类似中国的市场规模优势。印度的移动电话和互联网市场位居世界第二，印度的本土互联网企业在与国际同行的竞争中毫不逊色甚至表现优异（见图13-4、图13-5）。

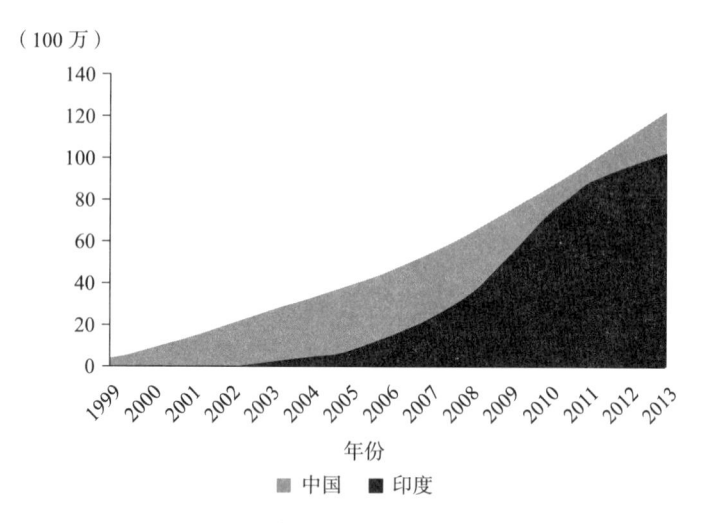

图 13-4　中国与印度的手机用户数量

资料来源：截至 2012 年 10 月，印度和中国监管机构的官方数据。

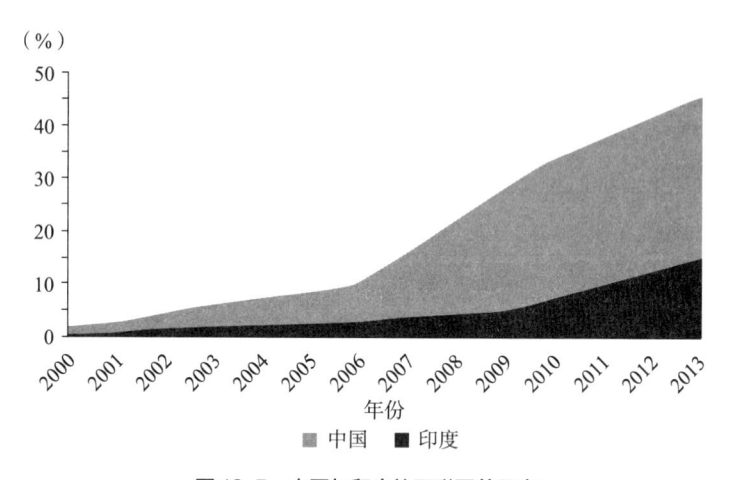

图 13-5　中国与印度的互联网普及率

资料来源：International Telecommunication Union (ITU), World Bank, and United Nations Population Division。

例如，在印度，电子商务巨头 Flipkart 正领先于亚马逊，主营打车服务的 Olacab，正与优步激烈争夺印度市场。如果换成小国，本土互联网公司几乎不太可能发展起来。

不可否认，与高收入国家相比，印度在研发投入和专利申请量等创新指标方面还存在相当大的差距，这要归因于印度仍然处于赶超发展阶段。其现阶段的主要任务，是吸收和转化已有的成熟技术，其实这一过程也离不开创业和创新，但不需要大量的原创研发。例如，为了满足低收入人群的需求，印度本土电话制造商 Mircomax 将智能手机的生产成本压低到约 100 美元，结果该公司一跃成为世界排名前 10 的手机制造商之一。作为优步的本土竞争对手，Olacab 不断拓展业务范围，从打车服务到人力车夫服务一应俱全，企业规模已经超过优步（印度）。爱彼迎的本土版 OYO 酒店，除了提供传统酒店业的服务，还提供业主的房屋翻新以及酒店管理服务。在线旅游公司 Expedia 的本土竞争者 Makemytrip，在提供酒店和机票预订服务之外，延伸出火车和公交票务服务。这些本地化技术和商业模式，都是适应印度本土市场的创新产物。在印度巨大市场的鼓励下，这些吸收和转化式的模仿创新，均获得了商业化成功。

印度经济发展的隐患

印度的经济发展有一系列隐患，首先就是基础设施建设。许多人对印度的基础设施心存疑虑，担心这会成为经济增长的瓶颈。这一担心不无道理，由于投资不足，印度的基础设施确实不够完善。但不要忘了，处于经济起飞阶段的所有穷国，无一例外都面临过基础设施相对落后的情况。随着经济增长，储蓄率和投资率随之提升，印度的基础设施投资自然会相应增加。事实上，在印度，储蓄率与基础设施投资相继攀升（见图 13-6、图 13-7）。近期去过德里的人都会有切身体会，当地的高速公路和机场正在逐步改善。

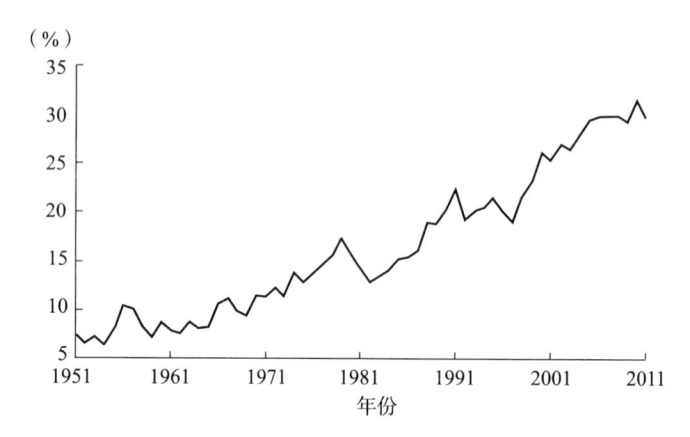

图 13-6　印度的储蓄率

资料来源：Ministry of Statistics and Program Implementation, 2012。

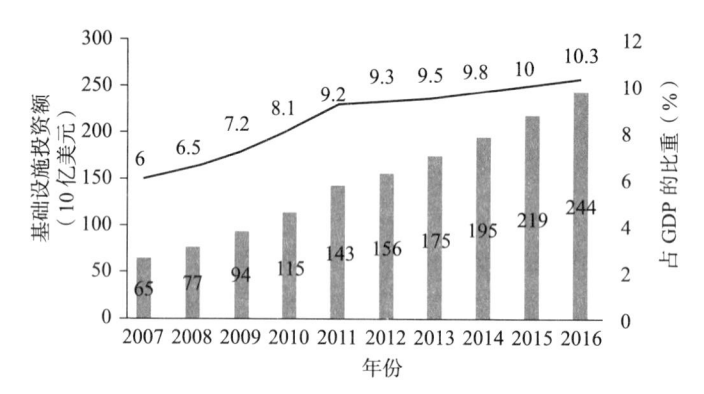

图 13-7　2007—2016 年印度的基础设施投资占 GDP 的比重

资料来源：Citibank Macro Economy Report。

拉丁美洲国家的出口以初级产品和自然资源为主，这也是拉丁美洲国家频发经济危机的症结所在。一旦大宗商品市场价格低迷，贸易平衡被打破，货币应声贬值，就会引发金融危机和宏观经济衰退。印度和拉丁美洲国家不同，其出口产业尤其是 IT 外包业在国际市场上具有明显的竞争优势。近年来，印度贸易稳步增长。2015 年，印度外汇储备已超过 3 200 亿美元（见图 13-8）。

（10亿美元）

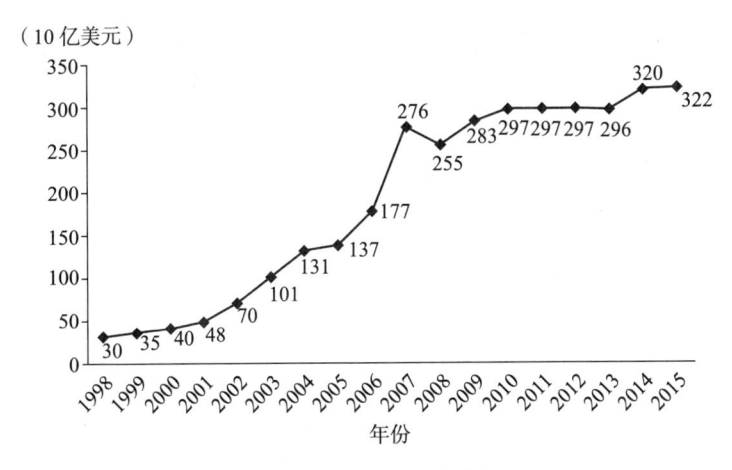

图13-8 印度外汇储备总额

资料来源：Reserve Bank of India, 2015。

有人会说，印度的民主政治制度也会减缓经济发展。这种断言确实有些道理，当印度在1991年实行经济改革时，改革的力度和速度都很保守，经济增速并不快，比中国更是慢得多。直到最近，印度才开始赶上中国的贸易开放度和营商便利性，并开始大举投资基础设施。以上都是印度经济增速最近才赶上中国的原因。

缓一缓，照顾人民的情绪，有时也是有好处的。20世纪80年代，中国政府采取计划生育政策，使得生育率下降。到了2010年以后，当生育率已经降到更替水平以下，其他主要国家都已经掉头鼓励生育时，中国政府才开始意识到继续实施计划生育政策的负面影响，开始放宽生育政策，鼓励生育二孩。其实，印度在20世纪70年代也曾试图控制人口。英迪拉·甘地（Indira Gandhi）试图推行限制生育的政策，对育有二孩以上的男子实施强迫绝育，但事实证明，这在民主社会的政治体系下，得不到选民的支持，不可能执行。时至今日，印度人口的持续增长和年轻化，已被广泛视为一种国家资产而非负担。

随着经济迅速增长，不平等程度不可避免地会加大。相比普通群体，企业家、IT工程师等社会成功人士的收入增长一定会更快。这实际上是正能量，是获得成功、取得高回报的示范效应，会带动其他人奋发工作，敢于冒险求新。改革前，印度的个税最高边际税率高达80%，严苛的高税率确实保证了人人平等，不过平等的结果是大家共同贫穷。现在，个税最高边际税率降为40%。成为超级富豪不再是神话，但获益的并不只是少数富豪，毕竟涨潮可以推高所有的船只。随着经济的发展，数以亿计的印度人已经摆脱贫困。未来，这一群体将逐渐成为中产阶级。印度是种姓制度，以前人们根据种姓来判断高低贵贱，但随着更多的印度人步入中产阶级，种姓制度会逐渐消失，新的评判标准将是受教育程度、工作和收入。

一些人担心，印度大学所培养的优秀工程师和研究人员中的大多数人，在毕业后会移民美国，从而出现人才流失的状况。但实际上，印度每年约有10万名大学毕业生到国外工作和学习，占年度毕业生总数的0.5%。相比印度的整体人才库，0.5%的比例不值得大惊小怪，再者，这0.5%的人才可能发挥巨大的作用，尤其是加强印度对外交流。以中国为例，随着中国经济的腾飞，许多海外侨民纷纷回国，一同带来的是他们在海外获得的教育、经验和资本。据估计，大约60%的中国留学生已经返回中国。此外，那些没有回国的人，也可以在许多方面襄助母国。许多跨国公司正在印度和中国建立研发中心，部分原因是高管的印度裔或华裔身份使然。印度裔高管在国际跨国公司的成就斐然。例如，目前谷歌和微软的首席执行官都是印度移民，这些跨国公司很可能会继续扩大在印度的经营，设立研发中心。

就像中国一样，印度的工业化发展必将消耗大量的自然资源和能源。如第7章所述，世界能源足以养活100亿人口。在农业方面，绿色革命之后，印度人的粮食已经完全实现自给，印度已成为世界粮食的主要出口国。

印度是主要的石油进口国，因此石油价格低廉会使印度获益。如本书之前所述，由于页岩气、太阳能和电池技术的创新，我们预测石油和能源供应将很丰富，这对印度经济来说是利好的。而在需求方面，由于中国已经迈向下一个发展阶段，发展重点转向服务业和高端制造业，对能源与资源的需求将在近期放缓。全球需求的低迷同样会压低自然资源价格，这正合印度心意。

印度环境质量在变好之前，必将经历变坏的糟糕阶段。一般的发展模式便是如此：一个国家在人均收入达到 8 000~10 000 美元时，才会产生改善环境的真实意愿并具备相应的能力，届时环境才会真正好转。就印度而言，未来清洁能源和改善环境的技术不仅更为先进，而且成本更为低廉，因此印度环境的改善可能无须等到人均收入达到 8 000 美元的门槛。但在短期内，印度环境将不可避免地变得比今天更糟，但是，一旦印度驶向下一个发展阶段，环境质量必将有所改善。

人口和经济前景展望

印度拥有创新型国家所必备的要素：稳定的政府、开放和自由的市场、高素质的教育、不断增长的出口业，最重要的是正增长和年轻化的人口。目前，中国也拥有正增长和年轻化的人口这一要素。然而，中国人口很快就会增长缓慢并且步入老龄化。有鉴于此，印度经济将有很大的机会在未来赶超中国。

让我们比较一下印度和中国的人口结构。

如图 13-9 所示，中国存在显而易见的人口问题，而印度如今的人口结构呈现出近乎完美的金字塔形。印度的中位年龄是 28 岁，而中国的中位年龄是 38 岁。印度的生育率在 2.4 左右，而中国的生育率为 1.4，印度的生育水平高出中国几乎一倍。2022 年印度新生儿的数量约为 2 400 万人，而中国只有 956 万人。这就意味着，中国每年

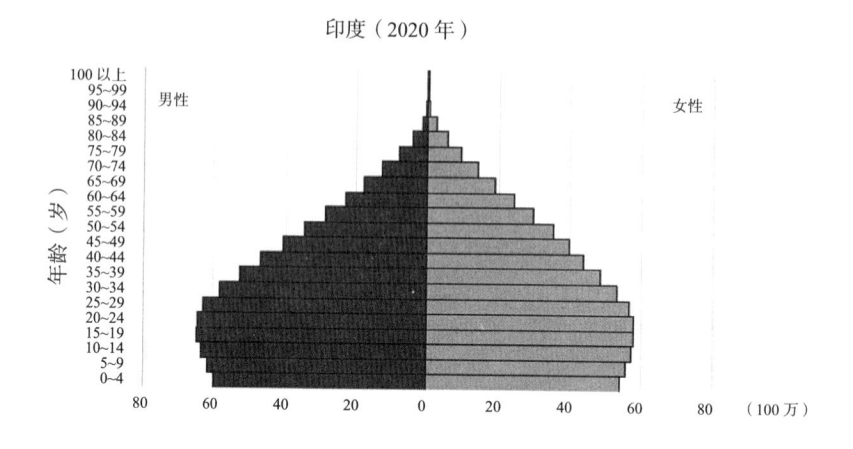

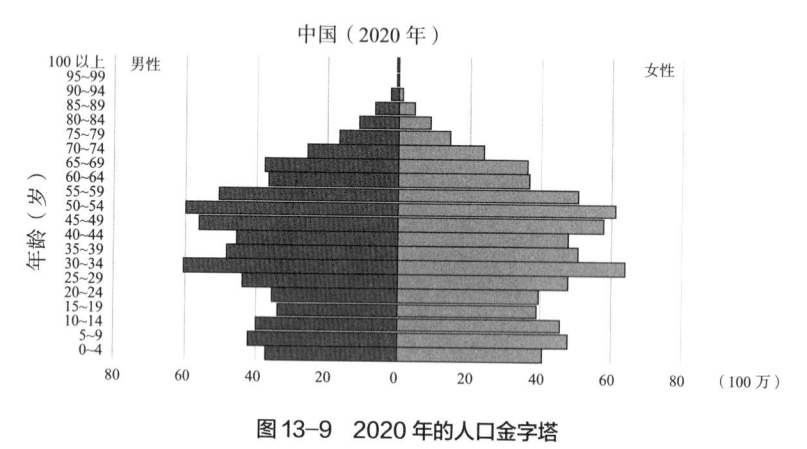

图13-9　2020年的人口金字塔

资料来源：U.S. Census Bureau，中国国家统计局。

新生儿的数量比印度少60%。

当印度在2040年达到中等收入国家水平时，印度将拥有世界上最大的人口数量，具有最大的规模优势（见图13-10）。而英语作为官方语言也是印度的优势，英语更好的印度人才更容易进入世界市场，印度企业更容易在世界各地经营，印度学术界会更轻松地与世界其他地区交流。此外，常用英语的优势使得印度能够吸引更多的移民。

中国（2040年）

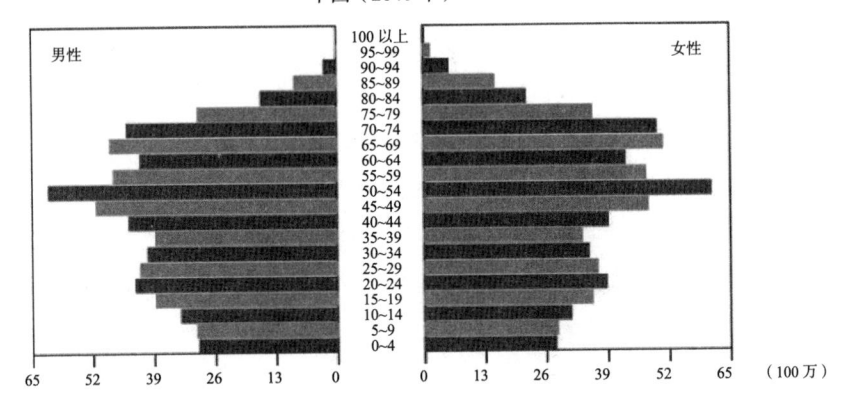

印度（2040年）

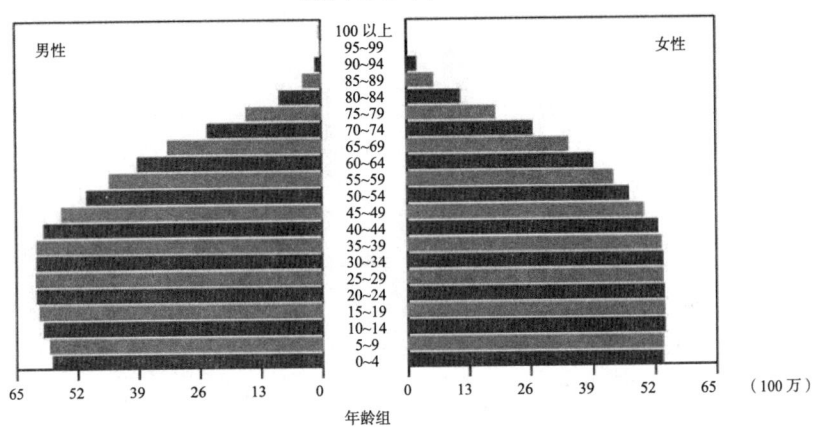

图 13-10　2040 年的人口金字塔

资料来源：U.S. Census Bureau, 2015。

到 2040 年，印度的经济增长将快于中国，可进一步缩小印度与中国的人均 GDP 差距。与此同时，印度的生育率将继续显著高于中国。因此，印度的人口预计将达 16 亿之巨，比中国人口高出约 30%（12 亿）。印度的劳动年龄人口约为 8 亿，而中国为 5 亿，几乎高出中国 60%。因此，即使印度的劳动生产率只能达到中国的 2/3，印度的经济规模也终将大于中国，且远远高于美国。

我们来看一下对中国和印度的青年劳动力人口的预测，到 2070 年，印度年龄在 20~39 岁的青年劳动力将超过 4 亿，是中国的两倍多（见图 13-11）。我认为，青年劳动力是劳动力人群中最有创造力和最具创业精神的群体。不仅印度会有更多的年轻劳动力，而且相比中国，印度的年轻人会成为更好的创新者和企业家，因为如本书中所探讨的那样，中国将面临老龄化社会的阻挡效应。到 21 世纪末，印度的创新性极有可能超过中国。

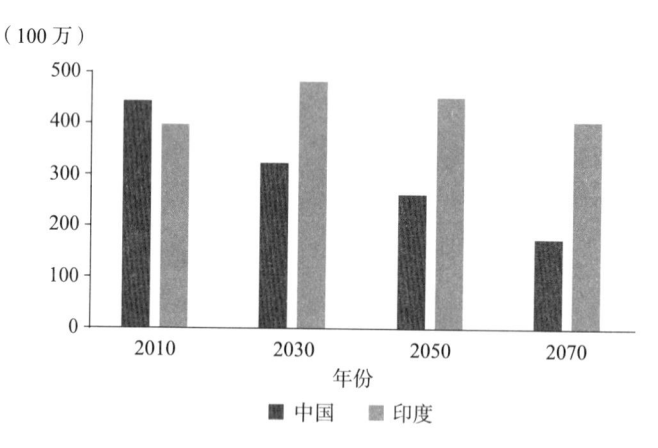

图 13-11　中国和印度青年劳动力人口（20~39 岁年龄段）

资料来源：U.S. Census Bureau, 2015。

未来 20 年内，走向中等收入国家水平的贫穷国家当然不止印度一个。印度尼西亚和越南等许多国家也将迎头赶上。辅以积极的经济政策，这些国家都将迎来迅速增长，达到中等收入国家水平。然而，在其他条件都相同的背景下，小国将比大国发展得更为缓慢，因为其规模优势不如印度和中国这样的大国。尤其是当一个国家达到中等收入国家水平时，其规模优势会变得更加重要。因为在前沿创新方面，国内市场的规模效应和大型人才库的集聚效应，是成为一个创新中心的关键。当然，一些较小的经济体，例如泰国，即使无法成为创新中心，也可以成为旅游胜地和适合居住的地方。

总之，作为新兴国家里人口规模最大的国家，印度具有很强的创新潜力。中国也许能在 10 年后超越美国成为最大经济体。与此同时，印度的经济规模将快速增长，逐步赶上中国。人口形势的变化将成为美国、中国和印度三个主要经济体相对竞争力演变的主要驱动力。

各国创新力竞争的总结

前文综合分析了几个大国和地区的人口和创新力。下面我们用表 13-1 来综合比较几个国家和地区的创新力模型中的几个要素：人口规模、人口能力、内部交流量和外部交流量。

表 13-1 不同国家和地区的创新力要素比较

	日本	欧洲	美国	印度	中国现状	中国未来
人口规模	弱	中	中	强	强	中
人口能力（老龄化）	弱	中	中	中	中	弱
内部交流量	强	中	强	中	强	强
外部交流量	中	中	强	中	中	中

综合来看，由于日本已经进入严重老龄化，其人口规模和人口能力进入长期的衰退阶段，将不再是创新力的强国。欧洲的生育率比日本要好，又有一定的吸引移民的能力，具有中等的创新力，短板是欧盟不同国家间语言和文化的交流障碍。美国拥有不错的人口规模和生育率，很好的内部交流性和超强的外部交流性，尤其是吸引全世界人口的能力，未来仍将长期保持世界创新力的超级大国。印度现在还是一个追赶型国家，但是当其完成初步的工业化后，得益于世界第一的人口规模和开放性，将是创新力的未来之星。

中国在人口规模、人口能力和内部交流方面都是非常有优势的，甚至比美国还要好，但是在对外交流方面弱于美国。值得注意的是，如果生育率持续低迷，中国的人口规模和人口能力的优势将不复存在。我们将在第四、第五篇详细论述中国的经济和人口形势以及中国的人口创新战略选择。

第四篇
中国的经济和人口形势

第14章　中国创新力和经济展望

中华民族是富有创新力的民族

历史上，中华民族本就是富有创新精神的民族。维基百科的词条"历史性发明时间表"，列出了人类有史以来共133项重大发明。在这些发明中，15世纪之前的有78项，其中30项出自中国，占38%，远超其他可比地域。

实际上，中国人口的基本素质与其他任何国家相比都毫不逊色。认知科学认为，智商测试很好地反映了受试者的整体智力，包括理解、抽象、推理、演绎等能力，以及记忆力、注意力、想象力和创造力，而设计合理的测试的结果不受文化背景影响。[1]

理查德·林恩和塔图·万哈宁在2006年出版的《智商与全球不平等》一书中指出，不同文化和国家的基础教育质量存在差异。按照PISA（国际学生评估项目）测试中学生阅读、数学和语言能力的结果，东亚文化圈（包括中国、韩国、日本）学生的成绩最高，欧洲和美国其次，中东和印度随后，撒哈拉以南的非洲最低。

在国际比较上，《智商与全球不平等》根据192个国家和地区的数据，得出人均智商与人均 GDP 相关性高达 0.7 的结论，论证了并非富裕导致智商高，而是国际人均智商的差异可在很大程度上解释经济成就上的差距。按认知科学的结论，中国人均智商处于世界最高之列，但中国发展水平依然较低，说明如果发展水平达到与人均智商相适应的水平，那么中国科技和经济还有巨大的发展空间。

华人的高智商也表现在经商方面。海外经商表现最突出的地区是东南亚，虽然华人只占东南亚人口的 6% 左右[2]，但根据 2012 年福布斯世界最富排行榜，在东南亚拥有 10 亿美元以上资产的富豪中，华裔约占 2/3，其中最富裕的 10 人中，华裔占了 9 人。据估计，华裔分别只占菲律宾 1.3%、印度尼西亚 3.8% 的人口，但在两国的上市公司中，华裔资本所占份额分别为 55% 与 73%。[3]

在教育方面，美籍华人学生也取得了优异的成绩。比如，旨在奖励青少年杰出科研成果的"英特尔科技奖"被称为小诺贝尔奖，该奖项设立 11 年以来，获得最优奖的 110 名学生中，华裔有 23 名，占 21%，在过去 5 年的 50 名获奖者中，华裔有 14 名，占 28%。"英特尔科技奖"推崇原创性，华裔学生在该项评选中的杰出表现，印证了华人的出色不仅体现在优异的考试成绩上，更体现在超群的想象力和创造力上。又比如，在美国最著名的初中数学竞赛 Math Counts 中，过去 5 年的冠军有 4 人是华裔，而华裔仅占美国人口的 1.14%。中国的中学生的各项综合能力也领先于世界。2018 年，经济合作与发展组织对 79 个国家（地区）约 60 万名初中学生进行了国际学生评估项目测试后发现，以北京、上海、江苏、浙江"组队"作为代表的中国，在阅读、数学、科学 3 项测试中，分别获得 555 分、591 分、590 分，取得全部 3 项科目参测国家（地区）第一的好成绩，比来自亚洲其他国家如新加坡、日本和韩国的学生的得分高得多（见图 14-1）。

另外一个可以反映综合能力的指标是看美国博士学位候选人的族群构成。美国大学拥有世界上最好的博士研究项目，世界上最好的大

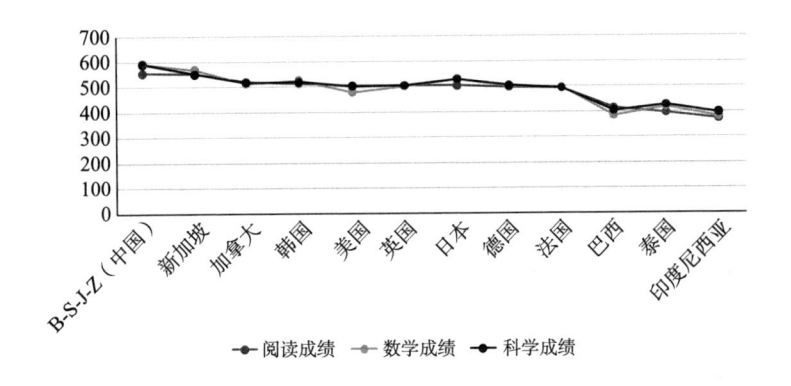

图14-1 2018年国际学生评估项目测试中各国学生的表现比较

资料来源：经济合作与发展组织，国际学生评估项目2018年数据库。

学毕业生会在美国大学里竞争博士学位。来自某个国家的博士候选人的份额，可以反映那个国家的大学毕业生的质量。2006年，在美国大学的科学和技术领域中，来自中国的博士生数量占33.5%，来自欧洲和印度的博士生分别占13.8%和11.9%，而来自拉丁美洲的博士生总数占4.2%，仅为中国博士生总数的1/8。即使从人均数量的角度来看，中国的在美博士生水平也远超其他国家。这反映了中国大学毕业生有很强的综合能力。

除了中国人的能力不低于其他任何国家以外，中国的文化特质也非常有利于现代科技和经济的发展。中国人追求世俗成功，勤劳程度不在其他任何国家之下。在中国随处可见夜以继日作业的工地，而这在其他国家难觅踪影。中国人有更强的忍耐力，注重长期和整体利益。当然，无论是智商还是文化特质都只是潜能，只有通过后天的发挥，才能推动经济和技术的发展。

中国古代在经济和科技方面长期领先于世界，但为何到近代落后了？前面几章已经对此做过论述，主要是明清统治者推行"海禁"和"闭关锁国"政策，阻碍了中外联系，影响了中国吸收先进的科学技术。

另一个是地理上的原因。由于中国在地理上相对封闭，远离其他文明，因此即便中国是人口大国，但中华文明并无人口优势。而巴比伦、埃及、波斯、希腊等古文明，虽不像中华文明这样一脉相承，但它们之间存在相当多的交流并具有一定的传承关系。在承载着这些古文明的地域上，其整体人口规模要超过中国。近代，随着航海技术的发展和地缘政治的变化，欧洲与近东、中东以及后来的美洲不断有人员接触和思想碰撞，加强了整个区域的交流，而中国则在地理上远离这些文明，实行了闭关锁国的政策，导致科技创新落后。

在全球化的今天，先进的交通和通信工具很大程度上弱化了地理上的劣势。只要中国保持开放，其人口规模的优势就会充分发挥出来。

人口众多是中国经济和科技发展的优势

前面几章已经充分论证了人口规模是创新的一大优势。

产业竞争是科技竞争的重要体现。很多产品的竞争首先在本土区域内进行，人口众多的国家容易形成更细分、更多样化、竞争更激烈、规模更大的市场。在有14亿人口的中国，很稀奇的创意产品，哪怕只有万分之一的人需要，也可形成14万人的市场，足以催生一个行业。对于成熟的产品，庞大的市场能容纳更多参与者，让优胜劣汰下的胜出者更强大。此外，庞大的本土市场可让本国企业在全球率先形成规模效应，实现盈利，并尝试和发展先进的技术，逐步占领海外市场。

由于地理、语言、文化的分割以及政治边界的存在，全球化的经济循环并不能完全取代较小范围内的经济循环。尤其在越来越重要的现代服务业如互联网和人工智能行业中，创新公司需要和客户共同磨合新的商业模式和业务流程。在这方面，中国公司的优势在于拥有庞大的本土客户群和数据。

在发达国家中，美国人口最多。依靠庞大的国内市场培育出来的大批美国企业，凭借在本土成功积累的先进技术和雄厚财力，走向国际市场，成为跨国公司。信息产品的生产成本几乎不随市场规模而变化，因此规模效应在信息产业中尤为突出。同样得益于庞大的人口规模，美国的生物医药技术遥遥领先。一种药品的研发需投入 5 亿~20 亿美元，而药物被批准前要经过的临床试验常涉及数以千计的特定疾病患者。这种规模的资金投入和临床试验非一般国家所能承受。像瑞士的罗氏和诺华、英国的葛兰素史克等制药公司，在美国雇用的人数都多于在其本土雇用的人数，而产品销售的最大市场也在美国。

中国正在取代美国成为世界上最大的市场。过去由于经济发展水平较低，交通和通信条件落后，中国的众多人口并未形成有效市场。但现在中国已成为能源、钢铁、建材、电器、汽车、网络等行业的全球最大市场。2013 年，中国的电子商务规模超过美国居世界第一，这意味着整体规模较小的中国商业在电子化程度上已高于美国。这种新兴行业的异军突起，反映出人口优势对扭转技术竞争态势的意义。在可预见的未来，中国几乎在所有行业都将拥有世界第一的规模，这有助于中国企业依托本土市场的规模优势走向世界，如华为、联想、腾讯等公司已经在海外崭露头角。

高铁建设高歌猛进，成为中国向海外拓展的名片。美国在 1965 年就曾讨论高铁计划，但现在依然是空中楼阁，原因是人口密度不够，经济效益不大。中国是唯一拥有联合国产业分类中全部工业门类的国家，虽然领先的行业还不多，但几乎可以在所有行业中参与国际竞争，这一点是其他国家做不到的。

首先，人口众多不仅促进市场多样化和层次化，也是形成庞大人才规模的基础。大学教育是目前从事科技事业的基本条件，本科及以上学历的人口规模，体现科技发展的优势。虽然美国人口约为中国的1/4，但是在2007年前，美国的本科及以上学历的总人口一直多于中国，这是美国科技力量长期领先中国的重要原因之一。但这一情况在2007年发生了逆转。中国大学生的增量和存量将在未来远超美国。而且前面已经论证了中国大学生的能力也毫不逊色。

得益于人口规模优势，中国在研发投入和人员数量方面正迎头赶上，超过了许多发达国家的水平。图14-2比较了中国和其他国家的研发投入占GDP的比重。我们可以明显看出，高收入国家研发投入的强度普遍更高。对于中国而言，我们画出了1996—2014年的研发投入强度。在这期间，中国的研发投入强度增长迅速。到2010年，中国的研发投入强度已经超过发达国家的中位数。

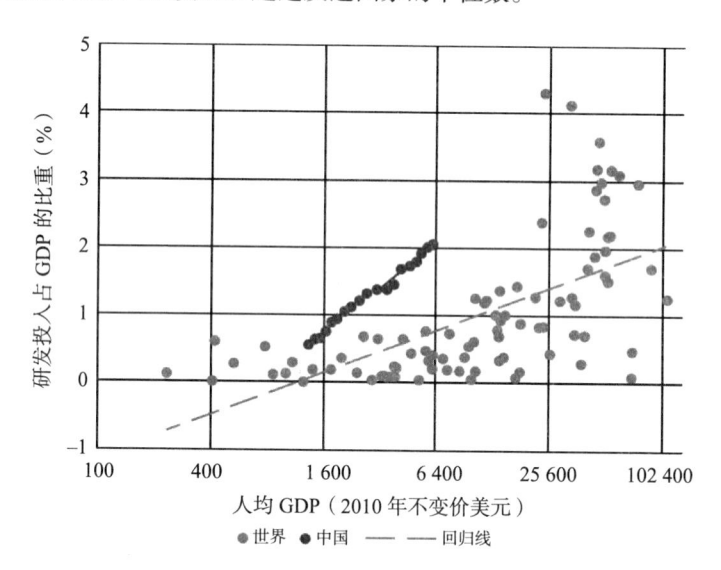

图14-2　研发投入占GDP的比重（国际比较）

资料来源：Word Bank, 2015。

注：中国的数据范围是1996—2014年，其他国家取自2014年或能获取到的最新年份的数据。

在研发人员方面，1996年，中国每100万人口中有443人是研发人员。截至 2014 年，该比例上升至每 100 万人口中有 1 113 人是研发人员。尽管比例仍不到美国、日本、德国和以色列等科技发达国家的 1/4，但由于中国人口众多，研发人员在绝对数量上已经超过它们。

而科研人才和研发投入的规模优势，为中国科技的突飞猛进奠定了坚实的基础。中国国家知识产权局的专利申请数，从 1995 年的 83 045 件，火箭般地上升到了 2014 年的 230 多万件，年均复合增长率达 19%。根据世界知识产权组织（WIPO）的数据，中国于 2011 年超过美国成为世界最大的专利申请国。如果只看来自中国的《专利合作条约》（PCT）国际专利申请量，2016 年为 4.32 万件，较前一年激增 45%，仅次于美国的 5.6 万件和日本的 4.52 万件。事实上，中国的专利不仅数量增长快，质量增长也很快。一是从专利结构看，技术含量最高的发明专利的占比，从 1995 年的 8% 上升到了 2014 年的 18%。2005 年，授权给外国申请人的专利占比超过 20%，而 2014 年的这一比例下降至 7%。这说明自 2005 年以来，自主创新在中国经济增长中扮演着越来越重要的角色。二是中国企业在其他国家获得的专利数量，在 1995—2014 年年均增长达到 30%，超过在中国获得专利数量的增长率。

虽然中国直到 2015 年才有第一位科学类诺贝尔奖获得者屠呦呦，但中国在基础科学领域中已经取得了巨大的进步。自然指数（Nature Index），是由出版《自然》科学期刊的集团发布的指数，旨在衡量不同国家和地区及机构在顶尖科学期刊上发表的论文数量和贡献大小。该指数基于全球自然科学领域的 82 本科学期刊，虽然数量不到世界全部科学期刊数量的 1%，但涵盖了路透社所列的科学引用文章的 30%，对高质量的科研成果具有广泛的代表性。

在基于 2015 年全年自然指数数据的国家和地区排名中，中国名列第二，达到第一名美国的 37.7%，超过英国和日本之和。此外，中国的自然指数在主要国家里上升最快，与该自然指数2013年发布的数据相比，中国上升了43.4%，美国则下降了8.1%。从机构排名来看，中国科学院稳居第一；北京大学超过耶鲁大学和哥伦比亚大学；南京大学超过加州理工学院和霍普金斯大学；清华大学和中国科学技术大学超过康奈尔大学和普林斯顿大学；浙江大学和复旦大学超过芝加哥大学与杜克大学。另外，遍布印度各地的印度理工学院，仅排在第137位，位于兰州大学和吉林大学之后。中国在该项排名中的表现说明，中国在基础科学领域中正快速接近世界顶尖水平。

有些人看低中国的理由是，中国没有很多世界一流的大学或诺贝尔奖得主。然而，这也是正常的，因为诺贝尔奖通常在科学家做出成就后的许多年才颁布。美国在20世纪之初就已经成为创新的领导者，但它的大学成为世界翘楚是在20世纪40年代以后。中国一流大学在政府庞大的教育预算的支持下，已经能够吸引世界上最优秀的华人学者。此外，中国学术出版物的数量也很快就要赶上美国。再过二三十年，我们一定会看到更多的中国学者获得诺贝尔奖。

中国经济发展的风险和持续性

东亚奇迹还是中等收入陷阱

21世纪的一件大事，就是中国经济的快速崛起。2020年，中国的人均GDP已超过1万美元，经济总量接近美国。那么2020年以后，中国经济还能以每年6%左右的较快速度增长吗？一般发展中国家人均GDP达到1万美元以后，有些会像亚洲"四小龙"一样继续快速增长，有些则会像拉丁美洲的国家一样明显放缓，即进入所谓的"中等收入陷阱"。中国的经济增长究竟更像拉丁美洲的国家还是亚洲"四小龙"呢？种种迹象表明，中国的经济增长更像20年前的亚洲

"四小龙"。

其一,拉丁美洲的国家和亚洲"四小龙"的差别之一是储蓄率,亚洲"四小龙"在经济起飞时的储蓄率远高于拉丁美洲的国家,从而使它们有能力做大量的基础设施和工业投资,而中国的储蓄率比当时的韩国还要高(见图14-3)。

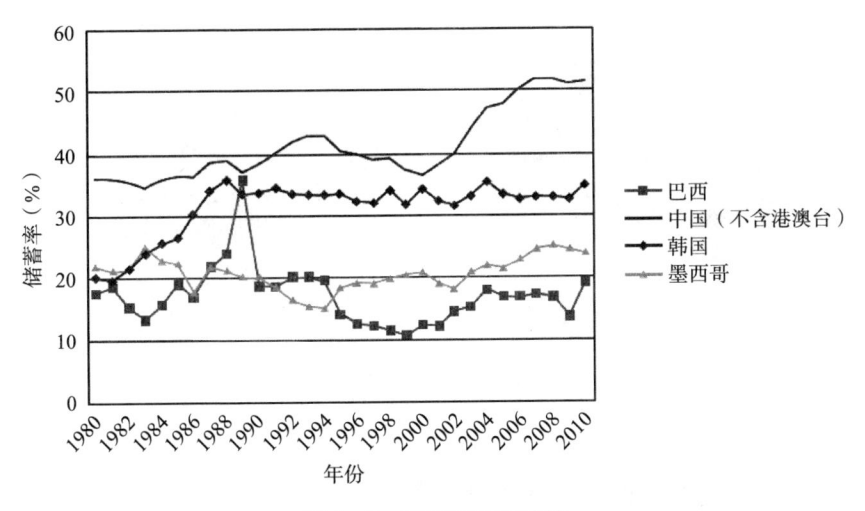

图14-3　各国的储蓄率比较

资料来源:World Bank, Gross savings (% of GDP), 2010。

其二,从出口竞争力来看,亚洲"四小龙"在经济起飞时的出口能力远高于拉丁美洲的国家,这使它们有大量贸易顺差、货币稳定且逐步升值,而拉丁美洲的国家却在后期受累于货币贬值和金融危机。而中国目前的顺差和金融状况,比当时的亚洲"四小龙"还要好。

其三,不同于拉丁美洲国家,亚洲"四小龙"在经历了劳动密集型的产业发展阶段后,在20世纪八九十年代成功进入资本密集型和技术密集型产业发展阶段,从而培养出了一批具备国际竞争力的企业。中国的出口企业还有相当一部分是劳动密集型企业,但是从近几年的发展来看,已经和二三十年前的韩国相似,开始进入高技术发展阶段。

中国出口产品的构成已经从以轻纺产品为主，转变成以机电产品为主。图 14-4 比较了中国 1993 年和 2006 年的出口产品构成。在短短的 13 年中，中国纺织品出口的比例已经从 29% 下降到了 12%，而机械类产品的比例已经从 17% 上升到了 48%。有经济学家做过分析，中国出口产品的技术含量，已经远远超过同等人均 GDP 的国家。

中国出口产品比例构成（1993 年）　　中国出口产品比例构成（2006 年）

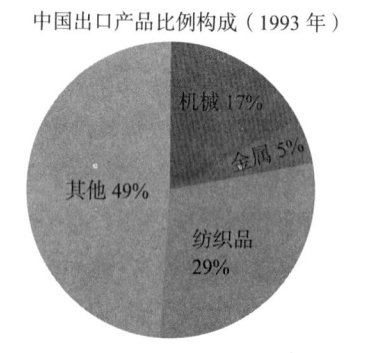

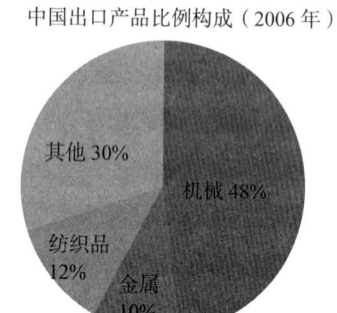

机械 17%
金属 5%
其他 49%
纺织品 29%

其他 30%
机械 48%
纺织品 12%
金属 10%

图 14-4　1993 年和 2006 年中国出口产品比例构成比较

以上提到的和拉美国家产生不同点的根本原因还是中国的创新力远胜于拉美国家。有了创新能力，就有很高的投资和储蓄率，因为有具备国际竞争力的项目可以投资。有了创新能力就有高科技产品的出口能力，有了创新能力就可以产业升级，不怕低端产能的转移。现在中国的高科技企业已经在世界竞争中崭露头角，在机电设备和通信设备领域中，华为、中兴、三一重工等公司已经在世界市场上占有一席之地。在某些新的设备制造领域，比如风能和太阳能发电中，中国企业已经处于世界领先地位。

中国在科技创新能力方面远胜于拉丁美洲国家的根本原因还有人才方面的优势，也就是人口规模和人口能力的优势。无论从大学生还是从研发人员占总人口的比例来看，中国都远超拉丁美洲的国家（举例来说，是巴西和墨西哥的 2~4 倍），而且正在快速接近发达国家。

此外，中国还拥有只有印度才能媲美的一大批海外高科技人才。光是在硅谷，就有20%的工程师是华人。这批海外的高科技人才也可以回到中国推动中国高科技产业的发展。

综上所述，我们有理由相信，中国经济能够沿着亚洲"四小龙"二三十年前的发展轨迹，持续快速增长10年以后，达到现在韩国的水平，即人均GDP 20 000美元以上，经济总量超过美国。

从制造业向服务业转型中的风险

到2020年，中国的人均GDP已经超过10 000美元，是低收入国家如印度、越南和巴基斯坦的4~5倍。中国企业和跨国公司将把它们的劳动密集型工业转移到这些低收入国家。届时机器人会在中国得到广泛应用，使中国成为机器人的最大市场。那么，这会不会导致中国出现大规模失业？

答案是这些被机器人替代的劳动者将被服务业吸收。中国的服务业目前占GDP的50%左右，该比例比其他中等收入国家以及发达国家要低得多，甚至比印度的服务业占比低，印度的服务业占GDP的60%。只要中国的服务业从目前的只占GDP的50%，增长到比较正常的占GDP总量的60%~70%，就可以创造出足够多的工作岗位来吸收这些被替代的工人。

有人认为中国经济结构不够健康，投资过多，制造业过多，出口过多。因此，当投资和出口不可避免地放缓的时候，经济增长也将会放缓。毫无疑问，中国的投资和出口在整体经济中的占比将下降，但事实上，当前占比仍然非常高。这正好表明中国比其他中等收入经济体具有更高的经济增长潜力。

高投资率是高储蓄率和高潜在投资回报的结果。例如，中国政府在机场、高速铁路、地铁等基础设施项目上投入巨资，产生了良好的社会效益和经济效益。高投资率也反映了创业的活跃水平。例如，根据全球创业监测的观察，在中等收入国家和高收入国家中，中国的人均企业家数量是最多的。2011 年，中国企业家利用留存收益或个人储蓄（而不是从银行或其他金融机构贷款）进行投资的资金数额，达到中国 GDP 总量的 11%，该比例在世界上是最高的。这表明，在中国投资的回报率还是比较高的。

同样，高水平的制造业和出口是中国企业具备竞争力的标志。近年来，中国企业已经能够出口更多的高科技制造业产品，在创新方面进步迅速。高水平的投资、出口特别是强大的制造业，是中国经济的强项而非弱点。如果有人认为这些是"烦恼"，那么相信拉丁美洲的国家都希望能获得这些快乐的"烦恼"。

随着中国越来越富裕，国民对服务业的需求将会增长。医疗、旅游、金融和教育行业是增长速度快于制造业的几个领域。发展这些行业要比发展制造业容易得多，因为服务业通常不会受到专利或专有技术的限制。只要当地有需求，医院就可以进口最先进的医疗设备发展其业务。相比之下，医疗设备制造商却需要在世界市场上竞争。因此，发展服务业要比发展制造业容易得多。事实上，随着制造业和出口业增长放缓，服务业自然会增长更快。任何经济体都会羡慕中国制造业在过去 40 年中的高速增长。

收入差距扩大的风险

在过去 30 年里，中国城镇居民和农村居民之间，以及高技能劳动者和低技能劳动者之间的收入差距增加了。直到 21 世纪初，中国过剩的农村劳动力成为城市中的农民工，但他们的收入仍然很低，而高技能劳动者的收入却在持续增加。国家统计局公布 2016 年全国居民收入基尼系数为 0.465，一些人担心收入差距的日益扩大会威胁到中国社会的稳定。

然而，正如我在前面所解释的，计划生育政策在 20 世纪 90 年代带来了出生人口的下降，所以到了2010年前后，农村的剩余劳动力大量减少，非熟练农民工的工资大幅上涨（见图14-5）。由于留在农村的农民有了更多的土地可以耕种，他们的收入也增加了。结果，中国的基尼系数也趋于稳定。高等教育招生规模的扩大，也有助于缩小高技能劳动者和低技能劳动者之间的收入差距，另外，大学毕业生的数量大幅增加，减缓了毕业生工资的上涨速度。

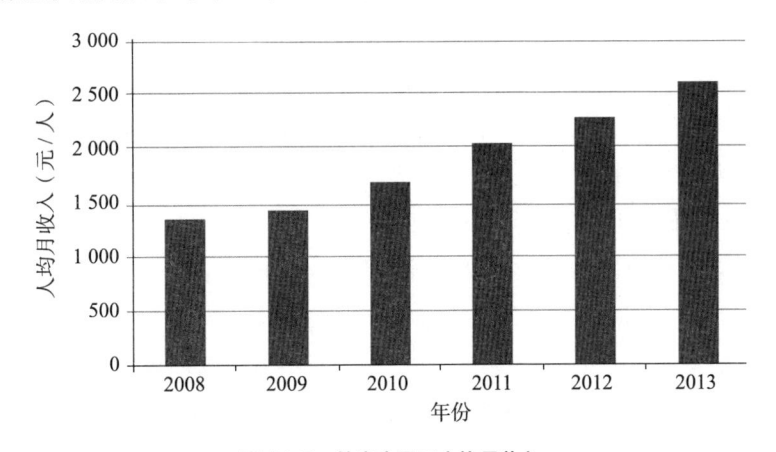

图14-5 外出农民工人均月收入

资料来源：中国国家统计局发布的《2013年全国农民工监测调查报告》。

中国的不平等主要是农村和城市的不平等。长期限制城乡人口流动可能是造成问题的主要原因。2015年，中国的城市化率约为50%，比其他中等收入国家要低得多，即使与印度相比也要更低一些。改革开放以来，亿万农民为了摆脱贫困，来到大城市成为农民工，但他们仍然面临着住房、教育、医疗服务等方面的问题。未来，许多农民工将定居在城市，只要政府能够继续放宽对国内人口流动的限制，城乡不平等的问题将会逐步得到解决。因此，中国的不平等问题不会像其他国家一样难于解决。此外，中国的文化和种族相对来说更为同质化，并且中国重视教育，新一代城镇居民子女的生活状况普遍比他们的父母要好得多。

环境与自然资源风险

我在前几章中论证过,自然资源已经不再是现代经济的重要因素。即使中国对自然资源的需求越来越大,但得益于新能源技术,世界上也还有丰富的可再生资源供人们选择。事实上,石油和其他商品的价格近年来是有所下降的。

此外,中国并不是一个资源贫乏的国家。中国的人均资源占有量比大多数亚洲其他国家(比如印度、日本、韩国和越南等)都要高。据估计,中国的页岩气储量比美国的还要丰富。对中国来说,之所以开发页岩气在经济上还不太可行,是因为在世界市场上还有更便宜的替代能源。在农业方面,中国有比能养活14亿人的土地还多的土地,然而,中国仍然会进口更多的粮食,并不是因为中国缺少耕地,而是中国的劳动力价格越来越贵,不是所有食品自己生产就具备了比较优势。

随着城市和工业的快速发展,中国一些城市的环境问题较为棘手。然而,正如我在前几章中已指出的,污染问题最严重的阶段,通常出现在人均GDP达到8 000美元的时候,而中国已经超越这一水平。随着越来越富裕,中国会投入更多的资金和精力来消除污染。最近,随着制造业增长放缓和更严格的环境标准得以执行,中国沿海地区的雾霾状况正在得到改善。

排外和封闭的风险

中国在开放移民和国际人员流动方面还有待提高。可以说,几十年来中国经济的腾飞伴随着不断加大的对外开放力度。但是,近几年随着美国企图与中国脱钩,民间排外的声音似乎越来越大。有些人盲目自大,认为中国的能力可以单挑整个世界,或者天真地以为单独过也会过得很好。另有一些人则把对立面扩大化,认为所有西方阵营包括日本、韩国都一定会站在美国这边。我们需要警惕这些排外的声音,在美国单方面地企图封锁中国科技创新的背景下,更是要加大对外开放的力度,尤其是对其他创新型国家的开放力度。最近的新冠病毒感染疫情的防疫措施阻碍了对外的人员交流。当然防疫措施是短期的,疫情过去以后,希望中国能够以更大的力度对外开放。

中国经济的最大风险是恶化的人口形势

中国政府已经放弃了限制生育的政策,未来必然也会推出鼓励生育的政策。前面我们已经论述了由于住房、教育和幼托方面的高成本,中国的生育率很可能比东亚其他国家更低。日本、韩国、新加坡的生育率都为 0.8~1.4,是全世界最低的水平。中国未来的生育率很可能更低,老龄化程度也会是世界上较高的。在以后的篇章里,我们会详细分析中国的低生育率的成因以及对策。

中国人口的迅速老龄化将会给中国经济和政府带来沉重的负担。图 14-6、图 14-7 展示了中国人口抚养比的变化。抚养比是指总人口中非劳动年龄人口与劳动年龄人口的百分比。从 20 世纪 80 年代开始,与其他发展中国家相比,中国的抚养比以非常快的速度下降,因为需要养育的儿童数量下降了。但这些消失的孩子在 20 年后就意味着消失的劳动者。到了 2015 年,抚养比开始逆转,逐年增加,预计将在 2030 年以后迅速上升。图 14-8 也给出了 2010 年和 2040 年的中国人口结构比较。

2030 年以后,相对于劳动人口而言,中国老年人口的数量将迅速增长。图 14-9 比较了中国 2008 年和 2040 年的人口结构。2040 年,总人口预计约为 13 亿,但年长者将由原来的 1.71 亿增至 4.11 亿。到 2040 年,年龄为 20~60 岁的劳动人口将从 8.17 亿下降到 6.96 亿。20~40 岁的青少年人数将从 4.36 亿下降至 3.02 亿。由于这些变化,

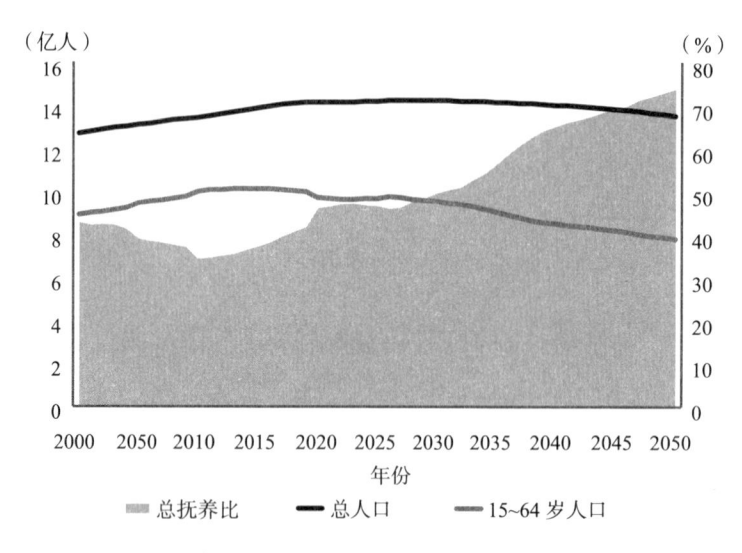

图 14-6　中国的总人口数量、劳动人口数量以及抚养比的预测

资料来源：中国国家统计局，育娲人口。

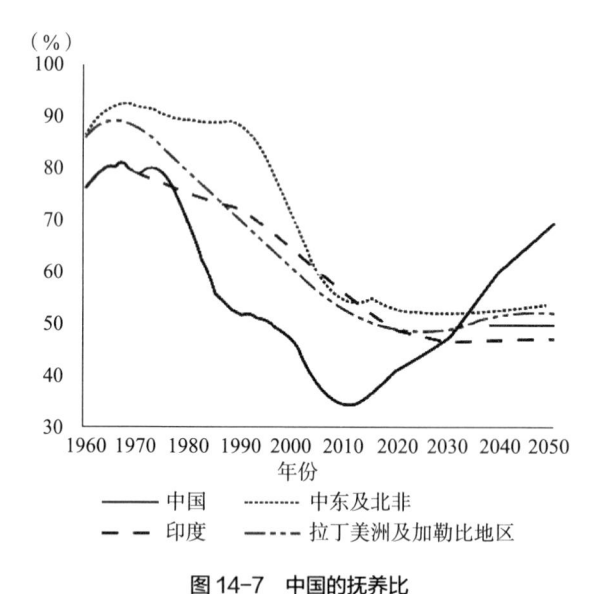

图 14-7　中国的抚养比

资料来源：Data 1960—2015 is from World Bank 2015. Data 2015—2050 of India is from United Nations Population Division. The rest of the data is from Department of Economic and Social Affairs, World Population to 2300。

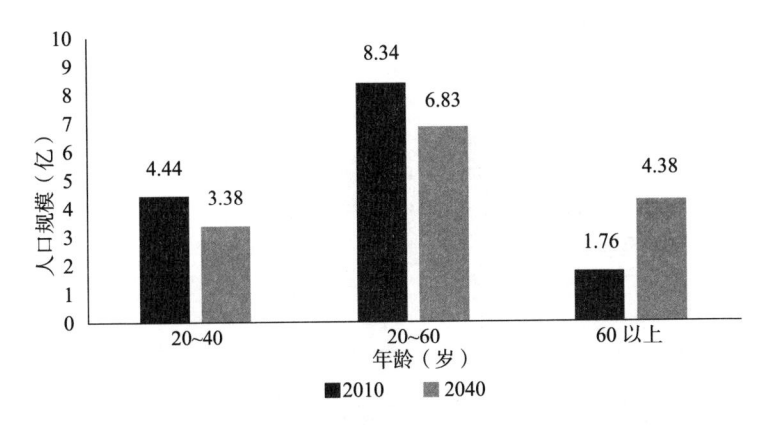

图14-8　2010年和2040年的中国人口结构比较

资料来源：U.S. Census Bureau, 2015。

中国的人口结构图将是一个顶部大、底部小的倒金字塔形。

这些急剧的人口变化，将对中国的经济尤其是创新能力造成巨大的负面影响。目前，中国的人口结构还相对年轻，因为在20世纪80年代，平均每年新出生的人口数是庞大的2 500万。他们现在正值30多岁，是收入和消费的黄金时期。他们对房屋和其他物品的需求，是过去10年中国经济发展的主要驱动力。然而，未来二三十年间，他们将变老、退休。20世纪90年代的出生人口比20世纪80年代的出生人口少40%。无须多少时间，这一代人也将达到30岁的黄金年龄，与上一代人相比，他们对商品和服务的总需求也会放缓。

在创新能力方面，30~40岁是最具生产力的年龄，也是创业的最佳年龄。目前，中国30~40岁的年龄组是由20世纪80年代出生的那个庞大的人群组成的。然而，在未来10年之内，当规模较小的20世纪90年代出生的群体达到30岁时，创新和创业的整体水平将会受到影响。随着年轻人口的规模在中国的萎缩，创新方面的规模优势将从中国转移到印度或者美国。

图14-10比较了中日两国年轻工人（20~39岁）占全部劳动力

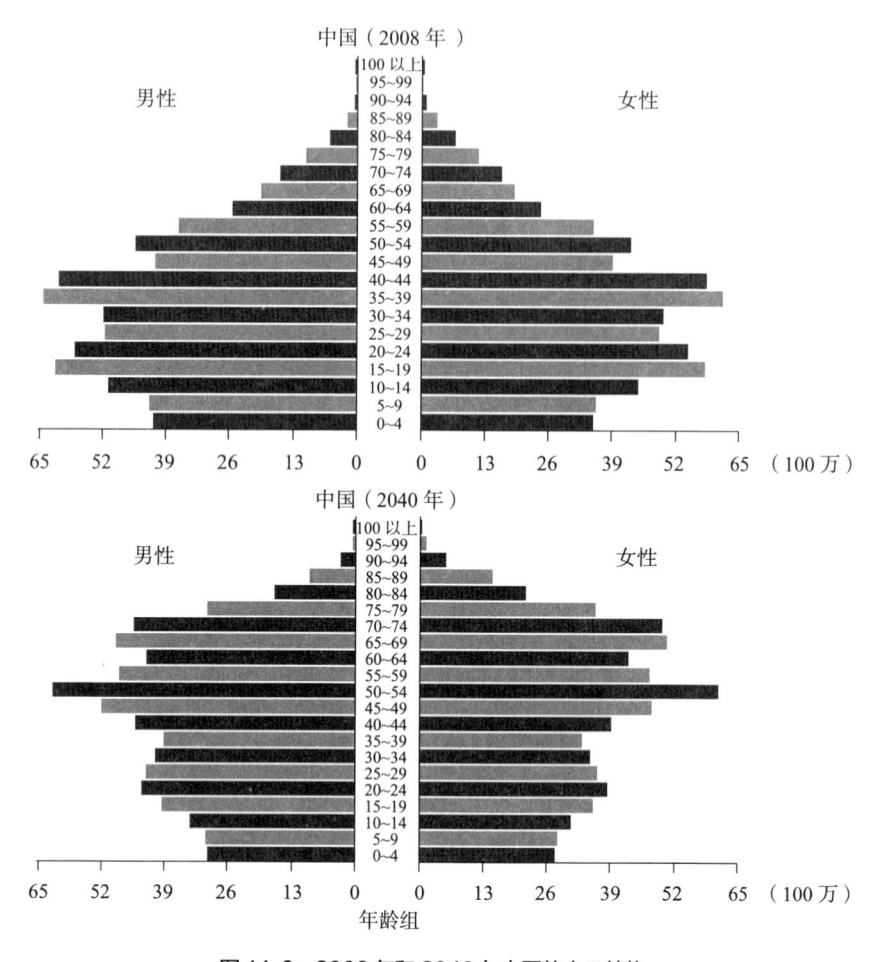

图14-9 2008年和2040年中国的人口结构

资料来源：U.S. Census Bureau, 2015。

（20~59岁）的比重。在日本，年轻工人的占比迅速下降，从20世纪70年代的55%下降到今天的约40%。我们在前几章中曾经论证过，劳动力老龄化会阻碍年轻员工的晋升机会，使他们缺乏创新和创业精神。由劳动力老龄化而导致的缺乏创新和创业精神，是日本过去25年经济停滞的主要原因之一。中国劳动力的老龄化与日本的趋势非常

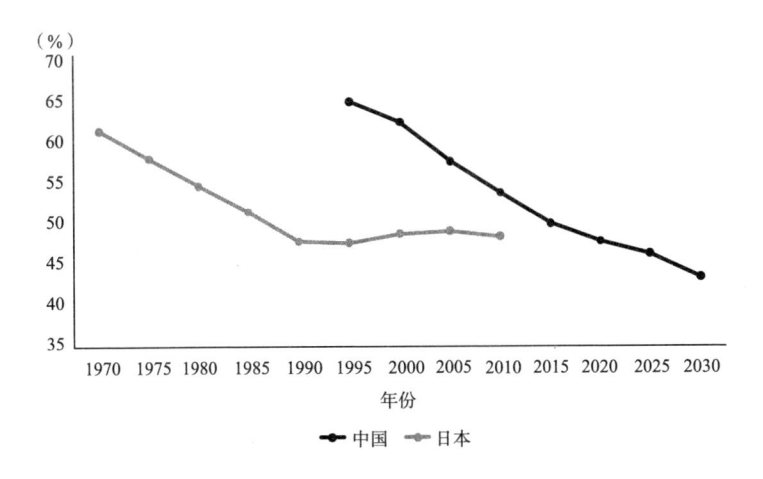

图14-10 中国和日本年轻工人占全部劳动力的比重

资料来源：Statistics Bureau of Japan，United Nations，中国国家统计局，育娲人口。

相似。到21世纪30年代时，中国劳动力的结构将和20世纪90年代的日本相仿，而到2040年，中国劳动力将比日本劳动力的年龄更大。如果把日本视为前车之鉴，那么中国的经济将在2040年左右开始遭受缺乏创新和创业精神的重创。

人口老龄化将成为中国经济的致命弱点。由于生育率长期低于更替水平，2040年以后，中国的人口结构将严重老化，并且人口规模也开始急剧萎缩。21世纪下半叶，中国作为世界上最大的经济体的地位可能被美国反超。中国如果不能提升超低的生育率，根据育娲人口的预测，到21世纪末，中国总人口占世界的比例会降到6.5%[4]，不到印度人口的一半，年轻人口可能不到印度的1/3。

中国人聪明、勤劳、语言相通、尊师重教，追求世俗成功。如果中国维持世界20%的人口，在市场规模和人才数量上保持绝对优势，那么在强大经济实力的支撑下，中国的技术以及科学将快速进步，这反过来又会进一步强化和巩固中国的经济地位。依靠人口规模和聚集效应，中国很可能成为世界经济和科技的中心，把人类文明推向新的高度。但在难以逆转的低生育率趋势下，中国的人口规模在达到顶峰后将持续性地加速萎缩，与此相伴的是最严重的老龄化。

从 2040 年起，中国经济将遭受快速老龄化的冲击。印度将成为人口最多、经济增长最快的国家。美国将可能在短暂落后于中国后，由于其无与伦比的吸引外来人才的能力，于 21 世纪后半期重新夺回创新领导者的地位。

总结

相比于发达国家，中国经济具有很好的内部交流性，外部交流性则由于历史和地理的原因不如它们，但是改革开放以后已经有了迅速提升。更重要的是，中国人是具有很强的创新能力的，而中国人口规模的优势更是中国创新的最大优势。但是，低生育率引起的人口形势的恶化，使得中国有可能在今后失去正在取得的创新科技大国的地位，从而对中国经济的持续发展造成不可逆转的打击。如何提高生育率来保持中国的人口优势，是未来中国公共政策的最大课题。下面的篇章将详细分析中国的低生育率问题及其对策。

第15章　中国人口历史

中国古代的人口历史

中国在历史上始终是一个人口大国，存在着如下几方面原因。

第一，中国的大部分国土面积都处于温带，处于最适合人类居住的理想环境。尤其如果与古希腊、古埃及等国家相比，中国在气候和地理位置方面都有明显的优势。如果与其他位于温带的国家相比，中国又更早地进入对本地区进行充分开发的阶段，形成了有利于人口聚集和繁衍的环境。

第二，中国历来重视农业发展以及农业技术的开发。"民以食为天"是儒家思想的重要组成部分，被历代封建君主谨记，执政者始终重视对水利建设和农业生产经验的总结。早在春秋战国时期，铁器农具就已经得到推广，牛耕也开始普遍应用。宋朝以后，南方的广大沼泽地区被开发成高产水田，一度成为最富裕和人口最稠密的鱼米之乡。

第三，在经历过一些导致人口大幅度降低的乱世之后，中国社会从明清开始进入一个相对稳定的发展时期。尤其如果与同时期的欧洲社会相比，在那五六百年里，中国并没有长时期经历大规模的战乱或瘟疫，反而依靠对玉米、土豆、红薯等新作物的引进，极大地提高了土地生产率并迅速扩大了粮食种植面积，为人口规模的持续性增长奠定了基础。

关于中国历朝历代的人口总量，学界存在着多种观点和分析，并没有绝对权威和统一的数据。我们在这里结合部分主流观点，按照不同历史时期进行一下大致的概括，所使用的数据主要用于反映整体趋势，并不代表作为相关朝代人口统计的唯一正解。

第一阶段，秦朝直至南北朝。在这个阶段，中国人口总量的低谷大致出现在秦末汉初。在西汉初期，人口总量最少时大概只有 1 500 万的规模。之后随着整个社会进入休养生息的阶段，西汉在人口高峰时曾达到 6 000 万左右的规模。但是在经历了"王莽篡汉"等社会动乱之后，人口总量又一度下跌至 3 000 万左右，直至东汉中后期才恢复到 6 000 万的规模。总的来说，直到隋朝建立之前，中国人口规模的上限基本上就在 6 000 万左右。

第二阶段，隋朝到元朝。从"贞观之治"到"开元盛世"，作为中国古代历史上的鼎盛时期，唐朝中期的人口总量达到了 8 000 万~9 000 万的规模。但在"安史之乱"后，唐朝乃至之后五代十国时期的人口总量曾出现下跌趋势。直到北宋建立之后，随着农业生产的恢复以及经济的高度繁荣，有观点认为中国人口总量在当时第一次突破了 1 亿大关。但之后由于外族入侵带来的战乱和统治面积缩小，南宋的人口总量没能回到北宋时期的高峰。包括在进入元朝之后，人口规模也只是维持在 7 000 万左右的水平。

第三阶段，明清两朝。明朝初期的人口规模在 6 000 万左右，之后长期处于人口增长的阶段，到 17 世纪初，全国人口已经历史性地突破了 2 亿大关。由于自然灾害和战争因素的影响，明末清初的人口总量曾出现大幅度下跌，但清朝中期的人口总量已经从 1.2 亿左右反弹到了 2 亿的规模，到 1840 年鸦片战争爆发的时候，人口总量更是达到了 4 亿（即人们熟知的"四万万同胞"）。

人口变化的规律和特点

第一,朝代更替的影响。当中国处于动荡、割据和战乱的阶段时,人口数量下降比较明显。其中既有人口大面积死亡的因素,也涉及因社会动乱而大幅度增加统计人口的难度,从而导致大量的数据被遗漏。所以每个朝代建立的初期,往往是阶段性的人口总量低点。接下来在新朝成立之后,和平年代的生育率明显上升,死亡率明显下降,在朝代中后期往往会形成人口高峰。但之后随着旧王朝的分崩离析,人口总量再次出现下降趋势,直到建立起新的大一统王朝,周而复始。

第二,科技与经济的推动。在"分久必合,合久必分"的整体格局下,我们可以发现,随着科技和经济的发展,人口总量会呈现出逐步增长的趋势。几个持续时间较长的朝代,其人口总量的最高峰数值都相比前一个朝代创造了新高。但是增长的幅度一度相对有限,唐朝的高峰比汉朝高了 30%~50%,宋朝的高峰只比唐朝高了 20%~30%。直到进入明清之后,中国的人口总量才进入爆炸性增长阶段,明朝的高峰要比宋朝高出约一倍,而清朝又比明朝高出约一倍(见图 15-1)。

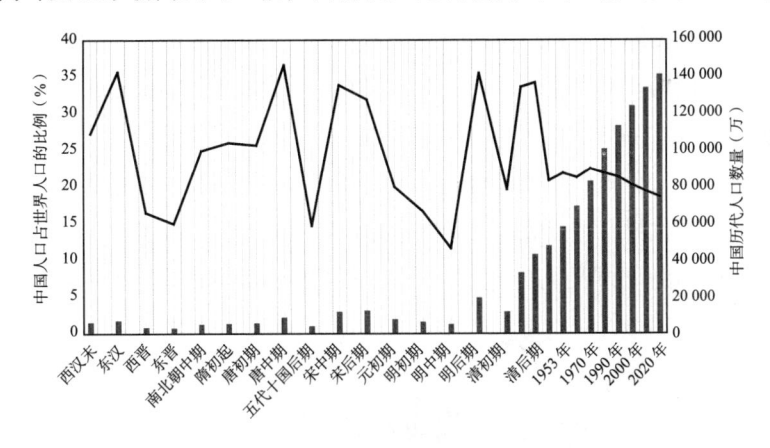

图 15-1 中国历代人口及其占同期世界人口的大致比例

资料来源:联合国世界经济和社会事务部、中国国家统计局、Population Reference Bureau、《人口与计划生育常用数据手册》、《世界经济千年史》、《中国人口史》、《中国人口发展史》、维基百科等。

注:由于历史时期的人口并无较为精确、统一的统计数据,因此部分年份的数据为作者综合各方资料推算得出。

第三，世界人口占比的变化。尽管中国历朝历代的人口总量变化很大，但如果我们将中国人口与同期的世界人口进行对比，就会发现中国人口的世界占比处于相对稳定的位置。整体而言，该项数据在和平时期可能达到 30%~40%，而当中国进入战乱时期，该项占比则下降到 20%~30% 的水平。值得一提的是，以清朝末期的人口统计数据来看，从 19 世纪初到 20 世纪初，中国人口从 3.3 亿增长到了 4.3 亿。但与此同时，中国人口的世界占比却出现了下降，这说明世界上其他国家的人口增长速度要比中国快。很多国家当时正在经历现代化早期的人口爆炸，如前文所述，在现代化的早期，由于死亡率先于生育率下降，一个在几十年内人口快速增长的窗口会出现。对中国来说，直到 20 世纪 50—70 年代才迎来这个现代化的人口爆炸窗口，比欧美发达国家晚了几十年到 100 年。

在进行上述总结的同时，我们还需要认识到，这些规律特点建立于农业社会的整体背景下。有限的耕地面积和粮食产能，在某些阶段会成为制约人口上限的要素，甚至可能由于各方对要素的争夺，直接带来大幅度降低人口总量的战乱局面。而在进入工业社会之后，影响人口发展的要素发生了改变，而人口对于社会发展的意义也出现了变化（比如本书研讨的人口与创新的关系）。因此，我们在对中国人口的现状进行分析和展望趋势时，不仅要回顾中国人口发展的历史，更需要放眼世界，重点关注其他国家在由农业社会迈向工业社会的转型过程中所经历的人口趋势变化，其中很多经验教训都应当得到重视。

古代的人口政策

早在春秋战国时期，君主和谋臣们就意识到人口规模对争霸的重要性，因此往往在施政纲领中添加鼓励生育的内容。比如"春秋五霸"中的齐桓公就曾接纳管仲的建议，推行鼓励早婚早育的政策，下令"丈夫二十而室，妇人十五而嫁"。

更具传奇色彩的故事发生在越王勾践身上，在那段卧薪尝胆的漫长岁月中，越国为了在国力上尽快超越吴国，推出了大幅度鼓励生育的政策，包括由官府出面为孕妇提供免费的接生服务，并为新生儿家庭直接提供物质奖励，而且是生得越多奖励越多。越国最终能够对吴国成功复仇，其人口政策的贡献要远远大于传说中的西施和郑旦。

商鞅变法的政策中同样包含了推动人口增长的内容，毕竟更多的人口能够提供更多的军力和劳力，符合鼓励耕战的改革方向。因此，商鞅强行贯彻小家庭政策，规定凡一户之中有两个以上儿子到立户年龄而不分居的，加倍征收户口税。这项政策推动更多年轻人尽早结婚，从而在客观上提升了整个国家的生育率。

上述诞生于争霸时代的人口政策，之后也被各个大一统的朝代借鉴。比如西汉初年，面对全国人口由于长期战乱而大幅度下降的局面，汉高祖刘邦推出了"民产子，复勿事二岁"的政策，即生一个孩子就可以免除两年的赋税和徭役。之后汉惠帝则规定，要对有15~30岁未出嫁的民间女子的家庭处以罚款。上述政策的推行，帮助西汉迅速摆脱了人口低谷期。

唐太宗李世民在贞观元年（627年）发布了著名的《令有司劝勉庶人婚聘及时诏》，非但推出了多项鼓励生育的政策，而且将"婚姻及时""户口增多"纳入考核地方官员政绩的重要指标，盘活了鼓励生育的体制机制，之后人口快速增长，并在开元盛世期间迎来历史性的人口高峰。如果从统治期间人口增长的幅度来看皇帝对中国人口的贡献，那么唐太宗和康熙皇帝是贡献最大的。

清朝从康熙末年开始试点推行"摊丁入亩"，并在雍正执政期间全面推行。所谓"摊丁入亩"，核心就是以田地而非人口作为征税对象，此举令大量农村家庭摆脱了"人头税"的束缚。在纳税总额被田地面积限定的背景下，生育更多的子女往往意味着平添劳力，从而在客观上产生了鼓励生育的显著效果，也使清朝从中后期开始进入人口数量爆发性增长的阶段。

新中国人口政策的变迁

新中国建立后，中国人口从农业社会的高出生率、高死亡率，过渡到工业化初期的高出生率、低死亡率，再过渡到工业化中后期的低出生率、低死亡率。这是典型的由社会发展和经济现代化引起的人口转型。根据人口政策方向，可将新中国成立后的 70 年分为四个阶段。

第一阶段是 1949—1970 年，限制节育和鼓励节育的交错。1950 年 4 月，中央人民政府卫生部和军委卫生部发文限制机关和部队妇女非法打胎。1952 年，卫生部规定限制节育及人工流产。1953 年，卫生部要求海关禁止进口与国家政策不符的避孕用具和药物。这些政策旨在保护妇女，客观上限制了节育。1953 年新中国首次人口普查显示，当年中国人口有 5.83 亿，年增 1 300 万。总人口远超 1949 年普遍认为的 4 亿多。"大跃进"和随后的三年困难时期，进一步促使政策转向。1964 年，国务院设立国家计划生育委员会，各地也设立了相应机构，开展节育工作。但这些工作在 1966 年"文化大革命"开始后基本陷入停顿。

第二阶段是 1971—1979 年，以"晚、稀、少"为特征的计划生育。1971 年 7 月，国务院批转《关于做好计划生育工作的报告》，开启了计划生育时代，标志着人口政策从政府倡导转变为以生育水平的目标为导向，对家庭生育行为进行干预和控制。1973 年 12 月，第一次全国计划生育汇报会提出了"晚、稀、少"政策："晚"是指男 25 周岁、女 23 周岁才结婚，"稀"是指生育间隔为 3 年以上，"少"是指只生两个孩子。

第三阶段是 1980—2013 年，以"一胎化"为基调的计划生育。1980 年 1 月，中共中央、国务院批转《关于 1980 年国民经济计划安排情况的报告》，指出："计划生育要采取立法的、行政的、经济的措施，鼓励只生一胎。"1980 年 9 月 25 日，中共中央发表《关于控制我国人口增长问题致全体共产党员、共青团员的公开信》，启动了以"一胎化"为基调的计划生育政策。公开信在表述上仅"提倡一对夫妇只生育一个孩子"，但在实践中，这往往表现为强制性地限制生育数量。1982 年，中共十二大确立计划生育为基本国策。1984 年 4 月，针对"一胎化"激化的社会矛盾，中共中央在批转《关于计划生育工作情况的汇报》的文件中，适当放宽了限制，奠定了 1984—2013 年计划生育政策的主要模式：对于以大中城市为主的城镇居民，一对夫妇只能生育一个孩子；先生育的是女孩的农村居民允许生第二个；少数民族可以生育 2~3 个孩子。在执行层面，20 世纪 80 年代只是在城市范围内严格执行，到了 20 世纪 90 年代，农村也开始严格执行。

第四阶段是 2014 年至今，实施"单独二孩"、"全面二孩"和"三孩"政策。2013 年卫生部与国家计划生育委员会合并，成立国家卫生和计划生育委员会。2014 年"单独二孩"政策在全国逐步实施，但效果有限，2015 年全国出生人口甚至比上年减少 32 万。自 2016 年元旦开始，"全面二孩"政策实施，但出生人口远低于预期，新出生人口小幅反弹到 1 700 多万，以后就直线下降。2021 年，"三孩"政策开始实施，各地逐步取消了很多限制生育的措施。到 2022 年出生人口就大幅下降到 956 万，生育率不到 1.1，比日本还低。

新中国的人口

图 15-2 显示，在 20 世纪六七十年代，中国的生育率很高，平

均每个妇女生 5~6 个孩子。但是随着现代化的发展，到了 20 世纪 80 年代，生育率已经降到了 2~3 的水平。以后随着计划生育政策的推出，生育率继续快速下降。20 世纪 90 年代以后，中国的生育率和出生人口都是呈现总体下降的趋势，尤其是最近几年呈直线下降的趋势。

图 15-2　1950—2020 年中国生育率

资料来源：中国国家统计局。

低生育率危机已经非常显著。2016 年放开"二孩"后，新出生人口出现了非常短暂的反弹，新出生人口一度超过 1 800 万。这个反弹的出现主要是由于很多人补生了"二孩"。去掉补生的效果，生育率并没有大幅提升，而且随着补生效果释放完毕，生育率和新出生人口继续快速下降。尤其是最近几年，生育率下降到了令人触目惊心的程度。2022 年的出生人口只有 956 万，不到印度的一半，生育率跌破了 1.1 的水平，在世界上几乎是最低的（仅仅略高于韩国）。说中国正在面临严重的低生育率危机绝对不是危言耸听。

图 15-3 显示，从中国出生人口占世界出生人口的比例来看，20 世纪 90 年代以后中国新出生人口占世界新出生人口的比例快速下降。从 20 世纪 80 年代的 17.2%（1982 年）经过小幅度变动后，降到了

20 世纪 90 年代的 15.6%（1992 年），到 1999 年只有 13.7%。从 1974 年开始，中国每年的出生人口就一直小于印度了，2021 年和 2022 年不到印度的一半。

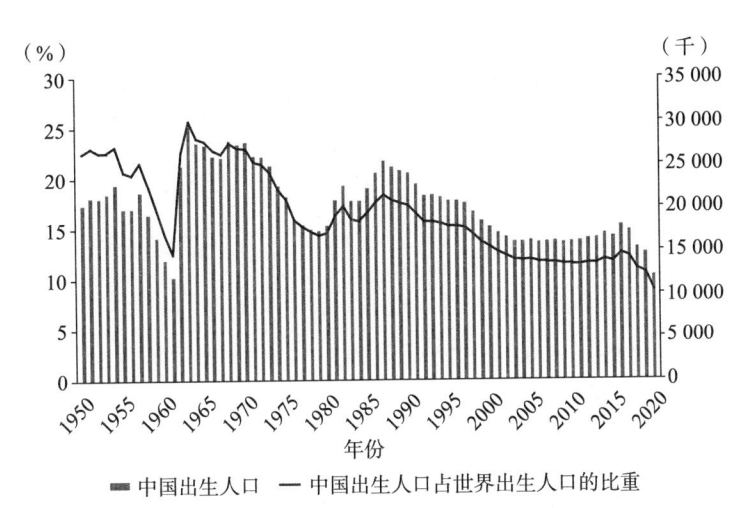

图 15-3　1950—2020 年中国出生人口及其占世界出生人口的比重

资料来源：中国国家统计局，联合国。

我们可以看出，20 世纪五六十年代，生育率维持在比较高的水平。与此同时，随着医疗条件的提升，婴儿死亡率和人口死亡率降低。婴儿死亡率从新中国成立前的 200‰ 下降到 1994 年的 37.79‰，并进一步下降到 2020 年的 5.4‰；人口死亡率从 1949 年的 20‰ 下降到 2020 年的 7.07‰。高生育率和低死亡率的结果就是人口快速增加。

图 15-4 显示，1950 年中国总人口为 5.5 亿，1960 年达到 6.6 亿，1970 年达到 8.3 亿，1980 年达到 9.9 亿，1990 年达到 11.4 亿，2000 年达到 12.7 亿，2010 年达到 13.4 亿，2020 年达到 14.1 亿。

在这个时期，出生人口快速增长在世界范围内是比较普遍的现象，所以虽然中国总人口增长很快，但是总人口占世界人口的比重并没有

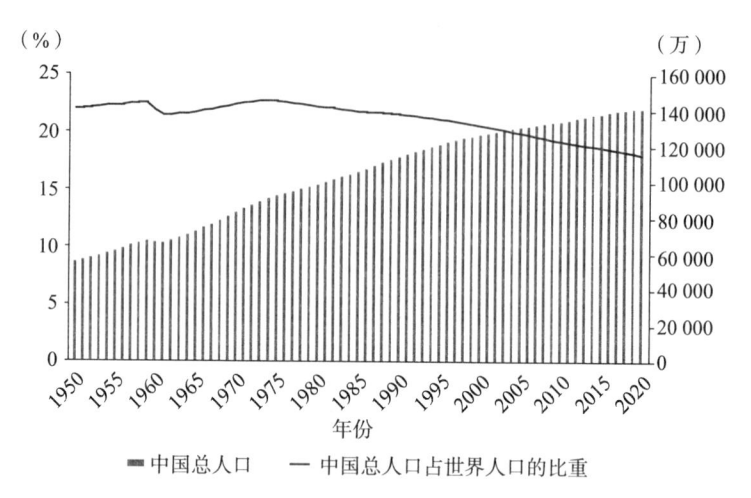

图15-4 1950—2020年中国总人口及其占世界人口的比重

资料来源：中国国家统计局，联合国。

增加，尤其是在20世纪90年代以后，占世界人口的比重开始下降。总人口占世界人口的比重从1950年的22%下降到2020年的18%。

中国人口政策的滞后问题尤为突出。和中国一样，世界总人口在20世纪六七十年代增长很快。当时很多人开始担忧人口增长过快会导致资源枯竭，从而影响经济发展，于是一些国家采取了限制生育的政策。

中国在20世纪80年代推出"一胎化"政策，但是并没有严格执行，生育率还是维持在比较高的水平，甚至有些农村地区出现了在"一胎化"政策严格执行之前"抢着生"的现象，生育率还略有反弹。但这个反弹是短暂的，当20世纪90年代中国严格实行"一胎化"政策时，生育率已经降到了更替水平以下。当时的人口增长主要归因于惯性和寿命的延长。

2000年时，中国的生育率已经降到了1.5以下，在这个水平下，韩国、日本等国家都开始调整甚至完全逆转人口政策，把限制生育的政策改为人口政策。

表 15-1 显示，日本在 1974 年取消限制，当时的生育率是 2.05；1994 年开始鼓励生育，当时的生育率是 1.42。韩国在 1996 年取消限制，当时的生育率是 1.57；2005 年开始鼓励生育，当时的生育率是 1.08。中国台湾在 1990 年取消限制，当时的生育率是 1.81；2005 年开始鼓励生育，当时的生育率是 1.12。新加坡和伊朗的人口政策都是立即逆转，即停止抑制生育的同时开始鼓励生育，当时的生育率分别是 1.96 和 1.74。泰国在 2000 年取消限制，当时的生育率是 1.67；2015 年开始鼓励生育，当时的生育率是 1.4。土耳其在 2003 年取消限制，当时的生育率 2.35；2014 年开始鼓励生育，当时的生育率是 2.1。

表 15-1 不同生育政策下国家/地区的生育率

国家/地区	停止节育年份	当年生育率	开始鼓励生育年份	当年生育率
日本	1974	2.05	1994	1.42
韩国	1996	1.57	2005	1.08
中国台湾	1990	1.81	2005	1.12
新加坡	1988	1.96	1988	1.96
泰国	2000	1.67	2015	1.4
伊朗	2012	1.74	2012	1.74
土耳其	2003	2.35	2014	2.1

资料来源：台湾人口统计相关部门，世界银行，梁建章《中国人口政策为何滞后》。

由此我们可以看出，一般来说，生育率降到 1.5~2.4 时就会取消限制生育的政策。按照这个规律，中国应该在 2000 年左右就取消限制生育的政策，放开生育，因为当时的生育率已经降到了 1.5 以下，而现在则应该立即鼓励生育。

人口结构变化

性别比变化

严格执行"一胎化"政策的后果之一是农村人口性别比失衡。出生性别比指的是每 100 名活产女婴对应的活产男婴的数量,正常的出生性别比一般为 103~107。(男孩出生时的比例略高,成年以前男孩的死亡率也略高,所以成年以后男女比例大致应该是平衡的)。

图 15-5 是中国的出生人口性别比,可见 20 世纪 90 年代以后就出现了大幅度的男多女少的偏差。性别比偏差最高时达到了 121.1(2004 年)。

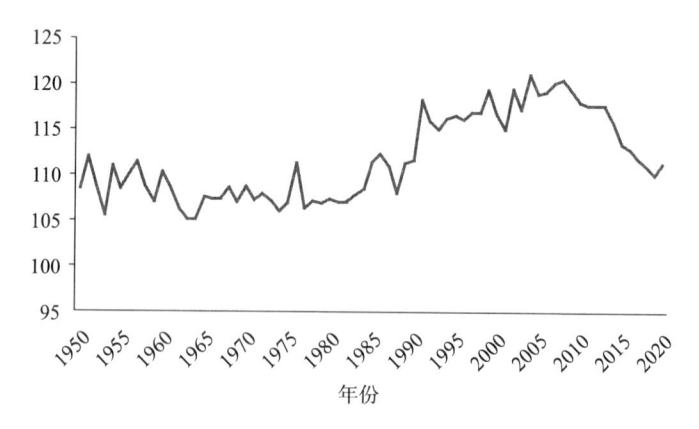

图 15-5　1950—2020 年中国出生人口性别比

资料来源:国家统计局,国家卫健委,庄亚儿等《1990 年以来中国常用人口数据集》《中国儿童发展纲要(2011—2020 年)》等。

性别比失衡的原因是中国当时在农村实行了特别的"一胎半"政策,即先生了男孩就不准生了,先生育了女孩,还可以再生一个。在这种制度下,如果先生育了女孩,出于重男轻女或者喜欢儿女双全的考虑,接下来就自然地想生男孩,于是有些农村的妇女就可以通过各种方式做产前性别鉴定和选择性多胎,这就导致了 20 世纪 90 年代以后的出生男女比例失衡。

出生性别比失衡会导致二三十年以后婚姻市场的挤压，也就是说，当这些男孩到了婚娶年龄时，社会上并没有足够的适龄女青年。因此，有些男青年就需要推迟结婚的年龄，等到自己更有经济能力时才能找到结婚对象。总的来说，结婚市场里面会有一些男青年需要等待更长的时间才能找到结婚对象，有些甚至一直单身。

2010年以后，生育政策逐步放开，这种男女比例失衡的现象逐步缓解。图15-5显示的出生人口性别比在2010年以后从高位回落，近几年已经恢复到接近正常。

年龄结构变化

持续了几十年的低生育率和出生人口下降，导致人口结构发生剧烈变化。我们看看中国的老年抚养比。

图15-6显示，在20世纪六七十年代，人口非常年轻，老年抚养比非常低。但是到了2020年，第七次全国人口普查数据显示，老年抚养比已经高达20%左右。但这只是个开始，未来老龄化程度会比现在更严重（以后的篇章中会详细介绍）。

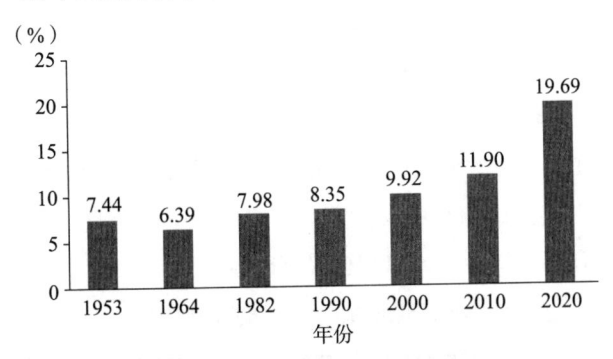

图15-6 部分年份的中国老年抚养比

资料来源：历次全国人口普查数据。

图 15-7 是 2020 年中国人口金字塔，以年龄为纵轴，以人口数为横轴，按左侧为男、右侧为女绘制图形。

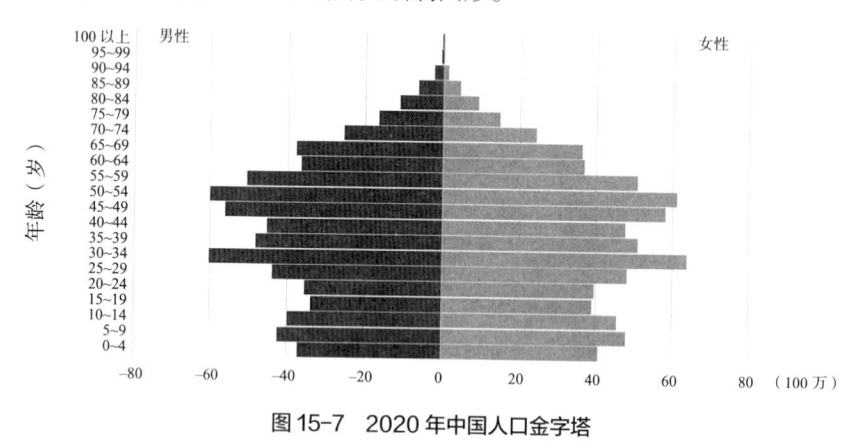

图 15-7　2020 年中国人口金字塔

资料来源：《中国人口和就业统计年鉴 2021》。

城市化历史

中国历史上的城市化进程，和人口总量的增减变化一样，往往受到战乱等因素的强烈干扰。在通常情况下，如果身处由于战争或者其他权力斗争所导致的混乱时期，那么集中了人力资源和物质资源的城市往往会成为矛盾的焦点，非但城市内的各项设施可能因为战乱而遭到破坏，而且大部分百姓也会基于避难的考虑逃往农村，从而导致城市化进程出现倒退。

只有在大一统的朝代得以建立并顺利维系的基础上，城市化进程才会加速向前。比如在西汉时期，长安成为全国的政治、经济和文化中心，有观点认为其人口规模最高时曾达到 50 万。除了长安之外，洛阳、邯郸、江陵等城市也都成为当时的商业中心。

唐朝则是一个城市化进程大幅度提高的朝代，比如同样是长安，唐朝的城市面积和城市人口都大大超过了汉朝。其面积从约 35 平方千米增加到约 84 平方千米，人口更是达到了百万规模，成为当时全世界范围内首屈一指的大都市。进入北宋年间，著名的《清明上河图》反映出当时汴梁城的繁荣景象，达到了城市化的又一个高峰。宋朝的城市化率可能是当时世界上最高的，与此同时，宋朝的经济、科技和文化水平也是世界上最高的。

后来朝代的统治者有意抑制工商业的发展和对外贸易，使得城市化水平有所下降。新中国初期实行的计划经济政策也抑制了商业的发展，使得城市化率停滞。直到改革开放以后，城市化率才得到迅速提升。到了 2011 年，城市化率超过了 50%。但是和其他同等发展水平的国家相比，中国的城市化率还是相对偏低的（详见第 4 章有关聚集效应的论述）。

总结

中国历史上一直是世界人口大国。19—21 世纪，中国人口增长了 3 倍，但从世界范围来看这是个普遍现象，中国人口的世界占比并没有增加。尤其在 20 世纪 90 年代之后，由于受到"一胎化"政策的影响，中国人口的世界占比出现了快速下降的趋势。中国的计划生育政策在当时受到了国际上所谓"人口爆炸"这一人口观念的影响。但是后来当很多国家开始调整人口政策时，中国人口政策的调整则相对滞后。中国未来的人口走势非常令人担忧。目前中国的生育成本可能是世界上最高的，也可能出现世界上最低的生育率。下面两章我们会分析一下生育成本的趋势和人口预测。

第 16 章　中国生育成本

最近，国家统计局公布的 2022 年全国人口数据显示：2022 年出生人口为 956 万人，人口出生率为 6.77‰。可以看出，2022 年中国出生人口创下 1949 年以来新低，出生率则创下有记录以来的最低水平。我国出生人口从 2017 年开始持续下降，2022 年出生人口已经是连续第六年下降。六年的下降幅度高达 46%，比起 20 世纪 90 年代 2 000 多万的新生人口更是不到一半。用出生人口塌陷来形容现在的人口形势一点也不夸张。按照 956 万新生人口计算，2022 年中国生育率不到 1.1，不仅低于世界上几乎所有国家，而且比严重少子老龄化的日本还低不少。

生育成本过高是影响育龄家庭生育意愿的最重要因素之一。原国家卫计委（今国家卫健委）在 2017 年进行全国生育状况抽样调查的结果显示，育龄妇女不打算再生育的前三位原因依次是"经济负担重""年龄太大""没人带孩子"，分别占 77.4%、45.6% 和 33.2%。

本章将着重分析中国的生育成本。这里所称的"生育成本"，既包括从怀孕到分娩的成本（"生的成本"），也包括养育和教育成本（"育的成本"）。其中"育的成本"占了大头，"生的成本"仅占很小一部分。本章将着重计算直接的财务成本，也会简单分析时间和机会成本，本章的很多内容来自育娲人口的《中国生育成本报告》。

估算中国的生育成本

全国居民人均消费支出及其构成

根据国家统计局数据，2020年全国居民人均消费支出21 210元，其中，城镇居民人均消费支出27 007元，农村居民人均消费支出13 713元。2020年，全国居民人均消费支出比上年名义下降1.6%，扣除价格因素，实际下降4.0%。我们估计这是受到新冠疫情的影响。[1]因此，我们改用2019年的数据（见图16-1）。

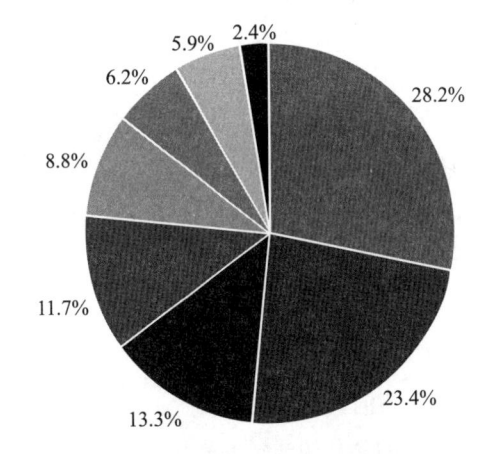

- 食品烟酒 6 084元 28.2%
- 居住 5 055元 23.4%
- 交通通信 2 862元 13.3%
- 教育文化娱乐 2 513元 11.7%
- 医疗保健 1 902元 8.8%
- 衣着 1 338元 6.2%
- 生活用品及服务 1 281元 5.9%
- 其他用品及服务 524元 2.4%

图16-1 2019年全国居民人均消费支出及其构成

资料来源：中国国家统计局，育娲人口。

根据国家统计局数据[2]，2019年全国居民人均消费支出21 559元，其中，城镇居民人均消费支出28 063元，农村居民人均消费支出13 328元。

0~17岁孩子的平均生育成本

生育成本主要包括消费性支出，消费性支出包括教育支出和非教育支出两大类。教育支出包括保姆费、托儿费、学杂费，教育软件费，择校费，课外辅导费，以及其他教育费用。非教育支出包括食品支出、衣物支出、居住支出、日用品支出、医疗保健支出、交通和通信支出、娱乐支出。

根据2019年全国居民人均消费支出数据，如果各个年龄段的消费支出是相同的，那么把孩子抚养到18周岁之前的平均支出为：21 559×18=388 062元。其中，城镇孩子的平均生育成本为28 063×18=505 134元，农村孩子的平均生育成本为13 328×18=239 904元。

实际上，各个年龄段的消费支出并不是相同的，所以上述的估算成本并不准确。下面分别估算不同阶段的平均生育成本。

首先是怀孕期间的成本，包括办卡建档、营养品、产前检查费用以及备孕用品，估算平均支出为1万元左右。其次是分娩和坐月子费用，包括住院费用、顺产或剖宫产费用，以及部分产妇采用无痛分娩费用。这项费用采用高标准和低标准计算结果会相差很大，估算平均支出为1.5万元。如果产后需要去月子中心，则费用更高。

0~2岁孩子的生育成本，我们假设与2019年全国居民人均消费支出相同，则平均每年为21 559元，3年共64 677元。

3~5岁孩子的生育成本，在人均消费支出的基础上，再加上平均每月1 000元（即每年12 000元）的幼儿园或学前教育支出，则平均每年的生育成本为21 559+12 000=33 559元，3年共100 677元。

6~17岁孩子的教育成本较高，而父母自身的文化教育支出则少得多。例如，2011年2月，中国青少年研究中心家庭教育研究所成立"中国义务教育阶段城市家庭子女教育成本研究课题组"，之后在北京、广州、南京、哈尔滨、石家庄、西安、成都、银川共8个城市近 5 000 名中小学生家长中开展问卷调查和结构性访谈。调查显示，城市家庭平均每年在子女教育方面的支出，占家庭子女总支出的 76.1%，占家庭总支出的 35.1%，占家庭总收入的 30.1%。而北京大学中国社会科学调查中心（ISSS）发布的中国家庭追踪调查（CFPS，2010—2018 年）的数据显示，孩子的生育成本占家庭收入的比例接近 50%，而其中教育支出占生育成本的比例达到 34%。[3]

根据国家统计局数据，2019 年全国居民人均消费支出构成中，教育文化娱乐支出为 2 513 元。在正常情况下，家庭的教育文化娱乐支出中，孩子占了大部分，父母只占小部分。所以，保守估计，孩子的教育文化娱乐支出比社会总体人均水平高出一倍，即按 2019 年价格计算，平均每年生育成本为 21 559+2 513=24 072 元。

考虑到高中阶段不再是义务教育，并且有部分高中学生是在校住宿，所以我们把 15~17 岁高中三年的生育成本在 6~14 岁孩子生育成本的基础上，每年再加上 2 000 元，即平均每年生育成本为 24 072+2 000=26 072 元。

按照以上方法估算，0~17 岁孩子的平均生育成本为 485 218 元，即约 48.5 万元（见表 16-1）。

表 16-1　全国 0~17 岁孩子的平均生育成本

不同阶段的生育成本	支出（元）	合计（元）	占总生育成本的比例（%）
怀孕期间的成本	10 000	10 000	2.06
分娩和坐月子费用	15 000	15 000	3.09
0~2 岁孩子的生育成本	平均每年 21 559	64 677	13.33
3~5 岁孩子的生育成本	平均每年 33 559	100 677	20.75
6~14 岁孩子的生育成本	平均每年 24 072	216 648	44.65
15~17 岁孩子的生育成本	平均每年 26 072	78 216	16.12
0~17 岁孩子的生育成本		485 218	100

资料来源：国家统计局，育娲人口。

大学期间的生育成本

虽然中国法律规定 18 周岁是成年年龄，父母没有义务抚养已满 18 周岁的子女，但实际上大多数大学生的学费和生活费仍然依靠父母支付，所以还需要估算大学 4 年的生育成本。

公立大学的学费随专业的不同而有所不同，一般为每学年 5 000~8 000 元，个别专业（例如音乐、表演等专业）每学年 8 000~10 000 元。民办大学的学费一般为每学年 1.2 万~2 万元。住宿费每学年 800~2 000 元。公立大学和民办大学平均每学年学费按 10 000 元计算，住宿费按每年 1 500 元计算，生活费按每年 24 000 元计算，则大学本科期间每年的生育成本为 10 000 + 1 500 + 2 4000 = 35 500 元，4 年共 142 000 元。

按照以上方法估算，0 岁至大学本科毕业的平均生育成本为 627 218 元，即约 62.7 万元（见表 16-2）。

表 16-2　全国 0 岁至大学本科毕业的平均生育成本

不同阶段的生育成本	合计（元）
0~17 岁孩子的生育成本	485 218
大学 4 年的生育成本	142 000
0 岁至大学毕业的生育成本	627 218

资料来源：育娲人口。

需要说明的是，以上是每个孩子的平均生育成本。实际上，城市孩子的生育成本高于农村孩子的生育成本，高收入家庭孩子的生育成本高于低收入家庭孩子的生育成本。所以，我们还需要分别估算城市居民、农村居民、高收入家庭、中等收入家庭和低收入家庭孩子的生育成本。

城镇和农村的平均生育成本

根据国家统计局数据，2019 年城镇居民人均消费支出是全国居民人均消费支出的130%，而农村居民人均消费支出是全国居民人均消费支出的61.8%。

按照上述比例估算，0~17岁城镇孩子的平均生育成本为630 783元，即约63万元；0~17岁农村孩子的平均生育成本为299 865元，即近30万元（见表16-3）。

表16-3 2019年我国城镇和农村孩子的平均生育成本

全国0~17岁孩子的平均生育成本	城镇0~17岁孩子的平均生育成本	农村0~17岁孩子的平均生育成本
485 218元	630 783元（即全国平均的130%）	299 865元（即全国平均的61.8%）

资料来源：育娲人口。

至于大学4年的生育成本，无论是城镇孩子还是农村孩子，学费和住宿费基本是一样的，区别主要是生活费。

不同地方的平均生育成本

根据《2020中国统计年鉴》中表6-20《分地区居民人均消费支出》的数据，2019年北京居民人均消费支出为43 038元，相当于全国居民人均消费支出的200%，上海居民人均消费支出为45 605元，相当于全国居民人均消费支出的212%，以此类推，我们可以得到全国31省（自治区、直辖市）居民人均消费支出相当于全国平均水平的比例。

如果31省（自治区、直辖市）居民的生育成本相对于全国平均水平的比例也与人均消费支出的比例相同，那么我们就可以得到31省（自治区、直辖市）0~17岁孩子的平均生育成本（见表16-4）。

表16-4　2019年分地区的0~17岁孩子的平均生育成本

单位：元

序号	地区	生育成本
0	全国平均	485 218
1	上海	1 026 412
2	北京	968 642
3	浙江	720 789
4	天津	716 914
5	广东	652 570
6	江苏	600 863
7	福建	569 737
8	辽宁	499 708
9	湖北	485 398
10	重庆	467 548
11	内蒙古	466 862
12	湖南	460 909
13	山东	459 752
14	海南	440 113
15	四川	435 238
16	安徽	430 716
17	宁夏	411 797
18	黑龙江	407 627
19	吉林	406 814
20	河北	404 829
21	江西	397 251
22	青海	394 872
23	陕西	393 074
24	新疆	391 537
25	广西	369 519
26	河南	367 572
27	甘肃	357 383

(续表)

序号	地区	生育成本
28	山西	357 012
29	云南	355 148
30	贵州	332 646
31	西藏	293 242

资料来源：育娲人口。

我们从表中可以看出，北京市和上海市0~17岁孩子的平均生育成本分别约为96.9万元和102.6万元。相比之下，西藏自治区0~17岁孩子的平均生育成本只有约29.3万元，贵州省0~17岁孩子的平均生育成本只有约33.3万元。

一孩、二孩、三孩的生育成本

上述估算是假设男孩与女孩的生育成本相同，并且没有区分孩次。实际上，不同孩次的生育成本是不同的。根据美国农业部的调查报告，一孩家庭的生育成本比二孩家庭每个孩子的平均生育成本高27%，而三孩及以上家庭每个孩子的生育成本比二孩家庭每个孩子的平均生育成本低24%。[4] 也就是说，如果一孩家庭的生育成本是1，那么二孩家庭每个孩子的平均生育成本是0.79，三孩及以上家庭每个孩子的平均生育成本是0.6。

一个家庭如果有两个孩子，那么一孩的衣服、爬行垫、玩具等，二孩也可以使用，这样可以节省一部分开支。根据国家统计局数据，2019年全国居民平均衣着开支为1 338元，我们可以合理推测，二孩在0~2岁时的一半衣服是一孩的旧衣服，另一半是新买的。这样养育二孩的衣着开支一年可以节省669元。另外，0~2岁的孩子也不必有一个单独的房间，这样可以节省居住开支5 055元。这样，养育0~2岁的二孩的衣着开支和居住开支每年一共可以节省5 724元。如果一个家庭的一孩比二孩大四岁以上，那么一孩还可以帮父母照料二孩，从而节省父母照料二孩的时间和精力。

如果中国家庭 0~17 岁一孩、二孩、三孩生育成本的比例与美国家庭相同（即一孩、二孩、三孩家庭平均每个孩子的生育成本比例为 1∶0.787 4∶0.598 4），那么中国城镇和农村一孩、二孩、三孩家庭平均每个孩子的生育成本见表 16-5、图 16-2。

表 16-5 城镇和农村一孩、二孩、三孩家庭每个孩子 0~17 岁的生育成本

单位：元

城镇一孩	城镇二孩	城镇三孩	农村一孩	农村二孩	农村三孩
630 783	496 679	377 461	380 829	299 865	227 888

资料来源：育娲人口。

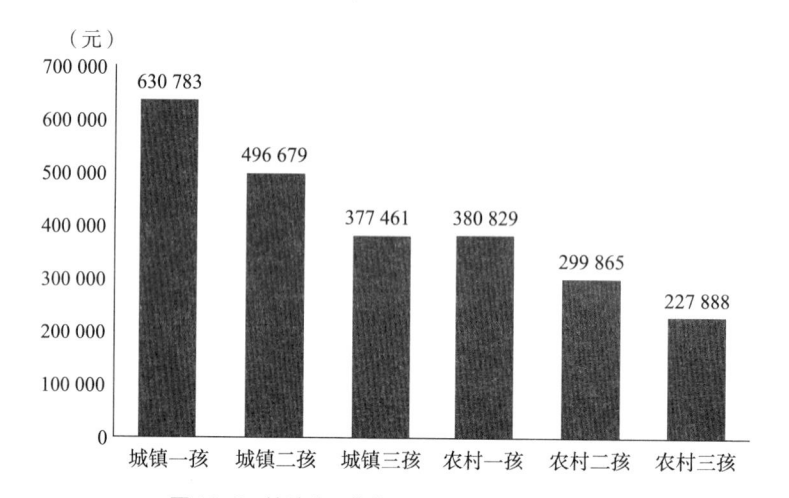

图 16-2 按孩次区分的 0~17 岁孩子的生育成本

资料来源：育娲人口。

时间成本和机会成本

前面估算了养育成本中的直接费用，事实上，育龄家庭养育孩子，还需要付出时间成本。0~3岁的孩子都是要有人照料的，这3年对家长来说时间成本最高，如果雇用保姆或月嫂照料孩子，或者把3岁以下的孩子送去托儿所，可以减少时间成本，但会增加成本费用。目前在中国，3岁以下的托儿服务严重缺乏。若缺少托儿所，夫妻双方很可能需要有一方暂停工作照看孩子，然而，越来越多的家庭需要依靠双份收入才能满足家庭开支。原国家卫计委的数据显示，2015年0~3岁婴幼儿在中国各类托幼机构的入托率仅为4%。中国需要大力发展普惠性托幼服务，把0~3岁婴幼儿的入托率提高到50%左右，这将有利于减轻女性养育孩子的时间成本和机会成本。

在幼儿园和基础教育阶段的时间成本主要是和教育相关的。3~11岁孩子去幼儿园和学校的接送，一般也需要由家长来完成。除了接送，更大的时间成本是监督和辅导孩子写作业，帮孩子找辅导班，申请学校，等等。虽然现在没有权威的统计数据来算出家长在孩子教育上所付出的时间成本，但是通过中国孩子升学压力的严重程度，我们可以判断出这部分成本可能是巨大的。

根据北京大学中国社会科学调查中心发布的中国家庭追踪调查，在2010—2018年近10年的时间里，小学生家长每周辅导作业的时间从3.67个小时增加到了5.88个小时。也就是说，从差不多每天半小时，增加到了每天1个小时，增长幅度惊人。这里还没有算课外辅导班的时间。最近教培行业的新政旨在减轻课外补习的负担，但效果还有待观察。辅导学习只耗费了一部分时间，除了接送和辅导学习，还有学校的各种活动，如课外兴趣小组等，也在耗费家长的时间。总的来说，家长耗费的时间成本每天可能会超过两个小时。

我们可以粗略地换算成时间成本。如果家长每天要花两小时在孩子身上（半小时接送，一小时监督辅导学习，半小时其他），按照每小时50元计算，每年36 500元的时间成本，18年就是66万元，比直接的财务成本还要高很多。所以减少时间成本和减少财务成本同样重要，尤其是减少教育相关的成本。有关教育的时间成本和相关政策将在后面的篇章里详细论述。

时间成本和机会成本本质上是一个意思，时间成本的计算是把所需的时间直接转换成每小时的成本，而机会成本则会考虑损失的职业发展机会。一般来说，女性会承担大部分的时间成本和机会成本。女性在预产期和哺乳期会损失大量的工作时间，可能会对以后的职业发展造成负面影响。如果女性离岗时间过长，可能造成工作技能下降，从而影响其返岗后的竞争力，这是女性养育孩子所要付出的机会成本。

根据我国《女职工劳动保护特别规定》，女职工生育享受98天产假，其中产前可以休假15天；难产的，增加产假15天；生育多胞胎的，每多生育1个婴儿，增加产假15天。最近各省政府在修订新计生条例，普遍延长了产假。虽然延长产假让女性有更多时间照看孩子，有利于家庭育儿，但如果延长产假的成本全部由企业负担，必然会导致企业尽量避免招聘育龄女性，从而增加女性的生育机会成本。

目前中国家庭养育孩子的时间成本和机会成本主要由女性承担，她们很难在抚养孩子的同时兼顾繁重的职场工作。目前中国的社会环境对于女性的生育环境有待提高，女性生育孩子要付出的时间成本和机会成本过高，使得有些女性不得不放弃生育孩子，以换取在事业上取得成功的机会。这也是中国低生育率的重要原因之一。有关如何降低生育的机会成本，后面的篇章还会详细论述。

生育成本的国际比较

根据国家统计局数据，2019 年全国 GDP 总额为 990 865 亿元，年末总人口为 141 008 万，人均 GDP 为 7.03 万元。按照《中国生育成本报告》的估算，2019 年全国家庭 0~17 岁孩子的生育成本平均为 48.5 万元，这意味着，把一个孩子抚养到刚刚年满 18 岁相当于人均 GDP 的 6.9 倍。

表 16-6、图 16-3 显示了不同国家抚养一个孩子至刚年满 18 岁所花的成本相对于人均 GDP 的倍数。由于表 16-6 的数据年份不完全一样，只能作为参考比较。我们从表 16-6 中可以看出，澳大利亚养育成本仅相当于人均 GDP 的 2.08 倍，美国养育成本相当于人均 GDP 的 4.11 倍，而韩国养育成本相当于人均 GDP 的 7.79 倍。

表 16-6　不同国家抚养一个孩子至 18 岁所花的成本相对于人均 GDP 的倍数

国家	养育成本/人均 GDP	数据年份	数据来源
澳大利亚	2.08	2018	Australian Institute of Family Studies[5]
新加坡	2.1	2021	*Dollar and Sense*[6]
瑞典	2.91	2020	Swedbank's Institute for Personal Finances[7]
瑞士	3.51	2020	Department of Child Welfare & Career Services, Zurich[8]
爱尔兰	3.57	2016	*Irish Times*[9]
德国	3.64	2018	Federal Statistical Office[10]
美国	4.11	2015	US Dept. of Agriculture[11]
日本	4.26	2010	Cabinet Office Policy Office of Symbiotic Social Policy[12]
加拿大	4.34	2017	Statistics Canada, Money Sense[13]

（续表）

国家	养育成本/人均GDP	数据年份	数据来源
新西兰	4.55	2018	Bank of New Zealand Baby Budget Calculator[14]
英国	5.25	2021	Child Poverty Action Group[15]
意大利	6.28	2021	Consumers Association - Social Promotion Association[16]
中国	6.9	2019	中国生育成本报告
韩国	7.79	2013	Ministry of Health & Welfare[17]

资料来源：育娲人口。

注：由于数据来源所限，具体数据的年份不完全相同。

中国的养育成本相当于人均GDP的6.9倍，在表16-6所列出的国家中，高于除韩国以外的所有国家。现在韩国的生育率是全世界最低的，2020年的生育率仅为0.84。

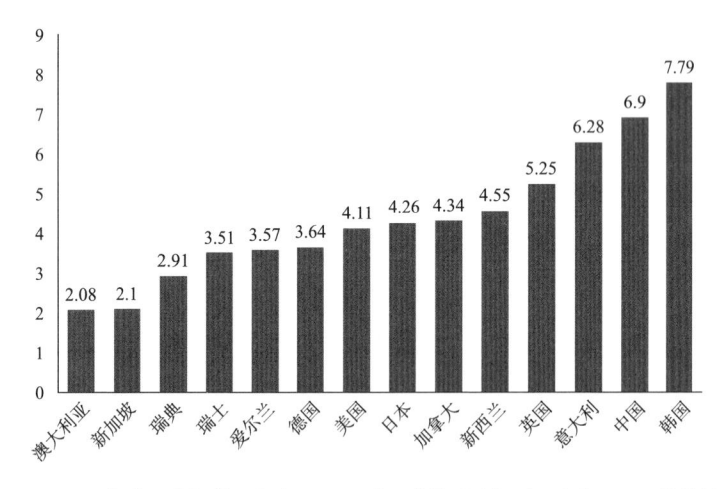

图16-3 部分国家抚养一个孩子至18岁所花的成本相对于人均GDP的倍数

资料来源：育娲人口。

注：由于数据来源所限，具体数据的年份不完全相同，请参看表16-6。

人口战略　　300

中国生育成本高的主要原因

中国的教育成本是世界上最高的，主要原因如下。

第一，中国财政几乎没有育儿的补贴。中国刚刚从限制生育的政策，变为鼓励生育的政策，补贴生育的政策还没有真正落地。而绝大部分发达国家都会用 GDP 的 1%~3% 补贴有孩子的家庭。粗略地算一下，如果每年政府拿出 1% 的 GDP 来补贴有孩家庭，按照每年 7‰ 的出生率（中国 2021 年的出生率），将 1% 的 GDP 分摊到 7‰ 的人口（主要是小孩）身上，就可以把养育成本倍数降低 1.4。因为 1% 除以 7‰ 就是 1.4。如果拿出 GDP 的 3% 来鼓励生育，就可以把养育成本倍数降低 4.2。有关鼓励生育政策的分析我们会在后面详细论述。

第二，中国的教育成本偏高。中国至今还在实行 9 年义务教育，而大多数国家已经实行 12 年甚至是 15 年的义务教育，还有很多国家有大量的政府补贴的托儿所，所以中国的学费支出是比较高的。另外，更多的费用可能是补课的费用，即使在"双减"新政下，中国仍然有世界上最庞大的补课产业，这当然是由中国内卷程度非常高的升学和高考制度引起的，不仅是直接的补课费用。家长在孩子学习上耗费的时间成本也可能是世界上最高的，这一部分还没有包括在以上的成本收入比的计算中。所以如何大幅度减少教育的时间成本，是未来教育改革和提升生育率的关键点。有关教育减负，将在以后的章节详细论述。

第三，中国大城市的住房成本偏高。从平均意义上来说，住房成本一般占人均消费的 1/5 和 1/3，全国的平均生育成本是 50 万元左右，那么住房成本就为 10 万~15 万元。如果按照平均房价一万元来说，一个孩子还需要差不多 10~15 平方米的居住面积。但这是全国的平均水平，对于高房价的大城市的年轻人来说，尤其是还没有买房的年轻人，这个住房成本是被严重低估的。以北京为例，生育成本差不多是 100 万元，如果按照住房成本是总体成本的 1/4 来算的话，那就是 25 万元。这个数字是个平均成本，对已经在北京有房或者有多套房的原住民来说，多一个孩子并不会多太多的成本。但对还没有买房而在北京工作的年轻人来说，可能是严重低估了，因为按照每平方米 5 万~10 万元的平均房价来算的话，他们只能买 3~5 平方米的房子，这对一个孩子来说是不够的，其至少需要 10~15 平方米。所以对还没有买房的北京年轻人来说，一个孩子的住房成本可能不是 25 万元，而是 50 万~150 万元。这对一般工薪阶层来说是很重的负担。因此，中国大城市的高房价也是推高生育成本的重要因素。有关房价和相关政策将在以后的章节详细论述。

总的来说，生育成本相对于人均 GDP 的倍数越高，意味着养育压力越大，生育率也往往越低。由于教育、住房的成本高，且政府的鼓励生育政策还在完善、逐步落地，中国的生育成本几乎是全球最高的。在世界范围内，养育成本倍数越低的地方，生育率越高。北欧国家由于政府的补贴福利和较低的住房与教育成本，养育成本比较低，生育率比较高。但也有例外，新加坡的直接养育成本不高，但生育率还是很低，这很可能和新加坡非常高的升学考试压力有关。虽然家长的直接生育成本不高，但是教育的时间成本很高。中国的直接生育成本是世界上最高的国家之一，教育的费力度和时间成本也非常高，所以这就解释了为何中国的生育率已经低于新加坡，尤其是中国的大城市的生育率，如 2020 年上海和北京的生育率分别仅为 0.74 和 0.87。

总结

本章根据育娲人口研究智库的《中国生育成本报告》分析了不同情况下不同家庭的生育成本。全国家庭 0~17 岁孩子的平均生育成本为 48.5 万元；0 岁至大学本科毕业孩子的平均生育成本为 62.7 万元。北京和上海家庭 0~17 岁孩子的平均生育成本分别为 96.9 万元和 102.6 万元。按照孩次，二孩的成本要明显低于一孩的成本，三孩的成本要明显低于二孩的成本。在国际上，绝大部分国家的生育成本收入比都比中国低很多，中国的生育成本收入比是 6.9，几乎是全球最高的国家之一。中国生育成本高的原因是教育和住房成本偏高，以及国家的补贴还未落地。本章还分析了时间成本和机会成本。中国家长在孩子教育上花的时间也几乎是世界上最高的，因为中国教育的升学和考试压力也是特别高的。由于中国的直接生育成本和间接时间成本几乎都是世界上最高的国家之一，中国的生育率已经降到了几乎世界最低，尤其是大城市的生育率已经降到了 0.7~0.8。这些未来会对经济增长和创新活力带来严重的负面影响，说是"生育率危机"绝对不是言过其实。而且随着教育内卷和城市化的趋势，未来的生育成本和低生育率危机还可能继续恶化。因此，中国必须采取强有力的财政补贴政策，以及切实有效的教育和住房改革，来降低综合的生育成本。在以后的章节中，我们将预测中国的生育率和人口，并详细分析鼓励生育的政策。

第 17 章　中国人口预测

中国在 2021 年的生育率仅为 1.2，比日本低，全年仅出生 1 060 万人，出生率创有记录以来的最低水平。上述状况引起了广泛的担忧：出生人口是否还会继续快速下降？接下来应推出何种鼓励生育的政策以及政策会产生何种效果？这一章将对未来中国的人口和生育率做出预测，本章的很多数据和模型来自育娲人口的《中国人口预测报告 2023 版》。

人口预测是根据一个国家或地区现有的人口状况，以及可以预见到的未来发展趋势，通过设置一些合理的或可能性较大的参数，对未来人口状况所做的各种测算。人口预测的主要内容通常包括对未来某年人口总数、出生人数、死亡人数、性别年龄结构等方面进行预测。人口预测对于人口政策的制定以及国民经济和教育等事业的发展都有重要的参考意义。几乎可以肯定的是，未来的出生人口和生育率还会继续下降，这里来分析一下原因。

生育率下降的原因

结婚人数和结婚率连续多年下降

当今中国不但生育成本过高,而且结婚成本也过高(农村结婚成本高的原因包括天价彩礼,城市结婚成本高的原因包括高房价),这也是中国近年来结婚人数和结婚率不断下降的原因之一。

根据民政部数据,2021年的结婚登记人员共计764万对(较2019年减少了113万对),这也是自2013年达到1 346.93万对后,连续8年下降,创下了自2003年以来的新低。

中国结婚登记人数近年来不断下降有以下几个原因。首先是年轻人数量下降。根据国家统计局数据,中国80后(1980—1989年出生人口,以此类推)、90后、00后人口分别为2.23亿、2.1亿和1.63亿,整体呈不断下降趋势。其次是结婚成本升高、工作压力大、女性的教育水平和经济独立程度大幅提高等原因,让当代年轻人结婚意愿普遍下降。[1] 另外,由于中国自20世纪80年代以来出生性别比偏高,男多女少现象比较普遍,这也是近年来结婚登记人数下降的一个重要原因。2020年人口普查数据显示,在中国,男性比女性多3 490万人,这3 000多万人分布在不同的年龄段。其中,20~40岁适婚年龄男性比女性多1 752万人。

结婚人数的下降预示着出生人口的下降。结婚人数和出生人口的强关联性并非世界普遍现象。在欧美国家,非婚生育的情况很普遍。根据OECD的数据,2019年欧盟国家非婚生子占新生儿的比例平均是41.3%。其中,法国的非婚生子占新生儿的比例高达60.4%。但在中国,结婚和生育密切相关,非婚生子占新生儿的比例可以忽略不计,所以结婚登记人数下降必然导致出生人口的下降。

理想子女数的国际比较

有很多研究表明，中国现在年轻人的生育观念已经发生了巨大的变化，长达40年的计划生育宣传和高企的生育成本，使得年轻人的生育意愿（理想子女数）已经几乎是世界上最低的。

在表17-1所列出的国家中，绝大部分国家男女的平均理想子女数均超过2个，而10多年来多次生育意愿调查结果表明，中国人的平均理想子女数均低于2个。2022年1月20日，在国家卫健委例行新闻发布会上，国家卫健委人口家庭司副司长杨金瑞介绍，年轻人的生育意愿持续走低，对于育龄妇女平均打算生育子女数，2017年调查为1.76个，2019年调查为1.73个，2021年调查降到1.64个。1.64的理想子女数是"理想"中的子女数，实际生育子女数是远低于理想子女数的。

表17-1 部分国家和地区2011年15~64岁男性和女性的理想子女数

国家/地区	男性	女性	男女平均
爱尔兰	2.62	2.75	2.685
塞浦路斯	2.79	2.74	2.765
日本	/	/	2.41~2.6
韩国	/	/	2.45~2.55
丹麦	2.3	2.52	2.41
法国	2.24	2.52	2.38
芬兰	2.27	2.47	2.37
爱沙尼亚	2.38	2.47	2.425
比利时	2.17	2.45	2.31
瑞典	2.33	2.41	2.37
荷兰	2.06	2.37	2.215
斯洛文尼亚	2.37	2.34	2.355
波兰	2.09	2.33	2.21

（续表）

国家/地区	男性	女性	男女平均
英国	2.14	2.32	2.23
卢森堡	2.07	2.3	2.185
欧元区（平均）	2.21	2.3	2.255
拉脱维亚	2.32	2.29	2.305
OECD 22 国（平均）	2.17	2.29	2.23
欧盟国家（平均）	2.18	2.28	2.23
希腊	2.25	2.25	2.25
德国	2.08	2.22	2.15
立陶宛	2.2	2.2	2.2
西班牙	2.17	2.19	2.18
斯洛伐克	1.97	2.11	2.04
匈牙利	2.12	2.09	2.105
马耳他	1.96	2.09	2.025
葡萄牙	2.07	2.03	2.05
捷克	1.92	2.03	1.975
意大利	2	2.01	2.005
保加利亚	1.99	1.96	1.975
罗马尼亚	2.06	1.95	2.005
奥地利	1.78	1.87	1.825

资料来源：OECD，育娲人口，韩国综合社会调查，日本综合社会调查，世界银行。

OECD 列出的理想子女数没有包括日本和韩国的数据。但根据 KGSS（韩国综合社会调查）和世界银行的调查数据，2006—2014 年，韩国人的平均理想子女数为 2.45~2.55 个。根据 JGSS（日本综合社会调查数据）和世界银行的调查数据，2000—2012 年，日本人的平均理想子女数为 2.41~2.60 个。可见，中国人的平均生育意愿显著低于日本，也显著低于韩国。

各个国家的实际子女数都远低于理想子女数，这是因为，有些夫妇虽然想生孩子，但患了不孕不育症（2021 年国家统计局数据显示，中国育龄夫妇的不孕不育率已经攀升至 12%~18%），或错过了生育期。而且，对城市工薪阶层来说，许多年轻夫妇抚养一个孩子已感到压力巨大，即使想生第二个孩子，考虑到生育成本过高，最终也会对生第二个孩子望而却步。例如，日本和韩国的实际生育率（1.3 和 0.9）比理想生育率 2.4 低了超过 1 个单位，如果中国的理想生育率只有 1.6，那么实际生育率很可能会降到 1 以下。

生育成本的趋势

低生育率现代化和城市化是世界普遍现象。发达国家的生育率普遍低于发展中国家的生育率。中国逐步接近发达国家水平时，生育率也随之迅速下降。但是需要解释的是为什么中国的生育率不仅比同等收入水平国家的平均生育率低很多，而且比很多发达国家（甚至日本）还低很多，面临世界上最严重的低生育率危机？

除了与中国过去几十年实行限制生育的政策有关以外，还有以下几个原因导致中国的生育率比其他国家更低。

第一，中国大城市的住房支出占据了普通工薪阶层收入的很大一部分。比如，根据《2019 年全国 50 城房价收入比报告》的数据，深圳房价收入比是 35，也就是说，对深圳的普通人来说，即便不吃不喝，平均也需要 35 年才能买得起一套房子。中国其他大城市的房价收入比也几乎是世界上最高的。这样的高房价，会极大地压抑城市夫妇的生育意愿。

第二，中国小孩的教育压力和教育成本高得惊人。中国独特的高考制度，使得家长不得不花大量的精力和费用来为小孩备战高考，导致中国的育儿直接成本和机会成本相对于收入几乎也是世界上最高的。[2]

第三，在中国养育孩子还面临着严重的看护困难。与其他国家相比，中国奇缺托儿所。原国家卫计委 2015 年的调查显示，0~3 岁的婴幼儿在各类托幼机构的入托率仅为 4%，远低于一些发达国家 50% 的比例。[3] 这造成职业女性承担了很高的机会成本。

未来如果没有大力度的鼓励生育政策的推出，这几项成本可能不会有太大的改观。而且随着女性的职业发展继续平等化，职业女性的机会成本将进一步提高。种种迹象表明，中国的生育率将继续下降。

三种生育政策假设下的人口预测

当然，生育率预测还取决于未来的人口政策。未来生育政策很难预测，我们不妨做三种假设，并在这三种假设下做人口预测。预测以 2022 年生育率 1.07 作为起点，分别做高限生育率、中限生育率和低限生育率的三种假设。

高限生育率：从 2023 年起生育率逐渐递增，到 2028 年递增到 1.4；2025 年之后固定为 1.4。高生育率的假设前提是非常大力且有效的鼓励生育政策，例如鼓励生育的财政支出要达到 GDP 的 5% 左右。还需其他相应的配套措施，例如大幅度提高入托比例，争取达到北欧发达国家的水平，也就是 50% 左右。当然，我们希望未来鼓励生育政策的力度要超出我们的预期，例如拿出 GDP 的 10% 来鼓励生育。

中限生育率：从 2023 年起生育率逐渐递增，2028 年回升到 1.1，从 2028 年起固定为 1.1。这是最有可能发生的一种情形，需要鼓励生育引起全社会的广泛响应，政府就会推出各种鼓励生育的措施，但是总体的财政支出只有 GDP 的 1%~3%，相当于其他发达国家的平均水平。由于中国的教育投入和房价成本仍然是世界上最高的，生育率也只能维持在发达国家里偏低的水平，和日本接近，远低于欧美国家。

低限生育率：从 2023 年起生育率逐渐递减，到 2028 年降到 0.8；

2028年之后生育率固定为0.8。这是我们不愿意看到的一种情形，但是如果没有有效的鼓励生育政策，中国的生育率就会接近全球最低水平，和韩国差不多，中国将在两到三代人以后失去人口大国的地位。

需要指出的是，近几年可能受到新冠疫情带来的生育意愿变动、生育计划推迟和政策干预等因素的影响，实际生育率产生波动。和长期预测模式的结果相比，短时间内和预期相异的下降或反弹可能会出现。比如说生育率会受到宏观经济的影响。2020年新冠疫情发生后不久，有人预测，疫情会导致全民宅家"造人"，年底将会迎来一波生育高潮。但国家统计局的数据显示，2021年全国出生人口仅为1 060万，比2020年减少140万。其主要原因还是以上所说的生育率长期下降，也不排除疫情对出生人口有一定的负面影响。因为疫情可能导致经济增长乏力，增加了生活的不确定性，进一步降低了育龄家庭的生育意愿。未来中国经济的增长将显著放缓，疫情以后的生育率还是会继续呈下降趋势的。

按照高、中、低3种生育率参数，我们预测2023—2100年中国出生人口的结果如图17-1所示。

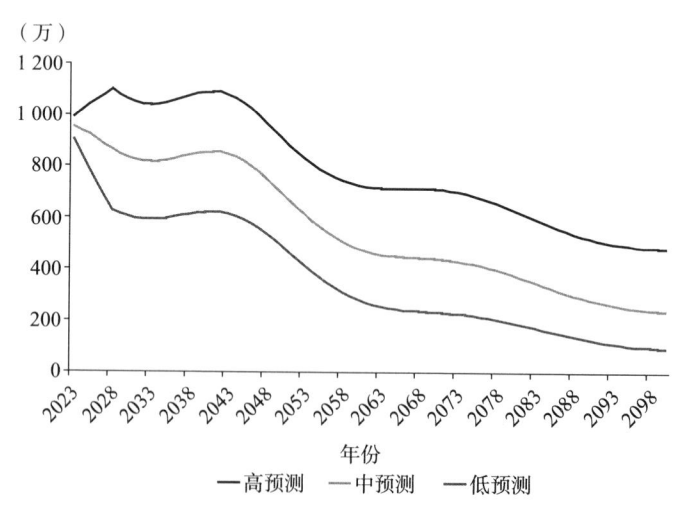

图17-1 2023—2100年中国出生人口预测

资料来源：育娲人口。

未来部分年份的出生人口预测如表17-2所示。

表17-2 中国出生人口预测

单位：万

年份	高预测	中预测	低预测
2030	1062	834	607
2050	911	698	493
2070	713	441	234
2100	481	238	95

资料来源：育娲人口。

按照中预测，中国的出生人口将很快跌破900万，并且进入漫长的人口负增长阶段，中国世界人口第一的位置也将被印度取代。如果生育政策不能有重大的调整，到2030年，按照低预测，很可能每年出生人口只有600万左右，即只有20世纪80年代的1/4。说成是人口崩溃，绝对不是危言耸听。

中国、美国和印度的出生人口比较

图17-2是中国、美国和印度2023—2100年出生人口的比较，中国的出生人口数据来源于我们的中生育率预测，美国和印度的出生人口数据来源于联合国发布的《世界人口展望2022》。

我们从图17-2中可以看出，中国和印度的出生人口在2022年以后都在逐渐下降，而美国出生人口则一直保持在400万左右，比较平稳。虽然美国近年来生育率不断下降，2019年已下降到1.71，但美国每年吸收约100万外国移民，仍然能使其每年出生人口保持基本稳定。而中国的净移民数量可以忽略不计。

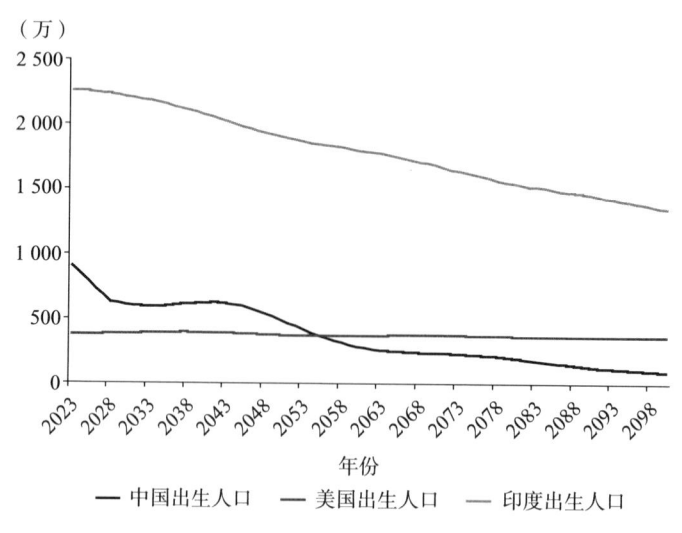

图 17-2　2023—2100 年中国、美国和印度出生人口预测

资料来源：联合国《世界人口展望 2022》，育娲人口。

根据我们的低生育率预测，2030 年，中国出生人口为 607 万；2050 年，中国出生人口为 493 万；2070 年，中国出生人口为 234 万；2100 年，中国出生人口为 95 万。按照低预测，2056 年中国的出生人口数量将被美国超越。

2020 年，印度出生人口为 2 400 万，中国出生人口为 1 200 万，仅相当于印度的一半。按照低预测，2030 年和 2050 年，中国出生人口只相当于印度的不到 30%；2070 年中国出生人口只相当于印度的约 14%；2100 年中国出生人口只相当于印度的约 7%，甚至比美国还少，只相当于美国的 1/3。

很难想象中国几十年后的出生人口比美国还少，可见低生育率危机的严重性和紧迫性。年轻人口减少将使得中国在和美国的科技竞争中彻底处于劣势。因为人口规模优势是中美竞争中的最重要的优势之一，而中国的开放程度不如美国，所以中国的科技创新能力将被美国反超，甚至落后于年轻人口数倍于中国的印度。

总人口预测

有了出生人口的预测，再加上死亡人口的预测，就可以做总人口的预测。

死亡人口预测

根据国家统计局数据，中国人口的死亡率近10年来变化不大，2010年的死亡率为7.11‰，2020年的死亡率为7.07‰。人口平均预期寿命逐年增长，2010年中国的人均预期寿命为74.83岁，其中男性为72.38岁，女性为77.37岁；2015年中国的人均预期寿命为76.34岁，其中男性为73.64岁，女性为79.43岁。本书的人均预期寿命设置为寿命逐年缓慢增长，到2050年男性为81.5岁，女性为86.5岁；到2100年男性为89.5岁，女性为94岁。

我们预测2023—2100年死亡人口的结果如图17-3所示。

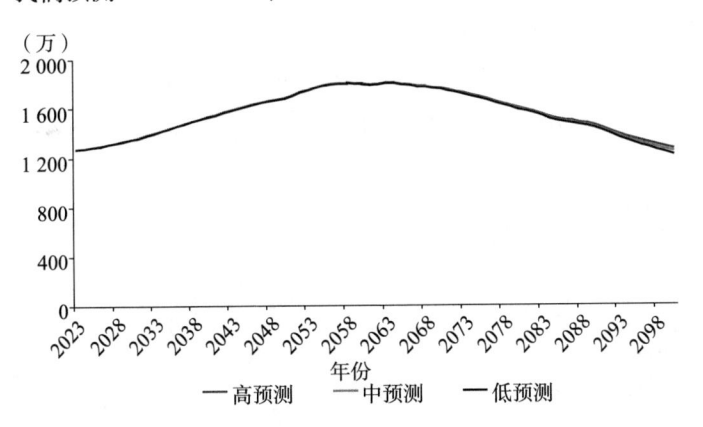

图17-3 2023—2100年中国死亡人口预测

资料来源：育娲人口。

1950—2022年中国总人口

在预测未来中国总人口之前，我们先回顾一下中国过去几十年的总人口。图 17-4 显示了 1950—2022 年中国总人口的情况。

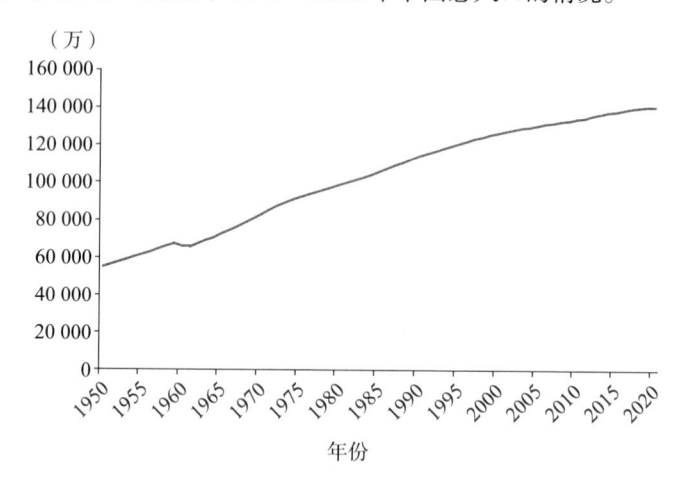

图 17-4　1950—2022 年中国总人口

资料来源：中国国家统计局。

我们可以看出，1950 年中国总人口为 5.5 亿，1960 年达到 6.6 亿，1970 年达到 8.3 亿，1980 年达到 9.9 亿，1990 年达到 11.4 亿，2000 年达到 12.7 亿，2010 年达到 13.4 亿，2020 年达到 14.1 亿。

我们预测 2023—2100 年中国总人口的结果如图 17-5 所示。

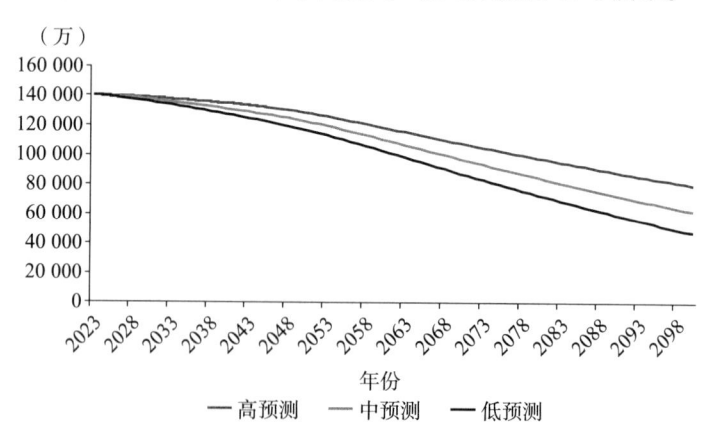

图 17-5　2023—2100 年中国总人口预测

资料来源：育娲人口。

人口战略　　314

2030 年、2050 年、2070 年和 2100 年的总人口预测如表 17-3 所示。

表 17-3 中国总人口预测

单位：万

年份	高预测	中预测	低预测
2030	138 675	137 399	136 055
2050	128 787	123 034	117 239
2070	108 216	97 605	87 845
2100	80 311	62 524	47 940

资料来源：育娲人口。

中国、美国和印度的总人口比较

图 17-6 是中国、美国和印度 2023—2100 年总人口的比较，中国总人口的数据来源是我们的低生育率预测，美国和印度的总人口数据来源是联合国发布的《世界人口展望 2022》。

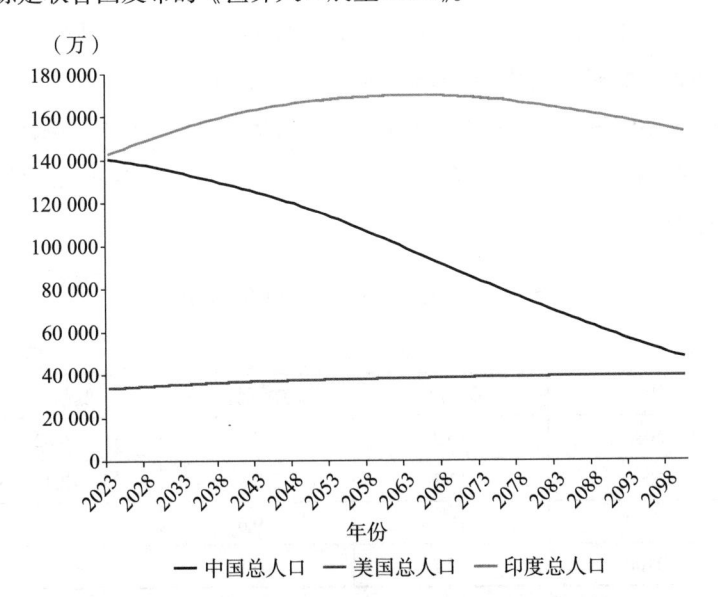

图 17-6 2023—2100 年中国、美国和印度总人口预测

资料来源：育娲人口。

根据联合国的中方案预测，2030年，美国总人口为3.5亿；2050年，美国总人口为3.8亿；2070年，美国总人口约为4亿；2100年，美国总人口约为4.3亿。

根据联合国的中方案预测，2030年，印度总人口约为15亿；2050年，印度总人口约为16.4亿；2070年，印度总人口约为16.3亿；2100年，印度总人口约为14.5亿。

根据我们的中生育率预测，2030年，中国总人口为13.65亿；2050年，中国总人口为11.7亿；2070年，中国总人口为8.75亿；2100年，中国人口下降到4.79亿，不到印度人口的一半。

中国人口占世界人口的比例预测

近200年来，中国人口占世界人口的比例不断下降。中国人口占世界人口的比例在1820年、1900年、1950年、1980年、2020年分别为36%、25%、21.8%、22.1%、18%，总体上在大幅下降。

我们对2023—2100年中国人口占世界人口的比例进行了预测，中国人口的数据采用我们的高、中、低预测数据，世界人口数据采用联合国中方案预测（其中，中国人口的数据采用我们的数据来替换）。

在高、中、低3种情形下，中国人口占世界人口的比例如表17-4所示。

表17-4 中国人口占世界人口的比例预测

单位：%

年份	高预测	中预测	低预测
2030	16.3	16.2	16.02
2050	13.3	12.8	12.3
2070	10.5	9.6	8.7
2100	7.7	6.1	4.8

资料来源：联合国《世界人口展望2022》，育娲人口。

在高、中、低3种情形下，中国出生人口占世界出生人口的比例如表17-5所示。

表17-5　中国出生人口占世界出生人口的比例预测

单位：%

年份	高预测	中预测	低预测
2030	7.94	6.34	4.7
2050	6.81	5.3	3.8
2070	5.63	3.56	1.92
2100	4.34	2.2	0.89

资料来源：联合国《世界人口展望2022》，育娲人口。

可见，按照中预测，到2100年，中国人口占世界人口的比例将下降到6.1%，而中国出生人口占世界出生人口的比例只有2.2%。几千年来，中国都是世界第一的人口大国，但是这将很快成为过去，在不到100年的时间里，中国的人口可能不到世界人口的3%甚至不到2%，将不再是世界的人口大国。未来几十年，随着中国总人口和出生人口占世界比例的快速下降，中华文明在世界上的地位也会受到影响。

人口结构预测

国际上一般把15~64岁人口列为劳动年龄人口（又称为工作年龄人口）。劳动年龄人口以外的人口都属于非劳动年龄人口，包括少儿人口和老年人口。总抚养比是指少儿和老年人口对劳动年龄人口的比率，用以表明每100名劳动年龄人口要负担多少名非劳动年龄人口。少儿抚养比是指少儿人口对劳动年龄人口的比率，老年抚养比是指老年人口对劳动年龄人口的比率。总抚养比就是少儿抚养比和老年抚养比相加之和。

我们预测2023—2100年总抚养比的结果如图17-7所示。

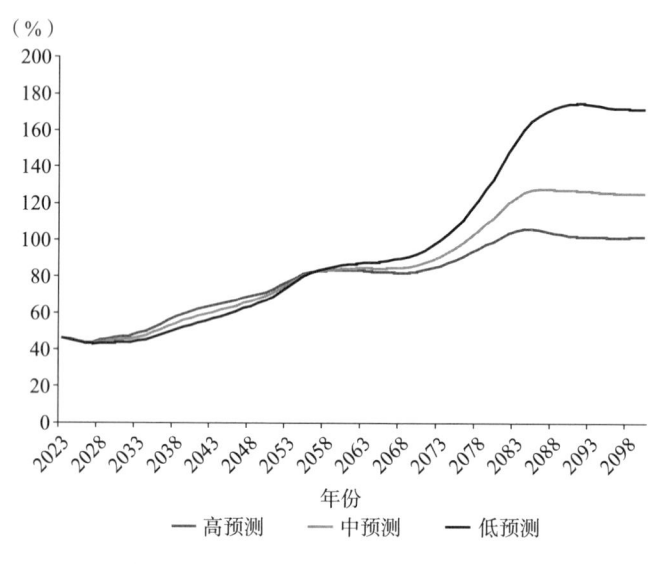

图17-7　2023—2100年中国总抚养比预测

资料来源：育娲人口。

从人口学上来说，如果总抚养比低于50%，就是处于"人口红利"时期；如果总抚养比高于50%，就是"人口红利"结束。按照中预测，中国的人口红利将在2036年结束。

老年抚养比预测

我们预测2023—2100年老年抚养比的结果如图17-8所示。

按照中预测，2050年老年抚养比上升到52.44%，2100年老年抚养比上升到111.14%。也就是说，2050年每一个劳动年龄人口需要抚养1/2个老人，到2100年每个劳动年龄人口需要抚养1个老人。和其他发达国家相比，中国会成为老龄化程度最深的国家之一。

按照高预测，2050 年老年抚养比上升到 50.78%，2100 年老年抚养比上升到 83.06%。

按照低预测，2050 年老年抚养比上升到 54.26%，2100 年老年抚养比上升到 161.89%。

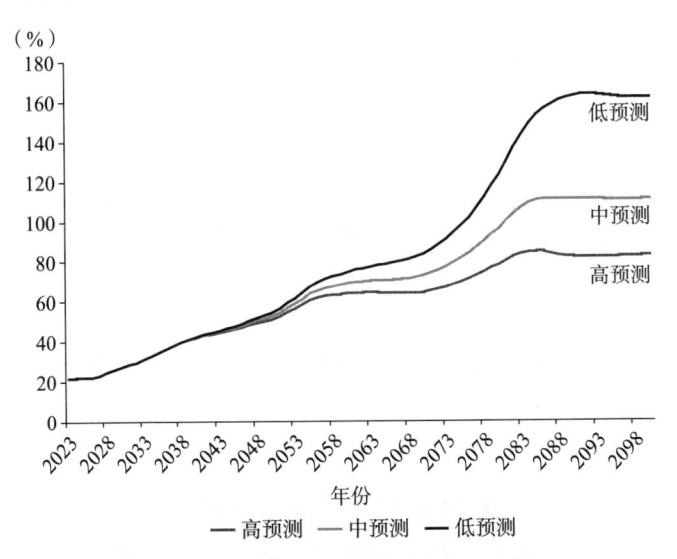

图 17-8　2023—2100 年中国老年抚养比预测

资料来源：育娲人口。

劳动年龄人口比例预测

我们预测 2023—2100 年劳动年龄人口占比的结果如图 17-9 所示。

按照高生育率预测，2050 年劳动年龄人口占比下降到 58.34%，2100 年劳动年龄人口占比下降到 49.43%。

按照中生育率预测，2050 年劳动年龄人口占比下降到 59.14%，2100 年劳动年龄人口占比下降到 44.30%。

按照低生育率预测，2050 年劳动年龄人口占比下降到 59.98%，2100 年劳动年龄人口占比下降到 36.77%。

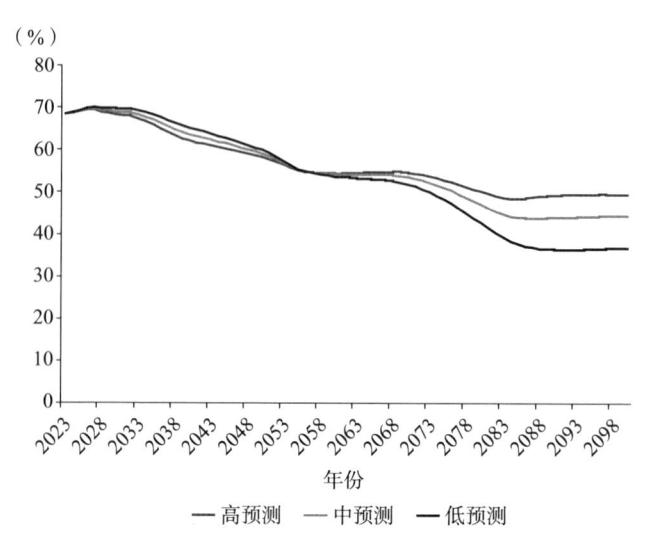

图 17-9 2023—2100 年中国劳动年龄人口占比预测

资料来源：育娲人口。

和其他中国人口预测的比较

在国际上，最权威的人口预测当属联合国每两年发布一次的《世界人口展望》。《世界人口展望 2019》包括了 235 个国家和地区 1950—2019 年的人口数据，以及对各个国家和地区未来人口的预测。

联合国的预测往往倾向于高估中国人口。例如，《世界人口展望 2019》中方案假设 2020—2100 年的中国生育率将为 1.7~1.77[4]，到 21 世纪末，中国总人口下降到 10.65 亿；低预测假设 2020—2100 年的生育率均为 1.3 左右，到 21 世纪末，中国人口将下降为 6.84 亿。而《世界人口展望 2017》中方案假设中国未来的生育率将为 1.6~1.8，到 21 世纪末，中国总人口下降到 10.2 亿；低方案假设从 2015 年到 21 世纪末的生育率均为 1.3 的水平，到 21 世纪末，中国人口将下降为 6.2 亿。

可见，即使是联合国的低方案假设的生育率也有 1.3，但实际上，

2022年的生育率不到1.1，已经明显低于联合国低方案的生育率。由于城市化进程加快、高房价、子女教育成本过高等，中国人的平均生育意愿普遍低迷。因此，如果不大力鼓励生育，未来中国的生育率还会进一步下降。作为一种参照，韩国即便在鼓励生育的情况下，2020年的生育率也已经跌到了0.84。

与前几个版本相比，《世界人口展望2022》调低了对中国未来人口的预测参数，但仍然认为，从2023年起，中国生育率的大趋势是缓慢上升。中方案生育率参数为：2030年上升到1.27，2040年上升到1.34，2050年为1.39，到2100年上升到1.48左右。

本书对未来鼓励生育的力度做了三种生育政策的假设，以此来做出对未来人口的预测。这三种生育政策的假设和相对应的预测是比较客观的。基本的判断是，中国只有采取和其他发达国家相似的鼓励生育的政策，才能达到中预测的生育率水平。

总结

在低预测情形下，中国出生人口将在2023年降至900万左右，2025年跌破800万，2027年跌破700万，到2050年降至493万，2100年仅不到100万。中国现在的出生人口只有印度的一半，到21世纪中叶只有印度的1/3，到2100年可能不到印度的1/4。按此预测，中国出生人口将在2082年被美国反超，到2100年只有美国的2/3。现在中国总人口还是美国的四倍多，可出生人口却将在两代人后被美国反超，可见人口衰竭的速度之快。其实美国现在的生育率也已显著低于更替水平，仅能维持出生人口的基本稳定，这主要得益于美国可以吸引大量育龄移民。按此预测，未来在与美国的科技竞争中，中国的最大优势——人口优势可能丧失。

在低预测情形下，中国人口到 2050 年将减少到 11.7 亿，2100 年中国人口将降到 4.79 亿，占世界人口比例将从现在的 17% 降至 4.8%，而新出生人口只有世界新出生人口的 0.89%。届时，中国就不再是一个人口大国了。按此趋势，中华民族几千年积累的人口优势，可能将在 100 年内丧失。值得一提的是，由于人口惯性，总人口的萎缩会滞后于出生人口的萎缩，因而不能及时反映人口衰减的严峻性，及其对经济社会的深刻影响。

如果只按目前这种力度来鼓励生育，毫无疑问，中国将在几十年内成为老龄化程度和人口萎缩最严重的国家之一。如果低预测成为现实，那么到 2100 年，新出生人口只有 94 万，还不到美国新出生人口的一半。如果我们采取发达国家鼓励生育的平均力度，那也只能维持中预测——略低于日本 1.1 的生育率。只有采取大力度的鼓励生育的政策——平均需要投入 GDP 的 5% 的财力，才能把生育率维持在接近西方国家 1.4 的平均水平。

我将在以后的章节里详细讨论鼓励生育的政策。

第五篇
中国人口创新战略

面临严峻的低生育率危机，中国应该采取什么样的对策呢？在过去的 10 多年，我一直在尝试普及人口和创新力的理论，在公共领域分享我的研究成果，同时为中国的人口公共政策提出建议。支持我持续这样做的动力，就是希望中国早日通过鼓励生育政策和相关领域的改革，建立一个生育友好的环境，让中国摆脱人口困境，为创新提供一个稳定和有利的环境。

这是一个高难度的公共政策设计问题，不仅仅是在财政上如何补贴家庭，也包括很有必要的教育、房地产和对外开放方面政策的改革。总的人口创新战略，就是通过财税补贴来帮助家庭降低养育成本，通过房地产改革来降低购房压力，通过教育改革来降低升学和考试的压力，通过生育福利来降低职业生涯的机会成本，通过加强对外开放来增加外部交流量，来弥补人口和市场萎缩而带来的负面效应。

我将在后面的几章里详细论述人口战略和一系列的改革措施，分别从生育补贴、教育改革、房地产政策、对外开放政策以及生育减负和女性平权这 5 个方面来详细论述人口政策。

如下页图所示，财税补贴、减负平权、控制房价都是降低生育成本和提高生育率的重要措施，也是提升创新力的关键。对外开放政策主要作用于人口流动性和移民，也有助于促进创新。大城市扩容可以缓解房价，可以提高生育率，还可以提升聚集效应，从而促进创新。

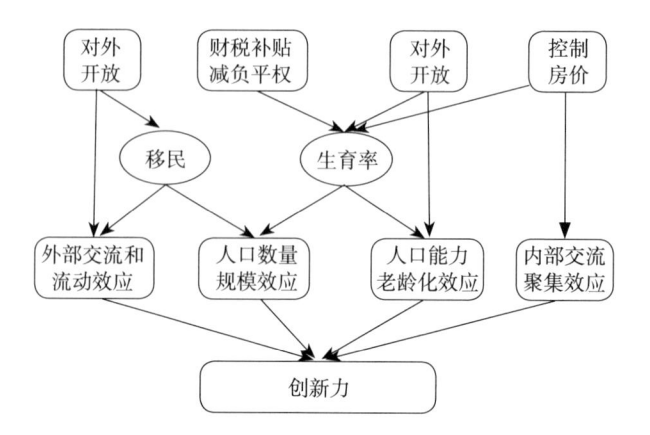

```
    对外       财税补贴      对外       控制
    开放       减负平权      开放       房价
      ↓          ↓   ↓  ↓        ↓
         移民        生育率
          ↓      ↓    ↓    ↓
    外部交流和   人口数量   人口能力   内部交流
    流动效应    规模效应   老龄化效应  聚集效应
          ↘      ↓    ↓    ↙
                创新力
```

当然，这些政策需要花很多钱，也需要很大的改革魄力，但是中国没有退路，因为人口是创新力和国家竞争力不可替代的要素。希望本书能够推动人口政策上升到国家战略层面，促成全社会达成共识，以举国之力来化解低生育率危机。

第18章　生育政策和财税补贴

生育政策的变迁

第二次世界大战以后，大多数发达国家经历了婴儿潮，大多数发展中国家改善了医疗保健服务，降低了婴儿死亡率。因此，20世纪六七十年代，世界人口的增长速度空前提高，人们那时普遍担心人口过多会给环境和经济带来灾难性的后果。

在此背景下，许多发展中国家在这一时期开始实施限制生育的政策。例如，越南实施了只许生育两个孩子的政策。印度试图强迫生育过两个孩子的妇女绝育，但后来由于选民的强烈反对，不得不放弃了这一政策。中国采取了大部分城市居民只允许生育一个孩子的计划生育政策。

大约在一代人以后，当这些国家变得更加富裕，城市化率也得到了较大提高时，其生育率急剧下降。20世纪八九十年代，包括日本、韩国和新加坡在内的许多国家的生育率下降到低于更替水平，于是，这些国家开始转变其限制生育的政策。

今天，大多数高收入和中等收入国家面临着与人口过剩状况相反的问题，即低生育率和老龄化。现在经济学和人口学界都已经认识到低生育率的危害，其中包括：

（1）不断增长的养老负担，将对许多老龄化国家的政府预算和公共养老金的财政状况形成挑战。
（2）老龄化不仅会导致劳动者短缺，而且还会降低生产力。
（3）需求减少会损害许多行业，尤其是房地产业及相关产业。
（4）在日本等老龄化国家中，储蓄减少，资产价值下降。
（5）随着老龄化发达国家实力的减弱，世界格局将重新调整。

包括葡萄牙、意大利、希腊和西班牙在内的南欧国家，于2008年爆发了金融危机，部分可归因于人口因素。这几个国家全都出现了严重的老龄化和低生育率问题，其生育率分别为1.32、1.30、1.28和1.36。此外，由于非常低的生育率，日本的劳动人口在所有发达国家中最老，低生育率和老龄化使日本的经济陷入困境。

除了以上负面影响以外，最根本和最重大的是对创新力的负面影响，这是本书对人口经济理论独特的补充，正越来越得到学界的认可。

为了应对这些问题，这些国家相继延长了退休年龄。例如，日本在2021年4月启动新通过的《改正高年龄者雇佣安定法》，把企业员工的退休年龄从此前的65岁提高到了70岁。也就是说，从2021年4月1日起，那些年满65岁的日本企业员工可以自愿选择到其他公司再干5年，也可以选择继续被原来的公司聘用，直至70岁后退休。[1]

中国恐怕也不得不很快推出延迟退休年龄的政策。不过推迟退休年龄最多也只能缓解养老负担的问题，却不能解决整个社会创新力下降的根本问题。要从根本上解决老龄化问题，只有通过提高生育率和移民政策。其实，德国等西欧国家近几年就吸引了大量移民来补充本国年轻人的不足，日本也开始逐步放开本来偏紧的移民政策。但中国由于人口基数巨大，几乎不可能通过移民来解决少子化问题，提高生育率就成为唯一可行的办法。要提高生育率，就需要推出各种鼓励生育的政策，事实上，中国以外的绝大多数低生育率国家都实行了鼓励生育的政策。

在生育率低于更替水平的欧洲，大多数国家采用了慷慨的财税补贴政策。在英国，福利和税收制度为有孩子的家庭提供了许多便利，其中包括：对于大多数家庭，为第一个孩子每周发放21.8英镑，每增加一个孩子，每周就再增加14.45英镑，一直持续到20岁；对于低收入家庭，为第一个孩子每周发放204英镑；对于超过两个孩子的家庭，每周可以领用高达254英镑的补贴。在一定的条件下，当父母双方都在工作时，可以报销日托费用，最高可覆盖一周38小时日托。[2]

在德国，不管公民的身份是什么，只要有孩子就向其发放现金补贴，一直到孩子25岁。补贴的数额每年都进行调整。2022年，为前两个孩子发放的现金为每月219欧元，为第三个孩子每月发放225欧元，为第四个孩子每月发放250欧元。产假津贴相当于女性生育以前月薪的2/3，最高可达1 800欧元，持续支付14个月。[3] 在法国，家庭中每个孩子满3周岁前每月可以得到176欧元。对于有三个或者更多孩子的家庭，3岁后每个孩子每月的现金补贴会增加到350~370欧元，直到孩子年满20岁。[4] 即使在欧洲范围内进行比较，法国的补贴也是非常慷慨的。

在俄罗斯，2007年起，从第三个孩子开始，政府就会对每一个孩子给予约25万卢布的一次性奖励（为平均年收入的3倍）。相对于俄罗斯的人均收入水平，这一奖励非常慷慨。2020年起，俄罗斯将奖励范围扩大到一孩家庭，家庭生下第一个孩子时就可领取约52万卢布，二孩出生时可再领取近17万卢布。如果家庭中一孩、二孩是在2020年前出生且没有享受到福利的，那么这个家庭生育第三个孩子时可一次性领取约69万卢布。[5]

亚洲生育政策的逆转

在东亚,生育政策在过去的三四十年经历了惊人的逆转。20世纪六七十年代,东亚国家和地区仍然普遍相对贫穷,和世界其他地区一样,人口增长迅速,这也导致人们担心高生育率会损害国家的经济发展。因此,这些国家实施各种政策以降低生育率。然而,在经济迅速发展的20世纪八九十年代,它们的生育率急剧下降。如今,这些国家大多推出了各种鼓励生育的政策。

日本是世界上第一个经历超低生育率的国家。第二次世界大战以后,日本在1946—1948年出现了婴儿潮,生育率超过4.0,但此后生育率就开始下降。到20世纪50年代末,日本的生育率已降至2.1的更替水平,之后一直到1975年,日本的生育率都在更替水平上下波动。1975年以后,日本的生育率缓慢下降,到1989年,日本的生育率创下1.57的新低,震动了日本政府和国民,被称为"1.57危机"。从那个时候开始,日本政府出台了多项措施鼓励生育。2021年日本的生育水平仅为1.3,在高收入国家中是生育率最低的国家之一。

在日本,对每一个新出生的孩子,政府都会一次性奖励100万日元(约合1万美元),大概相当于人均年收入的1/4。与欧洲国家相比,日本为提高生育率而做出的财政支出相对比较低。

韩国的情况类似于日本,只是晚发生了20年。20世纪五六十年代,韩国的人口迅速增长。20世纪七八十年代,唯恐人口过多,政府实施了降低生育率的政策。例如,在分配住房时,政府优先考虑给已经采取绝育措施并且孩子数量少的夫妇。但在20世纪90年代,当韩国变得富裕起来、人均GDP达到约6 000美元时,其生育率已经降到了2以下。21世纪初,随着韩国变得更加富裕,其生育率继续急剧下降到1.4的超低水平。韩国政府不得不彻底扭转政策,采取许多措施来提高生育率。2010年,韩国总统李明博宣布拨款3.7万亿韩元(约合37亿美元)以提高生育率。这一数字不到韩国GDP的0.5%,

与欧洲国家相比，仍是相对较低的。

中国台湾地区的发展与韩国类似。1945年，台湾地区有600万人口；2014年，其人口增长到2 300万。1964年，台湾地区成立家庭卫生委员会，负责实施降低生育率的政策。在1967年的时候，该委员会主张人们只应有两个孩子，并提倡应该在结婚三年以后才开始生育第一个孩子，之后再过三年才可生育第二个孩子。1971年，台湾当局提出了如下口号："两个孩子恰恰好，男孩女孩一样好。"与韩国一样，台湾地区的生育率在20世纪90年代开始下降到低于更替水平，进入21世纪之后，已经低于1.5。为了应对这一状况，台湾当局也改变了生育政策，推出了鼓励人们生育的措施。2012年，台湾当局拨款32亿台币（约合1亿美元），以提高生育率，但是，台湾地区的生育率仍然很低，只有约1.3，是世界上生育率最低的地区之一。香港地区的生育率更低，甚至低于1，但是香港地区吸引了很多内地的移民补充人口，所以并没有推出太有力度的鼓励生育的政策。

新加坡生育政策的逆转最快也最引人注目。新加坡的国土面积仅为733.2平方千米。人口从1960年时的170万增加到2022年的564万，是世界上人口密度最大的国家之一。新加坡几乎没有任何自然资源，连大部分的水都需要从马来西亚进口。20世纪60年代，新加坡的生育率高达5.4，人口增长迅速。到了20世纪70年代，和亚洲其他国家或地区的政府一样，新加坡政府开始实施降低生育率的政策。这些政策包括广为宣传"两个孩子已经足够"，堕胎和绝育合法化，取消产假，对生育超过两个孩子的妇女取消育儿津贴，增加生育超过两个孩子的妇女的医疗费用。这些政策对低收入家庭产生了相当显著的影响。结果，新加坡的生育率迅速由1971年的3.0下降至1986年的1.6。李光耀很快意识到生育率太低的严重性，其后生育政策发生180度大逆转。1986年6月30日，新加坡政府取消了家庭计划和人口委员会，在接下来的一年，又推出了新的口号来宣传婚姻和生育的好处。其新口号为:"如果你能负担得起,就养育三个孩子。"同时,新加坡还改变了移民政策,以吸引更多的移民。由于1986年和1987年两年生育政策的逆转,新加坡的生育率在1987年反弹至1.92,而在其后的三年中,生育率则分别为1.87、1.77和1.76。新加坡总理吴作栋曾经乐观地认为生育率很快就会恢复到更替水平,但令他沮丧的是,生育率在1992年再次下降。到21世纪,新加坡的生育率下降到1.4的超低水平。然而,作为一个非常小的国家,新加坡有另一种提高人口数量的方法,那就是吸引移民,本书在其他章节也曾专门分析过移民政策对经济的影响。

越来越多的国家跌入了低生育率俱乐部。伊朗也令人惊讶地出现了低生育率问题,所以伊朗最近也改变了生育政策,鼓励人们生育更多的孩子。对大多数发达国家和中等收入国家来说,如何将生育率提高到更替水平,将是一个普遍面临的难题。

拥有更大人口规模的中国,实际上走过了一条与亚洲其他国家或地区相似的道路。1949—1980年,中国的人口从5.4亿增长到10亿。1980年,中国政府开始推行计划生育政策。在城市里,任何一对有一个以上孩子的夫妇,都面临着高额罚款和失去工作的惩罚,这实际上促使每对夫妇都只生育一个孩子。然而,在农村,计划生育政策的推行遇到一些阻力,政府只能有效地实施"一个半孩子"的政策,即只有当第一个孩子是女孩的时候才允许生育第二个孩子。计划生育政策是为降低生育率而实施的手段。由此带来的后果,就是在20世纪90年代,中国生育率出现了断崖式的急速下降。

2000年,中国的生育率大约是1.6,2021年下降至1.2以下,中国成为世界上生育率最低的国家之一。但与亚洲其他国家或地区不同的是,中国政府在改变生育政策方面较为缓慢。直到2016年的时候,政府才正式实施全面"二孩"政策,允许每对夫妇可以生育两个孩子。2021年才开始实施"三孩"政策。从长远来看,中国将不得不实施更有力度的生育政策，努力提高生育率，使其接近更替水平。

生育补贴形式

鼓励生育政策有很多内容，其中包括生育补贴、产假、托幼服务等。目的都是降低生育成本，从而提高生育率。其中最直接和见效最快的方式就是财税补贴家庭的政策，形式上各不相同。

首先是育儿津贴，一般是每个月发放的现金补贴。我对一些主要发达国家进行统计，计算孩子在整个成长过程中收到的育儿补贴总和。大部分国家的育儿现金补贴总额为 10 000~100 000 美元。例如，韩国是 1 万美元（2022 年）[6]，德国的一孩与二孩是 5.4 万美元（2022 年），法国虽然人均收入不如德国，但在鼓励生育方面更加慷慨，尤其是对多孩家庭。对有 3 个或者更多孩子的家庭，法国对每个孩子 3 岁以后每月的现金补贴是 350~370 欧元，直到孩子年满 20 岁。[7]

补贴的发放时机略有不同。少数国家会在婴儿刚出生时给予一次性的生育奖金。例如，韩国给新生儿家庭近 2 000 美元的奖金。但是大部分国家会在孩子出生以后按月（甚至按周）发放育儿补贴，例如，法国给新生儿家庭每月发放 175.88 欧元（3 岁以前）。韩国的补贴时间窗口是 0~7 岁，德国最多发到 25 岁（只要孩子还在接受教育）。

财税补贴大多是以现金形式，但是现金津贴有个问题，就是没有考虑到不同家庭的育儿成本。在有些国家，如中国，其大城市、小城市和农村的收入与育儿成本存在巨大的差异，即使在同一城市，人们的收入差距也可能很大。一个比较好的办法，就是用抵扣税收的方式来发放津贴。因为高收入人群的税率会比较高，其所以他们得到的减免税收的优惠就会比较大。例如，美国的一孩抵扣额为 54 000 美元，抵扣的时间窗口一般是出生到成年。[8]

在大多数情况下，补贴按照每个孩子进行发放。但是有些国家采取累进制的鼓励方式，即二孩可以获得比一孩更多的补贴，三孩可以获得比二孩更多的补贴。例如，俄罗斯给三孩的奖励相当于16 188美元[9]，而法国给三孩的总补贴金额相当于59 568美元[10]，明显多于给二孩的30 286美元。

有些国家还为家庭提供一定的住房优惠，例如，新加坡为年轻的夫妇优先提供价格优惠的住房。在美国，政府虽然没有直接提供住房补贴，但是美国的税法允许抵扣房贷的利息。所以对那些因为孩子众多而需要贷款买大房子的家庭来说，实际上也等于获得了住房税收减免的补贴。

中国非常有必要进行购房补贴，因为中国的房价非常高，已经成为年轻人结婚生子的障碍。购房补贴可以和生育补贴结合起来，将购房补贴更多地向多孩家庭倾斜，这部分政策将在下一章介绍。

中国家庭财税补贴的建议

解决中国当前面临的低生育率困境，需要用最大的力度来鼓励生育。我建议至少用GDP的2%~5%来鼓励生育，这样生育率才能提升到发达国家的平均水平1.6左右。假设我们用24 000亿元的直接财税补贴（24 000亿元占2021年GDP的比例是2.4%）来鼓励生育，听起来很多，但是少了就不够了，因为24 000亿元分摊到每年1 000万的新出生人口，也只有每个孩子24万元，而抚养孩子的总成本是50万元，所以还不到抚养孩子的直接成本的一半。24万元分摊到20年，每年是1.2万元，也就是说每个孩子每月补贴1 000元。我觉得每个孩子每月补贴1 000元应该是一个比较合理的数字，如果只有几百元肯定是远远不够的。

当然20万元只是平均水平，应该根据不同地区生育成本的差异来调整补贴的水平。例如在上海、北京这样的大城市，平均生育成本已经接近每个孩子100万元，每个月1 000元肯定不够，而在农村和中西部地区，可能不到1 000元就够了。所以在设计上，我们可以现金补贴和减税的方式相结合。在城市里白领人群的税率比较高，生育成本也比较高，用减免税收的方法可以更多地帮他们降低生育成本。

我们可以制定这样的补贴政策：对于二孩家庭的每个孩子，给予每月1 000元的现金补贴，给予多孩家庭的每个孩子，每月2 000元的现金补贴，直至孩子20岁；对于二孩家庭，实行所得税和社保减半，三孩家庭所得税和社保全免（对于特别富裕的家庭，可以设定一个补贴上限）。

以上补贴方案采取了累进制，只补贴二孩和三孩家庭，而且三孩比二孩补贴的多。因此，我们可以估算出减免税收方面，二孩家庭平均每个孩子500元左右，三孩家庭平均每个孩子1 000元左右。如果按照1/3家庭是二孩家庭，1/5家庭是三孩家庭（剩下的是一孩家庭）这样综合计算，那么财政支出是平均每个孩子每月1 000元[1/3 × 1 500（二孩）+ 1/5 × 2 500（三孩）]。

需要考虑的是要不要补贴现有的二孩和三孩家庭。一种方式是只补贴这个政策发布以后的新生儿，这样一开始的财政支持负担会小很多。例如，如果以今后每年出生1 000万人口来计算，那么补贴政策推出的第一年，财政支持仅仅是1 200亿元。如果第二年还是出生1 000万人口，财政支出就会是2 400亿元。10年以后才会到12 000亿元，20年以后达到顶峰24 000亿元（因为只补贴到20岁）。

初步估算一下效果：按照GDP的1%来补贴，就可以提升生育率大约0.1；如果用GDP的2.4%来补贴生育，那么这部分措施能够提升生育率的24%，也就是每年差不多生240万个孩子。

花钱鼓励生育的公平性

有些人会从公平性角度来攻击这个补贴政策,这样的补贴政策是不是让不生小孩的家庭来补贴多孩子的家庭呢?这是否公平?其实从长期的国家财政来看这是非常公平的,因为每个孩子对国家财政和社保的净贡献是远远大于这里建议的 24 万元,因为孩子是未来的纳税人和社保缴纳人。所以,补贴部分有孩家庭的一部分养育成本是公平的。

在传统社会中,养老是由孩子提供的,而在现代社会中,养老部分是由公共养老金提供的,不论是否有孩子,老人都可以获得公共养老金。以美国为例,养老和医疗支持老年人的支出约占 GDP 的 15%。因此,平均来说,一个年轻人对社保的贡献是 15%,当然年轻人上学时消耗了差不多 5% 的公共教育支出。所以多一个年轻人实际上对社会的净贡献是 10%（15% – 5%）。一个家庭每增加一个孩子,就给予其 10% 的育儿补贴,这是公平的。在美国,10% 的人均 GDP 约为 5 000 美元,大约正是养育一个孩子的成本。在中国,人均 GDP 的 10% 只有近 1 200 美元,对典型的城市家庭来说,如果未来每年补贴 1 200 美元（相当于每月 600 多元）可能是不够的。

花钱鼓励生育的有效性

许多低生育率的发达国家支付给各个家庭儿童的抚养费标准,占 GDP 的 1%~5%。那么,补贴能在多大程度上有效提高生育率?图 18-1 显示了养育子女补贴与生育率之间的关系。纵轴是生育率,横轴是给养育孩子家庭的财税补贴占 GDP 的比例。显然,这里有一个正相关关系:较高的补贴会带来较高的生育水平。每增加 GDP 的 1% 的补贴,就会使生育率提高大约 0.1,这意味着财税补贴生育是有效果的,不过必须舍得花钱。

北欧国家如挪威、瑞典等,都有高水平的补贴和高生育率。而东亚国家,如韩国和日本,对养育子女的补贴水平相对较低,因此这些

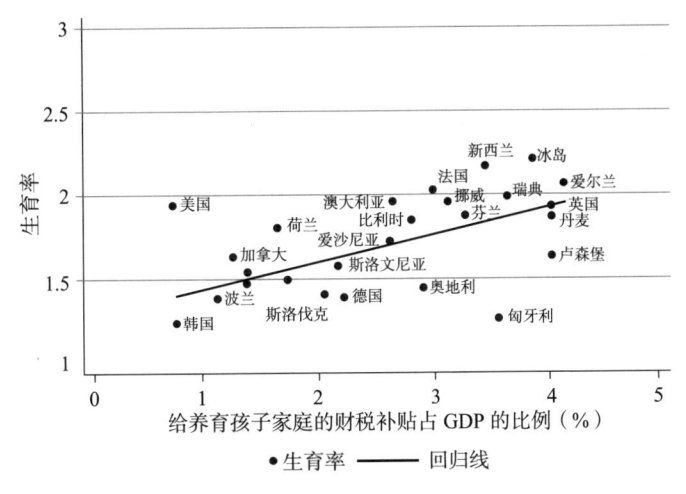

图 18-1　养育子女补贴与生育率之间的关系

资料来源：World Bank, 2015。

国家的生育率也低。南欧一些国家可能受到财力的约束，出现了低补贴和低生育率。这些国家可能会跌入"低生育率陷阱"，由于其低生育率和老龄化问题，经济会变得脆弱，因此难以提供大量补贴以提高生育率。

美国是极少数生育率接近更替水平的发达国家之一。尽管美国政府不直接给养育孩子的家庭提供现金，但它允许家庭为每个孩子申报 3 000 美元的税收减免。即使没有大量的现金补贴，美国仍然有相对较高的生育率。这个例外的出现，还可能是更强的宗教信仰和生育率较高的移民使然。

可以把补贴生育看作一种投资。其实，投资孩子对社会来说是一种最好的投资。因为未来孩子对国家财政和社保的贡献是远远大于补贴的。另外，增加一个孩子还可以增加人口规模效应，缓解老龄化，从而提振人口创新力，这种正面的效应可能比直接的财政贡献作用更大。

还有，中国现在正面临需求不足和投资低迷的经济困境。过去中国靠基建和投资制造业来拉动经济，现在这些领域已经趋于饱和。中国经济还有哪些领域有很高的投资回报呢？很明显，对国家来说，投资人力资源和投资孩子是最好的长期投资。即使在短期来看，多一个孩子也可以刺激需求，尤其在目前消费不足、产能过剩的环境下，非但不会引起通胀，反而可以刺激经济。

可惜的是，虽然孩子对社会有很多好处，但是对大多数家庭来说生育是得不偿失的。从每个家庭来算，成本和收益不匹配，因为生育小孩的大部分成本是由家庭承担的，而收益是给了孩子本身和国家的。所以国家非常有必要用财税补贴的方式来纠正这种不匹配，让更多的家庭愿意生育孩子。

另外需要指出的是，从地方政府的角度来看，收益和成本也不匹配，补贴生育的钱也不应由地方政府出，而应该由中央政府出。因为从地方政府的角度来看，多一个孩子就要多一份教育投入，但是未来的收益如孩子长大后贡献的税收等不一定会贡献在本地，因为孩子很可能到其他地区去工作。所以地方政府并没有太大的动力去鼓励生育，地方政府会更倾向于通过吸引外来人口来补充人口。各个地方政府相继推出了"抢人"的政策，但是显然对全国来说，"抢人"是个零和游戏，从根本上解决问题的方法还是要鼓励生育，而鼓励生育的钱应该由中央政府而不是地方政府来出。

总结

财税补贴是最容易实施的政策又是见效最快的。但是财税补贴只是降低生育成本的措施之一，光有财税补贴是远远不够的，因为直接财务成本只是生育成本的一部分。生育成本的其他几个方面还需要相关领域更加复杂的政策改革，如教育减压和提供托幼服务等减负改革措施，这些将在后面几章详细论述。

第 19 章　中国房价和城市化策略

房价和教育是养育孩子最主要的两个成本，中国的生育成本相对于收入之所以是世界最高的，原因之一就是中国大城市的房价相对于收入是世界上最高的。

中国高房价的成因

图 19-1 表明中国的房价收入比是世界上最高的。那么中国的房价为什么这么高？这个问题尤其令人困惑，因为中国是世界上建设能力最强的国家，几个月就能造一条路，几个星期就能建造一座房，而且成本比其他国家还低，质量还好。在建设能力如此之强的中国，我们建房的成本和效率应该是最有优势的，怎么我们的房价却是最高的呢？这一章将拆解中国的高房价问题和应对政策。

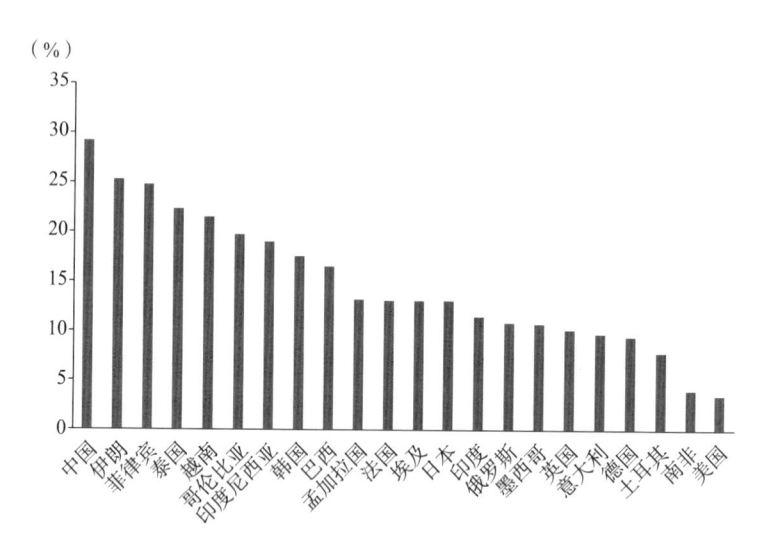

图 19-1 部分国家 2020 年房价收入比

资料来源：Numbo,2020。

人口流动和房价两极分化

中国的房价并不是所有地方都高，尤其是到了 2020 年，中国的房价明显出现两极分化的情况。在大城市和东部地区，房价继续坚挺，但是在中西部和东北的小城市，房价出现下滑的趋势，甚至有些地区房子严重供过于求，有些地区甚至出现了房子白菜价的情况。

房价的分化可以用人口的流动来解释。通常，在人口流入地，房价是上升的，在人口流出地，房价是下降的。

人口为什么向大城市流动呢？这还是前面所说的聚集效应，人口聚集在大城市，人们有更多的交流和创新的机会，更多的就业选择，更丰富多彩的消费选择，更高效和高质量的医疗教育等各种服务。大城市的这种聚集效应使得人口持续地向大城市集中，而随着中国总人口不再增长，不同城市的人口出现了两极分化。一、二线大城市继续吸引人口，虽然本地区的生育率很低，但是靠外来人口可以继续保持人口增长。而小城市和县城的人口则大量流失，中西部和东北的农村则严重空洞化。

未来人口分布预测

那么中国的人口向城市尤其是大城市聚集的趋势是否会持续呢？首先看看城市化率的国际比较。

我们从图 19-2 中可以看出，中国的城市化率相对于中国的人均 GDP 是偏低的。和中国人均 GDP 水平相当的国家，如巴西的城市化率远高于中国，所以中国未来至少还有 20% 的城市化率的提升空间，也就是说未来还有 2 亿~3 亿的人口将迁入城市。而这部分人口将主要流入大城市和东南沿海地区。

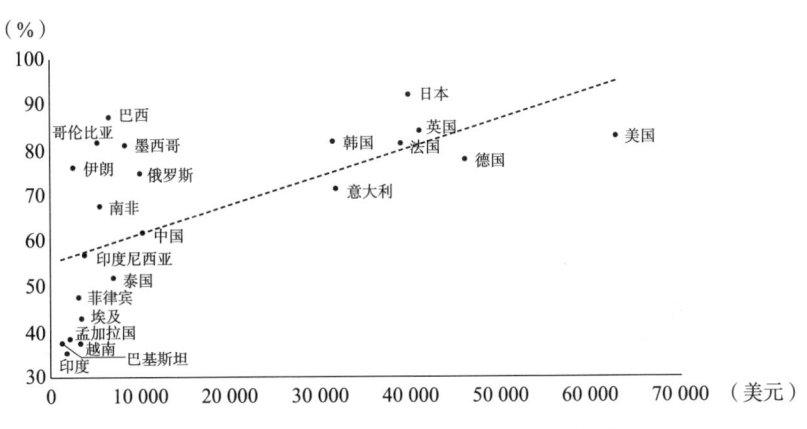

图 19-2 部分国家城市化率和人均 GDP 的关系

资料来源：世界银行。

人口将持续流入大城市，有人说中国大城市的人口已经很多了，人口还会更多吗？前面已经讲过，由于聚集效应的作用，一个国家的人口越多，大城市的人口就会越多。

世界上人口最多的大城市是日本的东京，东京的人口有 3 700 万，而日本的人口不到中国的 1/10，韩国的人口只有中国的 1/25，但是首尔都市圈的人口有 2 400 万左右，和上海差不多。日本和韩国的人口已经不再增长，绝大多数城市人口都在减少，只有首尔和东京还在增加（靠吸引外来人口）。而在中国，一个大省的人口就相当于韩国和日本的人口，所以如果有相类似的聚集度的话，一个省会城市就应该有 2 000 万的人口规模，而一线城市则应该有 4 000 万~5 000 万人口。因此，中国大城市的人口不是太多了，而是太少了。

房价和土地供应

那么一个城市的人口越多是不是房价就会越高呢？人口越多，需求就越大。但是房价还取决于供给，如果有充足的供给，那么价格也不会很高。就像大城市的食品并不会更贵一样，因为供给是很有弹性的。那么大城市的住房供给有多大的弹性呢？首先是大城市的稀缺地段，如市中心核心地区的供给是有限的，随着城市人口的扩充，核心地区的房价会越来越贵。但是，非核心地区的住房供给应该有很大的提升空间。如果大城市可以不断地扩充其住房用地，大城市非核心地区的房价尤其是郊区的房价应该就会相对便宜和稳定。

那么中国的大城市还有没有可扩展的土地呢？以上海为例，上海至今还保留了 1/3 的农田，还有大量的低效的工业用地，如果都用来开发住宅，可以大幅度扩展住宅用地。新加坡的面积只有 733.2 平方千米，是上海的 1/10 左右，但是容纳了 600 万人口，而且还有港口、机场、公园，是个环境优美的花园城市。按照这个密度，上海容纳 5 000 万人口没有一点儿问题。

当我们查阅上海和东京的卫星地图就可以发现：东京除了山区，与横滨和千叶地区都已经连成一片，其建成的市区面积要远远大于上海的建成面积。上海的建成区主要是在外环之内，面积不到上海的 1/10。其他地方有大量的未开发的区域，所谓的大量的"留白区域"。上海到苏州和上海到杭州则是有很多的留白区域。这些留白区域如果被用来增加土地供应，可以有效缓解房价。

其他的大城市，如北京也是同样的情况，还有大量的土地可以用来增加住房土地供应。其实和亚洲其他国家相比，中国的土地资源是相对丰富的，甚至让所有的人都住上别墅也是完全可行的。如果一个别墅（含道路）占地500平方米，住4人，那么每平方千米可容纳8 000人。那么容纳13亿人也就差不多用16万平方千米，只相当于国土面积的约1.3%。当然不可能所有人都喜欢住别墅，尤其是老人还是喜欢住公寓，所以真正住别墅的需求不到上述估算的一半。因此，如果我们愿意拿出不到1%的国土面积来建造别墅，就可以满足所有中国人的别墅需求。我们根本没有必要限制别墅，因为中国的土地面积是充足的。

有人说如果在大城市大幅度扩大供地，甚至于建设别墅和其他低密度的住宅，虽然只用了1%的土地，但还是会减少耕地，影响粮食安全。这种推论是似是而非的，因为如果一个农村人搬到了大城市，即便是住在了城市郊区的低密度住宅，其用地的效率还是远高于农村的。如果让这个农村人落户到城市，就可以释放他在农村的宅基地，甚至于释放出更多的耕地。事实上，由于大城市土地供应不足，很多在城市打工的外来人口买不起大城市的房子，只能是在县城买房，而且还保留着农村的宅基地房子，造成了更大的土地浪费。

通过以上分析我们可以得出，中国的大城市还有大幅度增加住宅用地的空间，可以缓解大城市的普遍高房价。但是实际的情况是，中国近几年实行了控制大城市人口规模的政策，限制了大城市的土地供应，一定程度上加剧了大城市的高房价。相对比，中国的建设供地更多的是在人口流出的中西部地区，造成了那些地方的住宅和其他建设用地供过于求。

我们从表19-1中的数据可以看出，中西部地区的土地扩张速度和东部是差不多的。[1]但实际情况是中西部的人口大量流入了东南沿海。

因此，建设用地的指标并没有随着人口的流动而调整，其后果就是房价的两极分化。一方面，在大城市和东南沿海，住宅供不应求，房价节节攀升。另一方面，在中部尤其是西部地区和东北地区，住宅供大于求，甚至出现了大量的烂尾楼和"鬼城"。这种土地供应滞后于人口流动的土地政策，部分是缘于固有的要限制大城市发展的错误观念。和土地政策相关的是户籍制度，有些大城市至今对于外来人口在子女教育、医疗服务、购房等方面还是有不少限制性政策，根本上还是由控制大城市人口和大城市土地供应不足造成的。

表19-1 1990—2006年城市土地面积扩张速度

单位：%

	全国	东部	中部	西部
城市土地面积扩张速度	7.77	8.60	6.23	8.63

资料来源：陆铭，《大国大城》。

人口流动和贫富差距

建设用地向中西部倾斜的初衷可能是希望促进中西部地区的经济发展，从而缩小地区间的贫富差距，但是这种措施实施的结果可能是事与愿违的。因为大城市的聚集效应太强了，优质的教育、医疗服务和好的工作机会，尤其是创新的机会都在大城市，所以人们还是会选择在大城市生活、工作。其结果就是房价高企，这些外来人口只能住在狭小的空间中。年轻的大学生在大城市普遍买不起房，这也降低了结婚、生育的能力和意愿。

此外，由于户籍限制和高房价，很多农民工也成了候鸟，只有在节假日才能回家陪伴家人和孩子。这造成了中国特有的留守儿童的问题。由于农村的教育质量不如城市，留守儿童的问题不利于下一代教育的均等化，由此也减少了社会的流动性，加剧了贫富差距。

乡村振兴

有人说，如果放开城市户籍和土地供应，听任大城市吸引人口，那么农村就会被吸干，这不是加剧了地区间的不平等吗？这几年国家发展战略的重要方向是乡村振兴。从经济规律来讲，乡村振兴要有持久性，就必须利用乡村的比较优势。乡村发展工业和服务业都没有比较优势，因为工业需要人才和便利的交通，服务业除了人才还需要人口密度，创新型产业更是需要各种顶尖人才的聚集，所以适合农村发展的只有利用土地资源优势的农业，利用资源优势的矿业和能源产业，或者利用自然文化资源的旅游业。但是农业并不是一个可以快速成长的行业，随着经济的发展，农业的占比会越来越小。矿业和能源资源或者自然文化资源只有少数乡村才具有适合的开发条件。因此，乡村振兴不可能吸引大量的劳动力，我们不能以提高经济总量为目标，而是要以提高人均收入为目的。人口减少可以增加人均的耕地或者人均的资源占有量，从而可以增加人均收入。例如在中部地区，人口减少反而促进了农业集约化和机械化的发展，大幅度提高了农业的效率，增加了农村的人均收入。

同样的逻辑也适用于旅游业。近几年，我深度参与了携程乡村旅游振兴的项目，很多乡村其实没有太多的机会去发展工业，很多工业园区都荒废了，反而没有什么工业、相对落后的地区却成了乡村旅游的热点。携程在这些落后地区，投资和建设了高端的民宿，带动了当地旅游业的发展。例如在安徽省金寨县的大湾村，携程捐建的度假农庄成了当地网红打卡地，吸引了大量的游客，也带动了当地的就业和经济发展。但是旅游业的发展是受限于当地的自然资源的，可能整个金寨县也就几个乡村有可开发的旅游资源，所以总的就业需求和旅游收入可能是有限的，人口减少反而可以增加当地的人均收入，缩小贫富差距。

我经常会被问到东北的人口流失问题：东北人持续流入全国其他各地。对于东三省人口持续流出的问题，我觉得应该换个思路看这个问题，看东北成不成功，你应该看东北人成不成功。因为东北的比较优势是农业、矿业和旅游业，那么东北留下的人和东北流出的人都可能会过得更好，虽然东北的 GDP 会降低，但人均收入不一定会降低，如此，东北人口的流失就不是个问题。

东北真正的问题是低生育率问题。由于东北人大多是在国企或者体制内工作，所以受到严格的计划生育的限制。从 20 世纪 80 年代开始，东北三省的生育率几乎是全国最低的，黑龙江、吉林、辽宁的生育率分别为 0.76、0.88、0.9，比全国的平均水平低了很多。其后果是不仅东北的农村人口在减少，而且东北的大城市的人口也增长乏力，经济萧条与其他人口增长的大城市形成鲜明的对比。

如何解决大城市病？

有人担心大城市进一步增加人口，会出现交通拥堵、空气污染的城市病，这个问题在前面的章节中已经论述过了。从世界范围来看，城市的人口规模与交通拥堵和环境污染并没有必然的关系。世界上人口较多的大都市，如东京、首尔，其交通并不拥堵。这些城市都很好地利用了公共交通尤其是轨道交通解决了特大城市的交通问题。例如，首尔通过不断开发轨道交通和沿线的卫星城来扩展城市的人口规模。一个地铁站可以带动 5 万~10 万人的卫星城，一条 20 站的地铁线可以带动 100 万人口的卫星城镇。中国建设地铁的效率是世界领先的。只要充分利用城郊的用地，开发轨道交通和卫星城镇，就可以在不增加拥堵的情况下，大幅度扩展城市人口规模。

城市的轨道交通还可以延伸到附近的城市，把相邻的两个城市连成一片，形成"都市圈"，其实东京和首尔都市圈也不是行政上的东京和首尔。东京都市圈其实涵盖了周边的千叶市和横滨市，首尔则涵盖了京畿道的一部分。这些相邻的城市之间几乎是连成一片的，土地资源得到了充分利用。与之形成鲜明对比的是北京和天津之间，上海和苏州之间，还有大量的农业用地未被充分开发利用，以形成一个几千万人口的都市圈。其实中国是更有条件建设都市圈的，因为中国有世界上最快的高铁，上海到苏州的高铁可能只要半小时就到了。一个在上海上班的员工完全可以在苏州或者嘉兴安家，尤其是未来很多公司将提供在家办公的条件。

除了利用公共交通和混合办公来应对大城市病，我们还要看看中国的都市圈能否容纳更多人口。长三角和珠三角都市圈是中国人口流入最快和最多的都市圈。狭义的长三角都市圈是指上海、杭州和苏州之间的地区，即上海大都市圈，陆域面积约为 5.4 万平方千米，常住人口约为 7 100 万；珠三角都市圈是指广州、深圳和珠海之间的地区，面积接近 2 万平方千米，人口为 5 700 万左右。这些都市圈还有很大的开发空间。以大上海都市圈为例，上海和苏州、上海和杭州、杭州和苏州之间还有大量的农田和未被充分开发的土地，如果能够利用起来就可以容纳多得多的人口。珠三角虽然在面积上比长三角小一些，但是同样具有很大的扩容条件。大上海和珠三角都市圈如果充分开发，可能成为世界上人口最多、创新力最旺盛的都市圈，而且还是宜居和房价可承受的，相当一部分人可以住上宽敞的别墅。

反观现状，2021 年中国的房地产市场普遍出现低迷的状态。过去房地产是经济增长的最主要的引擎之一。房地产行业占 GDP 的比例是 7.3% 左右，但是相关产业如家具、装修、家电等占了 20% 左右。

2020年，中小城市的房价开始下跌，房地产的销售面积和开工面积都出现了大幅下滑，拖累了整体的宏观经济。有人说房地产大开发的时代已经过去，中国的房地产已经到了供大于求的状态。从总量上来讲，根据住建部公布的数据，2019年我国城镇人均住房建筑面积为39.8平方米，人均住宅为1.1套。[2] 但是从区域分布上看，这远远没有满足人们的需求，反映在房价上就是大城市和中小城市的房价，中西部和东南沿海的两极分化。简言之，就是人们想住的地方的房子还远远不够。未来如果能够有适当的政策来扩容大城市和大都市圈，就可以释放房地产行业的产能，满足想住大城市和都市圈这部分人的需求。这宏观上不仅可以重振房地产业，还可以带来新一轮的经济增长。我们可以粗算一笔账，如果未来有两亿人搬进大城市，按照人均100万元的房产和家具等相关的投资和消费，就会有200万亿元的投资需求。如果需求在20年内得到释放，每年就会有10万亿元的投资和消费，相当于每年10%的GDP。所以从拉动经济增长的角度来说，大城市扩容是很有必要的。当然这部分投资和消费的增加不是无效和浪费的，而是实实在在地满足了人们的住房需求，生活在大城市和大都市圈可以享受更好的公共服务，也可以更好地成家立业。

严控大城市人口规模的后果

现在越来越多的城市已经意识到，人口净增长是衡量一个城市是否有吸引力的重要标志。所以近几年，很多城市如武汉、西安、长沙、成都、郑州、济南等先后掀起了"抢人"大战，通过放宽落户条件、提供购房补贴等方式吸引人口迁入，而"抢人"的主要对象则是年轻的大学生。有些城市甚至实现了零门槛落户，比如福州从2021年元旦开始全面放开落户条件，不设学历、年龄、就业创业等限制，真正实现了落户零门槛。福州明确提出要"壮大人口规模"的目标，显然不仅要抢人才，还要抢人口。

几乎所有的大城市都在抢人，但只有北京和上海出台了严控大城市人口规模的政策。如前所述，中国的人口总量世界最大，所以中国一线城市的人口也应该是世界上最大的，可以达到4 000万左右。严控大城市人口规模的政策，会带来一系列负面影响：

第一，削弱创新力和拖累经济。中国经济现在面临升级的挑战，尤其需要创新来推动，而大城市则是最具创新力的。严控大城市的人口规模，将推高大城市的人力资源成本，使得城市的创新力被大幅削弱。

第二，推高房价。严控大城市人口规模并不能减少需求，而只是减少了供应。土地供应不足反而推高了房价。正确的政策应当通过增加土地供应和基础设施的投入，来抑制房价的过快上涨。实际上，北京、上海和广东都有充足的可开发的土地，支撑4 000万人口的城市规划绰绰有余。

第三，导致交通堵塞等各种城市病。严控大城市人口规模会导致按照违反经济规律的人口规模来规划城市。比如，北京一度按照800万的人口规模来进行城市规划，这会使道路、地铁、学校和医院等设施严重不足，导致拥堵等各种城市病。如果按照5 000万的人口规模来规划，交通会比现在好很多。人口密度高的城市，其实反而有利于环境和公共交通的高效利用。

第四，减少社会流动性，加大贫富差距。中国巨大的贫富差距，主要体现为地区和城乡之间的贫富差距。包括户籍政策在内，很多阻止人口流向大城市的政策，实际上加大了贫富差距，也不利于城市的发展。比如，把低技能人口都挡在城市之外，会推高城市的各种服务成本。如果连一个大学教授都雇不起保姆，必须自己做各种家务，那么其工作、生活的效率和质量就会下降，也更加养不起第二个孩子。

如果保姆在城市里租不起房子，就不得不回到农村，也只会更穷。让更多的人流入大城市，当然会使得乡村和小城市流失更多的人口，但这正是缩小贫富差距的必经之路。

城市是一个生态系统，需要各行各业的人聚在一起发挥不同作用，教育水平不同的劳动力之间具有互补性。所以，城市不但需要高端人才，也需要大量的普通劳动者。比如，高科技行业的职场精英，就离不开环卫、保洁、保安、物业、家政、快递、餐饮等普通劳动者的支持。城市之间的竞争，归根结底是人才和劳动力的竞争。有人才和劳动力在，城市就有活力和创新力。城市的正常状态应当是，既欢迎和尊重高素质的精英人才，也能容纳和尊重普通劳动者。

综上所述，经济发展水平越高，城市化水平就越高。无论在发展中国家，还是在发达国家，城市发展的趋势都是人口从小城市和农村向大城市集中。因为大城市拥有更好的创业、创新环境，更多的就业机会，更优越的医疗条件，更丰富的教育资源，更好的公共基础设施。人口向大城市的自然流动符合市场规律，而政策应该顺应这种规律，利用先进的轨道交通技术并加大土地供应，来容纳更多的人口。这样才能充分发挥城市的创新力和聚集效应。我们有理由相信，中国的一线城市会成为世界上最大、最繁华、最具活力和最有吸引力的超级都市。总之，大城市扩容可以平抑房价，让大城市的年轻人也住得起大房子，提升多生孩子的欲望。

政策建议：生育购房补贴

过去中国的住宅供应没有跟上人口流动的形势，造成了中国在发达地区供地不足、住宅供不应求，但是欠发达地区住宅供大于求的现象。应该让供地指标跟着人口流动走。房价高的人口流入地区需要加大土地供应，而房价低的人口流出地区需要减少土地供应，进一步深化推进户籍制度改革，消除人口自由迁徙的限制，要让国家的教育医疗和其他社会福利可以方便地跨省享用，不让公共福利成为人口流动的障碍。

房价政策还可以和鼓励生育政策联动。在大城市增加土地供应，可以大幅度增加大城市的土地出让收入。根据中国社科院的数据，2017年土地平均成交价格与商品房平均销售价格的比值达到0.68。在大城市，地价普遍占到房价的一半以上。增加土地供应所增加的收入除了可以用作基础设施、教育医疗等公共服务建设，还可以用来鼓励生育。建议给予多孩家庭购房补贴，比如房价直接打折或者购房贷款贴息。

具体方式可以通过按揭利息返还或房价打折进行补贴。比如说返还二孩家庭的房贷利息的50%，对于三孩家庭的房贷利息可全部补贴返还（规定一个上限）。以孩子出生开始，期限是20年。只补贴新政推出以后的购房贷款。

初步计算一下这个政策的财政支出：如果每个房子的平均贷款额是100万元，按照整个还款周期20年的平均利息3%来算，那么每年的平均利息差不多是3万元。因为只有二孩和多孩家庭才能享受到这样的补贴，所以只有不到一半的有孩家庭能享受到这样的住房补贴，平均的补贴水平可能略大于利息的一半（因为多孩家庭还是比二孩家庭少很多）。现在每年1 000万新生人口中，二孩和多孩家庭差不多有400万个，那么第一年补贴金额是每年400万×3万元/2=600亿元，第二年会是1 200亿元，到20年时达到顶峰为12 000亿元。

这部分财政支出主要是在大城市，因为大城市的房价和房贷额会比较高。这项补贴的实际效果会是向大城市的家庭倾斜，有效缓解大城市年轻人沉重的购房负担。这部分补贴完全可以通过增加土地供应来筹集。加大土地供应并给予二孩和多孩家庭买房补贴，还可以提振房地产市场的需求，起到刺激经济的效果。

总结

  大城市扩容，可以充分发挥聚集效应，增强创新力，拉动经济增长，更重要的是可以缓解房价，减轻结婚育儿的压力，提高生育意愿。而且，中国完全有空间和能力去建设世界上充满活力和美丽宜居的最大的城市。

第 20 章　教育如何减负提效

教育与人口和创新的关系体现在两方面。一方面，教育是提升人口能力的要素。另一方面，如果教育负担很重，会拉低生育意愿和未来的年轻人口规模，从而削弱创新力。因此，一个高质量和高效率的教育系统是解决人口和创新问题的关键。

教育如何促进创新力和人口

创新力＝人口数量 × 人口能力 ×（内部交流量＋外部交流量）

在创新力模型中，人口能力是否就等于教育呢？并不完全是。人口能力包括综合的创新能力，例如学习能力、专业知识、沟通能力等。这些又和天分、年龄、教育和经验有关。创新能力当然需要教育，但教育只是创新的必要条件之一，并不是充分条件。对一个国家而言，高质量的教育是创新强国的必要条件，然而仅仅依靠普及教育并不一定能够提升创新力。在很多中等收入国家，如马来西亚、泰国和一些东欧国家，虽然高等教育的普及水平很高，但是创新力不高。

对于个人而言也是如此。一个人要想成为成功的创新者、科学家或者艺术家，大学本科教育几乎是必需的，有些领域还需要硕士或者博士。但拥有这些学位只是拿到了入场券，并不能保证成为一个成功的创新者。在很多情况下，创新能力不仅需要天分，似乎还有运气的成分。

这个结论似乎令人沮丧，却又顺理成章。创新本来就具有高度的不确定性，甚至是一件碰运气的事。如果创新力只靠教育就能提升，那么个人只要多读书就一定成功吗？穷国只要把学校办好就可以成为富国了吗？如果真这么容易，就不会出现什么中等收入陷阱。高质量的教育，只是打造创新力基础的必要条件。有了这个基础之后，创新力的强弱还取决于许多其他因素，比如创新力模型中的交流强度和人口规模。

那么教育行业的效率是否会影响创新呢？有人说东亚国家的应试教育不利于创新，但实际上，韩国、日本和中国的应试教育，似乎并不影响它们的创新力。日本的应试教育非常典型，但这个国家也曾经在20世纪七八十年代创新力爆棚。近年来日本的创新力衰退，并非缘于应试教育，而是因为人口少子化和老龄化。一个高度内卷和低效的教育体系，浪费了年青一代的宝贵的青春，也压低了他们的生育意愿。其长远的效果就是减少了下一代的人口规模，从而影响了一个国家未来的创新力。反之，一个高效的教育系统能够减轻父母的负担，使得父母更愿意多生孩子。还有，一个高效的教育系统也能让年轻人不至于太晚才能工作和组建家庭。这两点会在后面详细论述。

教育系统的效率黑洞

在过去100年里，世界经济突飞猛进，各行各业的生产率都有了极大的提高，但是有一个行业没有看到明显的效率提升，甚至还出现了倒退，这就是教育行业，尤其是K12基础教育。现在18岁的中学毕业生，所掌握的知识并不比一代人甚至两代人之前多，但所花费的时间和精力远远比前人多。可以说教育行业是一个罕见的例外，经过这么多年的发展，现在学校的硬件、软件设施以及各种高科技设备都远超从前，可效率非但没有提高，反而降低了，这一点令人震惊。

现在大多数国家的教育体系，是参照工业化鼎盛时期的欧洲尤其是德国的体系，推行小学6年、初高中6年的通识教育或者职业教育，部分人可以到大学本科接受3~4年的专业教育。这个体系已经将近100年没有变化，可以说根深蒂固，非常不容易改动，任何改革的阻力都会被体制内的人说成是不尊重教育规律。

不断抬高的巨人肩膀

教育体制没有变化，但在过去100年里，这个世界发生了巨变。随着人类的知识爆炸，创新所需学习的知识越来越多。有人统计过，人类的知识每20多年就翻一番。创新必须站在巨人的肩膀上，所以科学研究必须学习比前人更多的东西。上一代人可能只要有大学本科学历就能参与科研，但这一代人至少要拿到博士学位才有能力做科学研究。现在企业里的研发职位大部分都是找硕士毕业生，像携程这样的互联网公司的校招中，也是硕士毕业生占了绝大多数。攻读博士的时间也变得越来越长，很多都需要5~6年，有些专业还要博士后。

学习时间的增长还只是变化之一。随着需要学习的科目越来越多，学科分类越来越细，这势必要求科研人员在创新过程中掌握跨界的知识。比如心理学、脑科学和计算机科学的边界都变得愈加模糊，材料科学和生物技术也变得更需要跨界，现在几乎所有科研都离不开大数据算法和人工智能的辅助，所以对前沿科研人员的要求也就变高了，他们必须掌握更多也更广的知识和工具。

非但科研人员要学更多的知识，哪怕是看似一般的工作岗位，现在也提高了对于技能的要求。以前的农民做的是体力活，但现在要想管理现代化农场，工作人员必须掌握各种高科技设备，还需要懂得财务管理，最好再懂些宏观经济等，这使农业生产也需要典型的知识型岗位。对工人的技能要求也在提升，以前靠重复手工劳动进行产品组装的工人，要么被机器人取代，要么被转移到劳动力更便宜的东南亚去。甚至原来所谓的高级职业技术工人，如车工、焊工等，未来或者已经被数控机床或者机器人取代。比如，从特斯拉工厂所需的工人技能来看，已经没有焊工等所谓的高级技工，只有管理和维护数控机床与机器人的工作，而且可能每几年机器人就会有更新。所以操作和维护这些机器人就需要更高的技能。

不光是工作提出了更多要求，生活在这个复杂的社会，需要学习的知识也变多了。这个社会变得越来越复杂，每个人都需要管理家庭的财务、投资或者贷款，所以必须是个合格的投资理财者。每个人都是家庭的成员，所以必须成为合格的父母、丈夫或者妻子。每个人都是公共事务的参与者，需要成为合格的公民和志愿者。

要学习的知识和技能急剧增多，可以说是个坏消息，但也会带来好消息，那就是运用知识的工具得到了飞速提升。尤其是互联网和数字技术，极大地提高了存储、组织、搜索和分析的效率。以前很多需要背诵的知识，现在随时随地可以获取，还有分析、模拟的工具和软件可以辅助我们。不需要再学许多死记硬背的知识，高质量的网络课程和练习可以以极低成本得到普及。网络和数字技术引发了几乎所有行业的效率提升，唯独没有提升教育行业的效率。现在中小学所教的内容，完全没有充分利用到这些更好的技术，效率不升反降。原因是，虽然学习的工具提升了，但是中小学生花了更多的时间刷题应付中考和高考。要学习的内容很多，基础教育却没有任何的提速，所有需要多学的东西基本放在了大学以后，延缓了年轻人工作和组建家庭的时机。

有人说现在的人寿命长，中小学浪费一些时间没有关系，但是人们生育和创业的最佳年龄还是在 30 岁左右。我在以前的章节里论证过，创业的最佳年龄在 30 岁左右。但是现在大多数研究职位的起点学位是硕士，很多学术和科研岗位的起点需要博士学位，有些领域甚至需要博士后或拥有多年的工作经验。所以这些人获得第一份工作时就已经是 25~28 岁，到最佳创业时机 30 岁左右的黄金窗口期变得非常短暂（对女性来说就更短，因为她们还需要生育孩子）。

所以年轻人在 30 岁之前，要学习的内容越来越多，还有可能要创业、结婚甚至生孩子。30 岁前的人生是那么紧张和宝贵。但中小学基础教育浪费了至少一年时间只为复习应付高考，还有一年时间是为了中考，同时还催生了庞大的补课行业，浪费了大量的社会资源，更重要的是浪费了家长和学生大量宝贵的时间和精力。

中国的高考内卷

虽然全世界所有国家都在加强教育，但是中国教育的竞争和内卷可以说是世界上较严重的。中国的学生和家长几乎是世界上最辛苦的，而且还不得不花很多时间和金钱补课。中小学教育效率低下的根本原因，是现行的高考和中考制度。其他国家也有统一的考试，但是不同学校和专业会综合考核学生其他方面的表现。只有中国只用一个总分公式来决定不同大学不同专业的录取，这个统考统招的体制是中国仅有的，造成的后果是中学阶段尤其是高中阶段的学习的几乎唯一目的就是为高考准备，这种应试教育是对社会资源的极大浪费。

高考作为一种具有中国特色的考试，从 1952 年开始实行，中间虽然有所停滞，但自 1977 年恢复以来，依然成为中国教育体系里影响范围最广和最深远的制度。虽然经过了多年的高考改革、扩招，高校毛入学率超过了 50%，但是学生和家长对"985""211"等重点大学的追求，学校对高考"一本率""重点率"的追求，不断把学生和家长的焦虑前置，从小学甚至是幼儿园起就开始竞争，就为了能够在最后一场考试中获得满意表现，这让他们承受了巨大的压力，也浪费了很多的时间。

"内卷"这个词最近两年非常流行，而用到教育上也非常恰当。伴随着教育内卷，还出现了"鸡娃""坑校"等热词，它们都是由焦虑的家长们发明出来的，它们会继续增加焦虑，让家长们在高考筛选的"剧场"里精疲力竭、不堪重负。据世界银行和OECD的数据，中国学生平均每周学习的时间比发达国家多了十几个小时。相比上一代人，现在进入高考考场的18岁学生多花了几千小时的学习时间，但学生所学的内容和学生的实际能力并没有提高，考试之外的其他能力还可能下降了。中国青少年睡眠不足现象继续恶化，95.5%的小学生、90.8%的初中生和84.1%的高中生达不到标准。[1]还有很多学生第一次高考成绩不理想，情愿浪费一年时间复读，甚至有些还被拿出来当作励志的典范。复读不是学习新的知识，完全是为了应试刷题，这是对个人生命和社会资源的巨大浪费。

内卷这个问题，不可能通过局部的改革和微调来解决，除非改革整个体制。因为在这个体制下面，所有人包括家长、学生、大学和企业都是理性的选择。有了高考，大学就会理性地按照高考分数来掐尖，再往后，企业也会理性地用大学招牌（实质还是比较高考成绩）来鉴别学生。于是，学生家长也就理性地把考试作为学习的最重要目的，据此进行教育领域内的"军备竞赛"。从局部来看，每个学生家长、大学和企业都是理性的，但是在整个社会层面造成了严重的内卷和浪费，形成了典型的囚徒困境。如果不改革高考制度，只靠行政命令来禁止补课，其实是在跟各方的理性选择作对，其代价和难度都会变得非常巨大。

中考压力

最近几年的中考压力也变得非常大，很多家长担心如果中考考不上高中，就会失去上大学的机会。2021年3月23日，教育部办公厅发布《关于做好2021年中等职业学校招生工作的通知》，明确要求中等职业学校招生工作坚持职普比例大体相当，把职业教育又一次提到了我国教育体系改革的重中之重，也引发了广泛的担忧。中考就要进行"普职分流"，而且是1∶1的比例，也就是说会有接近一半的学生被分流，基本上与高中无缘。这让原本就压力很大的家长，多了另一层的焦虑，就是如果自己的孩子考不上普通高中的话，很可能就要去职业高中，孩子的未来定位就会被锁死在低收入人群。

目前有一种颇为流行的说法，用以解释限制大学甚至高中的教育人数——为了培养更多的职业技术人才（比如工人和服务员），具体的实现方式则是通过职业高中来培养这些就业人员。信奉这一逻辑的人似乎认为，假如所有年轻人都上了大学，就会导致无人从事工人、服务员等职业，所以必须阻止一半左右的年轻人上大学。但上述逻辑似是而非，从经济学的角度来讲，只要薪资足够高，一定可以找到工人和服务员。对劳动者来说，即使拥有大学文凭，只要能拿到的工资足够高，他们还是愿意做工人、服务员甚至农民。如果所有年轻人都上了大学，不会没人去做服务员和工人，只是这些职业的工资或许会比现在更高。如果工人和服务员的工资接近专业人士，反而有利于缩小贫富差距。十几年前的大学生扩招政策曾饱受争议，但事后看来，这是一个非常正确的决定，拥有数量庞大的高素质劳动力，正是中国目前的优势所在。其实在大学扩招以后，大学生和工人的起薪差距的确越来越小，甚至发生了逆转。这是非常正常的现象，在其他发达国家也很普遍。大学生虽然起薪低，但是无论从事本专业或者非本专业的职业，长期职业生涯的收入都会更高。[2]而且在未来的智能社会，现在的很多低技能工作如司机会消失，有些职业如农民会升级成管理智能农场的高技能职业。

接受了高等教育，从个人角度来说，尽管可能起薪不高，但未来无论是找其他工作还是晋升，拥有大学文凭都有更多的选择和可能性。不仅他们的职业生涯可以获得更多升职机会和创业机会，而且在择偶、教育子女或者投资理财等生活方面也会更有优势。硬性分流在家长和学生中引起了巨大的反弹和不满，为什么硬要让一半的孩子在 18 岁时就早早工作呢？其实家长和学生的选择是对的，以前在人均寿命是 60 岁的时候，18 岁毕业后工作可能是对的，现在人均寿命已经到了 80 岁，这个职场和社会越来越复杂，变化越来越快，多学几年文化知识非常有必要。即使是成绩差的学生也应该多学一些文化，不仅对学生个人有好处，还会有利于整体国民素质的提高。

教育内卷和生育率

高考和中考，是以前高等教育资源非常稀缺时遗留下来的教育制度。高考和中考，使得家长承受巨大的孩子升学压力，不得不花大量的时间和金钱给孩子补课。中国学生的学习时间几乎是世界上最长的（见图 20-1），2018 年经济合作与发展组织在国际学生评估项目（PISA）的调查统计中得出，中国 15 岁学生平均每周的学习时间将近 60 个小时。

中国的家长也不得不花越来越多的时间来辅导孩子学习。如表 20-1 所示，中小学生家长的补课时间从 2010 年的每天大约半个小时，到 2018 年的每天大约 1 个小时。

(小时)

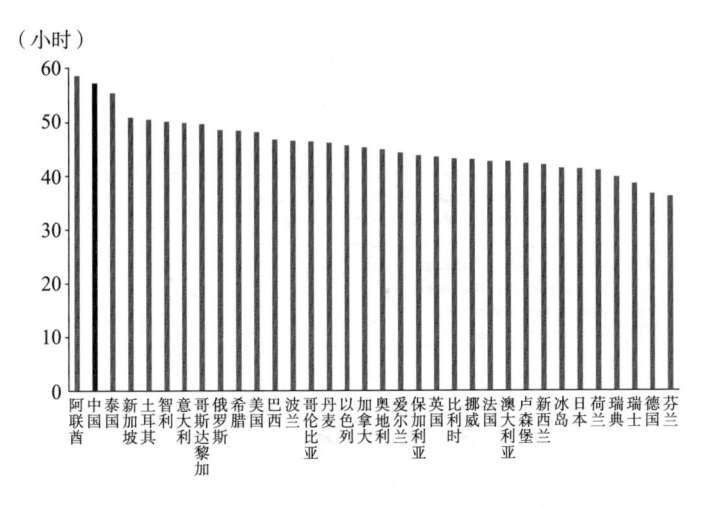

图 20-1　2018 年 15 岁学生平均每周学习时间

资料来源：OECD。

表 20-1　中国中小学生家长每周辅导作业的时间

单位：小时

年级	2010 年	2018 年
一年级	4.91	7.84
二年级	4.69	6.63
三年级	4.08	6.29
四年级	3.34	5.06
五年级	2.58	4.64
六年级	2.23	3.78
七年级	2.04	3.88
八年级	1.27	2.52
九年级	1.16	1.75

资料来源：北京大学中国社会科学调查中心的中国家庭追踪调查（2010—2018 年）。

注：剔除了住宿学生，其中 2010 年小学生有效样本量为 3 168 份，初中生为 710 份；2018 年小学生有效样本量为 2 814 份，初中生为 573 份。

给孩子课外补课的中国家长的比例也是世界上最高的，如图 20-2 所示。

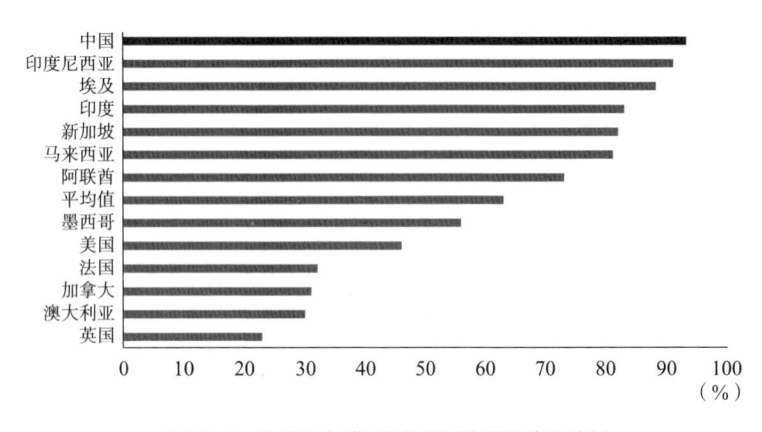

图 20-2 为孩子在辅导机构付过学费的家长比例

资料来源：汇丰银行教育报告。

教育内卷给学生和家长造成金钱和时间的负担是拉低生育率的最重要的原因之一。图 20-3 分析了 2018 年世界上不同国家和地区学生每周学习时间和生育率的关系。东亚国家学生每周的学习时间比较长，生育率则相对低，而欧美国家学生每周的学习时间比较短，生育率相对高。学生每周的学习时间和生育率呈现负相关关系。

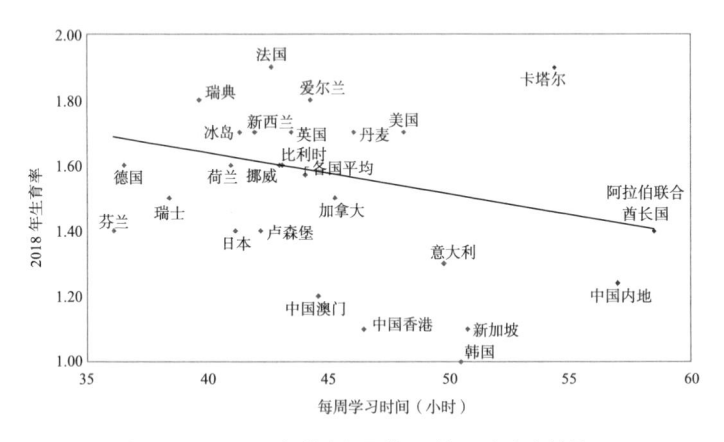

图 20-3　2018 年学生每周学习时间和生育率的关系

资料来源：世界银行 2018，PISA 数据库，OECD 数据库。

中国的教育负担，无论是学习时间和费用还是家长辅导学习的时间几乎都是世界上最高的，这就很好地解释了中国家庭的生育意愿也几乎是全世界最低的。

缩短学制和教育改革

综上所述，既然智能时代的职业尤其是创新职业需要掌握的知识越来越多，而且创新人才的黄金创新年龄、女性黄金生育年龄还都是在30岁左右，这就使得我们要探索能否将教育提速。

基础教育阶段是有提速空间的。因为在互联网的大环境下，现在很多知识不需要死记硬背。现在的人工智能和在线技术可以帮助教学。在20世纪80年代，很多小学是五年制的，我的建议是小学阶段提速一年。20世纪80年代，很多中学也是五年制的。现在的中考和高考让学生们浪费了大量的时间用于复习、应付考试。我建议中学阶段可以缩短一年时间（如果取消了中考或者淡化了高考，甚至可以缩短两年）。基础教育阶段缩短1~2年以后，中国可以尝试实行10年义务教育，同时普及大学教育。另外，中国的硕士研究生阶段普遍是2~3年，而国际上通常是1~2年，建议也可以适当缩短。

如果能够提速基础教育，把中小学的12年缩短到10年，就可以减轻家长的一些压力，提升生育意愿，还可以让一部分人早点儿步入工作岗位。我对这方面的好处深有体会。

我并不提倡加速每个人的教育进度，但对大部分学生来说，如果不需要应付中考和高考，中学的课程就可以显著加快，基础教育阶段可以省下两年复习应考的时间。早两年步入工作岗位的好处是巨大的，有人觉得，多出两年工作时间，相对于40年的职业生涯也不过增加了5%的收入。但实际上，收益远不止于此，这是在20多岁的黄金年龄段里增加了两年的上升期，如果这两年的能力和薪资的提升是每年 10%，那么多出两年的上升期，就会在整个职业生涯增加 20% 的产出。

我可以拿自己来举例，当年我很幸运地参加了复旦少年班，15 岁就上了大学，21 岁硕士毕业就开始工作。有了比同龄人早三年工作的优势，一开始可能并不明显，但在后来的职业生涯中，比同龄人超前三年就成了明显的优势。1999 年，我在 29 岁时联合创办了携程旅行网，并且带领它发展为中国一家成功的互联网企业。2007 年，我 37 岁时，决定到斯坦福大学申请经济学博士学位。斯坦福大学的经济学课程通常招收 20 多岁的学生，偶尔也有 30 多岁的学生，但几乎从来没有招收过 40 多岁的人。如果我当时是 40 岁而不是 37 岁，那么我就没有机会追求第二个事业，进而成为一名经济学家。现在我已经 52 岁了，作为一家大型上市公司的董事长，仍然算是比较年轻的。所以，早几年进入大学并且完成大学学业，意味着人生中多了几年的提升的时间，还多了几年创业年龄黄金窗口期，可以增强创新和创业的活力。

对家长来说，孩子早两年上大学和工作，可以减轻养育的成本。按照我们前面对生育成本的分析，早两年中学毕业，可以降低直接成本 5 万~10 万元，也可以减少家长的时间成本，可以对生育率有 10% 左右的提升。[3] 如果女性能提前完成学业，还有另一个好处，她们将会多出几年时间来建立家庭和生育孩子。如果在学校的时间能减少两年，将提高 10%~20% 的生育率，总体可能有 20%~30% 的生育率提升。

如果政府靠现金鼓励人们生育，根据本章前面的分析，达到这样的效果将需要 2%~3% 的 GDP。对社会来讲，提速基础教育可以同时实现提高生育率、减少教育支出、增加劳动力供给和税基、促进创新等好处，是一项非常难得的多赢的政策改革。

最近，斯坦福大学宣布，将接受18岁以下有天赋学生的申请，并为他们毕业的年限提供更多的灵活性。但是当我在国内鼓励很多家长和孩子时，无论孩子的学习有多么优秀，他们都不愿意提早上大学。这是因为在现有的教育体制中，上一个名牌大学对孩子的未来非常有好处，所以他们宁愿浪费一年时间复习备考，以求上一个更好的大学，也不愿意提早进入大学。

其他教育改革措施

缩短学制是相对容易的提效措施。如果要进一步提升教育系统的效率，必须彻底改革现有的考试制度和教育体系。下面我就提一些教育体制的改革方向：第一，大学教育通识化和普及化；第二，淡化高考；第三，取消中考。

首先，大学教育通识化和普及化。

大学教育主要培养学生的学习能力和生活在复杂社会的各种技能，所以应该不分专业和文理科，学习大量的基础必修课，即实现所谓通识化。我认为通识化下的大学必修课可以包括：1.数学、统计和计算机；2.经济、金融和财会；3.法律、心理、文学等社会人文学科。让学生在18岁时就选择专业也就是未来职业很不合理，因为在18岁时，他们对每个职业的要求和好坏所知甚少，完全不了解自己喜不喜欢和适不适合。而大多数研究生院和科研院所，也不怎么在意大学生的本科专业，更注重关键的语言和数理能力。既然如此，为什么不把专业选择推迟到大学毕业阶段呢？有些科学专业当然需要学一些专业的课程，但即使是物理学，在本科学一些人文学科的必修课，或者艺术家学一些数理的必修课，长远来看都会有好处。因此，在大学大部分时间里，广泛地学习各种文理的课程，等到三、四年级再试着去上一些不同学科的选修课，然后决定未来的职业方向，比在高中毕业时就急着定专业要更合理。

如果短期和静态地看，可能很多人的第一份工作没用到大学里学习的知识，但人的一生很长，也许可以因大学知识而终身获益，至少增加了很多职业发展的可能性。高等教育的好处可能不仅仅体现在职业发展上，也体现在生活、理财、择偶和子女教育方面。

未来需要更多的通才，以适应社会和技术的新变化。即便看似最稳定和专业化的职业也会面临很多变化。未来 20 年里，会有大量工作被机器人和人工智能取代或部分取代，几乎所有工作都会受到智能化的影响。以这些能力需求来衡量，我们现在的高中教育、职业教育甚至某些本科专业的教育都是不够的，例如律师、医生和厨师，未来都会受到机器人和人工智能技术的影响，都需要掌握一些数学统计和计算机的技能。不光是专业人才，低技能的人才也需要学更多的东西，因为可能需要换工作或晋升，或者工作被数字化和人工智能改变了。例如，以前的高级技工如车工、焊工，变成要管理并操纵数控机床和机器人。现在某个餐馆的厨师甚至是服务员，未来可能会当餐馆经理，甚至自己创业开餐馆，这就需要计算机知识和财务管理的知识。大学教育普及和通识化以后，年轻人将拥有更好的职业发展的机会，更适应智能化社会的转型，成为更好的家庭和社会的成员，也有利于中国的产业升级和缩小贫富差距。

几十年前，中国的确还没有能力普及大学教育，所以必须通过严苛的考试来筛选生源，把大学教育搞成精英教育。但现在情况已经完全不同了，2020 年，中国 18 岁的年轻人口大约有 1 400 万，而我国 2021 年的高考报名人数达到 1 078 万，当年普通本专科招生 967.5 万人（已经接近当年的出生人口），中国的大学资源基本能够让每个人都上大学。当然，我这里说的大学资源并不稀缺，是指本科教育，而大学的研究生尤其是博士生的教育资源依然处于稀缺状态。但至少大学的通识教育资源是充足的，尤其通识教育的很多课程可以实现标准化，即使用标准的课程、作业、教材、测评等。实现了标准化以后，就可以利用网络技术，在不影响质量的情况下大幅度降低成本，从而普及大学教育。

普及大学教育，让绝大部分中学生（80%）上大学，就没有必要通过"普职分流"来筛掉一部分学生，这样就可以取消中考，为中学的教育提速创造条件。当然更重要的是，当大学教育通识化以后，我们可以把本科教育去名牌化，从而解决高考内卷的问题。

其次，淡化高考的筛选作用，让大学毕业考试或研究生考试成为主要的筛选考试。

本科教育通识化以后，也就解决了优质本科教育稀缺的问题。因为大部分学校都是采用标准化课程，通过标准化可以拉平名牌大学和一般大学的教育质量。最好教授的大学教程还可以通过网络数字技术进行普及。其实，名牌大学的教授很多并不教授本科学生，他们讲的课也未必比一般教授或者最好的网课更加出色。一般大学的本科老师只要用最好的网络教程和标准考试，配合一定的课后辅导，就可以达到不错的教育质量。

解决了优质本科教育资源稀缺问题以后，名牌大学的本科招生就失去了掐尖生源的理由，也就不应该让高考分数决定名牌大学的名额分配（可以抽签录取），从而把高考淡化为一种及格或者资格考试。如果名牌大学的本科招生不能掐尖生源，那么大学本科的牌子就变得不再重要，全社会现在只看大学牌子的习惯就会改变。这样，针对名牌大学的激烈竞争就会明显缓和，整体教育的压力减小，效率提升。我预测，如果不让名牌大学掐尖生源，名牌大学可能会主动放弃本科教育，而集中精力培养硕士和博士研究生，这可能是更高效地使用优质教育资源的一种方式。

大学本科通识化以后，只有硕士甚至博士阶段的教育资源才是稀缺资源，应该在研究生阶段通过严格的考试筛选生源。现有制度下，在本科阶段选择生源已经不再合理，其后果就是过早的教育分层，同时强化和固化了名牌大学的本科牌子，造成了社会资源的巨大浪费。既然优质的本科教育资源不稀缺，也就可以取消或者淡化高考，把高考作为一个大部分学生能够通过的资格考试。

用大学生毕业能力考试来取代高考，作为择业和研究生院录取的主要依据后，名牌大学研究生院的入学竞争预计还是会很激烈，大学生也会更努力学习，这正好解决了当前大学生不努力学习的问题。虽然也不可避免有刷题的低效的学习，但至少把考试的压力延缓几年，从而可以延缓整个基础教育阶段的考试压力。从考试的时间点选择来讲，大学生毕业考试比高考更能反映大学生当时的能力，考核的科目也会更匹配工作岗位的实际需求。当然，高考改革是个极其复杂的社会工程，未来会有各种各样的改革思路，但普及大学教育，至少能为高考改革提供更有利的条件。

最后，取消中考。

普及了通识化的大学教育，就没有必要通过中考去淘汰一部分学生了。现在通过中考分流出的一部分学生，转而走职业培训的道路。如前所述，随着智能社会的到来，未来越来越多的工作需要大学教育。现在很多低端的工作如服务员、快递、司机的工作，在未来的10年就有可能被机器人取代，剩下的工作可能是管理并维护这些机器人。有人说制造业仍然需要很多高级技工，但制造业本身的从业人员需求其实并没有想象中那么大，而且趋势是越来越自动化和智能化。高级技工也正在逐步被机器人取代，或者升级成生产工程师的职位。

当然，在相当长的一段时间里，空姐、酒店前台等工作还会存在，但这些工作都不需要多年的培训。在国外，一般都是高中毕业生经过一个月的企业培训就能上岗，并不需要长达三年的职业培训。

过早地通过中考评价一个孩子，容易让那些起步晚的孩子遭遇错误的评判。每个孩子的成熟期不一样，比如男孩的成熟期普遍比女孩子要晚一些，农村孩子的成熟期也要晚一些，在学习方面也是一样的，过早分层不利于这些晚熟群体充分发挥潜力。有些孩子在小时候可能由于各种原因，没有把兴趣和精力放在学习上，但是不代表以后不会。尤其是男生成熟得更晚些，可能一时沉迷游戏，但是后来有可能赶上来。还有弱势群体的孩子更容易输在起跑线上，因为富裕家庭会用更多的资源来让孩子刷题或者提前学习。或许弱势群体的孩子天分和后劲并不差，但是因为家庭的原因起跑晚了，被过早地分流了。

有人说，需要中考分流是因为很多学生没有能力完成大学课程。但是有没有能力完成大学课程，应该通过以后的资格考试来鉴别，而不是在中学阶段强行分离。欧亚发达国家中就读大学的学生比例远远高于50%。美国是发达国家里大学毕业生比例最低的国家之一，但是也有超过90%的学生就读高中，有80%左右的学生就读大学，60%左右的学生有大学文凭。中国中学生的能力在全球的排名非常靠前，在几次全球的PISA测评中，位于世界最高水平之一，远远高于美国的中学生的水平。这个测试的结果并不令人奇怪，中国中考数学的难度要远远大于美国大学录取考试SAT（学业评价测验）的数学考题。中国的中学生转校到美国的中学以后，理科学习成绩的排名要远远好于在中国学校的排名。因此，在正常状态下，中国应该有80%的人有资格进入大学，而不是现在的50%。

需要与取消中考相配套的是，高中教育资源的均等化。跟初中和小学资源的均等化一样，这可以通过就近抽签入学、教师轮换等方法做到。

没有了中考和高考的束缚，省出的复习时间可以让学生学习更加高效的课程内容，实现更高的学习效率。比如数学课，就可以把重点放在为大学微积分服务的代数上，简化一些立体几何和解析几何的内容。以往由于高考不考，家长都没有动力让孩子上编程的课程，现在学生们就可以用省下的时间，学习一些未来可能很有用的计算机编程的入门课程。还有语文课就不要过分强调高考作文体裁如议论文的练习，而可以多写有明确课题的研究论文，类似"中国是不是应该建设更多的核电站"这样的明确课题，学生可以用一周或更多的时间去搜集资料并论证观点。这样的课题作文在大学或者企业里很常见，但是由于高考无法考这样需要多天研究的课题文章，中学里的作文就只练习写几百字的缺乏论据的空洞的议论文。英语教育也可以更加注重实用性的阅读和口语。

总之，没有了中考和高考的压力，不仅可以省下很多刷题的时间，还可以按照更加贴近教育和企业的实际能力要求去设计课程，提升教育质量和学生的综合能力。

教育改革和贫富差距

中国的贫富差距是比较严重的，而教育不平等是造成这一现象重要的原因之一。和其他国家不同，中国的教育不平等主要缘于城乡差距。乡村教育面临的最大问题是生源流失和留守儿童问题。2016年，民政部对外发布数据显示，我国16岁以下农村留守儿童有902万人，这些儿童平时缺少父母的陪伴，可能对成长不利。造成留守儿童问题的主要原因是中国特有的城市户籍制度和高房价的问题。我们在前面的章节已经分析了中国的城市化策略，应该放开土地供应和户籍限制，让更多的人在城市尤其是大城市成家立业。

总的来说，大城市可以给所有在工作的人的孩子提供充足的教育资源。从全国来看，小学、中学和大学未来都是供大于求的。原因是从2017年开始，新出生人口迅速下降，到2022年的出生人口只有2017年的54%。即使未来所有的适龄人口都100%上小学、中学和大学，教育设施仍然是供大于求的。因此，我国完全有能力不设任何户籍限制，让所有的孩子都可以随父母的工作地点就近入学，这样有助于实现教育资源的均等化。

农村地区教育质量不高的原因之一是很多中西部乡镇的中学甚至

小学都面临生源不够或者关闭的风险。中国的城市化将继续进行，未来可能绝大部分的中学生将在包括县城的城市就学，相当一部分的小学生也将在县城就学。生源不足的乡镇小学只能靠大量的政府补贴来维持下去。缩短中小学学制有利于这些地方提供高质量基础教育。

另外一个可以缩小贫富差距的办法是避免过早分层，农村的孩子由于家长没有能力或者精力辅导，可能起步比较晚，但是不代表没有后劲，因此要尽量把分层筛选延后，例如本章建议的取消中考、淡化高考、普及大学教育等都将有助于让勤奋和聪明的农村孩子发挥出后劲，不要过早被筛掉了。

教育改革必须知难而上

只有大胆改革现有的教育制度，才能解决当前教育效率低下所带来的巨大社会问题。这一章我们首先提出了中小学阶段缩短两年学制的建议，这样可以普及10年的基础教育，让绝大多数年轻人20岁可以完成大学教育，提早两年走上工作岗位。一部分人可以在22岁完成硕士阶段，提早2~3年走上专业类岗位。这既可以减轻社会和家庭的负担，又可以让年轻人尤其是女性有更多的时间成家立业，从而提升生育率。

除了缩短学制以外，这一章还提出了一些其他的提升效率的建议，主要是取消中考、让大学毕业考试取代高考、普及大学通识教育等。教育改革是个极其复杂的社会工程，局部的改进并不可能彻底解决问题。因为高考已经成为家长、学生、学校和用人单位等所有人的指挥棒，所以必须取消和淡化中考、高考。要实现这一点，必须普及大学本科教育和去名牌化。好在大学教育资源不再稀缺，网络技术可以助力。

虽然本章提议的教育改革需要很大魄力，但是可以大幅度提高效率，真正实现学霸、普通学生和社会多赢的局面。基础教育提速以后，不必担心没有高考会导致学霸无法脱颖而出，在大学本科阶段，学霸还是有展示能力的充足机会的，而且可以更早进入研究生阶段的学习。大学教育通识化和普及化以后，普通学生在走上普通工作岗位之前可以接受大学通识教育，这为他们未来的职场发展提供了上升空间，也提高了整体中国人的综合素质，缩小了贫富差距。缩短中学学制以后，高中资源就会释放出来，整体社会并不需要更多的教育投入。家长不用为孩子的中考和高考那么操心，压力也会小很多，养育成本降低，生育意愿也会提高。中国教育行业的效率提高，竞争力加强，可以减缓人才的流失，增强中国的人力资源，从而提升中国的创新能力、综合国力和生活水平。

第 21 章　中国的对外开放策略

创新力 = 人口数量 × 人口能力 ×（内部交流量 + 外部交流量）

前面的章节已经论述了各种鼓励生育和减轻负担的措施，这些措施可以提升生育率，避免人口老龄化。但我们也不可忽视人口创新力模型中的外部交流量这一变量。中国虽然不能像其他国家一样靠移民来补充大量人口，因为基数太大，但是加强国际交流，可以在一定程度上弥补本身人口的不足。在中国人口和市场规模不断萎缩的背景下，更要借力更广泛的国际市场和世界人才市场。尤其是在美国希望在国际上孤立和封锁中国的环境下，中国更应该加大对外开放的力度，防止与主要创新型国家脱钩，成为创新的孤岛。

全方位的对外开放

中国加强开放应该是全方位的，包括信息交流、商品交流、资金交流、人员流动等各个方面，下面来详细分析不同领域的开放政策。

第一，信息交流。国际互联网可以获得全世界的各种信息，包括科研学术论文、商品信息、行业研究报告等，也可以通过社交媒体和全世界的科研人员进行交流。企业也可以通过互联网尤其是搜索引擎和社交媒体方便地向全世界展示自己的商品。

中国的国际互联网开放性还是有比较大的提升空间的。如果中国的科研人员不能用最先进的搜索引擎，就不能方便地获得最新的资讯；如果不能使用国际通用的社交媒体，就不方便与海外的创新人员进行交流，企业也不能方便地在海外市场上推销商品；在文创领域，如果中国的文创工作者不使用海外的社交媒体，就不能了解最新的时尚热点，不易于做出引领全球的文化创意产品。

第二，商品交流。上下游和竞争者之间的交流往往通过所交易的商品来完成。用世界上最先进的零部件，就相当于和行业的最先进的研发者学习交流。当年乔布斯在研发第一代苹果的时候，就是要用当时最先进的微型磁盘技术，当时只有日本刚好有接近的技术，苹果和日本的企业合作开发了首个可以用于手机的微型磁盘技术。如果没有国际的商品合作，如果苹果要靠自己去从头发明一个手机硬盘，那今天可能就没有苹果了。中国的很多高科技企业，也都是从组装开始，利用全世界最先进的零部件，组装生产最先进的产品，然后在某些点上创新并且逐步把零部件国产化，最终打造出全方位领先的供应链。这样的故事在家电、光伏、新能源汽车等领域不断地重演，实现了产业创新力从简单组装到超越的飞速提升。所以，贸易自由化可以使本国企业方便地借力全世界最先进的供应链，逐步接近和走到创新的前沿。

加入 WTO 以后，中国的企业已经深度融合了全球供应链体系，成为世界的制造中心。中国的进出口关税也降到了非常低的水平，所以在商品开放贸易方面做得很好。尤其难能可贵的是，在美国实行贸易保护主义的高关税的背景下，中国还继续保持低关税和贸易的相对自由。

第三，资金交流。如果要让不同企业的研发团队深度合作，就往往需要企业之间有资金的纽带。所以对外资的开放的意义不仅仅是为了获取资金，其实现在全球的富国都不缺资金，中国也不缺，开放外国投资的目的是建立资本纽带，让本国的研发人员深度参与国际合作。一个有趣的现象是，越是在对外资开放的领域，中国企业的创新竞争力就越强。例如，在家电领域，几乎对外资没有限制，20年前日本的家电合资企业占领了大部分市场，但是没过几年，中国的家电企业就培育出了很强的竞争力。与之形成鲜明对比的是汽车行业，中国一直对外资有一定的限制，反而中国本土的燃油车企业发展相对缓慢。

中国对于外资的开放性还是比较高的，例如几年前上海成功地引入了特斯拉最先进的电动汽车的制造工厂，这有利于中国自身的电动汽车产业的发展。中国的企业也持续加大了对外投资，过去这些投资很多是投到欠发达地区的资源和基础设施，今后应该鼓励投资到创新型国家的企业，因为和这些创新型国家有更多的资本纽带和合作项目，能够更好地促进本国的创新。

第四，人员交流。深度的交流还离不开面对面的交流。虽然现在很多交流都可以在网上进行，但是网上的会议很多只是一些格式化或者正式的交流。很多创意并不是来自正式的交流，而是在茶余饭后、不经意的谈天论地中激发出来的。这就需要和聪明的人一起工作比较长的一段时间，这样才会有更多的火花。所以深层次的合作需要人员的互访和短期的逗留及较长时期的一起工作。我研究人口问题的想法就是来自我在芝加哥大学访问时与贝克尔教授的交流。那是在2011年，我刚刚于斯坦福大学博士毕业，我的导师说你到芝加哥大学去访问一段时间，那里有很多有趣的经济学家。我当时的兴趣是研究中国的经济问题，更想早一点儿回国到北大去，不过还是听了我导师的建议。于是我参加了很多学术研讨会，大多是旁听，后来和一些教授交了朋友，尤其是贝克尔教授。一次到他家做客就谈起了人口问题，这是我做人口经济研究的开始。所以人员的交流似乎表面上可以通过其他方式来替代，但是深度的合作可能需要面对面甚至是先要交朋友。

因此，我们应该鼓励更多的深度的国际合作研发项目，让中国和国外的科研人员互相访问，并且逗留一段时间。尤其是在美国政府叫嚣着和中国脱钩的背景下，更要鼓励民间的学术界和企业界的深度合作。如果美国企业和大学不参与，那就要更加主动和积极地与世界其他创新型国家的企业和大学进行深度合作。另外，我们需要争取在中国举行更多的学术和行业交流大会，同时要鼓励中国的学者参加全球的各种交流大会。总之，要让中国的科研人员和全世界其他的科研人员多交流，多相处，多交朋友。

人员交流包括留学、就业、移民和旅行等，下面我们一一分析中国的现状和相关的政策。

留学

近年来中国的留学生数量迅速增长，从学历层次看，教育部2016年度公布我国出国留学人员攻读本科以上学历的占七成（本科生30%、硕博研究生35%）；从《2021年度全国留学报告》的调查数据看，2021年本科及以上的留学占比为69%，高中约为25%。可见，本科、硕士阶段仍然是留学的主流阶段，且各年龄段的留学需求相对稳定。

以中国第一留学目的地国美国为例。2010—2019年，中国去美国留学的本科生数量稳步增加，2019年接近15万人，在全部美国国际本科生中，中国学生的比例从20%增长到35%。而到了研究生阶段（含硕士、博士等），2010年中国有7.68万人赴美读研，2019年增长到了接近14万人，其占所有美国国际研究生数量的37%（见图21-1）。

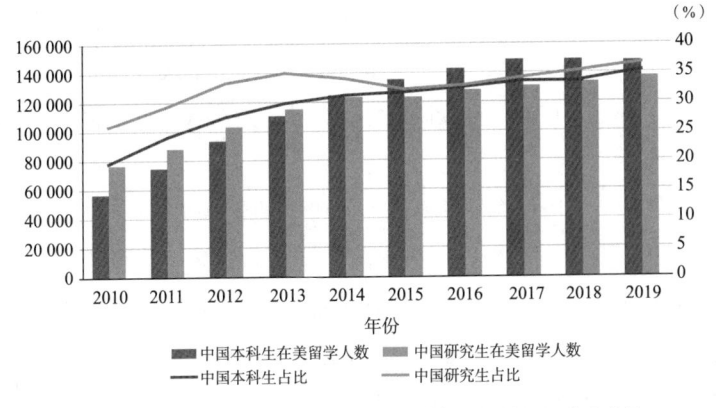

图 21-1　2010—2019 年中国在美留学的本科生和研究生人数

有人担心这么多的留学生会导致人口流失，但是数据显示，大部分留学生还是会回国发展。据统计数据，2000—2019 年，出国留学人数累计是 656 万，回国人数是 423 万，可见大部分留学生还是选择了回国发展。即使有些人在当地留下来了，甚至取得当地国家的国籍，成为海外华人，也往往会对中国的发展起到积极的作用，并有助于中国和世界的交流。因此，我国应该继续保持留学通道的畅通。

和出境留学相比，入境留学的人数和质量还是有很大的提升空间的。2010—2018 年，入境留学生从 26 万人增长到 49 万人，虽然表面上人数还不少，但是多数都是来自比较落后的国家。如果要提升中国大学的吸引力和国际化程度，可以考虑部分研究生课程用英语来教学，这样既可以提升中国研究生的英语水平，也可以吸引更多外国留学生。当然，提升中国大学的吸引力，仅仅靠大学的国际化还是不够的，还要提升外国人在中国生活的总体体验，这个稍候再详细讨论。

外国人就业和移民

很多发达国家的生育率很低，但是可以靠移民来补充人口。我在前面的章节中讲了，主要欧美国家尤其是英语国家，如美国、英国等，靠移民补充了大量人口，大大增强了创新力。尤其是美国，移民贡献了将近一半的顶尖学者和企业家。当然中国由于人口基数大，吸引移民对于补充人口而言可以说是杯水车薪，解决人口问题根本上还是要靠提高生育率。

尽管如此，吸引海外的科研人才到中国定居和工作还是对加强国际交流很有好处的。但是，在中国，外国人的就业和移民是极少的。根据第七次全国人口普查的数据，居住在31个省（自治区、直辖市）并接受普查登记的外籍人员约有85万人，取得长期居留资格的外国人极少。公开资料显示，1985—2004年，中国共授予3 000多名外国人在华定居的权利，获得永久居留权的却只有50人。中国加入WTO后，放宽永久居留权限制的进度才大幅加快。2004年，中国出台了《外国人在中国永久居留审批管理办法》，首次采用国际通行做法，实施永久居留证制度，永久居留证也被人们称为"中国绿卡"（申请绿卡的条件十分严格，门槛很高，统计数据显示，自实行"绿卡"制度以来，中国"绿卡"年均发放量仅有248张，而这一时期入境的外国人多达2 700万人）；而美国过去5年就发放了525万张"永久居民卡"（绿卡），年均100万张。据印度政府统计，到2012年已有1 187万海外印度人持有"印度裔卡"，到2013年印度已发放137万张"海外印度公民卡"，两者合计超过1 300万；这些海外的印度裔人群为印度经济做出了巨大的贡献。相对于其他国家，中国的"绿卡"如此之少是和其经济发展很不相称的，所以在吸引移民上还有很大的提升空间。

中国的移民政策有其特殊的历史原因。由于长期实行计划生育，中国社会普遍视人口为负担而非贡献者，因此现有的移民政策还是过于严苛，不利于吸引全球的人才。中国应该出台更为开放的人才引进政策，比如让外国留学生在完成学业后有一段时间可以逗留在中国实习和找工作。

还有一项可以快速见效的政策，就是修改国籍法，从而吸引海外华人回流中国。全世界约有 6 000 万的海外华人，很多人都希望有机会回到祖国发展和生活。海外华人的平均收入和教育水平相对于其他外国人都是比较高的，相同的语言和文化也使他们能比较容易融入中国社会，建议给海外华人提供访问、居住和移民的便利和优惠政策。

建议修改国籍法

长期以来，海外华人是我国现代化进程的重要力量，他们广泛传播中国文化，扩大了中国国际影响力，并强化了中国与世界的联系。在辛亥革命、抗日战争等历史关头，海外华人更为祖国立下了不朽功勋。改革开放后，中国经济社会的快速发展，也得益于海外华人在资金、市场、人才、科技、文化交流等方面的巨大贡献。

然而，中国现行《国籍法》不承认双重国籍，迫使一些海外华人失去中国国籍。该法第九条规定："定居外国的中国公民，自愿加入或取得外国国籍的，即自动丧失中国国籍。"对此，第十二届全国政协常委李崴在 2016 年全国"两会"上提交提案，认为：该条款损害民族凝聚力。很多人取得外国国籍是出于现实生活的考虑。如果在取得外国国籍后能保持中国国籍，那么海外华人更能维持与中国的情感纽带和对中国的认同，并能将其延续到后代。大部分国家并不要求入籍移民放弃原国籍，保留中国国籍也可以让海外华人名正言顺地为中国争取利益。此外，该条款也不利于人才引进。在出国留学并在海外长期工作的人中，不少是中国建设急需的人才。其中取得外国国籍而丧失中国国籍者，无法方便地回流国内；即使回国工作，也多有候鸟心态，少有真正将家安于国内做长久打算的。因此，李崴建议重新审议和修改《国籍法》，提出本人、配偶、父母、祖父母曾拥有中国国籍者可自动获得中国国籍；除非本人正式宣布放弃，否则中国国籍永远有效。

当然中国不仅需要更多的海外华人，还需要各种各样的人才。即使吸引低技能的外籍劳工，也可能对提升创新力有帮助。为什么？因为随着中国的劳动力成本的提高，中国不仅需要高技能的外国人才，也需要低技能的外国劳工。很多国外专业和管理人员，包括海外华人，到中国工作、生活的顾虑之一就是雇不起保姆。中国家政的工资水平已经是新加坡保姆的两倍以上。在中国大城市，保姆的工资已经接近每月 10 000 元，而新加坡保姆的工资在 4 000 元左右。引进外籍保姆等外国劳工，可以降低大城市的生活成本，有利于吸引高端人才到中国来定居。引进外国保姆当然也可以降低中国夫妇抚养孩子的成本，有利于提高生育率。

入境旅游大有潜力

很多人留学和移民的想法是在旅游时产生的。如果到一个国家旅游有很好的体验，未来人们就有可能去学习、工作、投资或者移民。所以旅游不仅仅可以增加收入，对于加强国际交流和提升国家形象，也是很有帮助的。但是中国的入境旅游近几年发展很缓慢，尤其是相对于中国蓬勃发展的出境旅游。

如图 21-2 所示，2012—2018 年，中国的出境旅游人数（不含港澳台数据）增长迅速，但是入境旅游人数几乎没有增长。

2018 年，我国居民出境旅游人数为 8 299 万人次，外国人入境旅游人数为 3 054 万人次。

入境旅游的低迷首先是一个经济上的损失，中国的入境旅游收入只占 GDP 的 0.3%（见图 21-3），远低于其他主要国家，包括印度。如果按照其他国家的平均水平计算，中国就会有 1%~2% 的 GDP 的额外增长，如果达到日本和泰国的水平，每年吸引 2 000 万外国游客，

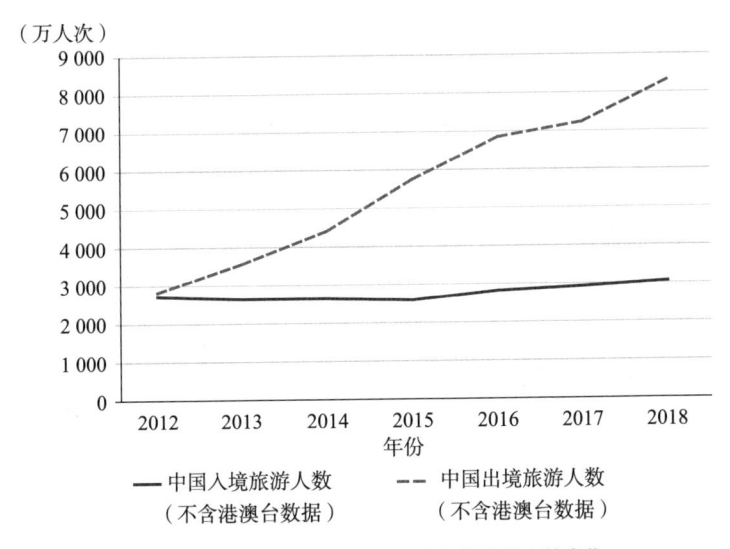

图 21-2　2012—2018 年中国出入境旅游人数变化

资料来源：中华人民共和国文化和旅游部。

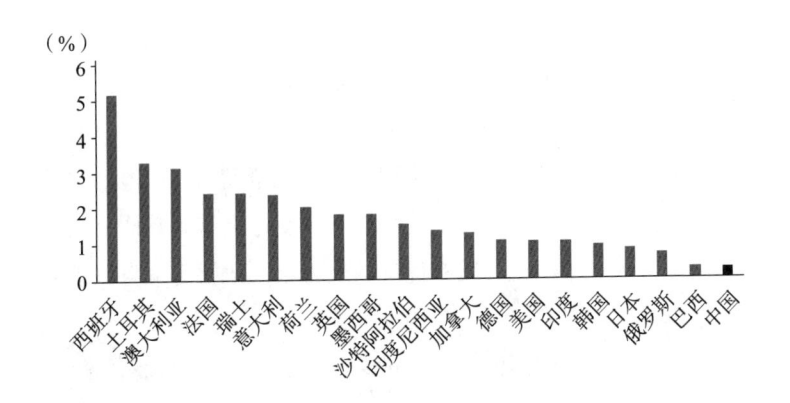

图 21-3　2018 年部分国家入境旅游收入占 GDP 的比例

资料来源：世界银行，2018。

按照每人 1 万元的消费，就能增加直接收入 2 万亿元。而且这些都是外汇收入，可以增强人民币的国际竞争力。当然这只是直接经济收入的增加，入境旅游的增长还对加强国家间交流、促进创新、提升国际形象有着非常重大的意义。

入境旅游的问题和建议

那么入境旅游到底存在哪些问题呢？首先是签证便利性存在问题。外国人不到中国旅游的原因是多方面的，其中一个原因是申请中国签证比较麻烦，根据世界经济论坛的《2019年旅游竞争力报告》数据，中国在签证开放程度上排在139个国家的第132位，几乎垫底。

中国应该给更多的富国提供免签或者电子签证的便利。我前几年去印度，就发觉印度的签证已经完全可以在网上操作完成，非常便利。越来越多的国家开始提供电子签证的服务，例如土耳其、越南、澳大利亚等国家。鉴于中国目前的技术能力，在全球范围内让绝大多数申请者通过网络获得电子签证并大幅提高签证的便利性，是完全可行的。

当然要使入境旅游人数增长，提高签证便利性只是其中一个方面。和留学、移民一样，更加重要的是提升外国人在中国的综合体验和生活便利程度，这方面有几个痛点需要解决。

第一，英语标识。中国游客多的国家如韩国，很多地方已经开始有中文的标志了，这对于吸引中国游客很有帮助。同样地，如果要吸引更多的国际游客也应该在主要的景点、交通设施和其他公共场所提供英语的标识。中国比韩国有优势的地方是汉语拼音本身就是借用了拉丁字母，所以专有名词只要用拼音标识就够了。

第二，支付。中国的移动支付做得最好，很多地方已经很少使用现金了。这会给外国游客带来一定的困扰，因为很多小店只能用移动支付，现金和信用卡都不收，而外国游客没有中国的银行账号，无法开通支付宝和微信支付。这个问题需要银行和监管部门的支持，找到一个方便的途径，让外国人可以在中国开通和使用移动支付。

第三，上网。在中国上网并不是很方便，因为国际主流的社交媒体和搜索引擎需要使用VPN才能使用。现在使用国际漫游是可以用国际的社交媒体的，只是会比无线网络和本地的临时卡贵很多。建议为外国游客提供便宜的国际漫游套餐，可以使外国人在中国旅游、生活的时候方便地和亲友沟通。

第四，教育医疗等生活服务的国际化。如果要让外国人长期在中国工作和学习，就要积极引入国际化的服务行业。比如要引进和建设国际学校和国际医院，这不仅可以提升中国城市的国际化水平，吸引全球的人才，还可以拉动相关产业的投资。泰国的综合发展水平并不如中国，但是在国际学校和国际医院方面的政策十分开放。大量高质量的国际医院吸引了很多人到泰国养老，大量高质量的国际学校也吸引了很多家庭连同小孩搬到了泰国。

第五，国家形象宣传。在增加中国国际化吸引力的同时，要注重宣传中国的对外形象。外国人对中国的认识很多是过时的，比如，很多外国人认为中国的空气污染非常严重，这个问题可能在5年前比较严重，但是近几年中国大城市的空气质量已经有了很大的提高。还有外国人觉得中国不安全，其实中国的治安可能是全球最好的。这些误解需要通过对外宣传来消除。

另外，现在很多外国人觉得中国旅游的卖点只有悠久灿烂的历史文化，但其实还有超级现代化的都市和基础设施，豪华的酒店旅游设施，以及独特的自然风光，这些方面的宣传还是不够的。新冠疫情期间，我走过了中国的很多旅游城市，发觉中国的旅游设施和酒店已经达到了世界先进水平，无论是硬件还是软件都是有国际竞争力的。当然在英语标识和生活便利程度方面还有待提高。

还需要宣传中国有友好的人民，美国对"中国威胁论"的宣传让外国人觉得中国人并不友好，有距离感，还有些"另类"。个别网红的排外言论和行为，被媒体放大和传播，在国际上造成了中国人排外的错误认识。这就更需要宣传中国人的友好和包容，中国既具有独特的文化历史，又和全世界是同一个"命运共同体"。要多发掘和宣传共同的价值观，比如说在环保方面，在注重家庭方面，在共同富裕方面。

历史上尤其在盛世，如唐代，中国是全世界最包容的社会之一，外国人在唐朝可以做官级最高的官员。在讲中国故事的时候，要多讲包容性和共性，中国文化本质上和其他文化是相容的、相通的。中国人在历史上是包容的，也受益于包容，未来也是如此。

如何应对美国的脱钩策略

中国创新力的提升让世界创新力的老大——美国颇感压力。美国意识到中国创新力的短板是对外交流，所以企图阻碍中国的对外交流，其所谓的脱钩政策，包括不让美国企业和中国企业合作，不让美国的学者和中国的大学合作，不让美国的资金投资中国企业，等等。这种脱钩策略能否取得成功？中国应该如何应对呢？

其实只要中国继续保持开放，这种脱钩政策的效果是有限的。美国的企业界和学术界从自身利益出发，是愿意与中国的企业和学术界合作的，因为中国往往是它们最大的客源和生源。而且美国的企业和大学是有一定的自主性的。美国的政治家是需要选票支持的，除非中国的形象在美国民众中变得非常差，美国政府很多时候是没有足够的民意支持来立法强制脱钩的。例如，依据现行的法律，美国政府是无法阻止美国的大学不收中国学生的。美国并不是铁板一块，美国的政府和美国民众、美国企业和美国大学并不是铁板一块，我们应该尽量争取企业界和学术界的朋友。因此，我们要继续保持与美国企业界和学术界的交流，当然也要清醒地意识到从美国政府和美国军队的角度，中国成为其最大的竞争对手是无法改变的。

即便美国全国上下都要脱钩中国，没有其他国家的支持也不会有很好的效果。因为其他国家并不那么在乎中国的创新力提升，其他国家并不乐于见到美国一家独大的局面，中国成为美国的竞争对手反而让其他国家有渔人得利的机会。所以中国应该完全有能力争取到其他国家的支持，让它们保持中立。那么中国最应该争取哪些国家呢？其实从创新力角度看很简单，那就是其他创新力的强国，也就是日本、韩国和欧洲国家，这些国家是传统上的美国盟友，尤其是西方国家，其表面上似乎是一致对付中国的。其实在历史上，中国和西方国家没有太多的领土上的争端，虽然有过战争。但是西方国家之间也有更加激烈持久的冲突和战争，反而在两次世界大战中，中国和很多西方国家都是盟友。所以出于经济利益和平衡美国独霸的目的，这些国家至少有可能保持中立。只要我们在争取民意上和外交手段上做得到位，有些国家会在个别问题上或者口头上跟着美国走，但是在实际操作中还是有可能保持中立的，不应该自然地认为美国以外的发达国家一定会站在美国一边。中国的对外开放和外交的重点应该放在这些国家上，如果能够成功争取到这些国家实质的中立，美国封锁中国的效果就会大打折扣，反而和中国脱钩会对美国自身的开放性和对外交流造成一定的负面影响。

总结

中国在对外开放方面，有些地方是做得不错的，如对外贸易和对外投资方面，但在某些方面，例如信息和人员交流，还不够开放，尤其是在人员交流方面还有很大的提升空间。除了要提高签证的便利性，关键是要让外国人在中国的生活变得更加便利，比如提供更多的英语标识，更方便的网络和手机支付，更加国际化的教育医疗服务。另外，要加强对外形象的宣传，消除对中国的一些误解，塑造中国人友好包容的形象，提高中国对外国人的吸引力，让更多的外国人到中国来旅游、学习、工作或者是移民，这不仅可以带动经济的发展，而且可以促进交流，提升创新力。

当然，保持和继续推进高水平对外开放，只是能在一定程度上缓解人口规模减小的负面效应。要解决人口问题，根本上是要解决低生育率问题，这就必须靠强有力的鼓励生育的政策来大幅度提升生育率。

第 22 章　生育减负和女性平权

前几章分析了生育的直接成本和相应的政策，但是生育间接的时间成本可能比直接成本更大。更通俗地讲，生育不仅费钱，而且费力。例如辅导功课、接送孩子尤其是 0~3 岁的孩子的时间成本就更高了。这部分时间成本的主要承担方是女性，这加剧了女性职业发展的机会成本。所以要提升生育率，还需要在降低生育的费力度，尤其是要在降低女性的职业生涯的机会成本上下功夫。

女性职业发展和生育率之间的关系

当我们说要大力鼓励生育时，总有人会问，这是不是会把女性当成生育机器？女性的社会地位是否会下降？包括职场上会不会加剧对女性的歧视呢？这是一些很好的问题，简单的答案是不会，只要我们的政策是所谓的"利诱"而不是"威逼"。所谓的"威逼"是指如果女性在社会上不是独立的，没有自主生育的权利，鼓励生育变成了鼓励一家之主的男性去压迫女性，违反女性的意愿去多生孩子。所谓的

"利诱"是指如果女性在社会上是独立的，有着很好的福利待遇或者经济能力，而社会是用更好的福利和各种生孩子的好处或者减负措施，来鼓励女性自主地生孩子。这非但不会降低女性的地位，反而使得女性实现事业和孩子的双重收获，更幸福也更有社会地位。

当然，当今世界里，"利诱"和"威逼"是并存的。一些落后国家在生育问题上多少存在着"威逼"的成分。因为在这些国家，女性并不独立，在经济上往往依赖男性。但如果女性在经济上实现独立，鼓励生育则必须大幅度增加女性生孩子的福利，这就是所谓的"利诱"，可以提高女性地位，增加福祉。

如图 22-1 所示，女性工作率和生育率的关系不是单纯的线性关系。在发展水平比较低的传统社会，女性地位比较低，不得已而生很多孩子。随着社会和经济的发展，女性地位和参加工作比例逐步提高，生育率下降。但是这种下降不是单向的，当社会进一步发展，女性地位和经济独立性非常高时，再增加生育福利，生育率不降反升。

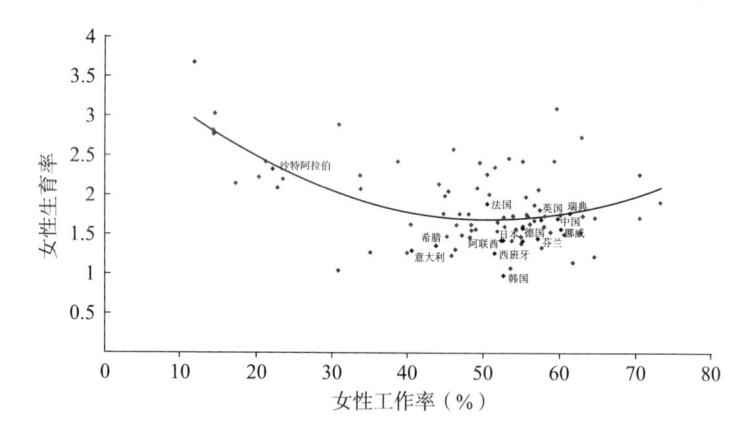

图 22-1 部分国家女性工作率与生育率的关系

资料来源：世界银行，2018。

图中的 U 形曲线，展示了女性工作率和生育率的非线性关系。沙特阿拉伯的女性工作率比较低，生育率比较高。像日本、韩国这样的国家，女性地位和工作率处于中游水平，女性受教育程度比较高，以及"男主外女主内"的传统家庭分工方式根深蒂固，使其结婚率和生育率非常低。北欧女性的社会地位和参加工作比例都很高，而且生育福利很好，生育率就很高。例如，瑞典是当今世界公认的在确保性别平等方面最成功的国家之一，瑞典的新《王位继承法》赋予王室女性和男性同样的继承权，从而使瑞典成为第一个宣布不论男女由长子（女）继承王位的君主制国家。瑞典议会中，女议员的比例约占40%。另外，瑞典在2003年颁布了专门的《同居法》，承认同居关系的法律效力，规范国民的非婚同居生育行为。近年来，瑞典生育率达到1.9，在欧洲国家中几乎是最高的。

我们再来看瑞典，这是欧洲生育率最高的国家之一，平均每名妇女育有近两个孩子。瑞典的生育政策鼓励夫妇双方参与育儿，是世界上首个用父母育儿假取代产假的国家。目前，瑞典父母可以一起获得480天的带薪育儿假，这当中父母双方各享有90天不能转让给对方的育儿假。这主要是为了确保公平和父母共同承担育儿责任。

由此我们可以看到，女性地位和生育率并不矛盾，如果把女性平权做好，并且给予很好的生育福利，所谓"利诱"就能同时提升女性地位和生育率。北欧国家成功地做到了这一点，这些国家提供优质普惠的托幼服务，在降低生育成本和保障女性地位方面都有很好的政策。

日托服务

对女性的职业生涯影响最大的是孩子0~3岁的时期，所以很多国家提供了普惠性的托幼服务来缓解这方面的压力。根据OECD Family Database（经济合作与发展组织家庭数据库）的数据，OECD成员国中3岁以下孩子入托率平均值为35%。其中，荷兰、法国、挪威、比利时等国家超过了55%，东亚地区的韩国和日本分别为56.3%和29.6%（见图22-2）。

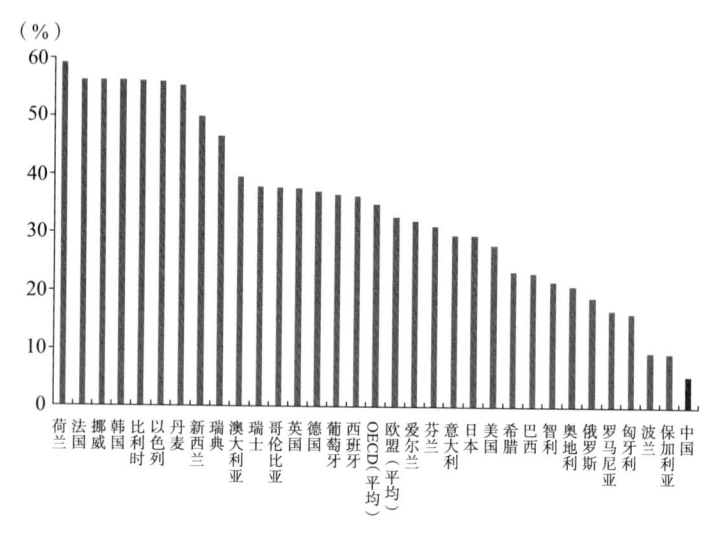

图22-2 部分国家和地区3岁以下孩子入托率情况

资料来源：OECD Family Database 2017，中国国家卫健委2021。

一些OECD国家，在0~2岁孩子身上花费的公共开支超过GDP的0.5%。2017年的数据显示，韩国政府将GDP的0.48%用于0~2岁小孩的托幼服务，挪威为0.64%；而在生育率较高的瑞典，这一比例已经超过了1%（见图22-3）。

法国以其为学前儿童提供卓越的政府支持而闻名于世。政府不仅免费给每一个孩子提供幼儿园服务，而且日托服务也是免费的。2.5个月到3岁的孩子，可以被托管在一个日托中心。这些日托中心由地方政府和州政府资助，并免费为高收入群体之外的大多数人服务。中心每天开放11个小时，在公共假日时关闭，每年暑期休息一个月。所有的城市、乡镇、村庄都有这样的日托中心。有一些雇主会为其雇员提供日托中心，通常位于工作场所或者距离工作场所很近。对那些在家雇保姆的人来说，费用的一部分是免税的。由于政府提供丰厚的

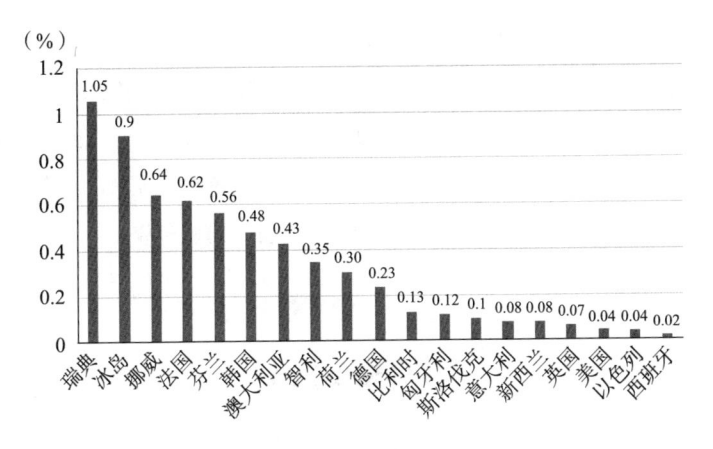

图22-3 部分国家3岁以下孩子公共开支占GDP的比例

瑞典 1.05、冰岛 0.9、挪威 0.64、法国 0.62、芬兰 0.56、韩国 0.48、澳大利亚 0.43、智利 0.35、荷兰 0.30、德国 0.23、比利时 0.13、匈牙利 0.12、斯洛伐克 0.1、意大利 0.08、新西兰 0.08、英国 0.07、美国 0.04、以色列 0.04、西班牙 0.02

资料来源：OECD Family Database 2017。

现金补贴和良好的日托支持，法国的生育率达到了2，远高于欧洲的平均生育率（1.6）。

其他国家的父母就远没有法国父母那么幸运了，往往很难找到由政府资助的日托中心。近些年来，亚洲的低生育率国家正试图学习欧洲国家，为国民免费提供将孩子放在日托中心的福利待遇。2013年，为了提高生育率，韩国政府决定大幅扩展免费日托和幼儿园的范围。大多数家庭（位于收入分布底层70%的家庭）都收到了学前教育券，可以用来支付日托和幼儿园的费用。

日本也没有足够的日托中心。2016年，日本首相安倍晋三承诺，到2018年，日本将新建和资助40万个日托中心。尽管已经付出努力，但日本要想赶上西欧和北欧国家的日托福利水准，仍然需要走很长的路。

中国在这方面的投入也远远不如发达国家。根据国家卫健委的最新数据，0~3岁婴幼儿各类托幼机构的入托率仅为4%，远远低于世界平均水平。现在很多家庭还是依靠老人来带孩子，未来的老人可能并不那么愿意带孩子，尤其是还有更多的二孩和三孩。因此，大幅提高 0~3 岁孩子的入托率非常有必要。

建议把 0~3 岁孩子的入托率提高到 50% 左右。要实现这一目标，政府有必要直接或者牵头兴建至少 10 万个幼托中心。按照 0~3 岁有 4 000 万儿童计算，每个儿童补贴 20 000 元的营运费用，结合 50% 的入托率目标，每年大概需要 4 000 亿左右的财政补贴。

外籍保姆

很多国家和地区，如新加坡和中国香港，通过引进外籍保姆的方式来减少父母的家务负担，尤其是抚养孩子的负担。这些保姆可以做各种家务，接送小孩，参与一部分陪伴和监督的工作。这些保姆大多来自菲律宾、印度尼西亚等地，普遍工资在 4 000 元左右，不到中国内地同类保姆的收入的一半。引进外籍保姆可以让很多家庭雇得起全职的保姆，可以减轻父母在家务和培育孩子方面的负担，降低父母尤其是母亲的机会成本。

以中国香港为例，根据香港特别行政区政府的统计数据，2013 年平均每三个有孩子的家庭，就有一个家庭雇用外籍保姆。2019 年中国香港共有外籍保姆 39.9 万人，其中来自菲律宾的有 21.9 万人，来自印度尼西亚的有 17 万人。外籍保姆的最低工资为每月 4 630 港元，平均工资为 4 765 港元，相当于人民币 4 000 元左右。按照现在中国内地大城市保姆平均工资 10 000 元来计算，每个外籍保姆可以为所服务的中国内地家庭每月节省 6 000 元，每年节省 7.2 万元。2019 年，香港只有 750 万人口，雇用的外籍保姆近 40 万人。中国内地如果引进 300 万外籍保姆，相当于每年让这些家庭总共节省 2 000 亿元的费用。

育产假

很多欧洲国家提供比较长的育产假，政府帮企业承担部分的育产假的工资。在法国，母亲可以得到 16 周的全薪产假，一直到孩子三岁，都可以有带薪（部分）休假。政府甚至提供免费的骨盆矫正及减重训练。在英国，带薪产假为期 39 周，前 6 周可以享受工资的 90%，在一年之内，雇主不得解雇母亲。在雇主负担不起生育福利的时候，政府可以提供资助。父亲也有权享受带薪休假。在德国，母亲的休假时间长达三年，在此期间，雇主不能解雇母亲，父母可向联邦政府申请育儿假补贴，标准为休假前平均净收入的 65% 左右。俄罗斯全薪产假的时长为 140 天，这期间单位需要全额支付产妇薪水；在休完全薪产假后，产妇可以继续休半薪产假，能够领取相当于原工资 40% 的补贴，一直到孩子满一岁半。

整体而言，欧洲的育产福利很慷慨。图 22-4 显示了许多国家给予女性的产假长度。

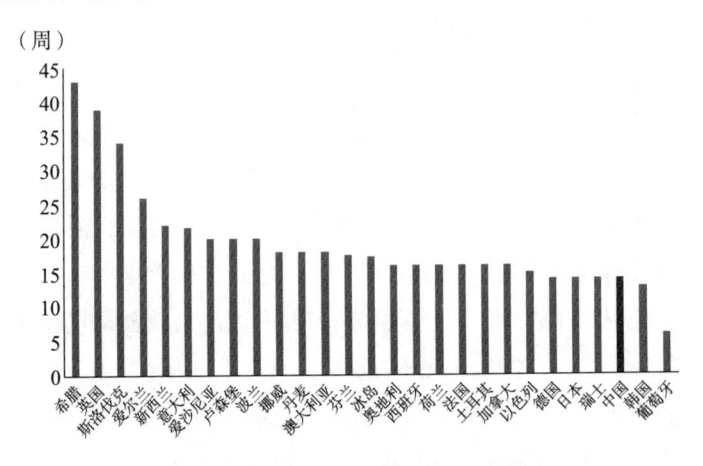

图 22-4 部分主要国家的女性产假长度

资料来源：OECD。

一些国家提供父母可共享，甚至是父亲必休的育产假。比如，瑞典父母可以一起获得 480 天的带薪育儿假，这当中父母双方各享有 90 天不能转让给对方的育儿假。这主要是为了确保公平和父母共同承担育儿责任，以此提倡男女相对平等的家庭责任，有利于消除就业市场中的性别歧视。

在中国，女职工的法定产假为 98 天；但是现行的《中华人民共和国劳动法》中，没有对男职工休陪产假的明确规定，主要是看各地政府和公司的规定。各地制定了不同的规则，一般规定男方陪产假是 7~10 天，晚婚晚育可延长至 10~15 天，这是相对比较短的。现在很多地方政府推出延长育产假的新规，但是我认为同样重要的是提供男女相对平等的育产假，这样有利于让男性承担更多的育儿责任。

推广灵活办公模式

随着互联网技术中远程会议、协同工作软件的发展，远程办公在技术上已经趋向成熟，更因为新冠疫情的影响，企业被迫实现远程办公，全球掀起了一股远程办公的潮流。亚马逊、微软、谷歌和苹果都把远程工作的模式常态化了，推出了不同的混合办公的制度。2022 年 2 月，携程中国公司宣布全公司近 3 万名员工将实行混合办公制，允许员工每周三和周五在家远程办公。这是中国首家大型公司推出"3+2"的混合工作制。以携程为代表的中国高科技公司正在积极尝试混合办公模式，取得了很好的效果，不仅工作效率没有下降，而且还大幅提升了员工满意度。混合办公的社会效应也很明显，不仅减少了通勤的拥堵，还有利于环境保护、家庭和谐、缓解高房价和提高生育率。

混合办公模式可以让家长有更多的时间陪伴小孩，减轻本来很大的育儿压力。特别是对于有小孩的女性员工，通过混合办公的模式，每周还可以有两天在家办公，这样每周就可以省下几个小时的通勤时间。男性员工也可以有更多的时间陪伴孩子和分担家务。当然受益最大的还是职业女性，她们可以更加灵活地分配时间，更多地陪伴家人，从而更好地平衡家庭和工作。推广混合办公模式可以缓解职业女性的焦虑，减少职业发展和育儿的冲突，提高育龄女性的生育意愿。

保障未婚女性的生育福利

结婚率下降是一个全球性的趋势。在印度和中国，结婚率（已婚人口占总人口的比例）大约是70%，这意味着几乎每个年满25岁的人都结婚了。发达国家的婚姻比例则与此不同。美国大约有60%的人结婚，而欧洲人的结婚率不到50%。

令人惊讶的是，日本只有大约50%的人结婚，这意味着在25岁以上的人中只有约75%的人选择结婚。20世纪七八十年代，日本几乎每个成年人都会结婚，就跟现在的中国和印度一样。但时至今日，有近20%的日本女性终身保持单身状态。

结婚率下降的原因是，随着经济的发展，女性接受了更好的教育，经济上也独立起来，她们可以选择单身。此外，在亚洲国家或地区，女性普遍不愿意嫁给一个社会地位和经济地位比自己低的人。

成年人中有20%的人不结婚，这是日本低生育率的主要原因。假设只有结了婚的女性才生育孩子，那么，即使已婚妇女的生育水平是2，则生育率也仅为2×（1−20%）=1.6。实际上，日本的已婚女性平均生育1.8个孩子，而只有80%的女性结婚，因此，日本的生育率只有1.4。此类情况在亚洲其他国家中也开始变得越来越常见，比如韩国和新加坡。而中国的富裕城市也出现了结婚率不断下降的情况。

结婚率低，是亚洲国家生育率低下的主要原因之一，因为非婚生育在这些国家的文化中难以被接受。在中国、印度、韩国和日本，非婚生育率几乎为零。相比之下，这对欧洲和北美国家来说却不是一个问题，因为在那些国家中，非婚生育已经变得相当普遍。图22-5显示了非婚女性的生育率占各自国家总生育率的比例。在图中，黑色条代表1980年时的百分比，灰色条代表2007年时的百分比。我们可以明显看出，在过去的近30年中，非婚妈妈的数量迅速增加，尤其是在欧洲西部和北部的国家中，如瑞典、挪威、冰岛、法国、丹麦等。在这些国家中，来自非传统家庭的孩子在文化上可以被接受，并且可以接受良好的教育，就像其他孩子一样。一些非婚生育的家庭也有一位父亲和母亲生活在一起，就像传统的家庭一样。

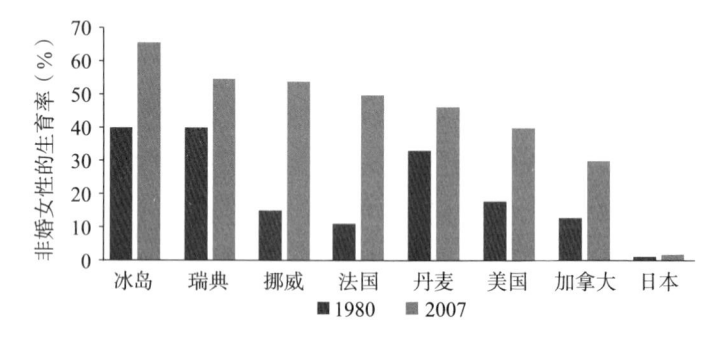

图22-5　部分主要国家中非婚女性的生育率（1980年和2007年）

资料来源：CDC/NCHS, National Vital Statistics System, Stat Canada, Population Statistics of Japan, European Commission, Eurostat。

非婚生育在欧洲相当普遍，部分原因是这些国家的政府在给孩子提供福利和教育补贴时不歧视单身母亲，使得单身女性更容易抚养孩子。法国政府为了鼓励生育，在社会福利层面，不管是婚生还是非婚生，都能得到同样的家庭补助，生育的孩子越多，补助也越多。在财产继承方面，法国民法典规定婚生子女与非婚生子女享有完全同等的权利。这在一定程度上促成了这些国家的高生育率。亚洲国家既需要提高结婚率,也有必要改变文化观念,即更加宽容地对待非婚生育。

在中国,虽然《民法典》规定"非婚生子女享有与婚生子女同等的权利,任何组织或者个人不得加以危害和歧视",但实际上,由于非婚生子不受法律保护,如果未婚妈妈(或单身母亲)在职,本应由生育保险支付的检查费、手术费、住院费、接生费、药费等费用也无法报销。很多地方规定新生儿上户口需要向公安部门提供出生证明、结婚证等相关资料。未婚妈妈或者离异后生育的女性,因为没有结婚证,也就无法在孩子出生后为其办理户口。

我建议废除任何歧视非婚生育的政策,充分保障非婚生孩子的合法权益,包括立法保护人工授精、试管婴儿等技术辅助生育的孩子,以及无条件为非婚生育的孩子上户口。我并非鼓励非婚生育,而是认为那些有能力和意愿去独立抚养小孩的女性,应该公平地享受生育的权利和福利。

辅助生育技术

有很多单身女性不想找或者一时找不到合适的对象,却想单独养育孩子。有些夫妇虽然想生孩子,但患了不孕不育症。有些职业女性,想先发展事业,保留未来生育的机会。对于上述各种需求,现代的辅助生育技术可以来帮忙。女性可以冻结卵子,推迟怀孕。随着体外受精技术的发展,植入双胞胎也是可行的。

西方许多国家都允许单身女性采用辅助生育技术(包括冻卵)。2012年,美国率先对女性开放冻卵服务。2014年10月,美国两大科技巨头苹果公司和脸书宣布,将提供冷冻卵子费用作为女性员工的一项福利。根据美国疾控中心的数据，美国近年来的出生人口中，有2.1%的出生人口采用了辅助生育技术。以色列是当今发达国家中生育率最高的国家。早在20世纪80年代，试管婴儿技术就已经在以色列得到推广应用。到了20世纪90年代，以色列生育诊所的密度已是世界第一。以色列是世界上唯一为45岁以下妇女提供几乎全额辅助生育技术补贴的国家，适龄女性无论是否结婚都可享有这种补贴，直到她拥有两个孩子。

但目前在中国，辅助生育技术的使用受到一些限制。例如，原卫生部发布的《人类辅助生殖规范》（卫科教发〔2003〕176号）中规定："禁止给不符合国家人口和计划生育法规和条例规定的夫妇和单身妇女实施人类辅助生殖技术。"此规定在实际操作中造成单身女性无法通过精子库、冻卵等人工辅助生殖相关技术行使自己的生育权。

其实，中国许多单身女性都有冻卵需求，国内也有许多专业医疗机构具备实施冻卵的技术。但由于国内相关法规禁止单身女性实施人类辅助生殖技术，一些单身女性只好选择在海外冻卵，费用比在国内冻卵高得多。2018年，携程在公司内部启动生育福利项目，其中包括为公司女性管理人员提供10万~200万元及7天年假，使她们能享有冻卵等高科技辅助生育福利。携程也成为中国首家提供这项生育福利项目的大型科技企业。

我建议，治疗不孕不育症的费用应该纳入国家医保。另外，法律也要保障未婚女性平等使用辅助生育技术的权利。按照美国2.1%的使用辅助生育技术的比例，中国现在采用辅助生育技术的比例还非常小。如果开放辅助生育技术，我国可以有效提升生育率。

在人类社会的未来，诸如试管婴儿等辅助生育技术可能会发挥相当大的作用。女性可以通过冻卵、代孕、体外受精和植入双胞胎等来增加生育的机会。或许有一天，随着人造子宫技术被突破，胎儿有可能会在实验室中培育（但他们仍然需要由人类父母养育）。当前，有些国家限制使用这些技术，是担心这些技术带来法律和道德的影响，但从100年后或者更长远的未来来看，这可能是减轻妇女怀孕负担、防止生育率进一步下降的根本办法。当然中国肯定等不及这一类技术的普及，因为中国的低生育率问题迫在眉睫，在开放辅助生育技术的同时，非常有必要尽快推出极具力度的鼓励生育的政策。

女性平权的观念问题

以上是经济和法律上的一些平权和福利政策，在观念上，也要打破男主外、女主内的传统婚姻分工思维。传统婚姻制度是父系社会的产物（一开始甚至是一夫多妻制度），传统观念的夫妻分工是"男主外、女主内"，丈夫在外边赚钱，妻子在家中操持家务。这种过时的观念使得很多现代女性在择偶时，依旧主要考虑男方的学历、财富和地位，而男性则更注重女性自身条件，比如美貌、温柔等。这种择偶方面的不对称性，是父系社会的产物。时至今日，高收入女性的择偶标准完全可以和男性一样，不是关心男性的收入是否超过自己，而是看重男性本人的相貌和体贴程度。

但实际情况是，女性择偶时仍然普遍要求男性的学历和收入高于本人。与此同时，女性的学历和收入又正在全面赶超男性。从数据上看，中国女性接受大学教育的比例已经超过男性。以上因素综合导致的结果是，哪有那么多符合传统择偶要求的男性。尤其当那些学历条件较差的男性还不愿意主动承担家务时，势必有大量的高学历女性因为找不到合适的对象而不愿意结婚。

近几年，中国大城市的结婚率下降非常快，2013—2020年，我国结婚登记对数从1 347万对下降至813万对，中国大城市的结婚率和生育率都在下降。总体来说，中国的年轻男性多于年轻女性，但是受过高等教育的女性的结婚率直线下降。

要解决这个问题，在观念上也要彻底平权，要让社会普遍接受"阴盛阳衰"的家庭。有些家庭，男性完全可以在家里做家务、带孩子。当然男女角色分工还要看每个家庭的具体情况，但是传统家庭中男女分工的固有思维必须打破。

我甚至提出过在姓氏上也要彻底平权。为了增强女性传承的意愿，还可以提倡女随母姓。女随母姓做法的好处是并不影响父系的传承链。因为女儿如果跟了父姓，到了再下一代，外孙本来也就不随外公姓了。女随母姓是在传统父系传承的基础上，额外增加了一条母系传承链。这样，男女都有平等的机会让自己的基因、姓氏和事迹永远传承下去。有关"女随母姓"的内容，我将在附录中用一篇文章讨论。

当然，不可避免的一种趋势是，还是会有很多年轻人不结婚。因为有了物业大哥、快递小哥、滴滴司机，还有洗衣机和洗碗机，很多事情已经不再依赖丈夫或者妻子。其实很多年轻人虽然选择单身，但还是想要孩子的。北欧国家的孩子有一半左右来自非婚生家庭。所以我们还要从观念上接受单亲家庭，在政策上给予单亲家庭生育同样的支持，还要给予辅助生育技术在法律上的保障。

总之，随着女性的地位和独立性大幅度提高，人类告别"父系社会"是一个进步，但这很可能会引起结婚率和生育率的快速下降。提高生育率和保障女性地位并不矛盾，北欧国家能够实现女性地位和社会福利的同步提升，也成功避免了低生育率陷阱，这值得借鉴和学习。我们必须提供各种福利来帮助女性和家庭来抚养子女，还要及时调整男女分工的固有思维和择偶传统观念，让男性更多地参与家务和养育孩子。在现代，一个生育友好的社会必须也是一个女性友好的社会。

总结

本章分析了女性平权和生育率的关系，以及各国鼓励生育的相关政策。总的来说，西欧和北欧国家的家庭福利和鼓励生育政策的力度要普遍大于其他发达国家，它们在女性平权和提高生育率方面的成功经验很值得中国借鉴。很多福利，如普惠的托幼服务、男女平等的产假、开放外籍保姆、保障单亲家庭权益、开放辅助生育技术等，可以有效地帮助职业女性降低育儿的时间和机会成本，从而有效地提高生育意愿。

第 23 章　中国人口战略和政策

前面几章分析了全球的低生育率问题和公共政策选择,那么中国有哪些政策选择来应对迫在眉睫的人口危机?在本书的最后,我会详细讨论中国人口战略和具体政策选择,以及这些政策的必要性和紧迫性。

中国的生育率将是世界最低?

2022 年中国的人口数据可以说是触目惊心的。全年出生人口只有 956 万,不及 20 世纪 80 年代的一半,生育率不到 1.1。

再次强调,虽然 956 万的出生人口比上一代少了一半,但这不是底,中国的出生率和生育率在未来 10 年将继续下降。目前的生育主力,是 22~35 岁的女性。在 2020 年,这个育龄高峰年龄段对应的,是在 1985—1998 年出生的女性。我们根据现有的人口统计数据可以看到,在未来 10 年,中国处于 22~35 岁育龄高峰段的女性相比现在将锐减超过 30%。如果没有强力的政策干预,中国的新出生人口很可能在未来几年降到900万以下，生育率会比日本更低，也许是全世界最低。

已经有越来越多的数据开始印证上述预测。首先，中国人的生育意愿比日本、韩国低得多。根据原国家卫计委在2017年进行的全国生育状况抽样调查数据，2006—2016年，中国育龄妇女平均理想子女数为1.96个，而育龄妇女平均打算生育子女数为1.75个。中国人的平均生育意愿显著低于日本和韩国的2.4的理想子女数。

面对这些严酷的数据，有些学者还是觉得难以置信：中国人怎么突然就成了全世界最不想生孩子的人？其实根据我近几年的研究，中国生育率降至世界最低水平一点儿也不奇怪。中国生育率下降的最主要诱因，当然是现代化和城市化的大趋势。但同样是现代化和城市化，为什么中国的低生育率问题比所有发达国家更加严重呢？如我们在前面的章节所分析的，除了中国实行限制生育的政策之外，还有三个原因所形成的特殊性，导致中国的生育率比其他国家更低。

第一，中国大城市的房价相对于收入是最高的，如此夸张的高房价，极大地压抑了城市夫妇的生育意愿。

第二，中国小孩的教育压力和教育成本也是最高的，使得中国的育儿成本相对于收入也是最高的。

第三，中国的生育环境有待提升，在育儿福利、托幼机构以及女性平权等方面，还有很多短板需要弥补。

我们通过以上分析可以得出，中国大城市的养育成本是世界上最高的。育娲人口发布的《中国生育成本报告2022版》显示，中国养育孩子到18岁的成本大约是50万元，一线城市大约是100万元，养育成本相对于收入几乎是世界上最高的，尤其是在大城市。这也导致了中国大城市的生育率是世界上最低的，2022年北京和上海户籍人口的生育率只有约0.8。

有人说，中国不是还有大量农村的年轻人口吗？他们的生育率还是比较高的吧？这个判断恰恰进一步说明了问题的严重性，因为，即使有了这些农村的年轻人，中国的生育率仍然降至如此之低，那么未来当这些年轻人进城以后，生育率只会变得更低。在中国城市化率比较高的东北地区，生育率只有 0.7，作为一个地区也处于世界最低的水平。种种迹象表明，无论在城市还是农村的中国年轻人，生育意愿都是世界最低的。而且，中国农村的年轻人未来绝大部分会生活在城市里，他们所面临的养育成本的压力比城市户籍人口更高。

尽管现在的生育率数据看似低得惊人，但在仔细分析背后的各种因素之后就会发现，这一点儿也不奇怪。而且伴随着进一步的城市化，中国未来的生育率还会继续下降，中国很可能成为全世界生育率最低的国家，比包括日本在内的所有发达国家还要低很多。如此低的生育率，意味着每代人口都会减少一半。我们已经多次论证，人口的急剧萎缩，将意味着规模效应和创新能力的持续弱化，进而出现综合国力的衰退。因此，为缓解未来的低生育率危机，中国必须尽快推出一系列强有力的鼓励生育的政策。

鼓励生育政策的具体建议

下面我列举一系列鼓励生育政策的建议，其中前三项最重要，它们需要花的钱最多，收效也最大。

现金和税收补贴

由于不同地区和不同人群之间存在很大的收入差距，我建议个人所得税减免和现金补贴的方式并重，对高收入家庭按照孩子数量抵税的方式减免个人所得税。由于收入较低者不需要缴纳个人所得税，所以减免税收不适用于低收入家庭，对于这些家庭，可直接发放现金补贴。

根据 OECD 的数据，2017 年部分发达国家现金补贴家庭福利的金额占 GDP 的比重如下：英国 2.12%，法国 1.42%，瑞典 1.24%，日本 0.65%，韩国 0.15%。我们可以看出，欧洲国家现金补贴家庭福利的金额占 GDP 的比重远高于日韩，这也是欧洲国家生育率普遍高于日韩的原因之一。

我们可以借鉴这些国家的经验，具体制定补贴政策：对于二孩家庭的每个孩子，给予每月 1 000 元的现金补贴。给予多孩家庭的每个孩子每月 2 000 元的现金补贴，直至孩子 20 岁。对于二孩家庭，实行所得税和社保减半，三孩家庭所得税和社保全免（对于特别富裕的家庭，可以设定一个补贴上限）。

估计效果：这部分措施能够提升生育率 20% 左右。

购房补贴和大城市扩容

高房价是制约育龄夫妇生育孩子的重要因素，在大城市里尤其如此。大城市生活成本高主要是因为房价高，其他如衣食住行并不比小城市贵很多，教育成本如果只涉及公立教育也不会贵很多。所以大城市里，养育的高成本主要体现在房价上，这是大城市的生育率低于小城市的重要原因之一。根据第七次全国人口普查数据，2020 年全国生育率为 1.3，其中上海和北京的生育率分别仅为 0.74 和 0.87，而山东、河南、江西等省的生育率在 1.4 左右。

所以如果要减轻育儿家庭的负担，除了现金和税收补贴以外，还需要对多孩家庭实行购房补贴政策。具体方式可以是通过按揭利息返还或房价打折进行补贴。比如说返还二孩家庭房贷利息的 50%，对于三孩家庭的房贷利息可全部补贴返还；或者在高房价的地区，实施一孩房价 9 折，二孩房价 7 折，三孩房价 5 折的政策（不超过补贴的上限）。这部分补贴的资金可以通过增加人口流入地区和大城市的住房土地供应来获得。

购房补贴的政策需要结合配套的大城市扩容的政策，前面的章节已经论证了中国有能力、有空间并且非常有必要扩容大城市，这样不仅有利于缓解房价，提升生育意愿，也有利于发挥聚集效应，提升创新能力。

估计效果：这部分措施能够提升生育率 20% 左右。

增建托儿所（详见第 22 章《日托服务》）

估计效果：这部分措施能够提升生育率 10% 左右。

以上三项是最重要的鼓励生育措施，总共需要的财政投入占 GDP 的 5% 左右，能够大幅降低养育成本，有效提升生育率。我针对各个国家鼓励生育力度和生育率进行过相关分析，结果显示，平均拿出 1% 的 GDP 用于鼓励生育，生育率就会提升 0.1，当然这只是相关性，只能支持而不是证明鼓励生育有效。但也并没有数据支持鼓励生育无效果。北欧和西欧一些国家出台了慷慨的鼓励生育政策，同时获得了比较高的生育率。例如，法国和瑞典都拿出 3%~4% 的 GDP 鼓励生育，它们的生育率也为 1.8~1.9，接近更替水平。相比之下，南欧国家鼓励生育的力度普遍只有 GDP 的 1%~2%，生育率则普遍低于 1.5。近几年，德国加大了鼓励生育的力度，生育率也有所提升。

面对高生育成本和很低的生育率，中国要想把 1 左右的生育率提升到发达国家的水平 1.6，就需要拿出更大的鼓励生育力度，相当于 GDP 的 5% 的财政投入，差不多可以把生育率提升到 1.6 左右。虽然离更替水平还比较远，但至少可以极大缓解低生育率的问题。

此外，我还提出以下几项鼓励生育的建议。其中有些项目只需要较少或者不需要财政投入，但需要在观念和法律上进行调整，效果不如前几项好，见效也没有那么快，为了解决中国紧迫的现实问题，可以提高生育率的各种措施都是非常值得考虑的。

提供男女平等的育产假（详见第22章《育产假》）

估计效果：这部分措施能够提升生育率3%左右。

引进包括外籍保姆在内的外籍劳动者

虽然有育产假和托儿所，但是对职业女性来说，看护小孩还是要付出很多时间和精力，其实还可以通过雇用保姆来分担家务。但在中国大城市，雇用全天看护孩子的高价保姆，已经超出了很多城市白领的经济承受能力。例如，上海有经验的保姆月工资已经上万。而随着中国人均收入水平的提高，雇用来自东南亚国家保姆的费用就会低得多，会让这些家庭节省不少费用。

从人才引进角度来看，中国也应该更大力度地促进各类人才引进，尤其是为海外华人回国发展创造便利的条件。不过中国不是一个移民国家，对于国际人才的吸引力相对较低。移民不太可能成为解决低生育率问题的主要手段。尽管如此，为了促进交流和降低用工成本，还是需要更加开放地接纳各种人才和外国劳工。引进大量外籍保姆，可以对降低生育成本有直接的作用。

估计效果：这部分措施能够提升生育率2%左右。

推广灵活办公模式（详见第22章《推广灵活办公模式》）

估计效果：这部分措施能够提升生育率2%左右。

保障未婚女性的生育福利
（详见第22章《保障未婚女性的生育福利》）

估计效果：这部分措施能够提升生育率2%左右。

开放和鼓励辅助生育技术（详见第 22 章《辅助生育技术》）

估计效果：这部分措施能够提升生育率 2% 左右。

教育改革（减少高考内卷，缩短学制）

有关教育改革的建议，我们已经在第 20 章做了详细的论述。这里再简单总结一下：除了直接的财务成本，中国家长为孩子升学所花的钱和精力投入，几乎是世界上最高的，这也是导致生育意愿低下的主要原因之一。从数据上来看，亚洲发达国家如韩国、新加坡、日本的生育率，普遍比欧美国家低，该结果和这些国家巨大的考试和升学压力直接相关。中国独特的高考制度，使得中国家长的教育压力一点儿也不比这些国家低，有统计显示，中国学生的补课和学习的时间是全球最高的。所以降低升学和择校的压力，会对提升中国的生育率有巨大的帮助，其作用可能比前面所提的任何一项单独降低成本的措施都要大。但是我之所以把教育改革放在最后，是因为教育改革不仅仅是钱的问题，更是涉及各方利益的极其复杂的制度设计。

短期比较容易实行的改革方案是缩短学制，即把中小学阶段的时间从 12 年缩短到 10 年，这样可以减轻社会和家长的抚养压力，也可以让年轻人毕业后有更多的时间成家立业。尤其对于高学历的女性而言，多了两年的时间，就有更多的时间谈恋爱、组建家庭和发展事业。

其他方面的改革建议操作起来就会更加困难，虽然困难很大，但我们还是要提出一些理想化的建议，以作为长期改革的目标。国家应该普及大学通识教育、淡化高考，把大学毕业考试或者研究生考试作为主要的筛选考试。把分层考试延后可以省下高考复习的时间，减轻学生和家长的负担。大学教育普及化和通识化也有利于缩小贫富差距。当然我们知道，上述改革是非常大胆和前卫的。但是教育体制存在的问题不仅导致了低生育率，还造成了巨大的社会浪费和人才流失，所以教育改革势在必行。我们非常有必要，把教育制度的改革作为人口战略的一个重要部分。

估计效果：教育改革太复杂，未来落地的政策很难预测，其提升生育率的效果也难以估计，但是天花板非常高，最高可以提升 0.5 的生育率（比以前任何一项措施都高）。

对鼓励生育的质疑

鼓励生育是世界上几乎所有发达国家的普遍做法，而且力度都是 GDP 的 1%~4%。但是由于我们国家刚刚从计划生育的老观念中走出来，还存在着一些质疑，因此我有必要对此逐一批驳。

鼓励生育不公论

我们可以算笔账，比较一下政府在养老和养孩子上的投入。对世界上绝大多数政府来说，教育方面的投入一般远小于政府用于抚养老人的开支。例如，在美国，税收占 GDP 的 26%，教育开支只有 GDP 的 5%，而养老开支则超过 GDP 的 12%。有孩子的家庭获得了 5% 的教育福利，可以说是占了没有孩子家庭的便宜。但是未来，这些孩子会为全社会的老人包括没有孩子的老人贡献 GDP 的 12% 的养老福利。也就是说，没有孩子的家庭平均占了有孩子家庭 12% 的便宜。所以总的来说，无孩子家庭占了有孩子家庭 7% 的便宜。（当然这是以美国的养老数据为例，这里假设中国的养老和教育支出未来很可能接近发达国家水平。）所以在这个例子中，用 GDP 的 7% 的政府财政支出来鼓励生育是公平的。

未来出生更多的孩子，对整个社会的贡献都是正面的。仅仅从财政收支的角度来衡量，人在工作以前是负担，但工作之后是社会财富的创造者，进入老年后又成为负担。总的来说，人对社会的贡献要大于带来的负担，这也是世界人口越来越多，但人类整体越来越进步的根本原因。将一个人贡献的税收减去他所获得教育和养老的福利，对于整个社会的公共财政、基础设施、国防等贡献都是正面的。所以人口流失的地方会出现公共财政的问题，这也是各个城市都在不遗余力地吸引年轻人口的原因。没人会说各地吸引年轻人落户的优惠政策不公平，但是从国家层面来看，总共就那么多年轻人，因为20年前一共就生了这么多孩子。从逻辑上讲，如果这些吸引年轻人落户的政策是公平合理的，那么国家层面的鼓励生育的政策也是公平的。因为孩子未来的税收贡献，实际上是多孩家庭对无孩家庭的一种补贴。总之，税收制度和社会养老制度实际上让多生孩子的人补贴了不生孩子的人，补贴生育只是纠正了这种不公平，所以补贴生育是公平的。

鼓励生育无用论

有些经济学家悲观地认为，很多国家下狠劲鼓励生育没什么效果，"生育率的下降是东亚社会的宿命"。这是典型的"鼓励生育无用论"，认为反正出台政策也没用，就不要出台鼓励生育的政策了。

鼓励生育到底有没有用，终究要用数据说话。我做了一个生育率和家庭补贴的相关分析，如图23-1所示。

我们可以看出，国家每多拿出1%的GDP用于鼓励生育，生育率就会提升0.1。当然这只是相关性，只能支持而不是证明鼓励生育有效，但也并没有数据支持鼓励生育无效果。北欧和西欧一些国家出台了慷慨的鼓励生育政策，同时获得了比较高的生育率。例如，法国和瑞典都拿出3%~4%的GDP鼓励生育，其生育率也在1.8~1.9的水平，接近更替水平。相比之下，南欧国家鼓励生育的力度普遍只有GDP的1%~2%，生育率则普遍低于1.5。近几年，德国加大了鼓励生育的力度，生育率也有所提升。

有人说日本一直鼓励生育，但是生育率还是很低。其实，如果以

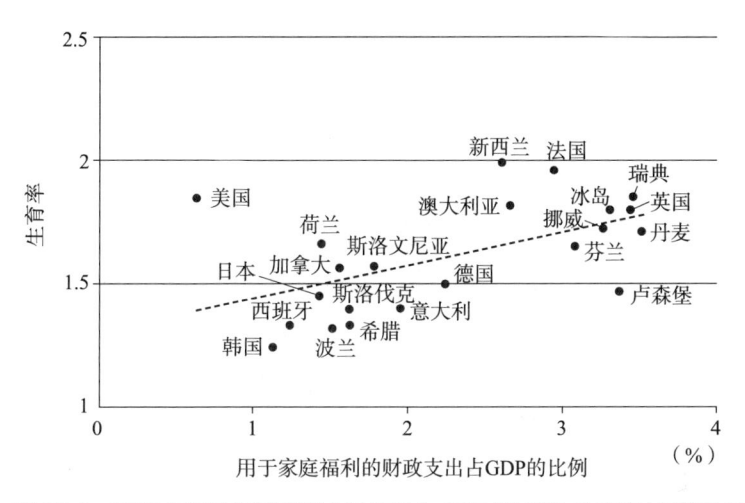

图 23-1 2015年用于家庭福利的财政支出占 GDP 的比例与生育率之间的关系

资料来源：World Bank 2015, OECD 2015。

欧洲发达国家作为参照对象，那么东亚国家包括日本的鼓励生育力度还是相对较低的，鼓励生育的开支普遍只占 GDP 的 1%~2%。日本鼓励生育真的没有效果吗？我们应该来问，如果日本不鼓励生育，生育率会低到什么程度呢？很可能会比现在还低很多。得益于其鼓励生育的措施，至少日本的生育率在东亚国家和地区里是比较高的。韩国的养育成本如房价和教育成本比日本更高，鼓励生育的力度也不如日本，所以其生育率已经跌破了 1。中国的房价和教育的成本比日本高，如果不鼓励生育，中国的生育率肯定远远低于日本。中国的大城市例如北京和上海，已经是世界上生育率最低的地方，第六次全国人口普查数据显示只有 0.7 左右。如果能够通过鼓励生育把生育率提升到日本的水平，那就是非常有效果的。

我们从上面的分析可以看出，鼓励生育显然是有用的，但是鼓励生育需要花很多钱，据我估算中国要达到日本那样的生育率水平，可能需要 GDP 的 2%~3%，要达到发达国家的平均生育率水平需要

GDP 的 5%，达到更替水平需要 GDP 的 10%，如果按照每年多出生 1 000 万个孩子来算的话，需要平均提供给每一个孩子 100 万元等值的奖励（形式可以是现金、减税和购房补贴等）。

鼓励生育没钱论

有些经济学家认为，国家根本没有财力拿出 GDP 的百分之几来鼓励生育。但我认为，中国是最有能力来鼓励生育的，因为中国的投资率比其他发达国家高了 10~40 个百分点，可以说中国人是世界上最愿意为未来投资的。那么高的投资率都投到哪里去了呢？投到了各种固定资产，如道路、铁路等。中国城市化和制造业的蓬勃发展，就部分得益于非常高的投资率。未来中国的这类建设需求趋于饱和，所以完全可以从超额的用于固定资产的投资中拿出一部分来鼓励生育。长期来看，对孩子补贴的本质，是对本国人力资源的未来进行投资。对当下普遍"产能过剩"的中国经济来说，投资人力资源恰恰是回报最高的选择。

从回报上来讲，如果鼓励生育的钱没有起到作用，这个家庭本来就会生这个孩子，那么鼓励生育的钱只是从财政转移支付给了家庭，并没有浪费社会资源。如果鼓励生育有效果，也就是说家庭因此多生了个孩子，那么只要这个孩子长大以后对社会的贡献大于鼓励生育的钱，就是有正回报的，也就是额外创造了更多的财富。简单算一下，一个孩子未来对社会和国家财政的平均贡献值应当大于 100 万元。

到底有没有钱鼓励生育，根本上取决于一点——提高生育率对国家来说是不是重要的事情？如果认为提高生育率不重要，那么鼓励生育当然没钱，因为还有很多更重要的项目需要花钱。如果认为提高生育率对国家来说非常重要，甚至是国家的头等大事，那么就应该将更多社会资源倾向于有孩子的家庭，来降低他们的育儿成本。

鼓励生育不急论

鼓励生育是迟早要做的事情，如果任凭每代人口减半的生育率持续下去，不到30代人或者1 000年，中国人就绝种了（因为2^{30}约为10亿）。这种每代人口减半的速度，超乎了一般人的想象，所以很多人没有意识到这个问题的紧迫性。有一种论点认为，鼓励生育不急，等人口少了再鼓励生育也不迟，比如当中国人口降到10亿以下再鼓励生育。

这种观点完全经不起数学和逻辑的推敲。2021年，中国的出生人口只有1 000多万，如果以后每年出生人口都保持这个数量，按照人均寿命90岁计算，1 000万×90=9亿，所以未来中国的人口肯定小于10亿，也就是即便能够维持2021年的新出生人口，未来最多也不过9亿人。虽然人口小于10亿已经是必然的，但是过程很漫长，如果我们要等人口降到10亿再鼓励生育，那可能要等两代人。问题是，在我们无所作为的等待期间，新出生人口还是会以每代人口减半的速度递减。如果还不鼓励生育，不用两代人，只需一代人的时间，2050年的新出生人口可能只有500万，按照人均寿命90岁算的话，未来人口不到5亿（500万×90=4.5亿），新出生人口只占世界的4%。2050年并不是遥远的将来，而只是20多年后。我们这一代人谁都不愿看到，在有生之年，中国从一个占世界人口1/5的大国，变成新出生人口只占世界4%而且极度老龄化的国家。更严重的是，只要生育率一直低于更替水平，这种人口衰减将一直持续下去，所以必须尽快扭转这种无止境的人口衰减趋势。另外从财力上来讲，现在中国的人口老龄化还不是很严重，还有较高的储蓄和投资率，也就是说，我们还有钱鼓励生育。等到未来人口严重老龄化，养老的财政负担加重，我们鼓励生育的代价就会比现在高很多，所以鼓励生育要趁早。

重塑生育文化

除了提供良好的生育福利，各国政府还试图建立一种鼓励生育的文化。俄罗斯的街头和地铁上，张贴着许多鼓励妇女多生孩子的海报。莫斯科地铁的一张海报上，展示了一个生育了三个孩子的妇女，口号是"爱国始于家庭"。官方一直在宣扬，养育三个孩子是妇女的爱国义务。政府向生育超过三个孩子的妇女颁发荣誉勋章，如果有妇女能够养育超过三个孩子，那么政府不仅会给她颁发"英雄母亲"的奖章，还会给她发奖金。一些城市甚至还设立了"怀孕假期"，以便于怀孕。

法国政府给生育4个或更多孩子的母亲颁发荣誉奖章：给生育4~5个孩子的母亲颁发铜质奖章，给生育6~7个孩子的母亲颁发银质奖章，给生育8个及更多孩子的母亲颁发金质奖章。有些国家还提出了许多有趣的宣传口号，如"爸爸，我寂寞，我想要一个弟弟或妹妹"，"许多蜡烛比一支蜡烛更亮"，"给你家宝宝最好的礼物是一个妹妹或者弟弟"。

中国在提倡生育文化时，可以发掘一下中国传统的"敬祖传后"的文化。历史上，中国有独特的祠堂文化和祖先崇拜的习俗，由此带来了注重家庭、教育和后代传承的价值观。可惜的是，这种优秀的传统文化正在迅速被弱化。特别是经过几十年计划生育的宣传之后，注重繁衍后代的中国传统文化已经遭到破坏。中国已经成为世界上生育率最低的国家之一。敬祖传后的传统文化非常值得复兴，不仅可以对提升生育率有帮助，而且是一种高尚的精神追求。人类慎终追远，进行长远规划的智慧表现为不仅为自己和当代人，还要为子孙后代着想，追求人类文明长期延续和繁荣。这种不朽的理念，是中华文明的宝贵财富，也是人类文明的精神财富，值得我们去珍惜、提炼并发扬光大。有关"敬祖传后"的讨论，我在本书附录部分附上我的两篇文章。

当然，重塑生育文化的作用是辅助性的，根本上还是要政府来落实鼓励生育的各项福利政策。在过去10多年的时间里，我公开地宣传鼓励生育的政策。很多年轻人回应说：你是不是催生，现在的年轻人压力这么大，你还催生？其实我一向（包括这次写这本书）都是给政府提出改革建议，而不是给年轻人和家长提什么具体的建议，所有人的选择都应该是在自身客观条件下的自由选择。如果要改变这些选择，就必须做出制度上的改革。有人说你老说孩子少了，未来会造成很多社会问题。这是给年轻人压力，但是列举这些研究成果和预测的目的是让社会尤其是政策制定者，认识到少子化的后果，及时推出鼓励生育的政策。所以我一再强调，我不是鼓励年轻人多生，我是鼓励政府鼓励生。讲得更透彻一些，就是希望政府正视年轻人的生育困境，落实强有力的福利政策，营造生育友好的环境，让年轻人有能力生孩子。政府鼓励生育不是说教，也不是逼迫，而是要用切实有效的优惠政策"鼓励"，是要用真金白银的财政补贴，以及实实在在的福利和减负政策，来帮助年轻人降低生育的财务和时间压力。

总结

当然，仅仅对年轻人宣传这种传承的观念还不够，还需要全社会都认识到人口对国家创新力、国家竞争力和文明传承的重要性，拿出足够的资源和财力，设计和推行强有力的鼓励生育的政策，从而避免低生育率危机的出现。虽然很多发达国家同样面临低生育率问题，但是中国的生育率几乎是世界最低的，而且中国还不太可能像其他国家那样靠移民来补充人口，所以相对于其他国家而言，解决低生育率问题的紧迫性、必要性和所需的力度也是最高的。如果我们采取发达国家的鼓励生育的平均力度，也只能维持中预测的生育率水平1.2——接近日本的生育率水平。只有采取大力度鼓励生育的政策，至少相当于 GDP 的 2%~5% 的财政支持力度，才能把生育率提升并且维持在发达国家的平均水平 1.6。中国政府具有体制上和财力上的优势，完全有能力在解决低生育率问题方面为世界做出一些创造性的尝试和示范。

希望能够尽快设计和落实各项全面鼓励生育的政策。这些政策虽然需要增加不少的财政支出，但是中国经济正面临内需不足、消费疲软、产能过剩的问题，正好可以通过鼓励生育来刺激消费和提振经济。而且这种鼓励生育的投入，是对未来人力资源的投入，长期来看有很好的回报。投入 GDP 的 2%~5%，就能够把生育率从 1.1 提升到 1.6，这是非常值得的。

需要指出的是，即使将来中国的生育率有幸提升到 1.6，这也不应该是我们的最终目标。一个国家的生育水平长期低于更替水平，人口必将萎缩。所以，一个国家要避免人口萎缩，就必须至少把生育率提升至更替水平 2.1。本书的人口预测是基于不同政策力度下的人口预测，未来的鼓励生育政策的力度和效果超过我们的预期也是有可能的，例如用 GDP 的 5% 的财政支持来鼓励生育并且成功实行教育改革和房地产改革，从而减轻教育和买房的负担，有可能把生育率提高到接近更替水平。

人口是创新力和综合国力的基础要素。人口尤其是年轻人口的迅速萎缩将是中国经济和中国社会未来最大的挑战，只有把这一问题作为国家的头等大事来看待，发挥出强大的制度优势和执行力，调动全社会的资源和力量，才能解决低生育率的难题，从而维持人口规模的优势，保持强盛的创新力和综合国力，实现中华民族伟大复兴。

附录

提倡敬祖传后

重阳节,是中华文化特有的祭祖敬老的节日。值此佳节,我们正好对中华文化进行一下探讨。

实现中华民族伟大复兴是每一个中国人的梦想。那么,在经历了漫长历史而形成的中华文化中,到底哪些内容属于独特的精华,并且在现代社会特别值得推崇?

中华文化博大精深,其中有很多价值观跟世界上其他文化价值观十分相似。比如,"己所不欲,勿施于人"的思想,在西方宗教中也有相似的表述;中华文化中提倡与自然和谐相处的"天人合一"理念,同样出现在其他文化和信仰之中。

我们认为,中华文化中真正最具特色的是敬奉祖先和传承后代的文化。西方2 000年盛行基督教,上帝信仰成为最重要的信仰。而中国在儒家文化的影响下,敬奉祖先和注重传承成为最重要的信仰。

当然,世界其他文化中也有敬祖传后的部分元素,但其深度和广度远不如中国。西方的贵族也注重家族传承,但贵族在整个社会中只占很低的人口比例。在有些国家，平民百姓直到近代才拥有自己的姓氏，所以广大民众基本还是把信仰上帝摆在比敬奉祖先更重要的位置。

而在中国，这种敬祖传后的文化起源于先秦的贵族，后来逐步扩散到民间，到明清已经普及到汉地的平民百姓。尤其在中国南方，村里最豪华和醒目的古建筑是祠堂，多为村里的宗族集资或捐资而建。这些祠堂是举行各种社群活动，特别是重大仪式和会议的场所。祠堂里供奉的不是神灵，而是家谱、家训和成功先辈的事迹，供后代学习、瞻仰和祭拜。例如，广州的陈家祠被誉为"广州文化名片"，成为岭南地区最具文化艺术特色的博物馆和著名的旅游景点。简而言之，在现代以前，西方人敬奉的是基督，而中国人则祭拜祖先，敬奉成功的先辈，这是中华文化最具特色的地方。

比较祖先和神灵敬奉：意义和强度

回溯历史，神灵敬奉和先祖敬奉都起到了道德约束和行为激励的作用。针对自己身后的归宿，基督徒关心的是上天堂还是下地狱，而传统的中国人则在意是进入祠堂被后代尊崇还是被后人唾弃。

表面上，上天堂还是下地狱的约束和激励更有震撼力，但在实证意义上不属于现代科学认知体系，所以宗教的道德约束力随着科学深入人心而渐行渐远。而渴望被后代尊崇，则获得了有力的科学支撑。根据现代社会心理学，人的成就感主要来自他人尤其是与自己更相近的人的认可。为了获取后人的认可，追求成功并努力做个好人，完全符合基本人性和现代科学。因此，追求传承作为人生目的，也许不如进天堂那么令信奉者神往，但在现代社会是更有效的道德约束和激励机制。

与敬奉先祖相似的是敬奉先贤，即那些为人类做出过杰出贡献的伟人。现代社会逐渐走出宗族意识，让人们在更广范围内交流和互动，选贤与能，才真正激发了全社会的潜能。在此意义上，尊崇杰出的科学家、企业家、政治家的先贤敬奉当然值得提倡，但这并不意味着敬奉先祖没有其特别的意义。

如果说先贤敬奉给所有人树立了相同的楷模，那先祖敬奉则给个人提供了与自己更接近的榜样。牛顿和爱因斯坦的科学成就值得所有人尊崇，但他们与你的相关性，并不比与其他人的相关性更大。而家族先人事迹对你的意义，却比对别人更特别。如果你的曾祖父是一个成功的企业家，你有着相似的基因，你会更有信心成为同样成功的企业家。还有，成为圣贤对绝大部分人来说，是遥不可及的梦想，但通过自身努力，成为家族后代的榜样则是更容易达到的目标，正所谓"人过留名，雁过留声"。也就是说，先祖敬奉比先贤敬奉更具体，更有激励性，也更可实现。可以说，先祖敬奉是先贤敬奉的有效补充。

注重家庭、后代和教育的价值观

祖先敬奉会自然衍生出注重家庭的价值观，因为家庭是维持人类生存、繁衍和传承所需的权利和责任的基本单位。孝道文化历来是中华文明传统美德之一。如今在中华文化圈的国家和地区，家庭一般也更加稳定，整个社会也更加注重抚养老人。

注重后代传承是敬奉祖先理念的自然延伸。要被后代崇敬并祭拜，那先得有足够数量的后代。这使得血脉延续在中华传统文化中占有核心地位，过去所谓"不孝有三，无后为大"的说法就体现了这一点。没有成功的后代，不光对不起自己，也对不起祖辈。这体现在后代方面，质量跟数量同等重要。华人和儒家文化普遍更注重后代的教育，这也跟祖先敬奉不无关系。传承不仅要求自己成功，为后代树立榜样，还表现在注重总结经验以启发后世。正因如此，祠堂里也经常供奉着家训、家书等。

敬祖传后文化的历史贡献

可以说，敬祖传后的文化衍生出来的注重家庭、后代和教育的价值观，是中华文明经久不衰的重要原因。魏晋以后，中国北方受到游牧民族的侵扰，很多汉人从北方迁徙到南方，保持并发扬了敬祖传后的文化，从而能够在新的土地上成功地繁衍生息，让人口和经济得到空前的发展。

到宋朝以后，家族传承文化普及到了汉地的平民百姓。随着经济和教育水平的高度发达，以及科举和文官制度的普及，中国逐步成为世俗化的平民社会，赋予全民家族传承的荣誉感。即使一介平民，也能通过科举取得仕途成功，进而光宗耀祖。一个有趣的对比是，在中国的传统戏曲中，除了帝王将相的故事之外，还有大量才子佳人的题材，让人看到了平民实现阶层跃升的希望。而在西方的童话故事中，主角却往往是王子和公主们。

宋朝以后，得益于南方在人口和经济上的优势，中华文明在北方多次发生动乱的情况下，不仅延续了下来，而且还不断融合其他少数民族。中华民族能够在广大的东亚地区形成人口优势的重要原因，就是注重家庭、后代和教育的价值观。尤其在东南沿海地区，最具中华特色的祠堂和耕读文化形成了。其中客家文化和潮汕文化很有代表性，这些地方的年轻人不管是外出经商还是做官，都不会忘记到家乡回馈故土和家族。

不仅在中国本土，海外华人同样依靠这种敬祖传后的文化，在东南亚取得了巨大的成功。海外华人虽然在当地人口比例不大，但成了当地经济发展的关键力量。这些海外人士至今仍然非常认可自己华人的身份，踊跃回国投资和贡献，对中国的经济崛起发挥了很重要的作用。

总之，敬祖传后的文化，为中华民族带来了强大的生存、繁衍和传承能力，让中华文明历经各种侵扰和威胁之后，依然薪火相传并发扬光大。中国之所以能在短短几十年后就重回世界强国的位置，得益于世界最大的单一文化的人口，这也是几千年敬祖传后文化积淀所形成的结果。

敬祖传后文化的当代改良

中国敬祖传后的文化成熟于农业时代，自然带有古代农业社会的烙印，但这并不必然意味着与现代商业社会冲突。其实，中国过去最擅长经商的人群，也是传统文化氛围最浓厚的群体。历史上的徽商、晋商、客家人、潮州人，都鼓励后代四海为家，到全国乃至全世界经商，但同时又具有回馈家庭和家乡的深厚传统。这些群体在家庭和族群之间形成的互助纽带，往往能降低交易成本并增强抗风险能力，而他们众多的子女也有助于家族企业的兴盛和传承。

尽管经历了沧桑巨变，但敬祖传后的思想精髓是不朽的。特别是，如下几方面的改良可以让敬祖传后的文化与时俱进，成为现代社会的核心理念之一。

在古代，光耀门楣指的是家人中有出任朝廷官吏而光宗耀祖，这种认可与科举制度不无关系。但现代社会远比过去复杂且多元，影响社会进程的除了政治因素，还有商业、科技、文化方面的影响。因此，将敬奉对象由为官者扩展到商业、科技、艺术等各个领域的杰出人士，在现代社会中更能起到激励后人的功效。

先祖敬奉过去往往与父权联系在一起。这种联系也许源自古代男性在农业生产中的作用。但在男女平等的现代社会，同时敬奉母系和父系先祖才更合理，这样既认可了母亲在繁衍上更多的付出，也强调了父亲在养育上的责任。同时敬奉父系和母系先祖也可以得到基因测序上的对应，Y染色体只通过父系传播，而线粒体只通过母系传播。姓氏上，儿随父和女随母，可与这种特性对应。

从生物遗传角度来看，每个人的先祖都构成一个倒置的二叉树。

每往上回溯一代，先祖的数量增加一倍。比如，上一代是母亲和父亲两人，再上一代是外婆、外公、爷爷、奶奶四人。虽然同代的先祖对后代的基因贡献大致相同，但不管是父系还是母系传承，分别只是这个树形结构中的两条单线，相当于在同代先祖中只取其中一位，而忽略同代的其他先祖。在记录成本高昂的古代，仅记录简化的单线传承是不得已的选择。但在信息化的当代，记录未来完整的遗传结构丝毫不成问题，而基因测序也为重构过去的祖源结构提供了技术可能。

过去修家谱虽然有官府支持，但主要还只是家族内的行为。以家族为修谱主体，可以维持家族的积极性和自主性，但受限于家族所掌握的信息资源和编撰能力。在现代社会，修谱内容上可以从父系单线扩展到完整的祖源树形结构，而参与者可以从家庭和个人延伸到整个社会。在充分照顾到家庭意愿和个人隐私的前提下，政府也可以在其中发挥积极作用，甚至可以构建平台，逐步建立完整的国民祖源图谱。这种图谱对生物医学研究，乃至历史和民族叙事都具有特别意义。

最后，需要强调人类具有共同祖先的普世理念。尽管全球性宗教强调宗教内部的一致性，但不同宗教甚至同一宗教的不同教派之间纷争不断。这是因为不同教派自身的身份认同，必须建立在和其他教派的差异之上，所以它们之间的分离和对立是天然的。

而先祖敬奉则可以使用于建立更广泛的认同，提升人类基于共同起源的天然亲近感，促进人类命运共同体观念的形成。这一点也为现代基因测序证据所支持。如果在基因上同时追溯父系与母系祖先树，几乎所有中国人都能在千年尺度上找到共同的祖先，而世界上绝大部分人都能在万年尺度上找到共同的祖先。在非洲以外的人类共同的祖先，也许都可以追溯到 60 000 年前勇敢走出非洲并生存下来的一个小部落。

结论：敬祖传后是非常值得发掘、改良和复兴的中华传统文化

今天，中国已经在经济和科技等领域取得很大成功，但在文化上是迷惘的。在西方思潮的长期影响下，我们甚至不清楚有哪些传统价值观应该坚持和保存。从中华文明传承的角度来说，需要重新发掘、提炼、改进和发扬我们传统文化中的精华，而敬祖传后正是这种精华之一，它不仅有助于中国人找回文化自信，也是整个人类文明的精神财富。

从人类文明的角度来看，敬祖传后不仅有助于缓解人类自身繁衍的危机，更体现了人类慎终追远的价值观。比如保护环境，就是为了让后代减少遭受环境灾难的可能性。这种价值观还告诉我们，保护环境也要以人为本，不能以保护环境为理由而限制生育，因为再好的环境，如果绝后也是枉然。再比如，发展科技尤其是太空旅行，可以让后代拥有更广阔的生存空间，而发展太空的科技又离不开庞大人口规模的支持。

归根结底，敬祖传后是人类慎终追远的智慧，不仅为自己和当代人，还要为子孙后代着想，追求人类文明长期延续和繁荣。这种不朽的理念，是中华文明的宝贵财富，也是人类文明的精神财富，值得我们去珍惜、提炼并发扬光大。

女随母姓

二孩政策的放开，使"二宝跟谁姓"成为许多家庭的议题。我的看法是，应该改变子女跟随父姓的传统习俗，尤其是应当提倡女儿跟妈妈的姓。

子女随父姓，是人类农业文明的产物。男性在体力上的优势，以及包括土地在内的财产私有制的兴起，使得父系渴望通过姓氏的传承完成财产的继承。

但时至今日，男性占优势的体力劳动职业的重要性正逐渐降低。随着女性受教育程度的提升，以及就业机会的平等，女性的经济和社会地位稳步提升，她们在很多方面取得了和男性同样甚至更加出色的成绩。据统计，中国目前有3 200万个家族企业将迎来代际传承，其中许多由女性家族成员担当要职。但根植于父权社会的姓名传承规则，使她们失去了为家族做贡献的机会。

事实上，母亲与孩子的关系更为天然和亲密。很多研究表明，母亲对孩子影响极大，对女儿的正面积极影响尤其显著。因此，我们不妨斗胆向社会呼吁：鼓励女性拥有"冠姓权"，首先提倡女儿随妈妈姓，逐渐淡化只有男性才能传宗接代的世俗观念。

肯定有人会问，跟谁姓有这么重要吗？那么我想反问一下，如果真的不重要，跟随母姓又有什么不好？如果不重要，为什么还有那么多人如此在乎传宗接代？

必须承认的是，家族传承以及给后人留下物质或非物质的遗产历来是人类的一种精神追求。尤其对中国人来说，光宗耀祖的理念像宗教一样深入人心，已成为中国儒家道德的基础。家族企业（家族慈善基金）的传承动机，也都建立在姓氏传承的基础上。

既然姓氏传承如此重要，就没有理由剥夺女性传承姓氏的权利。这几乎也是最后一项男女不平等的陋习：即使身为杰出的女性企业家，只要她嫁给了一个丈夫，那么无论后者优秀或平庸，其子女一般仍不跟随妈妈的姓。

此外，女儿随母亲姓，更有利于提高优秀的母亲培养女儿的动力。很多适合女性的职位，如服装设计师或教育工作者，女儿继承母业的可能性更高。女儿跟随母姓，会更倾向于视妈妈为榜样，妈妈也会有更多动力为女儿创造机会。有了更强的传承动机后，未来出现更多女性成功人士的概率将大大提高。

女随母姓的做法的好处是并不影响父系的传承链。因为女儿如果跟了父姓，到了再下一代，外孙本来也就不随外公姓了。女随母姓是在传统父系传承的基础上，额外增加了一条母系传承链。男女都有平等的机会让自己的基因、姓氏和事迹永远传承下去。

如果让男女都拥有传承动机，那么生育率也有望提高。目前，中国一个妇女平均只生 1.2 个小孩，这极为危险，未来势必面临人口急剧老龄化的社会问题。我一直呼吁中国应推出鼓励生育的经济政策，而姓氏继承习俗的平权是一个无须任何投入就能提高生育率的措施。一旦父母都希望传承姓氏，整个家庭追求儿女双全的动机就会加强，更多的人会希望生第二个孩子，有两个男孩或两个女孩的家庭，还会希望再多一个女儿或儿子。

女儿跟随母姓，还将带来女性地位的提高，有利于提高女性的结婚率。在中国（也包括日本、韩国等东亚其他国家），收入越高的女性，单身概率也越高。这和男性正好相反。但当女性获得了与男性真正相同的社会地位，高收入的单身女性就不会介意与一个比自己社会地位低的男友组成家庭、生儿育女。当然，还是会有人选择单身，但当女性主导的家庭成为社会常态时，单身女性可以通过辅助生殖技术达成生儿育女的愿望，也不会因此而生活在社会歧视中。

事实上，在剧烈的社会转型中，姓氏传承的男权意识正在淡化。在法律的规定中，孩子既可以随父姓，也可以随母姓，也允许同时采用父母双方的姓氏，因此，有些夫妻把母姓加在了孩子名字中，一度出现了很多四字名字的孩子。几年前就有媒体报道，虽没有做过专门统计，但在双方都是独生子女的夫妻中，跟随母姓的"二孩"已并不少见。这些都表明，姓氏所关联的宗族体系和传统观念正在不断弱化，随父姓已不再是不容置喙的唯一选择。鼓励女性拥有"冠姓权"，提倡女儿随妈妈姓，正是这个时代发展的潮流。

后记　创新和传承——对生命意义的思考

　　这本书主要讲述了创新和传承这些国家大事，但是创新和传承不仅关乎国家命运，更可以启发对生命意义的思考。我们为什么来到这个世界，我们应该追求什么，人生的意义是什么？这是哲学家、科学家、宗教领袖和每个普通人都在思考的终极问题，但始终没有标准答案，甚至难以达成普遍共识。对大多数人来说，人生就是为了勤勉工作、养家糊口，生命的意义似乎是一个很虚的命题。可一旦有机会在安静的夜晚仰望星空时，人们难免还是会思考生命的意义。有人说，人生没有意义，只剩下赚钱和享乐而已。或许这代表了一些人的认知，但是当经济发展到一定水平以后，温饱已经不再是主要问题，再多的物质享受也未必能带来更多额外的快乐，人们自然就会转向追求精神享受。那么，又该追求何种精神享受呢？究竟哪种精神追求能够带来长久的快乐？于是又回到了最初的问题——生命的意义究竟是什么？

　　我认为，作为本书的主题，创新和传承就是对生命意义的最佳诠释。创新就是通过自己的努力和智慧，做一些超越前人的事，大到改变历史进程的科学发现，小到用新的办法解决一个实际困难。传承是指用这些新发现和新办法帮助了别人或是后人。随着人工智能和大数据的技术大量取代重复性的工作，未来人类的主要工作都会有关创新。

包括一线操作人员的工作，也会多少带有一部分创新属性，例如处理一些新的异常情况。而且一旦试图解决一个新问题，无论是成功或失败，其过程都会为未来的人类或者机器提供值得借鉴的经验。因此，随着智能技术的发展，未来人类工作的更多内容将与创新和传承有关。创新和传承的另一层含义是基因创新和养育后代，很多人会把生育和养育孩子当作最大的成就感。

当然，即便没有孩子，也不代表生命就没有意义。一个人可以留下后代，也可以留下知识创新作为贡献，同样可以间接帮助他人实现创新和传承。如果上升到社会层面，创新和传承就是要追求世世代代不断有丰富多彩的新生活，换句话说，就是追求人类社会的长期繁荣。人生匆匆几十年，如果能够为社会留下点儿什么，为人类社会的长期繁荣做点儿贡献，那就不枉此生。所以，人生的意义就在于，为人类的知识大厦添砖加瓦，或者为了人类的基因大厦，本质上都是创新和传承。

我认为，创新和传承必须放在一起讲，两者缺一不可。本书的论点之一就是创新需要人口的传承，因为创新需要很多聪明大脑的思想碰撞。在大多数情况下，创新和传承之间会互相促进，但有些时候，生命的意义光有创新还不够，还必须加上传承这个维度。因为并非所有创新都有利于人类的传承。有些创新带来了额外的风险，比如说某项技术能带来短期收益，但却会污染环境，或者某项生物技术可能带来病毒和伦理上的风险，等等。如何平衡创新可能带来的收益和风险，就必须考虑到对于传承的影响，也就是说，要以人类长期繁荣为目标，既要创新也要控制风险。

另外，传承也离不开创新。如果每代人完全复制上一代人的生活方式，没有任何创新，那么人类社会虽然得以延续，但那又是一种多么无趣的延续！而且科技的停滞就会带来退化，所以在实现传承的同时，就需要保持创新的活力。这里面也包括基因的创新，如果基因没有了创新，比如说人类实现永生却不再生育，会产生什么问题呢？如果不生孩子，就没有人类基因的创新。如果因为缺少年轻人而导致社会固化，整个社会的科技就会停滞（当然，这涉及科幻题材，在我的科幻小说《永生之后》中对此有所预测和揭示）。

如果翻阅文献，生命意义有很多种说法，最常见的说法包括快乐、自由、自我实现、公益等。而创新和传承可以带来自我实现的高级快乐，同时也将为社会做出贡献，所以和这些生命意义是一致的。不仅如此，相对于其他这些说法，创新和传承更加本源、充实、长久和逻辑自洽，具有不可替代性。

首先，创新和传承是与生俱来的本能。个体的传承——生育孩子当然是来自进化论的本能，人类的美好情感很多来自生命的延续，我们赞美爱情、母爱、父爱等基于本能的利他行为。人类和机器最根本的不同之处，就是人类需要面对生死，要延续与之密切相关的爱情和亲情。比如，要是娱乐和艺术没有了爱情和亲情，那还能剩下什么？在漫长的进化史中，人类比起大多数其他动物更具社交性，有学者认为，这种更强的社交性是人类在动物界脱颖而出的重要原因。人类喜欢创新也是与生俱来的，新鲜感是个褒义词。新的地方、新的朋友、新的想法都会带来惊喜。在各种娱乐方式中，有些只是被动接受，例如听音乐、看视频等。至于更有意思的娱乐方式，则是参与表演和创作，往往比被动的娱乐方式更能带来强烈的快感。又比如，旅行是一个探索和理解新鲜事物的过程，也是一种更高级的娱乐方式。

其次，创新和传承相对于其他对生命意义的定义要更加充实。比如有人认为生命的意义在于自由和快乐，那么，多了自由支配的时间当然好，可问题在于，又该如何去享受自由时间或者说应该追求何种快乐呢？旅行，体育，音乐，元宇宙，把自由支配的时间花费在这些不同的领域内，难道生命意义就能等量齐观吗？显然不是。再比如，有人想要追求更高级的自我实现，那么究竟应该追求什么内容呢？有人说应该做公益，为创建更美好的社会做贡献，那么接下来的问题是，什么才是更美好的社会？应该是更多的消费，还是更注重环保？是更注重传统家庭，还是移风易俗？这些都是非常难以回答的问题，但是如果把创新和传承作为目标补充进来，答案就会明晰很多。创新和传承就是追求人类文明的长期繁荣。如果以这个为目标，就会对如何取舍有一定的指导。比如注重环保就是考虑到有利于后代的生存，再比如旅行有利于创新和传承（后面再讲）。因此，创新和传承与其他的生命意义是一致的，但是更加充实和完整。

再次，创新和传承是一种长久的历史责任。中国的先贤们在立德立功之后还要立言，就是希望将思想流传给后人，这也是创新和传承的意思。任何文明想要长盛不衰，必然需要持续创新和传承。人类文明今天的科技水平和人口规模，就是所有祖先通过创新和传承为我们留下的遗产，包括所有的科技创新、文化沉淀和巨大的基因池。这些创新和传承，大到科学发明和艺术创造，小到一个点评或者养育了一个孩子，都是对人类创新和传承的一点儿贡献。人类社会之所以能发展到今天的繁荣程度，是祖先们不断创新和传承的结果。我们可以把人类的进化史和文明史视为一个知识和基因的接力赛，在前人肩膀上不断创新和传承，而我们的责任就是传好这一代的接力棒。

创新和传承的另一层含义，是人类自身基因的创新和传承。人类基因组合的数量堪比天文数字，任何一个孩子的基因都独一无二，所以每个人的诞生都是一种创新。如果一个人能够留下后代，而后代平均生两个，那么几十代以后就有可能有 10 亿个后代。所以只要你留下了后代，1 000 年以后的科学家和政治家很可能就有来自你的基因贡献。总的来说，人类祖先通过创新和传承，缔造了科学技术和文化的知识大厦，以及 80 亿的人类基因库。所以我们这一代人，也责无旁贷地需要进一步为整个人类积累这份遗产。

所以，相对于其他的生命意义，创新和传承更具历史性和长久性，并且实现逻辑自洽。为什么要传承？因为如果人类失去传承而灭绝，自然也就没人会问这个问题了。问题会出现，正是因为祖辈们实现创新并且传承到了我们。反之，一个不注重创新和传承的种群会很快消亡（在历史的时间尺度中）。因此，一种长久的价值观，必然会注重创新和传承。世界主流的文化和宗教，无一例外都注重传承，尤其是中华文化。

最后，创新和传承是人类特有的。有人说未来的创新可能不需要人类，而是可以由机器人完成。实际上，最新的人工智能已经能够模拟音乐和艺术的风格，但人工智能可能永远无法理解人的情感，因为人的情感与生死有关，没有生死就没有情感和自我意识。当然人类也可以造出会死能生的机器人，但人类生孩子的基因遗传方式，是在几亿年的生物进化过程中被验证为最成功的创新和传承的方式，应当并不那么容易移植到机器那里。还有，人类是否有必要制造出跟自己一样存在生死观念的机器人呢？这样的机器人就跟病毒一样风险极大，似乎还是造一个普通机器更加实用和安全。基于同样的考虑，新的生物技术也会遭到部分限制。所以在可预见的将来，生死和情感依然将只是人类的专利，创新尤其是对人性有深刻理解的创新活动仍将由人类主导。我们由此也可以看到，创新和传承是人类和机器的根本差别，可以说是人类的特权，也再次论证了创新和传承是生命的根本意义。

这本书还提到了旅行对于创新和传承的意义。如果说传承是时间维度的拓展，那么旅行就是空间维度的拓展。空间维度的拓展就是"行"，"行"虽然是衣食住行里的最后一个，却是最高级的一个，因为旅行跟创新和传承都有关系。旅行可以促进创新，人类是世界上最擅长长跑的动物，对旅行的喜爱与生俱来，远方的人、物、景特别令人兴奋，因为能够带来新的认知和创意。在文明历史上，迁徙、贸易和发现新大陆都极大促进了人类的创新活动。旅行也可以促进传承，创新会带来风险，在人类进化史上，很多早期的部落都已灭绝，好在还有很多分支因旅行而散落在全球各地，那些最幸运和最富创造力的部落最终成了我们的祖先。如果未来，人类可以移民太空，就可以把文明的鸡蛋放在不同的星球篮子里面，文明在一个星球的失败也不至于导致彻底灭绝。仰望星空，如果人类不是宇宙中唯一的文明，我们就要不断创新去开拓宇宙，才能跑赢外星人，避免被外星人灭绝或者奴役。如果人类是宇宙中唯一的文明，那么人类的使命更是要创新和传承，把这个唯一文明的种子延续下去，同时要让我们子子孙孙不断地去拓展边界，探索宇宙的奥秘。有些人相信上帝创造了人类，上帝还同时创造了渺小的地球和浩瀚的宇宙，是不是就在等待人类去探索宇宙呢？

本书讲述了创新和人口的关系，人口可以促进创新和经济发展。但是现在面临的困境是，随着经济的发展，生育传承的意愿变得越来越低。理论上，经济发展之后，人们拥有更多的闲暇时间，就会想要更多的孩子。但实际上，人类的生育意愿变得越来越低。书里分析了很多原因，其中最重要的原因，是低效且内卷的教育系统挤占了生孩子的时间，以及生孩子所导致的职场机会成本变得越来越高等。另外，根据一些悲观的预测，未来在娱乐领域的一些创新，可能会颠覆人类的传承本能。当游戏比真实世界更刺激，当性爱虚拟现实比真人更好玩时，传承的生理本能就被颠覆了。这是人类文明的一个漏洞，必须积极地修补。修补的方式主要是经济手段，本书的后半部分讲述了鼓励生育的经济手段和教育改革等内容。但是这些方法都非常有难度和有争议，只有整个社会达成了共识，把创新和传承上升到生命的意义的高度，才会愿意去花足够多的钱鼓励生育，才会艰难地推动包括教育在内的相关改革，所以必须让整个人类社会都意识到创新和传承的意义。

总结一下。作为生命的意义的一种诠释，创新和传承与其他说法保持了一致的方向，但更加本源、充实、长久和不可替代，而且是唯一逻辑自洽的。因为在哲学意义上,唯一可以确定的就是"我思故我在",我们之所以能够在这里思考生命的意义,是因为祖先的创新和传承。同样,如果我们要留给后代什么价值观的话,创新和传承似乎也是唯一长久的逻辑自洽的价值观。再次仰望星空,不禁感叹,相对于宇宙的浩瀚,生命固然短暂和渺小,但只要存在生死,渺小的人类就可以无限延续,从而孕育无限的创新,并将其在空间和时间上无限传承。

参考文献

第一篇 人口和创新

第1章 创新理论

1. Lazear E. Entrepreneurship [J]. Journal of Labor Economics, 2005, 23: 649-680.

2. Porter M E. The Competitive Advantage of Nations [M]. Free Press, 1990.

3. Smith A. An Inquiry into the Nature and Causes of the Wealth of Nations [M]. University of Chicago Press, 1776.

4. Schumpeter J. Socialism and Democracy [M]. 3rd ed. Harper Perennial Modern Classics, 1950.

5. Romer P. Endogenous Technological Change [M]. The University of Chicago Press, 1990.

第2章 人口数量和规模效应

1. 2022年中国卓越科技论文报告 [R]. 中国科学技术信息研究所，2022.

第 3 章　人口能力和老龄化效应

1. Jones F. Age and Great Invention [J]. Review of Economics and Statistics, 2010, 92(1): 1-14.

2. Acht J, J Stam, A R Thurik, I Verheul. Business Ownership and Unemployment in Japan[D]. Discussion Papers on Entrepreneurship, Growth and Public Policy No. 0904. Max Planck Institute for Research into Economic Systems, 2004.

3. Karlin A. The Entrepreneurship Vacuum in Japan: Why It Matters and How to Address It [J]. Knowledge at Wharton, Wharton Digital Press, 2013.

4. Global Entrepreneur Ship Research Association. Global Entrepreneur Monitor 2012 Global Report [R]. Kuala Lumpur, 2013.

第二篇　人口和经济

第 6 章　人口对经济的其他影响

1. Piketty T. Capital in the Twenty-First Century [M]. Belknap Press, 2014.

第 7 章　人口、资源与环境

1. Bergh J Rietveld. Reconsidering the Limits to World Population: Meta-analysis and Meta-prediction [J]. BioScience, 2004, 54(3): 195-204.

2. Humphreys M, J D Sachs, J E Stiglitz. Escaping the Resource Curse[M]. Columbia University Press, 2007.

3. Grossman, Gene M, Krueger, Alan. Economic Growth and the Environment [J]. The Quarterly Journal of Economics, 1995, 110(2): 353-377.

第 8 章 人口的历史和趋势

1. 梁建章，任泽平，等．中国生育成本报告 2022 版 [R]. 育娲人口研究智库，2022.

2. 梁建章，任泽平，等．中国人口预测报告 2021 版 [R]. 育娲人口研究智库，2021.

3. 任泽平，等．中国婚姻报告 2021 版 [R]. 泽平宏观，2021.

第 9 章 全球移民和留学概况

1. 国际移民组织．World Migration Report 2022[R]. IOM, 2021.

2. United States Census Bureau. Census Bureau Reports[EB/OL].https://www.census.gov/newsroom/archives/2013-pr/cb13-157.html.

3. 日本统计局，2020:https://www.e-stat.go.jp/。

4. Statistic Korea. Marriages to Foreigners for City, County, and District[EB/OL].https://kosis.kr/statHtml/statHtml.do?orgId=101&tblId=DT_1B83A24&conn_path=I2&language=en.

5. Ined. Mixed Marriages[EB/OL].https://www.ined.fr/en/everything_about_population/data/france/marriages-divorces-pacs/mixed-marriages/.

6. 国家统计局．中国统计年鉴 [EB/OL]. http://www.stats.gov.cn/sj/ndsj/2021/indexch.htm。

7. 国际劳工组织．ILO-MigrantWorkers-Estimates [EB/OL]. https://www.europeanmigrationlaw.eu.

8. 国际劳工组织．Migrant Domestic Workers Across the World: Global and Regional Estimates [EB/OL].https://oit.org.

9. 联合国教科文组织．Other Policy Relevant Indicators [EB/OL]. http://data.uis.unesco.org/Index.aspx?DataSetCode=NATMON_DS.

10. IIE.Opendoorsdata[EB/OL]. https://opendoorsdata.org/.

11. 美国移民和海关执法局. Student and Exchange Visitor Program (SEVP)2021 SEVIS by the Numbers Report[EB/OL]. https://www.ice.gov/doclib/sevis/pdf/sevisBTN2021.pdf.

12. Kerr W, William F. Lincoln. The Supply Side of Innovation: H-1B Visa Reforms and U.S. Ethnic Invention[J]. Journal of Labor Economics. 2010, 28(3).

13. Pewresearch.Key Findings about U.S. Immigrants[EB/OL]. https://www.pewresearch.org/fact-tank/2020/08/20/key-findings-about-u-s-immigrants/

14. 美国国家科学与工程统计中心. Survey of Earned Doctorates[EB/OL].https://ncses.nsf.gov/pubs/nsf22300/data-tables.

15. 移民政策研究所. United Kingdom's Decades-Long Immigration Shift Interrupted by Brexit and the Pandemic[EB/OL].https://www.migrationpolicy.org/article/united-kingdom-shift-immigration-interrupted-brexit-pandemic.

16. 中国侨网. 日本通过入管法修正案 拉开外国人政策转换序幕[EB/OL].https://www.gqb.gov.cn/news/2018/1106/45586.shtml.

第三篇　人口和国际竞争

第10章　日本

1. Statistic Bureau of Japan. Population Census Population and Households of Japan 2015[EB/OL]. https://www.stat.go.jp/english/data/kokusei/2015/poj/pdf/2015poj.pdf.

第12章　美国

1. Hunt J. Skilled Immigrants' Contribution to Innovation and Entrepreneurship in the United States [M]. Open for Business Migrant Entrepreneurship in OECD Countries, 2010: 261-262.

第13章　印度

1. Hyvonen M, Wang H. India's Services Exports [EB/OL]. http://www.rba.gov.au/publications/bulletin/2012/dec/pdf/bu-1212-4.pdf. Bulletin, 2012.

第四篇　中国的经济和人口形势

第14章　中国创新力和经济展望

1. Neisser U, Boodoo G, Bouchard T J Jr, et al. Intelligence: Knowns and Unknowns[J]. American Psychologist, 1996.
2. 庄国土. 东南亚华侨华人数量的新估算 [J]. 厦门大学学报（哲学社会科学版），2009.
3. Rigg J Southeast Asia. The Human Landscape of Modernization and Development[M].2nd ed. London: Routledge, 2004.
4. 梁建章，任泽平，等. 中国人口预测报告 2021 版 [R]. 育娲人口研究智库，2021.

第16章　中国生育成本

1. 国家统计局. 2020 年居民收入和消费支出情况 [EB/OL].http://www.stats.gov.cn/tjsj/zxfb/202101/t20210118_1812425.html.
2. 国家统计局. 2019 年居民收入和消费支出情况 [EB/OL].http://www.stats.gov.cn/tjsj/zxfb/202001/t20200117_1723396.html.
3. 北京大学中国社会科学调查中心. 中国家庭追踪调查 2010—2018 数据 [EB/OL]. https://opendata.pku.edu.cn/dataset.xhtml?persistentId=doi:10.18170/DVN/45LCSO.
4. 美国农业部. 美国家庭育儿成本报告 [EB/OL].https://www.usda.gov/media/blog/archive/tag/expenditures-on-children-by-families.

5. Australian Institute of Family Studies. New Estimates of the Costs of Children[EB/OL].https://aifs.gov.au/publications/issue/new-estimates-costs-children.

6. Dollar and Sense. How Much Does It Cost to Raise a Child in Singapore Till Age 18? [EB/OL]. https://dollarsandsense.sg/much-cost-raise-child-singapore-till-age-18/.

7. Swedbank's Institute for Personal Finances. The Cost of Children[EB/OL].http://www.nordstjernan.com/news/education%7Cresearch/5783/.

8. Department of Child Welfare & Career Services, Zurich. Zurich Child Cost Table from January 1, 2021[EB/OL]. https://www.zh.ch/content/dam/zhweb/bilder-dokumente/themen/familie/sorgerecht-unterhalt/kinderkosten_2021.pdf.

9. Irish Times. You Want Two Children? That'll Be €500,000 Please[EB/OL].https://www.irishtimes.com/news/consumer/you-want-two-children-that-ll-be-500-000-please-1.2754454.

10. Federal Statistical Office. How Much It Costs to Have a Child[EB/OL]. https://www.deutschland.de/en/topic/life/how-much-it-costs-to-have-a-child-in-germany.

11. US Dept. of Agriculture. The Cost of Raising a Child[EB/OL].https://www.usda.gov/media/blog/2017/01/13/cost-raising-child.

12. Cabinet Office Policy Office of Symbiotic Social Policy. Raising Child Costs 63 Million Yen: Study[EB/OL]. https://www.japantimes.co.jp/news/2001/05/15/national/raising-child-costs-63-million-yen-study/.

13. Statistics Canada, Money Sense. The Cost of Raising a Child in Canada[EB/OL]. https://loanscanada.ca/infographic/infographic-the-cost-of-raising-a-child-in-canada/.

14. Bank of New Zealand Baby Budget Calculator. The Financial Cost of Raising a Child[EB/OL]. https://www.nzherald.co.nz/business/the-financial-cost-of-raising-a-child/CHX7FCGJJIZJCIVFBM64QIMH6I/.

15. Child Poverty Action Group. The Cost of a Child in 2021[EB/OL]. https://cpag.org.uk/policy-and-campaigns/report/cost-child-2021.

16. Consumers Association-Social Promotion Association. How Much Does It Cost to Raise a Child from 0 to 18 Years Old[EB/OL]. https://observatorial.com/news/economy/29428/how-much-does-it-cost-to-keep-a-child-from-0-to-18-years-old/.

17. Ministry of Health & Welfare. The High Price of Raising a Well-educated Child[EB/OL]. https://koreajoongangdaily.joins.com/2013/04/10/socialAffairs/The-high-price-of-raising-a-welleducated-child/2969998.html.

第17章 中国人口预测

1. 梁建章. 中国最严峻的人口形势 [EB/OL].https://mp.weixin.qq.com/s/SNgz2T07iwvXODN3DrBwKw.

2. 梁建章，黄文政. 中国的生育率将是世界最低？[EB/OL].https://mp.weixin.qq.com/s/CNOQl7UEcqABlU69jt9l2A.

3. 梁建章. 降低生育成本，应兴建至少10万个幼托中心 [EB/OL]. http://finance.sina.com.cn/zl/bank/2019-03-07/zl-ihrfqzkc1854944.shtml.

4. 联合国. 世界人口展望 2019[R]. https://www.un.org/en/desa/world-population-prospects-2019-highlights.

第五篇 中国人口创新战略

第18章 生育政策和财税补贴

1. Zao Bao. 社论：日本延长退休年龄具参考意义. [EB/OL]. https://www.zaobao.com/zopinions/editorial/story20210403-1136282.

2. Money Helper. What Benefits Can I Claim when I'm Pregnant or

Have a Baby? [EB/OL]. https://www.moneyhelper.org.uk/en/benefits/benefits-if-you-have-children/benefits-and-entitlements-to-claim-when-you-have-a-baby.

3. EURAXESS Germany. Daycare, Schooling and Family-related issues[EB/OL]. https://www.euraxess.de/germany/daycare-schooling-and-family-related-issues.

4. European Commision. Employment, Social Affairs & Inclusion[EB/OL]. https://ec.europa.eu/social/main.jsp?catId=1110&langId=en&intPageId=4532.

5. Social Fund of Russia. Principles of Our Development Are Proactivity, Public Convenience-acting PFR Head Chirkov [EB/OL]. https://pfr.gov.ru/grazhdanam/msk/.

6. Koreaheral. S. Korea to Expand Child Care Subsidies to Boost Low Birthrate [EB/OL].http://www.koreaherald.com/view.php?ud=20201215000624.

7. Centre for European and International Social Security Liaisons. The French Social Security System IV-Family Benefits [EB/OL]. https://www.cleiss.fr/docs/regimes/regime_france/an_4.html.

8. Internal Revenue Service. Child Tax Credit[EB/OL]. https://www.irs.gov/credits-deductions/individuals/child-tax-credit.

9. Gosuslugi. Allowances, Payments and Benefits for Families with Children [EB/OL]. https://www.gosuslugi.ru/situation/birth/child_payments_and_benefits.

10. European Commision. Employment. Social Affairs & Inclusion[EB/OL]. https://ec.europa.eu/social/main.jsp?catId=1110&langId=en&intPageId=4532.

第19章 中国房价和城市化策略

1. 陆铭. 大国大城 [M]. 上海：文景 / 上海人民出版社，2016.

2. 人民网. 住建部专家：中国人均住宅 1.1 套 住房市场还有很大空间 [EB/OL]. http://industry.people.com.cn/n1/2018/1017/c413883-30346469.html.

第 20 章　教育如何减负提效

1. 张侃，等. 中国国民心理健康报告（2019—2020）[M]. 社会科学文献出版社，2021.

2. 梁建章. 不应过早"普职分流" [EB/OL]. https://mp.weixin.qq.com/s/hW7RbgBqGrOoyUO4dF4YUw.

3. 梁建章，任泽平，等. 中国生育成本报告 2022 版 [R]. 育娲人口研究智库，2022.